KB129661

제도적 문화기술지

사람을 위한 사회학

Institutional Ethnography

나남
nanam

옮긴이 소개

김인숙   가톨릭대학교 사회과학부 사회복지전공 교수

강지나   가톨릭대학교 사회복지학과 박사수료

우아영   서울제일대학원대학교 사회복지행정전공 교수

조혜련   가톨릭대학교 사회복지학과 박사수료

하지선   가톨릭대학교 사회복지학과 박사수료

한상미   인덕대학교 사회복지학과 교수

사회복지학 총서 103

제도적 문화기술지

사람을 위한 사회학

2014년 3월 5일 발행
2014년 3월 5일 1쇄

지은이__도로시 스미스
옮긴이__김인숙 · 강지나 · 우아영 · 조혜련 · 하지선 · 한상미
발행자__趙相浩
발행처__(주) 나남
주소__413-120 경기도 파주시 회동길 193
전화__(031) 955-4601(代)
FAX__ (031) 955-4555
등록__제 1-71호(1979.5.12)
홈페이지__http://www.nanam.net
전자우편__post@nanam.net

ISBN 978-89-300-8744-5
ISBN 978-89-300-8001-9(세트)

책값은 뒤표지에 있습니다.

제도적 문화기술지

사람을 위한 사회학

도로시 스미스 지음
김인숙·강지나·우아영·조혜련·하지선·한상미 옮김

Institutional Ethnography

A Sociology for People

Institutional Ethnography: A Sociology for People
by Dorothy E. Smith

아주 오래 전, 박사학위 논문을 준비하면서 내가 가졌던 문제의식은 가
난한 여성들의 감정, 정서, 정신이 사회, 사회구조, 사회적 이데올로
기와 어떤 관계가 있을까 하는 것이었다. 당시 나는 이 문제의식을 풀
어낼 다른 방법을 찾지 못한 채, 현상을 변수화하는 방식으로 논문을
급히 마무리했다. 대학에서 선생 노릇을 하면서, 나처럼 자신이 가진
문제의식을 풀어낼 마땅한 방법을 찾지 못하는 학생들을 만났다. 그들
이 가진 문제의식이 좋았고, 함께 방법을 찾아보자는 심정으로 질적연
구방법론 강의를 개설했다. 강의를 시작한 지 10년이 넘었지만, 질적
연구방법에 대해서는 별반 아는 게 없다.

내가 접한 대개의 질적연구방법들은 현상을 '범주들'로 해체하여 '경
험 이면의 의미들'을 찾아내고, 이를 연구자가 재구성하는 것이었다.
'경험'은 구조와 행위가 응결된 지점이다. 일상 속 개인의 경험들 안에
마치 단절되어 있을 것 같은 거시적, 제도적 현상이 녹아 있으니, 연구
자는 그 경험들을 질적연구방법들을 사용해 꿰뚫어보면 되는 것이었다.
그러나 여기에는 늘 논란이 되는 지점이 있다. 그것은 일상 속 미시적

경험들을 거시적 구조와 연결 짓는 핵심방법이 '해석'이라는 점이다. 해체하고, 이면을 드러내고, 의미를 포착하여 재구성하는 일련의 과정에 연구자의 '해석'은 필수적이었다. 해석은 눈에 보이지 않는 사물의 본질을 보이게 해주는 마법과도 같은 것이었지만, 동시에 사물의 본질을 이름 속에 가두고 개념과 이론으로 치환하는, 바흐친(Mikhail Bakhtin)의 말을 빌리자면 연구자의 "독백"이 될 수 있었다. 그것은 또한 도로시 스미스(Dorothy Smith)도 말한 것처럼, 연구자의 "통역"이기도 했다. 질적연구방법을 통해 이루어진 뛰어난 통역들은 인간과 세계에 대한 새롭고 흥미로운 해석과 설명을 제시해주지만, 해석의 타당성은 질적연구방법에서 늘 뜨거운 감자다.

우연히 접한 제도적 문화기술지는 이 문제에 대한 다른 대안을 제시하였다. 제도적 문화기술지의 관심은 사람들이 가진 경험의 의미가 아니라, 삶의 〈실제〉에 있었다. 실제는 우리가 기술하고, 명명하고, 범주화하는 그 이상의, 텍스트 외부세계이다. 제도적 문화기술지의 연구대상인 〈실제〉는 사람들의 일상적 삶이 그들을 둘러싼 제도나 지배관계에 어떻게 얽혀 있는가에 대한 해석이 아닌 묘사, 즉 문화기술지 방식으로 탐구될 수 있었다. 특히, 제도적 문화기술지가 탐구하려는 실제는 〈지배관계〉 속에 참여하는 사람들의 〈입장〉에서의 실제였다.

이처럼 제도적 문화기술지는 기존의 해석적 질적연구방법들과는 달리 경험의 의미를 해석하지 않고, 경험의 실제 모습인 경험의 〈사회적 조직화〉를 그려내려 한다. 제도적 문화기술지는 〈사회〉가 실제를 토대로 존재한다고 전제하기 때문에 경험을 해석할 필요가 없고, 개념이나 이론을 끌어들여 해석하는 행위를 거부하며, 무엇보다 해석하지 않고서도 사람들의 삶의 실제를 그려낼 수 있는 개념적 도구들과 방법을 제시한다. 문제틀, 입장, 일 지식, 텍스트, 조정, 사회적 조직화, 지배관계, 사회관계 등이 그 예이다. 즉, 제도적 문화기술지는 사람들의 일상적 삶에서 이루어지는 지배관계의 실제를 그려내기 위해 해석이 아닌 '묘사', 문화기술지로 접근하며, 기존의 질적연구방법에는 없는 〈입장〉, 〈문제틀〉, 〈일〉, 〈일 지식〉, 〈텍스트〉의 활성화, 〈텍스트〉의 조정 등 다양한 개념적 장치들을 끌어들임으로써 다른 해석적 질적연구방법들과 구별된다.

도로시 스미스는 제도적 문화기술지가 특히 교육, 복지, 의료 등 인간서비스 전문직을 길러내는 학문 분야에 유용하다고 하였다. 그러나 오늘날 제도적 문화기술지는 사회복지학은 물론 교육학, 여성학, 정치학, 지리학, 간호학, 사회학 등 보다 다양한 학문 분야에서 연구방법으로 사용되는 등, 그 적용 범위가 넓어지고 있다. 흥미로운 것은, 이들 다양한 학문 분야에서 축적되는 제도적 문화기술지 연구들은 '사람을 위한 사회학'으로 축적된다는 것이다. 제도적 문화기술지는, 마치 민속방법론처럼, 연구방법이자 동시에 하나의 학문분과를 형성하기 때문이다. 《제도적 문화기술지: 사람을 위한 사회학》이라는 이 책의 제목과 부제에서 알 수 있듯이, 제도적 문화기술지는 하나의 방법론인 동시에 그 연구결과들은 모여서 '사람을 위한 사회학'을 구축한다.

도로시 스미스는 이미 오래 전부터 제도적 문화기술지의 기반이 된 여러 저작을 출간한 바 있다. 그러나 제도적 문화기술지라는 타이틀을 내건 것은 2005년과 2006년의 저작 두 권이다. 이 책은 도로시 스미스의 2005년 저작인 *Institutional Ethnography: A Sociology for People*

(AltaMira Press)을 번역한 것으로, 제도적 문화기술지의 개념적, 이론적 토대와 연구수행에 필요한 개념적, 방법론적 장치들을 다루고 있다. 이 책은 제도적 문화기술지 연구를 하기 위한 실천적 지침이나 매뉴얼은 아니다. 그러나 이 책에서 풍성하고 깊이 있게 다루는 이론적, 개념적 토대를 시간을 갖고 충분히 이해한다면, 제도적 문화기술지 연구 실행에 관한 중요한 지침과 방법들을 끌어낼 수 있을 것이다. 도로시 스미스가 편집을 맡아 제도적 문화기술지 연구자들의 실제 연구경험을 모은 《제도적 문화기술지의 실제》(Institutional Ethnography as Practice, 2006) 또한 제도적 문화기술지 연구 실행에 도움이 될 것이다.

제도적 문화기술지를 구성하는 여러 개념들을 이해하는 데는 다소 시간이 필요하다. 따라서 이 번역서에서는 독자들의 편의를 위해 주요 개념적 용어들에 대해서 꺾은 괄호 표기(〈 〉)를 하였다. 이 표기의 대상은 저자가 정리해놓은 제도적 문화기술지의 핵심 개념들에 대한 '용어사전' 중, 이해에 필요하다고 생각한 용어들이다. 따라서 독자들은 이 책을 읽어나가면서 필요한 경우, 371페이지의 '용어사전'을 참고하면 내용을 이해하는 데 도움이 될 것이다. 또한 345페이지의 '옮긴이 해제'를 읽어보는 것도 도움이 될 수 있다.

이 책을 번역하게 된 동기는 한편으로는 제도적 문화기술지가 사회복지라는 제도적 세팅을 가진 사회복지학에 나름의 유용성이 있다고 생각해서이다. 다른 한편으로는 번역이라는 매개를 통해 제자들과 재미있는 시간을 가질 수 있으리라 기대했기 때문이다. 번역은 시작되었지만, 도로시 스미스의 글은 어렵고 까다로웠다. 우리는 모두 함께 모여 문장 단위로 번역을 해나갔다. 진도는 매우 더뎠고, 우리는 '봉숭아학당'이 되어갔다. 그러나 봉숭아학당 모임에서는 늘 웃음이 떠나질 않았다. 그렇게 3년 반이 흘렀다. 번역을 끝내며, 여전히 우리들 학당에서의 갑론을박, 그 좌충우돌의 유쾌한 말들이 추억으로, 그리움으로 남는다. 이 책이 지배관계 속에서 살아가는 사람들의 입장에서 해석이 아닌 다른 방법으로 행위와 구조, 미시와 거시 사이의 조직화 양상을 밝혀보려는 연구자들에게 또 하나의 대안이 되길 바라며, 긴 시간 동안 함께 재미있게 놀아준 봉숭아학당의 동료들에게 고마움을 전한다. 또한 최종 번역원고를 너무도 꼼꼼하고 친절하게 검토해주신 순천향대학교 김기덕 교수님께 감사드린다. 그리고 정말로 오랜 시간 기다려준 나남출판에 깊이 감사드린다.

2014년 2월

김 인 숙

편집자 머리말 : 이 책에 관하여

도로시 스미스는 *The Everyday World as Problematic* (1987), *The Conceptual Practices of Power* (1990), 그리고 *Text, Fact, and Femininity* (1990) 와 같은 연구를 통해 그녀 자신이 "지배의 관계들"이라고 부른 강력한 여성주의 이론을 발전시켜왔다. 이 책에서 도로시 스미스는 지식의 사회적 조직화라는 설득력 있는 표현을 하였다. 그녀는 여성들은 사회의 지배장치로부터 배제되어 왔으며, 지금도 배제되어 있다는 가정에서 시작한다. 사회는 지배적인 위치에 있는, 즉 지배하는 위치에 있는 사람들에 의해 만들어진다. 이러한 지배제도들은 사고방식을 만들어내는데, 이들 사고방식은 사회구성원들이 자신들은 물론 그들이 살고 있는 세계를 바라보는 방식을 구조화한다. 이처럼 도로시 스미스는 이데올로기로서의 지식을 비판하고, 여성들의 매일의 실체적 상황이 일상의 지배관계에 대한 분명한 인식론적 관점을 제공해준다는, 쉽게 알아차리기 어려운 방식에 대해 이야기한다.

1부에서 스미스는 '여성들의 입장'(*women's standpoint*) 이 무엇을 의미하는지 제시하였고, 이를 지배관계의 역사적 변천 안에 위치지었다.

중요한 것은, 그녀가 지배관계를 살려내는 사회학을 자리매김하였고, 연구자로서 그녀 자신의 경험들 — 가르치고, 엄마와 아내 노릇을 하는 — 을 활용하여 일상의 물질적 실재들과 지배관계 내에서의 그들의 위치를 보여주었다는 점이다.

2부에서 스미스는 사람들이 매일의 행위를 통해 갖게 되는 일상적 지식을 힘의 영역과 일상 너머 작동하는 관계들로 확장시키는 사회학적 설계를 보여준다. 이 방법은 문화기술지의 특징을 가지지만, 대부분의 문화기술지적 연구들을 넘어선다. 그녀가 명명한 **제도적 문화기술지**(*institutional ethnography*)는 지배관계가 어떻게 거기에 참여하는 사람들의 〈입장들〉(*standpoints*)로부터 작동되는가에 관한 지식을 구축한다. 또한 제도적 문화기술지는 사람들이 제도의 작동을 보고, 그 제도 안에서 자신들의 위치를 볼 수 있게끔 해주는 지도들(*maps*)을 만들어 낸다. 그녀는 제도적 문화기술지가 기존의 연구방법과 구분되는, 탐구와 발견을 위한 연구방법임을 강조하였다. 스미스에 의하면, 기존의 문화기술지는 물론 다른 사회학적 연구방법들은 선험적인 개념적 틀에 의해 과도하게 제한받는다. 이와 대조적으로 제도적 문화기술지는 이론의 지배를 거부한다. 제도적 문화기술지는 단순한 탐구의 방법이 아니라 하나의 대안적 사회학이다. 언어가 이 모델의 핵심이다. 스미스는 언어가 개인과 사회의 영역 사이에서 사고와 아이디어가 호혜적으로 움직이는 도구임을 강조한다. 제도를 구성하는 조정의 형태는 언어 안에서 그리고 언어를 통해서 발생한다.

3부로 넘어가서, 스미스는 텍스트에 대한 분석을 통해 제도적 문화기술지의 실행을 보여준다. 스미스는 3부의 여러 장을 통해 다양한 제도적 지식들, 텍스트로 매개된 조직화들, 그리고 텍스트의 체계들이 〈일〉과 〈사회관계〉를 어떻게 조정하고 제도적 힘의 작동이 어떻게 발휘되는지 분명히 보여준다.

객관성을 연구의 목표로 삼는 것은 사회학적으로 진부한 것이 되어간다. 객관성을 연구의 목표로 삼으면 주체의 존재가 유예되고, 경험과 관점의 독특성이 거부되면서, 개별 주체와 주관성과는 별개로 지식이 구성된다. 스미스는 〈사회〉(the social)에 관한 지식의 대안적 형태를 실현하는 하나의 방법으로서 제도적 문화기술지를 사용하면서 객관성의 주장을 강력하게 비판한다. 여기에서 대안적 형태는 일상행위를 통해 얻어지는 세계에 대한 지식이 사회관계와 제도적 질서로 확장된다는 것이다. 제도적 문화기술지가 궁극적으로 달성하고자 하는 것은 개인의 경험 너머에 있는 것을 일상의 영역, 일상적 지식의 영역으로 끌어옴으로써 사람들이 이러한 일상 너머의 것을 제도에 대한 지식과 제도에의 참여로 통합할 수 있도록 하는 것이다. 우리 편집자들은 젠더렌즈 시리즈의 다른 책 서문에 "사회학자인 우리들은 불평등에 대한 정확한 이해가 효과적인 사회변화를 위한 선결조건이라고 믿는다"고 썼다. 이 책에서 도로시 스미스는 우리의 말을 다음과 같이 재구조화하였다: 사람들이 제도가 불평등을 만들어내고 활성화한다는 것을 이해하기 위해서는 자신들의 일상적 삶의 구조를 이해해야만 한다. 이러한 이해 없이는 개인의 변화도, 진보적인 사회변화도 일어날 수 없다.

주디스 하워드 · 바바라 리스먼 · 조이 스프래그

머리말

이 책에서 나는 내가 경험했던 것으로부터 새로운 사회학을 구성하고자 했던 시도, 그리고 그러한 시도를 통해 배운 것들을 펼쳐 보이고자 한다. 그 내용은 내가 오랫동안 주장해온 것들로, 캘리포니아대학교(UC Berkeley) 대학원에서 배웠던 주류사회학과 여성운동에 참여하면서 발견했던 것 간의 첨예하게 대립되는 경험들에 기인한다.

의식고양을 위한 여성운동과 정치활동은 내가 대안적 사회학으로 발전시켜온 토대이긴 하지만, 사회학은 특정 범주의 사람들에 국한되지 않는다. 여성의 입장에서 사회를 탐구하는 사회학이라도, 경험의 일상 세계가 어떻게 일상을 넘어 거대하게 확장된 관계와 얽히는지를 보여주고자 하는 사회학이라도, 그것은 여성과 남성 모두를 위한 것이어야 한다. 그것은 사람들을 위한 사회학이어야 한다. 사람들을 위한 사회학은 내가 당연하게 배워온 사회학, 즉 사람들을 대상화하여 그들의 행동을 설명하는 주류사회학과 대조된다. 이 책은 사람들을 위한 사회학의 개념을 연구방법으로 변환한 제도적 문화기술지에 대해 이야기한다.1

사람들의 입장에서 사회학을 쓴다는 것은 이론 지배적인 담론의 입장과 대조되지만, 그렇다고 대중적 사회학을 쓴다는 의미는 아니다. 사람을 위한 사회학은 우리가 있는 일상의 삶에서 출발하긴 하지만, 우리에게 완전히 보이지 않는, 일상활동이 벌어지는 〈사회관계〉와 〈조직화〉를 탐구한다. 때로 발견의 작업은 일상의 경험적 언어 밖에서 이루어지는 기술적이고 개념적인 연구조사를 필요로 한다. 동시에 우리는, 제도적 문화기술지 연구를 하면 발견의 작업이 사람들의 일상의 일 지식으로 전환가능한 자원이 된다는 것을 경험하였다. 그러므로 발견의 작업은 사람들의 지식을 전문가의 지식으로 대체한다기보다는 사람들의 지식을 확장하는 수단이 된다.

하지만 나는 여기서 쓰이는 제도적 문화기술지가 단지 하나의 방법론이 아니라 하나의 **사회학**임을 강조하고 싶다(제도적 문화기술지는 질적 연구방법 교재와 교과과정으로 보는 경향이 있다). 제도적 문화기술지는 단순히 이론에서 시작하고 이론의 비호하에 사람들의 세계를 들여다보는 탐구에 대한 사회학적 전략의 방법이 아니라, 사람들의 경험으로부터 탐구를 시작한다. 나는 이것을 '탐구방법'(*method of inquiry*)으로 기술해왔는데, 이것이 작은 오해를 일으킬 수 있다는 것을 알고 있다. 그러나 내가 이렇게 기술하는 것은, 경험적 분석으로서 가설을 검증하거나 이론을 설명하는 것이 아닌, **발견**으로서의 연구를 항상 강조해왔기 때문이다.

---

1 피터 그레이엄(Peter Grahame, 1998), 마리 캠벨과 프랜시스 그레고르(Marie Campbell and Frances Gregor, 2002), 그리고 D. E. 스미스(D. E. Smith, 2001a)가 쓴 제도적 문화기술지에 관한 보다 간략한 소개를 추천한다.

제도적 문화기술지가 주류사회학으로부터 어떻게 근본적으로 이탈했는지를 한두 문장으로 보여주기는 어렵다. 제도적 문화기술지는 확실히 마르크스와 연관되는데, 마르크스주의의 이론적 발전에서가 아니라 민속방법론에서 일정 부분 그렇다. 제도적 문화기술지가 이 부분과 공유하는 것은 사람들이 사는 바로 그 세계, 즉 우리의 몸이 있는 바로 그곳에서 탐구를 시작하고 진행한다는 부분이다. 그리고 제도가 어떻게 조정되는지를 문화기술지적으로 발견하는 데 있어 언어를 핵심으로 보기 때문에, 조지 허버트 미드(George Herbert Mead)에 기원을 둔 상징적 상호작용의 전통에 가까우며, 미하일 바흐친(Mikhail Bakhtin), A. R. 루리아(A. R. Luria), 발렌틴 볼로쉬노프(Valentin Vološinov)의 언어에 관한 러시아 전통과도 연결된다.

나의 경우도 그렇지만, 일단 사회학 안에서 훈련받게 되면 〈사회〉를 사람들 위에 존재하지 않는 것, 사람들을 덮어버리지 않는 것으로 보면서 〈사회〉에 관한 지식을 만들어내는 패러다임으로 전환하는 것은 쉽지 않다. 제도적 문화기술지는 지식 생성을 목표로 한다. 그 지식은 우리가 알고 있는 일상세계에서의 통상적인 방식들이 우리가 몸담지 않은 지역 혹은 탐험가의 흥미와 지도제작 기술 없이 갈 수 없는 지역으로 확장될 수 있는 지식이다.

이 책의 어떤 부분은 쉽게 읽히지 않을 것이다. 그것은 저자 스타일의 문제라기보다, 사회를 이해하고 탐구에 대해 사고하는 다른 방법으로 독자를 진입하도록 하기 때문이다. 이것은 **패러다임의 전환**(Kuhn, 1970)을 의미한다. 나의 경우 그러한 패러다임의 전환은 25년에 걸쳐 이루어졌지만, 독자는 이 한 권의 책으로 패러다임의 전환을 이루기 바

란다.2

사람들이 일상적 삶의 일상적 장소에서 매일매일 세계를 어떻게 아우르는지, 그리고 사람들의 행위가 초지역적으로 조정되는 역동적 관계의 복합체로 어떻게 구성되는지를 발견하는 것은 제도적 문화기술지라는 탐구 기획이 개방되어 있음을 의미한다. 우리가 〈실제〉에 관심을 가짐으로써 우리가 발견한 것을 검토하게 하고, 우리를 놀라게 하며, 발견한 것을 다시 생각해보도록 하고, 보다 나은 진술로 나아가게 하듯이, 제도적 문화기술지는 항상 수정될 수 있어야 한다. 내가 이 책에서 쓰고 있는 것은 우리가 구성해온 제도적 문화기술지 연구작업의 산물이자 발견들이다. 우리를 지배하는 새로운 관계의 영역들로 나아가는 연구가 문화기술지 방식으로 정교해질 때, 제도적 문화기술지는 변화되고, 확장되며, 향상된다.

이 책은 4부로 구성되어 있다. 1부는 "사람을 위한 사회학 만들기"로, 여성운동 기획의 토대를 보여주고, 외견상 유사한 정치적 관여를 보이는 여타 사회학들과의 차이에 대해 이야기한다. 2부는 "사회에 관한 존재론"으로, 제도적 문화기술지가 사람들의 삶의 〈실제〉에서 벌어지는 현상에 초점을 두고 그 현상에 의존하면서 기술하고 설명하고 분석하기 때문에, 〈사회〉에 관한 존재론이 정말 필요함을 보여준다. 하지만 〈실제〉 그 자체가 사회학자들에게 그들의 연구와 관련된 것들을 말해주지

---

2 조지 스미스(George Smith)와 나는 그것을 "존재론적 전환"이라고 불렀다. 나는 그에게 생일선물로 티셔츠의 앞면에 "나는 존재론적 전환을 이루었다"라고 프린트해서 선물한 적이 있다. 그는 연구할 때 그 티셔츠를 입었다.

는 않는다. 그들의 탐구는 문화기술지적 관심에 초점을 맞추는 방법을 필요로 한다. 존재론에 대한 설명은 이 부분을 보여주기 위한 것이다.

2부는 두 개의 장으로 구성되어 있는데, 3장은 사회에 대한 존재론을 개략적으로 보여주고, 4장은 3장에서 보여준 존재론에 언어적 현상이 어떻게 융합되는지를 설명한다. 언어를 사람들의 주관성의 조정자로 끌어들이는 것은 우리의 일상적 삶을 조직화하는 장치로서 제도를 설명하는 데 필수적이다.

이 책의 3부인 "문화기술지로 제도에 접근하기"는 존재론을 제도적 문화기술지의 실행을 위한 일반적 틀로 전환한다. 이 부분은 제도들의 텍스트적 기반과 제도적 담론의 특징적 작동방식을 다룬다. 6장은 제도적 문화기술지를 만들어감에 있어 문제가 되는 경험의 역할을 다루며, 7장에서는 사람들의 경험의 어떤 면면이 제도적 문화기술지와 관련되는지를 살펴본다. 그리고 8장과 9장에서 우리는 텍스트의 핵심적 중요성과, 행위가 제도적 형태로 조직화되는 과정에서 텍스트를 어떻게 인식하는지를 살펴본다.

마지막으로 결론에서는 우리가 이 책에서 달려온 여정을 그려보면서 보다 확장된 지배관계로 탐구가 전개될 수 있는 몇몇 가능성들을 제안한다. 그리고 제도적 문화기술지가 시작될 때 갖게 되는 정치적 관여를 상기하면서 그러한 정치적 관여가 제도적 문화기술지 연구라는 집합적 기획에서 어떻게 일어나는지, 그리고 어떻게 실현될 수 있는지를 살펴본다.

도로시 스미스

사회복지학 총서 103

제도적 문화기술지
사람을 위한 사회학

차례

제1부

사람을 위한 사회학 만들기

제1장

여성들의 입장
체현된 앎 대 지배관계

여성운동이 투쟁대상으로 삼았던 남성 중심 체제 안에서 살아오고 생각한 사람들에게 초기 여성운동의 경험이 얼마나 급진적이었을지는 상상하기 어려울 것이다. 투쟁은 외부의 적인 남성 중심 세계만이 아니라, 우리가 생각하고 행동하고 느끼는 우리들 내부에서도 일어났다. 우리는 비록 자발적이지는 않지만 남성 중심 세계에 참여해왔다. 여성들의 일상경험이 공적 언어로 전환되거나, 여성운동과는 다른 방식으로 정치화되는 발전된 담론은 없었다. 우리는 다른 여성들과 이야기하면서 우리가 했던 경험과 하지 못했던 경험에 대해 알게 되었다. 우리는 그 경험에 '억압', '강간', '성희롱', '성차별주의', '폭력' 등의 이름을 붙이기 시작했다. 이들은 이름 이상의 의미를 가진 용어들이었다. 이 용어들은 우리가 공유한 경험들이 정치적 실재임을 보여주었다.

우리의 경험에 대해 생각하고 말하기 시작하면서, 우리는 놀랄 만큼 깊은 소외와 분노를 알게 되었다. 이 모든 감정들은 어디에 있던 것일까? 우리는 서로의 경험을 이야기하고, 이를 공론의 장으로 끌어내는 방법을 다른 여성들과 함께 발견하였다. 이때 우리가 경험한 전환은 매우 놀라웠으며, 이 과정에서 우리 자신의 변화 또한 경이로웠다. 우리의 경험을 말하는 것이 바로 발견의 도구였다. 공통의 경험을 발견하면서 우리는 우리가 알지 못했던 것, 그리고 어떻게 생각해야 하는지 몰랐던 것을 면밀히 살펴볼 수 있었다. 내가 대안 사회학을 발전시키는 데 사용한 접근방법도 바로 이 여성운동 초기의 도전을 모델로 하여 〈여성들의 입장〉(women's standpoint)을 취한 것이다. 〈여성들의 입장〉은 완결되고 주어진 형태의 지식이 아니라 발견되어야 할 경험을 근거로 한다.

    페미니스트 사고를 페미니스트 입장론(feminist standpoint) — 혹은 내 주장으로는 〈여성들의 입장〉— 으로 전환시킨 것은 우리의 경험을 이야기하고 우리의 경험이 만들어지는 방식을 변화시키기 위해 행하고 조직화한 것들을 적극적으로 공유하는 과정이었다. 하지만 페미니스트 입장론의 창시자인 샌드라 하딩(Sandra Harding, 1988)은 나를 포함하여 여성들의 경험에 대해 입장론적 견해를 취하는 낸시 하트삭(Nancy Hartsock), 힐러리 로즈(Hilary Rose)와 같은 여성주의자들의 사회과학적 사고를 끌어들여 종합하였다. 페미니스트 경험론자들은 여성의 지식이 더 우위에 있으며 객관성을 가진다고 주장한다. 하딩은 이러한 페미니스트 경험론자들이 해결 불가능한 패러독스 안에 갇혀 있다고 주장했다. 하딩이 "페미니스트 입장론자들"이라고 부른 이들은 페미니스트 경험론(feminist empiricism)[1]을 넘어 페미니스트 비평을 한 단계 진일보시켰다. 이들은 사회에 대한 지식이 항상 자신이 서 있는 그 자리에서 도출되기 때문에, 여성은 억압받는 집단의 구성원으로서 이 점에서 인식론적 특권을 갖는다고 주장하였다. 주인-노예관계에 대한 헤겔의 우화에서 보듯이, 노예는 주변화되고 억압받는 자신의 위치 때문에 주인보다 더 많이, 더 멀리, 더 잘 볼 수 있는 것이다. 그러나 하딩은 여성운동이 합리적이고 객관화된 지식과 그 지식의 남성적 주체에 도전하기 위한 근거로 경험에 권위를 부여하는 것을 비판하였다(123). 그런데 하딩의 페미니스트 입장론도 전통적 철학담론의 보편적 주체와 객관적 진실 주장을 재생산하고 있다. 이는 은연중에 우리가 이미 넘어섰다고 여겼던 페미니스트 경험론으로 회귀하는 것이다.

〈여성들의 입장〉이라는 개념 — 또는 여성들의 경험이 특별한 권위를 가진다는 개념 — 역시 페미니스트 이론가들의 비판을 받았다. 그것은 젠더의 다양한 형태와 변화뿐 아니라, 계급과 인종의 다양성도 고려하지 못하였기 때문이다. 1960년대와 1970년대의 초기 여성운동을 주도

---

1 〔옮긴이 주〕페미니스트 경험론자들은 기존의 실증주의적 과학의 인식론적 전제를 기초로 하는 연구들에서 나타나는 성차별적이고 남성중심적인 편견들을 비판하는데, 이러한 결과가 나타나는 이유는 연구과정에 사회적 편견과 선입관이 개입되기 때문이라고 보았다. 이들은 실증주의적 과학 연구방법론의 규범들을 보다 엄격하게 지킨다면 이러한 편견과 곡해는 제거될 수 있으며, 이를 통해 연구의 객관성을 확보할 수 있다고 주장한다. 즉, 페미니스트 경험론자들은 과학적 방법론 실행의 불완전함을 문제제기할 뿐, 과학규범 자체를 문제시하지는 않는다고 할 수 있다. 반면 페미니스트 인식론자들은 실증주의적 과학규범 자체가 성차별적 기준에 의해 구성되었음을 비판하며, 성별로 위계화된 사회에서 여성들의 차별화된 삶이 과학적 연구의 출발점이 되어야 함을 주장한다〔Sandra Harding, 2009(1991) ; 최희경, 1993〕.

한 것은 백인 중산층인 이성애자 여성들이었다. 여성을 단일하고 보편적인 존재로 가정하는 것은 처음엔 노동계급 여성들과 레즈비언에 의해서, 그 다음엔 아프리카계 미국인, 히스패닉, 원주민 여성들에 의해서 도전을 받았고 약화되었다. 숨겨 있던 계급, 섹슈얼리티, 식민주의의 존재가 드러나기 시작했다. 또한 북미와 경험이 다른 사회에 사는 여성들, 잘 드러나지 않았던 장애 여성과 여성 노인들, 초기 페미니스트들의 이슈가 자신과는 관련이 없다고 생각하는 젊은 여성들은 보편적 여성이라는 가정들에 도전하였다.

〈여성들의 입장〉 개념에 대한 이론적 도전은 〈여성들의 입장〉이 가진 본질주의 측면에서 이루어졌다. 〈여성들의 입장〉은 '여성들'이라는 범주 안에 담겨 있는 억압과 불평등의 다른 토대들을 배제했기 때문에 본질주의로 여겨졌다. 그러나 본질주의가 비판받는 이유는 여성들 간의 공통적이고 분명한 속성들을 규명하기 위해 '여성들'(women) 혹은 '여성'(woman)이라는 범주를 사용하기 때문이다. 본질주의는 **여성**을 이론화하는 데 문제가 있지만, 그렇다고 그러한 범주들을 사용한 모든 경우까지 확대해서 볼 수는 없다. 여성운동이 현실에서 이루어질 때 '여성들' 혹은 '여성'이라는 범주는 그 말이 지시하는 대로 작동하기보다는 정치적으로 작동한다. 여성이라는 범주는 정치적 개념으로서, 명시적 혹은 암묵적으로 여성들을 보편화된 존재로 만들어 여성들을 억압하는 남성중심주의에 대항하여 투쟁하도록 만든다. 여기서 가장 중요한 것은 여성이라는 범주가 여성들에게 공적 영역, 더 일반적으로는 사회의 정치적, 지적, 문화적 생활영역에서 잃어버렸던 주체위치(subject position)를 만들어낸다는 점이다.

공적 영역에서 여성이라는 이름으로 주체위치를 주장하는 것은 1970년대와 1980년대 일어난 초기 여성운동의 핵심 기획이었다. 그 역동은 매우 강력했다. 이 주장을 처음으로 제기한 이들은 백인 중산층 여성들이었지만, 이후 새로운 주체위치는 그동안 공적 담론에서 배제되었던 사람들에게까지 확대되었다. 이들의 주체위치 주장은 이전과는 달리 공적 담론 안에 자리매김하면서 주목받았고, 이들의 경험은 권위를 갖게 되었다. 계속된 분열, 인종주의와 우세한 백인문화에 대한 내부 갈등, 내부 논쟁과 분노가 있었지만 이런 것들이 운동 자체를 파괴시키지는 않았는데, 바로 이 점이 여성운동의 독특한 특성이다. 오히려 반대로, 북미와 유럽의 투쟁들은 스스로의 경험에 목소리를 부여한 초기 여성들보다 여성운동을 더 다양화하고 확장시켰다.

1. 여성들의 입장과 지배관계

입장(*standpoint*)은 일상언어에서 차용한 용어이다. 이 말은 하딩의 혁신적 사유와 비평을 담은 저서(1988)에서 두루 쓰였는데, 이제는 새로운 차원에서 널리 사용되고 있다. 하딩은 입장을 지식의 주체, 즉 지식을 알고 있거나 만들어내는 자의 사회적 위치로 본다. 그녀는 이후의 저작들에서 식민주의와 제국주의라는 사회정치적-경제적 체제 안에서 주체위치의 다양성에 근거하여 인식론을 발전시킨다. 나는 처음에 '관점'(*perspective*)이라는 용어를 사용하다가(D. E. Smith, 1974a), 하딩의 용어를 차용하여 연구하였다. 하지만 내 연구에서 입장 개념은 하딩의 입장과는 다르다. 그리고 낸시 하트삭(Nancy Hartsock, 1988)이 제기한 페미니스트 입장이라는 개념과도 다르다. 낸시 하트삭은 페미니스트 입장을 사회에서(혹은 정치 경제 안에서) 사회적으로 결정된 위치나 사회 안에서의 위치로 정의하지 않았다.2 나의 '입장' 개념은 페미니스트라는 말을 '여성들'로 대체한 〈여성들의 입장〉이라 말할 수 있다. 이 〈여성들의 입장〉은 내가 원래 '여성을 위한 사회학'(a sociology for women)으로 불렀다가 이후 '사람을 위한 사회학'(a sociology for people)으로 전환한 기획에 필수적인 것이다. 〈여성들의 입장〉은 사회 내의 지위, 젠더, 계급 혹은 인종의 범주나 위치를 의미하지 않는다. 〈여성들의 입장〉은 인식 주체 누구에게나 열린 장(site)으로, 제도적 문화기술지의 주체위치로 설정된다.

제도적 문화기술지 연구방법은 기존 사회과학 담론이 가진 지식의 객관화된 주체에 대한 대안으로 기획되었다. 객관화된 주체는 내가 말

---

2 하트삭의 관심은 여성들의 경험과 이해가 온전히 통합되도록 역사적 유물론을 재구성하는 것이었다. 그녀에게 가장 중요한 것은 여성운동이 '가부장적'이라고 명명한 권력의 형태들을 적절하게 인식하는 것이다. 재생산 및 생계활동과 관련되어 만들어지는 여성들의 주변적인 위치는 일반적으로 생산 양식에서도 여성들을 주변화한다. 그녀는 마르크스와 그의 계승자들이 무시했던 페미니스트 입장을 역사적 유물론에 끌어들였다. 그녀는 특별히 정치적 중요성을 갖는 페미니스트 입장을 고안했다. 나는 이 부분이 본질주의로 비판받았다고 생각한다. 이것은 북미의 상황만을 고려했고, 북미 백인 중산층 전문직에만 국한됐기 때문에, 하트삭이 전 세계 여성의 현실이라고 설명한 것은 부인되었다. 최근 캐나다의 인구 통계 조사에 따르면 여성들의 임금노동 참여가 과거 30년 동안 지속적으로 증가했지만, "여성들은 요리하고 청소하는 데 일주일에 적어도 30시간을 할애하여 남성보다 두 배의 일을 하고 있으며"(Andersen, 2003: A7) 자녀 양육, 특히 어린 자녀를 돌보는 데 남성보다 더 많이 참여한다.

한 '지배관계'(ruling relations)를 따르고, 그에 통합되어 있다. 여기서 지배관계는 일상적인 것으로 보이지는 않지만, 일상적으로 이루어지는 관계들의 복합체이다. 이 관계들의 복합체는 텍스트를 통해 매개되고, 공간과 시간을 가로질러 연결되며, 기업, 정부관료, 학술적이고 전문적인 담론, 대중매체 그리고 이들 간의 상호 연결된 관계들로 이루어지는 매일의 삶을 조직화한다. 20세기 말, 여성운동 초기에는 여성들이 지배관계 속에서 행위자나 주체로 등장하지 못했다. 우리가 지배관계 안에서 어떻게 살았든 간에 우리는 지배관계에 종속되어 있었다. 우리는 우리를 종속시킨 성별화된 조직구조 안에서 지배관계를 재생산하는 어머니로서 살아가는 여성들이었다. 우리 여성들은 보조인력, 가게 점원, 간호사, 행정이 아닌 대인 서비스만 제공하는 사회복지사였다. 대학에서도 여성들은 소수였고, 대부분 주변인이었다(내가 처음 캐나다의 대학에서 일할 때 두 명의 뛰어난 여성들이 있었는데, 이들은 1년짜리 시간강사 이상 올라가지 못했다).

제도적 문화기술지에서 주체위치를 고민하면서 나온 '입장'은 사회를 발견하는 시작점을 열어주었고, 이는 사회나 정치경제에 대한 객관적인 지식에 종속되지 않도록 만들어주었다. 제도적 문화기술지는 사람들의 일상생활과 경험의 〈실제〉(actuality)에서 출발하여, 경험을 넘어서는 〈사회〉(the social)를 발견하는 연구방법이다. 사람들의 일상생활에서 시작하는 '입장'은 제도적 문화기술지 연구에서 필수적이다. '입장'은 사회학 담론 내에서 누구에게나 열려 있는 주체위치를 설정하는 사회학에도 필수적이다. 제도적 문화기술지 연구자들은 사람들의 삶 속에 실재하면서 지역적 일상을 넘어 조직화되어 있는, 사람들의 경험 속에 들어 있는 〈사회〉를 발견하고 밝히고 그려내려 한다.

1) 여성의 입장에서 본 사회학

여성운동이 그랬던 것처럼, 객관화하지 않는 사회학을 발전시켜보려는 기획은 여성으로서의 내 삶의 경험을 탐색하면서 시작되었다. 이러한 탐색으로부터 나는 학부와 대학원을 다니며 오랫동안 그리고 때론 힘들게 배웠던 사회학의 토대들에 의문을 제기하였다. 그때 나는 캐나다 서부 해안가에 있는 브리티시컬럼비아대학교(The University of British Columbia)에서 학생을 가르치는 사회학자이자, 두 어린 아들을 둔 한 부모였다. 내가 대학과 가정에서 일하는 방식들은 상호 모순적이었다. 나의 일은 한편으로는 가사와 엄마 되기였고, 다른 한편으로는 연구, 수업준비, 교육, 교수회의, 논문쓰기 등이었다. 내가 가르친 사회학은 집안일에 대해 거의 아무것도 말해주지 않았기 때문에 가사를 사회학과 관련지어 이해할 수 없었다.

　나는 나 자신의 경험에서 시작해야 한다는 것, 그리고 감춰져 있던 여성의 목소리를 찾는 데서 출발해야 한다는 것을 여성운동으로부터 배웠다. 나는 내 몸이 있는 장소, 즉 아이들과 한집에 살며 집안일에 필요한 돌봄과 생각이 일어나는 곳에서, 사회학적으로 사고하는 것이 무엇을 의미하는지 탐색하기 시작했다. 그곳에는 아이들, 이웃들, 친구들, 아이의 친구들, 토끼[이놈들은 놀랄 정도로 사납고 파괴적이어서, 조지 허버트 미드의 책인 《정신, 자아, 사회》(Mind, Self, and Society)는 이 긴 귀를 가진 애완동물의 이빨과 발톱으로 흠집투성이가 되었다], 두 마리의 개,

그리고 가끔씩 햄스터 등과의 특별한 관계들도 존재한다. 이런 방식으로 나는 집안일, 요리, 육아 그리고 일상에서의 잡다한 일들에 주의를 집중하였다. 내가 대학으로 일하러 간다는 것은 단순히 내 몸이 집에서 나오는 것이 아니라 내 일의 초점이 달라지는 것이다. 즉, 가정이라는 장과 그곳에서의 관계가 아닌 사회학 담론을 읽고 가르치는 대학의 행정적 일로 바뀌었다. 물론 몸은 대학에 있지만, 대학에서의 일이 가정과 관련해 조직화되지는 않았다.

가정과 대학이라는 두 주체는 서로 섞이지 않는다. 이들은 명백하게 다른 체계로 분리되어 있는 트랙 위에서 움직인다. 기억, 집중, 논리, 반응은 아주 다르게 조직화되어 있다. 아이의 치과 약속을 기억하는 것이 나의 학문적 의식의 일부분은 아니다. 만약 내가 기억하려고 애를 쓰지 않았다면, 나는 당연히 아이의 치과 약속을 잊어버렸을 것이다. 나는 나의 경험이 어디에 위치하며 사회적으로 어떤 맥락인지에 따라서, 집과 학교에서의 나의 경험은 급격하게 달라진다는 것을 알았다. 아이들의 몸, 얼굴, 운동, 목소리, 머리 냄새, 말다툼, 놀이, 저녁시간 책 읽기, 매일 아침 학교에 보내는 스트레스, 요리와 식사 접대 등 가정은 일일이 열거하기조차 어렵고 정말 뭐라 정의할 수조차 없는, 뇌리를 떠나지 않는 무수한 일들로 구성되어 있다. 반면 대학에서 나의 일은 매우 다르게 연결되어 있다. 내가 사고하고 가르쳤던 사회학은 텍스트 속에 있고, 그 텍스트는 내가 극히 부분적으로만 알고 있던 사람들의 관계망으로 무한히 확장되는 담론들에 나를 연결시킨다. 이들은 이전 시대 또는 동시대의 학문적 영웅이나 거장일 수도 있고, 책이나 글에 있는 이름일 수도 있고, 대학원에 있는 선생님, 동료, 동년배일 수도 있다. 교수들이 하는 행정 업무는 학교 행정본부와 관련 있는데, 학교 행정본부는 그 시점에 따라 학과장이나 학장과 같은 권력자들일 수도 있고 학생 관련 업무를 조정하는 교무과장과 같은 행정직원일 수도 있다. 비서와의 인사 후에 내가 과사무실에 도착해서 가장 먼저 하는 행동은 메일을 열고 텍스트의 세계로 진입하는 것이다.

내가 알게 된 것은 대학에서의 주체가 가정에서와 같은 일상성과 육체성이 배제되면서 움직인다는 것이다. 나는 여성운동으로부터 여성의 위치에서 시작하는 법을 배우면서, '가정'에서의 주체 입장에서 대학과 내 일터에 관심을 가지기 시작했다. 그러자 나는 전에는 볼 수 없던 것들을 보기 시작했다. 학교 중심부로 걸어가고 있을 때, 혹처럼 생긴 검푸른 섬들과 저 멀리 북쪽의 머나먼 눈 쌓인 산들이 열리고, 내 왼편에 건물이 있기도 전에 존재했던 커다란 구멍이 보인다면 얼마나 기묘하겠는가! 우리가 항상 이들을 이해하지는 못하더라도, 일상의 방식으로 보면 이들이 서로 연관되어 있음을 발견할 수 있다. 내 집에는 아이들, 개, 토끼가 있다. 여기서 내 집을 돌아다니던 토끼와, 토끼가 물어뜯어 너덜너덜해진 책 《정신, 자아, 사회》는 명백히 연관되어 있다. 그러나 건물이 있기 전에 존재했던 그 구멍은 어떤 것과도 명백하게 연결되지 않는다. 대학에서 경험한 이 기묘한 의식은 조직화(*organization*)라는 아주 낯선 형태로 내게 나타나기 시작했다. 만약 내가 그 구멍의 근원을 알고자 했다면, 나는 건설회사가 그 구멍을 만드는 데 실제 책임이 있는지 여부 및 행정과정과의 연관관계 질서로 거슬러 올라갔을 것이다. 즉, 예산, 행정 결정, 지방과 연방정부의 기금 등을 확인했을 것이다. 나는 제도적 문화기술지 연구자들이 "지배관계"라고 부르는 그 관계의 질서로 거슬러 올라갔을 것이다. 이는 엄마와 주부로서의 생활과 일이 일어나는 특정 장소 및 관계들로부터 주체를 분리시키는 것처럼 보일 수 있다. 돈에 의해 매개된 사회관계이든, 학술적이거나 전문적인 담론 내 객체로 조직화된 사회관계이던 간에, 지배관계는 의식을 보편적 방식으로 끌어 올리는 주체위치를 만들어낸다. 일상적 실제와 분리된 사회관계에 일상적 실제를 연결하면 지배관계가 드러난다. 나는 일상 속에서 그리고 건물이 있기 전의 구멍 너머에 지배관계가 존재하고 그것이 힘을 갖고 있음을 알게 되었다. 또한 나는 대학세계가 지배관계와 완전히 통합된 담론적 관계들의 조직화이며, 이런 조직화는 일상 속에서 이루어진다는 그런 사회학에 대해 생각하기 시작하였다.

2. 젠더와 지배관계의 역사적 변천

나는 여성운동가로서 지배관계를 연구했던 덕택에, 일상세계의 경험 안에 들어가 관찰했을 당시에는 온전히 알 수 없었던 사회관계의 질서를 알 수 있었다. 객관화된 지배관계들은 다양한 지역적 일상세계를 넘어 초지역적으로 조정한다. 이런 나의 경험과 이에 대한 성찰의 모태는 **조직화**였다. 이 조직화는 젠더와 지배관계들의 역사적 변천 속에서 생겨났다.

내가 말하는 〈지배관계〉(*ruling relations*) 개념(D. E. Smith, 1987, 1999c)은 지배(*domination*) 방식을 의미하지 않는다. 지배관계는 19세기 후반에 북미와 유럽에서 많이 나타났던 사회를 조직화하는 새롭고 독특한 방식이다. 지배관계는 특정 사람과 특정 공간 밖에서 구성된다는 의미에서 객관화된 의식과 조직화의 형태이다.

이들 변화는 19세기 말과 20세기 초에 빠르게 가속화되었는데, 이는 활자의 발명과 지역적 범위를 넘어서는 언어에의 접근성 확대로 인해 시작되었다. 성경이 라틴어가 아닌 각국의 모국어로 인쇄되면서 사제의 중재 없이도 모든 사람이 성경을 텍스트로 읽게 되었다. 이 성경의 유용성은 유럽 기독교의 본질뿐만이 아니라 기독교 조직도 변화시켰다. 정부의 발표들은 복제되어 널리 배포될 수 있었다. 언론매체가 나타났고, 여론은 인쇄될 수 있었고, 스토리텔링의 독특한 장르로서 소설이 등장했으며(McKeon, 1987), 정치적이고 사회적인 사상은 이데올로기로 일반화될 수 있었다. 생산 양식으로서 자본주의의 빠른 발전을 보완하고 변형한 것은 의식과 행위의 형태였고, 이들은 더 이상 개인적인 것이 아니었다. 마르크스는 19세기 중후반에 자본을 개인 소유의 개념으로 이론화하는 글을 썼다. 또한 마르크스의 '의식'(*consciousness*) 개념은 우리의 머릿속에서 일어나는 개인적인 것이었다(1973). 이와 반대로 지배관계는 의식을 객관화한다. 즉, 이들 새로운 사회관계의 형태들은 마르크스 당시에는 발전되지 못했다. 그러므로 마르크스는 그의 생각을 사회적 의식의 형태로 통합해내지 못했다. 그런데 이들 사회적 의식은 사실 ⓐ 특정한 사회관계로 분화되고 전문화된 것이며, ⓑ 특정 개인이나 관계와는 별개로 생산된다는 점에서 객관화된 것이다.

레오노어 다비도프와 캐서린 홀(Leonore Davidoff & Catherine Hall, 1987)은 17~18세기 영국 중산층 가정이 비즈니스, 정치, 과학과 같은 남성세계로부터 점차적으로 고립되어가는 과정을 설명하였다. 여성들은 가정이라는 특정 영역에서 일을 한 반면, 중산층 남성들은 특정 지역을 넘어 사무적이고 역동적인 시장과 연관된 비즈니스 분야에서 활발히 활동하였다. 이들은 또한 영국과 유럽의 클럽이나 커피하우스, 미국의 공회당 같은 곳에서 잡지나 신문, 책에 나온 토픽들을 다른 사람들과 토론하면서 활발하게 공론을 만들어갔다(Habermas, 1992; Ryan, 1993). 중산층 남성과 여성의 의식과 행동 사이에 급진적 분리가 일어났다. 초기 지배관계는 의식과 육체를 분리하는 특이한 형태였으며, 이는 주체와 행위의 분화를 요구하였다. 교육과 이데올로기에서 중산층 남성의 주체 형성이 목표로 한 것은 근대의식이었다. 이 근대의식은 일상의 육체적 존재를 대체하거나 억누르는 방식으로 행위를 가능하게 했다.3

조안 랜즈(Joan Landes, 1996)에 따르면, 계몽주의 그리고 일반적 경제생활양식인 자본주의와 관련된 공적 담론에서 여성을 배제한 것은 남성들이 자신들의 '보편성의 가면'(the masquerade of universality)을 지탱하는 데 꼭 필요한 것이었다. 공적 영역은 여성을 배제하는 젠더 질서에 의해서 규정되었다. 프랑스 혁명기와 그 이후에 공적 영역을 조직화하려 한 여성들의 시도는 "부르주아지 공적 영역의 구성원리를 깨뜨리는 위험성이 있었다. … 이들 여성의 시도는 자연과 진리는 물론 여성들

---

3 루소의 《에밀》(Emile, 1966)은 시민사회의 자율적인 남성 주체 형성을 목표로 한 교육체계를 고안했다. 그는 여성들도 동등하게 고등교육을 받도록 했지만 자율성은 주어지지 않았다. 여기서 여성의 역할은 단지 남성 중심 기획에서 육체적 욕구를 충족시켜주는 부수적인 것이었다. 에밀의 관점에서 본 시민사회영역에서 여성들은 독자적으로, 혹은 여성으로서 등장할 수 없었다.

이 공적 영역이 아닌 사적인 가정 영역에 있어야 한다는 여론을 포함한 성별화된 조직화를 붕괴시킬 위험성이 있었다"(87~88). 남성만을 인간으로 보는 남성들은 특수성을 떠들어대지 않은 반면, 여성들은 자신들의 사회적 존재를 특수성으로 밀고 나갔다. 이런 이유로 남성만을 인간으로 보는 남성들은 "그들이 보편성의 베일 뒤에서 가식적으로 행동할 수 있게 해주는 가면"이라는 개념을 인정할 수 없었다(Landes, 1996: 98).

새로운 형태의 사회적 조직화는, 19세기 중반에서 20세기 초로 넘어오면서, 말과 이미지를 재생산하는 인쇄술을 비롯한 여타의 기술들에 힘입어 빠르게 확장되었다(Beniger, 1986; Yates, 1989). 막스 베버(Max Weber, 1978)[4]의 사회학적 저작으로 잘 알려진, 국가의 관료제 발달은 경영분야에서 급진적 혁신을 가져왔다(Beniger, 1986; Waring, 1991; Yates, 1989). 마르크스가 당연하게 생각했던 개인 소유주와 자본가 기업 간의 직접적 관계는 기업 소유권과 지배권으로 점차 대체되었다(Chandler, 1977; Noble, 1977; Roy, 1997). 이는 '경영'이라는 말을 만들어내면서 경영권과 소유권을 분리했을 뿐만 아니라 제너럴모터스 사의 알프레드 슬로언(Alfred Sloan, 1964)이 '주관적' 조직과 대비시켜 부른 '객관적' 조직의 탄생으로 이어졌다. 객관적 조직은 주식시장에서 분기별로 재무회계를 보고하는 시스템을 통해서, 체계적으로 자기 업무를 담당하는 다른 부서들의 분업 활동으로 이루어졌다. 더 이상 개

---

4 사실 베버는 관료제에서 텍스트와 문서의 중요성을 인식할 수 있도록 조직화를 이론화한 몇 안 되는 사회학자들 중 한 사람이다.

인 경영자 혹은 소유주의 머릿속에서 결정이 이루어지지 않았으며, 추측이나 계산에 대한 객관적인 근거가 없는 보고보다는 자료를 근거로 결정이 이루어졌다. 예를 들어 19세기 후반 듀폰 사처럼 가장의 아들과 사위가 한집에 살면서 각자 여러 공장들을 운영하고 하루의 일을 가장에게 보고하는 편지를 매일 쓰는 그런 관계는 더 이상 이루어지지 않았다(Yates, 1989). 가족사업에서 이윤공동체를 만든 것처럼, 가족관계가 제공하는 인간적 신뢰의 중요성도 공식적 규칙과 행정적 제도로 대체되었다. 여기에는 관리자의 성과를 객관적으로 평가할 수 있는 자료수집 시스템이 결합되었다.

북미에서 19세기 후반 시작된 지배관계의 변천은 개별적인 관계에 묻혀 있었고, 지역에서 발전되어온 사회조직의 형태들을 공식적으로 수용해가는 과정이었다. 이는 남성들의 관계뿐만 아니라 여성과 남성 간의 관계를 변화시켰다. '보이는 손'(the visible hand)의 출현을 연구한 챈들러(Chandler, 1977)는 경제적 기능들을 가진 지역 조직들이 점진적으로 법인화되고, 시장 관계 네트워크를 통해 대규모 기업으로 조정되는 과정에 관심을 가졌다. 시장에서 규제되지 않는 과정들은 기업관리에 통합되었다. 자금과 신용 문제는 지역 소기업들 간의 연속적인 거래에 기초한 공고한 교환체계였으나, 이제 기업은 경영과 회계 체계라는 행정적 우산하에 규제되었다. 공급의 불확실성은 제품 생산과정에 수직적으로 통합되면서 해결되었다. 예를 들어 제너럴모터스 사는 안정적인 공급 조정을 위해 생산을 확대하면서 우선적으로 부분 공급자인 독립 기술회사를 수직적으로 통합하였다(Sloan, 1964). 두 번째로, 제너럴모터스 사는 잠재적 경쟁관계에 있지만 자사와는 다른 시장을 점유하고 있는 자동차 회사를 인수하였다. 우편 주문 소매업과 백화점의 확장도 이와 유사하였는데, 단일한 관리체계 안에 각 기능들을 통합하기 위해 시장 중개인들의 지역 조직을 이용하거나 대체하였다(Beniger, 1986; Chandler, 1977; Mill, 1951: 25~26).

소스타인 베블런(Thorstein Veblen, 1954)은 챈들러의 설명을 보완하였다. 그는 한 시골마을이 '거대 기업'의 확장으로 어떻게 변했는지를 관찰하였다. 그는 마을을 '소매-교역소'로 묘사했는데, 이는 마을사람들이 농산물을 사거나 생산수단을 팔기 위해 경쟁하는 곳을 의미했다(144). 거대기업의 출현은 시골마을을 변화시켰다. 군소 도매업(더 작은 소매업이나 도매업)은 이 새로운 대규모 사업조직에 종속되어갔다.

운송과 통신수단이 증가하였고, 도매 관련 포장 전문업체, 주식중개인, 농장생산물을 조절하는 창고업체 등과 같은 사업체들의 결합과 그 규모가 확대되었다. 소매상을 제치고 다양한 사업안을 광고해주는 패키지 상품, 브랜드, 상표에 대한 의존이 늘어났다. 체인점 체계와 대리점 고용이 증가했고, 좀더 높은 신용을 지닌 금융센터에 대한 지역 은행들의 의존도가 높아졌다(154).

베블런이 썼듯이, "기업의 위계 안에서 '상사'와 상관없이, 자기 통제 하에 일하는" 사람은 "예전에는 있었지만 이제는 더 이상 시골마을에서도 찾아볼 수 없다"(155; Mills, 1951 참조).

또한 조직화와 통제의 점진적 전유, 즉 마르크스의 용어로 하면 의식의 대상화는 개인으로서의 사람들 사이에서 발전해온 조직화를 흡수하였다. 자본의 소유와 통제에 대한 변화된 조직이 나타났고, 다른 제도 영역에서 동일한 변화가 촉진되었다. 도시의 통치방식은 보호의 형태에서 관료주의적 행정으로 전환되기 시작했다. 공교육은 학군의 행정 기구와 전문학교나 대학에서 훈련받은 전문 교육자에 의해 조직화되었다. 일반적으로 말해서, 뿔뿔이 흩어져 있는 전문적 실천 현장에서는 전문성을 인증하는 훈련, 자격증, 실천 기준 등이 중요해졌으며 (Collins, 1979; Larson, 1977; Noble, 1977), 특히 이는 북미지역에서 발전했던 방식이다.[5]

지배관계의 중요한 차원은 미셸 푸코(Michel Foucault, 1970)가 정의한 담론 개념이다. 그는 글쓴이의 의도대로 연구를 해석하던 전통적인 사상사에서 벗어난 사유를 위해 담론 개념을 사용했다. 담론 개념은 특정 개인과 무관한 지식 및 지식체계 속에 자리 잡고 있다. 푸코는 담론의 지속성이나 영향력을 추적하기보다는 담론적 사건들(즉, 지금까지 나온 구어나 문어로 된 진술들)을 직접 연구했고(1972, 28), 담론이 표상하는 권력의 독특한 양식을 연구했다. 그는 어떤 진술이 작성될 때, 어떤 질서가 이미 담론화되어 있다고 생각했다. 화자나 저자의 의도는 결코 그대로 표현되지 않는다. 우리가 무엇을 말하고 쓰든지 간에 틀이 짜인 담론구조에 의해 규제 받게 되는 것이다.

---

5 내가 보기에 1880년부터 현재까지 영국 '전문사회'의 역사에 대한 해럴드 퍼킨 (Harold Perkin, 1989)의 연구가 다룬 것은 북미에서 '지배관계'로 부른 것과 유사한 현상이다. 그러나 그는 연구의 주요 틀을 사회계급에 두고 전문가 계급의 출현에 초점을 맞추었기 때문에, 조직화와 의식의 대상화를 의미하는 지배관계의 측면에는 초점을 맞추지 않았다.

푸코의 담론 개념은, 지식이 개인의 개별적 인식 안에 존재한다고 생각했던 전통적 기반을 거부하고, 지식을 특정한 주체들의 외부에 부과된 질서에 위치시켰다. 담론의 질서에 대한 푸코(1972)의 진술에서, 그는 담론을 사람들의 주관성이 어떻게 조정되는지, 사람들이 무엇을 말할 수 있는지, 배제되어야 하는 것이 무엇인지, 드러나지 말아야 하는 것이 무엇인지 등을 규제하는 것으로 기술하였다. 타자가 말하고 쓰고 듣고 이해할 수 있는 것은 담론적으로 결정된다(담론적으로 결정된다는 말을 담론이 어떤 '원인'으로 작용하는 것으로 오해해서는 안 된다). 여성들이 여성운동에서 배웠던 것처럼, 담론이 말해주지 않는 경험들도 있다.

기존의 신문 산업 이외에 라디오와 텔레비전과 같은 새로운 문자기술의 발전으로 공적 담론 영역은 빠르게 확장되었다. 이 문자기술들은 공적 담론을 완전히 바꾸어놓았다. 우리가 보통 '문화'라고 불렀던 것이 대상화되었다. 이른바 대중 문화산업이 출현한 것이다. 이전에 사람들은 스스로 이야기와 노래를 만들었고, 스스로 그림을 그리거나 조각을 하였고, 자신의 이야기를 스스로 연기하였고, 먼 곳에 관한 이야기를 구전을 통해 또는 여행자로부터 들었다. 그러나 이제 우리는 개별적으로 만들어진 것이 아닌, 무수히 많은 자료를 가진 텔레비전 뉴스, 드라마, 게임, 토크쇼 등을 본다.

우리는 이제 우리가 잘 알고 있는(그리고 어쩌면 미워하기도 하는) 사람들이나 부모님으로부터 직접 지배받지 않는다. 대신 우리는 기업, 정부, 전문적 장과 조직, 대학, 공립학교, 병원 및 의원 등에서 일하는 사람들에 의해 지배받는다. 물론 그들은 개인이다. 그러나 그 개인들의 행위능력은 조직화와 사회관계로부터 기인한다. 여기서 개인들은 조직화와 사회관계를 만들어내기도 하고 이들에 의해 만들어지기도 한다. 개인들이 능동적으로 관여하는 사회관계와 조직화는 우리의 일상을 조직화하는 것이자, 우리가 다양한 방식으로 참여하는 것이기도 하다. 텔레비전 보기, 신문 읽기, 식료품점에 가기, 학교에 아이 데려다주기, 집 담보 대출 받기, 도시 거리를 걷기, 전등 켜기, 컴퓨터 연결하기 등의 일상적 행동은 경제 질서뿐만 아니라 내가 **지배**(*ruling*)라고 부르는 사회관계 질서를 우리에게 분명히 보여준다. 쇼핑가서 사오는 물건들은 저 멀리 우리가 알지 못하는 사람들이 생산한 것들이다. 이러한 거래는 가족구성원이나 이웃과 같은 특별한 관계의 사람들과 이루어지지 않는다. 세무서 직원이나 수퍼마켓 직원이 우리와 개인적 관계를 가진 사람인지는 중요하지 않다. 우리가 그들과 상호작용하는 것은 그들의 직업 때문이다. 우리가 CNN이나 CBC**6**에서 뉴스를 전해주는 사람들을 모른다고 해서 그것이 문제가 되지는 않는다. '지식, 판단, 그리고 의지'는 의식과 조직화의 객관화된 형태인 전문적 복합체에 들어가 기능한다. 이들 전문적 복합체는 일상생활을 조직화하고 조정한다.

지배관계가 우리 일상의 거의 모든 면으로 전면 확대되면서 여성들의 상황, 특히 중산층 여성들의 상황에서 모순이 일어났다. 한편 백인 중산층 사이에 나타난 성별 분업은 19세기 후반부터 증가한 권력과 기술은 물론 경제관계, 국가, 공적 담론의 초지역적 조직화로 인해 확장되고 심화되었다. 성별관계의 절정기를 묘사한 윌리엄 화이트(William H. Whyte)의 《조직인간》(*Organization Man*, 1956)에 의하면, 남성이

---

6 CBC는 라디오와 텔레비전을 위해 정부가 출연한 캐나다 방송사이다.

1. 여성들의 입장: 체현된 앎 대 지배관계

권력, 지식, 기회를 초지역적으로 조직화함에 따라 주체와 행위자로 영향력을 행사하게 되면서 중산층 가정은 점차 보조적 영역이 되어갔다. 바로 이것이 베티 프리단(Betty Friedan)이 교외에 거주하는 여성들의 생활방식을 비평하면서 설명한 성별 질서였다(1963).

19세기와 20세기까지, 인쇄술과 이로 인한 텍스트의 복제는 여성 작가와 여성 독자들로 이루어진 대중문학의 기술적 기반이 되었다. 하버마스(Habermas, 1992)가 명시한 것처럼 여성들은 공적 영역에서 완전히 배제되었지만, 여성들이 주인공이거나 여성들이 직접 쓴 소설들이 등장하면서 백인 중산층 여성들의 의식이 바뀌었다. 여성들의 이 새로운 형태의 주체성은 인쇄술과 텍스트 복제기술로 가능했는데, 백인 중산층 남성들 또한 이 기술로 그들의 영역과 권력을 확장하고 장악했다. 북미에서 확장 일로에 있던 철도는 뉴스, 문학, 순회강연은 물론 덜 공식적인 형태의 뉴스 배포 등을 촉진했고, 이들은 여성들을 조직화하는 새로운 기반이 되었다. 예를 들어 19세기 후반 아프리카계 미국 여성은 린치 반대를 끌어내기 위해 뉴스미디어를 사용하였다. 그것은 백인 지배가 강화되었던 지역 외에도 아프리카계 미국인이 거주하는 지역을 순회하면서 이루어졌다. 일반적으로 19세기 후반의 여성운동은 지역적 연계망에만 의존하지 않고, 독서 동호회나 팸플릿을 비롯하여 조직화를 가능하게 하는 여타의 자원들에 기반해 이루어졌다. 이러한 여성운동은 여성기독교금주운동처럼 지역을 순회하는 조직가와 연설가들에 의해 보충되었다.

여성들, 특히 중산층 여성들은 새로 만들어진 교육체계에 동등하게 참여하기 위해 열심히 노력하였다. 이들은 처음으로 대학에 입학할 수 있는 최소한의 기회를 얻는 데 성공하였고, 아동 발달에 관한 강좌를 개설하는 데 적극적이었다. 또한 이들은 모성담론을 창출하는 데 관여했다. 모성담론은 인종이나 민족의 경계를 넘어 자신들의 자녀를 위해 공교육체계의 이점을 확보하려는 북미 중산층 여성들의 생각과 노력들을 결집시켰다(Dehli, 1988; Griffith, 1984, 1986; Griffith and D. E. Smith, 1987, 2004; Rothman, 1978; D. E. Smith, 1997). 남편/아버지는 돈을 벌고 아내/어머니는 가사에 전념하는 중산층 가족의 새로운 형태(북미에서는 새로운 것이 아니지만)가 나타났다. 아내/어머니는 부모들의 계급적 지위가 자녀들에게 확보되도록 전문가들이 생산해낸 지식에 근거해 자녀들을 양육하고 자녀의 학교생활을 보조하는 역할로 특화되었다. 그리고 제2차 세계대전 이후 이른바 포디즘으로 알려진 경제성장 시기에, 노동계급 가족들도 자녀들이 고등교육을 통해 전문직이나 관리직에 종사할 수 있도록 공교육체계에 진입할 수 있게 되었다. 초기에 중산층 백인 여성의 고등교육 참여는 전통적으로 가정과 관련된 분야에 집중되는 경향이 있었지만, 제2차 세계대전 이후에는 인문학 분야에 집중되었다. 그렇지만 인종과 상관없이 모든 계급에서 여성들은 종속적인 역할을 하고, 주체성이 부족하며, 남성의 보조적 역할을 하는 등 지배관계의 주변부에 머물렀다.

1) 역사적 변천 안에서 여성들의 입장을 위치 짓기

초기 여성운동 시기인 1960년대에서 1980년대 동안, 나를 비롯한 많은 여성들의 삶에는 가정 영역의 주체성과 학문, 기업, 정치 영역의 주체성이라는 서로 구별되는 사회관계와 양식이 공존하였다. 300년 이상 내려오던 이 성별 분리는 지배관계의 기반이었던 인쇄매체에 의해 약화되었다. 가정주부의 가사노동과 그에 대한 여성들의 의식은 남성들의 개인적 욕구가 충족되는 한에서, 그리고 남성들의 노동세계에 대한 실용적 생각이 방해받지 않을 수 있는 조건에 있어야만 했다. 실제로 알프레드 슈츠(Alfred Schutz, 1962b)는 이러한 일상세계의 개인적이고 실용적인 의식으로부터의 배제를 가정영역에 참여한 필연적 결과로 보았다. 이러한 의식의 방해는 확실히 여성들이 스스로를 벗어던질 수 없거나, 여성들이 비여성화되거나, 왁살스럽게 됨으로써만 벗어던질 수 있는 것들이다. 이와 상관된 것으로, 남성들은 자본주의, 공적 영역, 궁극적으로 지배관계에 자유롭게 참여하기 위해서 여성들의 가정주부 기능이 필요한데, 여기서 가정주부의 기능은 정돈된 가정생활을 위해 시시각각 필요한 요구들에 지속적으로 의식을 집중할 것을 요한다. 이러한 의식의 방식은 슈츠(1962b)가 과학적 이론화의 영역에서 묘사한 의식의 양식과는 다르다. 그런데 아직까지 가정과 학문세계 양쪽에 걸쳐 일하고 있는 나를 비롯한 다른 여성들의 삶 속에서 주관성과 능동성이라는 두 양식이 공존하고 있다.

여성운동은 나에게 학문적 삶이라는 "보편성의 가면"(Landes, 1996)에 참여하는 것과, 주관성의 조직화와 재조직화가 매일매일 일어나는 가정에서 아이들과 함께하는 나의 일상적 삶 사이에 단절이 있음을 알게 해주었다. 스물여섯 학부생 시절, 나는 보편성의 가면에 나도 모르는 사이에 적극 말려들었다. 어리석게도 나는 당시 더 이상 성별에 의해 제약받지 않는 정신의 영역에 진입했다고 생각했다. 지성과 상상력의 소외가 얼마나 내 안에 침투했었는지 묘사하기조차 어렵다. 내가 비로소 소외된 존재라는 것을 알게 된 것은 대학에 다니면서 집에서 아이들을 키우는 여성을 재위치 짓는 방법을 연구했을 때이다. 나는 내가 일하러 가더라도 일상세계에서 발생하는 소소한 일들이 멈추지 않는다는 사실을 발견했다. 또한 일상과 개인적 삶의 특수성이 제거된, 알프레드 슈츠가 말한 이론적 의식(the theoretical consciousness)은 일상의 구체적 조건들(도서관이나 사무실 등) 속에 단단히 머물고 있었다. 그런데 이러한 일상의 구체적 조건들은 컴퓨터를 포함한 텍스트가 만들어내는 보편성 속으로 의식을 휘말려 들어가게 만들면서, 주체의식을 특수성으로부터 차단시켰다. 나는 내가 육체적 존재이기 때문에 이러한 것들이 일어난다는 것을 깨달아가면서, 내가 학문세계와 어떻게 연관되어 있는지 재구성하기 시작했다. 이것은 내가 훈련받고, 가르쳤고, 그리고 때때로 글을 썼던 사회학의 면면들을 재구성하는 것이었다.

일단 시작하자, 나를 함정에 빠뜨렸던 지적 올가미를 푸는 과정을 멈출 수 없었다. 그 당시 이러한 나의 작업은 산고와도 같았다. 출산할 때 우리의 몸은 의지와 상관없이 통제할 수 없는, 거대한 근육의 활동으로 변한다. 즉, 몸을 움직일 수는 있지만 마음대로 하지는 못한다. 이렇게 매우 활력 넘치는 전환은 내 생각에 약 3년 정도 지속되었다. 이 전환의 시기가 지나서도 나는 이 작업에 진심을 다하려 했고, 그것이 무엇을 의미하든 내가 발견했던 그 진실을 어떻게 두려움 없이 이야기해야 할지 계속 고민했다. 무엇보다 나는 연구자와 주부 사이의 분리에 동의하거나 이 분리를 또다시 만들어낼 수는 없었다. 즉, 나는 내가 탐구하고자 하는 사회 속 존재와, 일상생활에서의 성적이고 모성적인 존재 사이의 분리에 동의할 수 없었다.

　나는 일상세계의 〈실제〉를 내가 명명한 "여성들의 입장"으로 보게 되면서, 사회학 담론이 내가 당시 발견하고 있던 지배관계의 윤곽을 복제한다는 사실을 알게 되었다. 문제는 성차별주의가 아니었다. 심지어 이론에 들어 있는 가정도, 여성들과 여성들에 관한 이슈나 관심사에 주의를 기울이지 않은 것도 문제가 되지 않았다. 문제가 된 것은 광범위한 사회학 담론들이 어떻게 사람들의 일상적 삶의 〈실제〉를 초월하는 보편화된 인식주체를 만들어내는가 하는 것이었다. 이렇게 보편화된 인식주체가 됨으로써 사람들은 탐구와 설명의 **대상**(*objects*)이 된다(D. E. Smith, 1987). 결국 우리는 주체도 아니고, 인식자도 아니다.

　이와 같이 내가 일에서 경험했던 분리는 내가 연구했던 사회학에서 복제되고 강화되고 있었다. 나는 그 분리에서 도망칠 수 없었고, 그 분리를 변화시키지 않고서는 여성으로서 나 자신을 재구성할 수 없었다. 나는 사람들의 삶의 실제에서 시작하는 사회학을 찾아야 했고, 마치 사람들의 삶의 실제와 동일한 모습의 실제를 그려내듯이, 바로 그로부터 〈사회〉를 탐구할 수 있었다.

　나의 이러한 경험은 가정의 조직화에 대한 기술적 기반이 변화하고, 지배관계의 확장이 일어나는 역사적 변천의 시기에 놓여 있었다. 여기서 가정의 조직화는 서구 산업사회에서 외식문화가 도래하기 전 음식준비에 들였던 광범위한 노동을 포함한다. 〈여성들의 입장〉 개념은 나의 어머니 노릇, 생계 문제, 집안 살림이라는 일상의 체화된 일과 사회학 담론 및 대학의 교육체계에 참여하는 일상을 넘어서는 일, 그 둘 사이를 결합시킴으로써 발전되었다. 나는 나처럼 다른 여성들의 삶에서도 이러한 것들이 교차되는 특정한 시기가 있음을 알았다. 우리 사회에는 두 가지 사이에 근본적인 모순이 있다. 하나는 텍스트(담론 포함)로 매개되는 지배 형태와 초지역적으로 조직화되고 객관화된 지배관계이고, 다른 하나는 가정으로 특징지어지는 일상적 또는 지역적 관계로 이루어진 전통적 관계들이다.

내가 〈여성들의 입장〉을 공식화하면서 말하려 한 것은 객관화된 담론과 지배관계에서 주체로서의 여성이 배제되었다는 점이다. 우리는 여성이 공통적으로 가진 것이든 가지지 못한 것이든 그 속에서 〈여성들의 입장〉을 찾을 필요는 없다. "나는 생각한다, 고로 존재한다"는 남성들의 말이다. "나는 섹스를 하고, 아이를 낳고, 아이를 돌보고, 집을 청소하고, 요리를 한다, 고로 나는 존재하지 않는다"는 여성들의 이야기이다. 그러나 이는 여성운동이 전에 없었던 새로운 형태의 조직화에서 여성을 행위주체로부터 배제했던 장벽을 제거하면서 비로소 이야기되었다. 계몽된 지적세계[7]의 순수성에 대해 모순되면서도 위험한 것은 유한한 육체의 현존이었다. 육체의 현존은 여성의 현존을 개입시켰고, 우리가 육체를 갖고 있고 육체 속에 거하며 육체와 떨어질 수 없다는 인식을 분리시키려는 것에 대한 위반이었다.

주체의 남성성은 객관화된 지식의 근본을 이루는 공식적 보편성 속에 숨겨 있다. 이러한 남성성은 여성운동에서 때로 간접적으로 나타났다. 여성들이 주체위치를 주장하는 그 즉시 그것이 선명하게 드러나면

---

7 메리 더글러스(Mary Douglas)의 유명한 연구인 *Purity and Danger*(1966)을 여기서 언급한 것이다.

서 정신과 육체의 이분법은 손상되었다. 당시 육체는 폐기되어 있었고, 보편성은 이 이분법에 기대고 있었다. 이것은 주체가 육체를 소유했다는 의미가 아니다. 사실 현상학은 보편적 주체의 타당성을 확실히 하려 하였는데, 이는 체현된 것을 괄호치기함으로써 획득될 수 있었다. 그러나 여성들이 말하고 싶었던 것은 클럽의 새 멤버와 같은 것은 아니었다. 여성운동의 출발점은 육체와 정신의 분리를 거부하는 것이었다. 여성들이 얼마나 다양한 경험을 했던지 간에, 그리고 그것이 페미니스트 이론 내에서 얼마나 세련되고 정교해졌든지 간에, 여성들의 경험으로부터 말하는 것은 늘 육체적 존재영역에서부터 시작되었다. 〈여성들의 입장〉에서 말하는 것은 서구 철학의 데카르트 이후 사회학으로 통합된 정신과 육체 사이의 근본적인 분리를 용납하지 않았다. 내가 사회학을 재구성할 때처럼 〈여성들의 입장〉은 몸과 정신의 분리를 허용하지 않는다.

페미니스트 이론가들은 페미니스트 사상이 발전함에 따라 데카르트 이원론을 깨뜨리는 육체의 이론화를 발전시켜 나갔으며, 어떤 이론가는 자신의 삶을 일상의 조직화로 재현하였다. 엘리자베스 그로츠(Elizabeth Grosz, 1995)가 그 예이다.

나는 수년 동안 몸을 어떻게 사회-문화적 산물로 바라볼 것인지에 대해 연구하였다. 나는 몸에 대한 통상적 이해방식인 이분법(정신과 몸, 내부와 외부, 경험과 사회적 맥락, 주체와 객체, 자아와 타자, 그리고 기저에 존재하는 남성과 여성의 대립)을 문제로 보았기 때문에, 육체성(corporeality)에 대한 전통적 개념을 다듬고 변화시키는 데 관심을 가졌다. 나는 주체성의 물질적 조건이자 이분법에서 종속된 위치에 있는 육체성을 정신이라는 지배적 용어의 바로 그 심장부로 이동시킬 수 있다고 생각했다(103).

그로츠는 지배와, 대리 또는 보충이라는 이원적인 두 용어의 상호의 존성에 대한 데리다(Jacques Derrida)의 분석을 활용하였다. 여기서 대리 또는 보충 개념은 지배에 반드시 필요하지만 거의 인식되지 않는다. 그로츠의 목적은 이 둘의 관계를 변화시켜서 육체가 정신의 '심장부'로 인정받게 하는 것이었다. 내가 보기에 데리다의 이원화와 그로츠의 육체와 정신에 대한 재배치는 모두 텍스트의 기저에 작동하는 〈사회관계〉(social relation)의 표현이다. 정신의 지배는 개념에 머무르지 않는다. 그것은 사회관계 안에서 널리 행해지는 사람들의 일상에서 획득된다. 이들 사회관계는 나와 동 세대 여성들이 물려받은 성별 체제이기도하다. 철학자들이 육체로 관심을 돌리려 한 생각 자체는 사람들이 매일의 일상생활에서 갖게 되는 심원하고 근본적인 분리에 근거한다.

낮부터 밤까지 벌어지는 일상생활의 실제에서 〈여성들의 입장〉을 취하면 분리가 단순히 연결되는 것이 아니라 분리 자체가 붕괴된다. 체현된 인식주체로서 여성은 여성 자신의 경험에서 그 존재가 시작되며, 여기서 그녀는 전문가이다. 그녀는 물건을 어떻게 사는지, B 노선의 버스 정류장이 어디에 있는지, 유기농 야채와 저젖산 우유를 어느 수퍼마켓에서 파는지, 그리고 일상의 특별하지 않은 모든 일과 그녀가 처해 있는 일상의 상황을 알고 있는 전문가이다. 유기농 야채임을 인증하고, 수퍼마켓이나 버스회사가 일상이 되고, 혹은 차도와 인도의 상태, 쓰레기 처리기준에 대해 지방 정부가 책임을 지는 등이 조직화되는 것은 전혀 다른 문제이다. 이러한 일상의 가시적이고 효과적인 조직화가 결합되어 보다 복잡한 관계로 들어가면 바로 그것이 경제라는 사회관계이다.

이것이 바로 현재 북미의 일상적 현실이다. 세탁세제를 사기 위해 모퉁이 가게에 갈 때든, 대 이변에 관한 최근 뉴스를 듣기 위해 텔레비전을 켤 때든, 혹은 특정 시공간에서 이루어진 연구와 연결 짓기 위해 사회학 이론에 관한 책을 집어들 때든, 그 어디에나 우리가 잘 모르는 사람들이 있으며, 우리는 그들의 행위가 우리의 행위와 어떻게 조정되는지 결코 알지 못한다. 〈사회관계〉는 시간과 지역을 가로질러 조정되지만, 낮부터 밤까지 벌어지는 사람들의 일상경험에서는 거의 보이지 않는다. 〈여성들의 입장〉에서 출발하는 사회학은 이러한 현실을 〈문제틀〉(*a problematic*)로 바라보는 탐색과 발견을 위한 기획이다.

〈여성들의 입장〉에서 출발하는 연구 기획은 사람들 삶의 일상적 실제에서 시작한다. 이 연구 기획은 정신이 육체가 무엇인지 검토하고 탐색하고 반성할 수 있다는 점에서, 정신과 육체 사이의 전통적 관계를 뒤집는다. 육체는 관찰되거나 이론화될 수 있는 그 무엇이 아니다. 그보다 육체는 사람들의 의식, 정신, 사고, 주관성, 그리고 행위가 거하는 곳이다. 정신을 육체 쪽으로 끌어당기면, 정신과 담론의 현상들 — 이데올로기, 신념, 개념, 이론, 아이디어 등 — 이 그 자체로 특정의 시공간에 있는 실제 사람들의 행위로 인식된다. 정신과 담론의 현상들은 더 이상 사람들의 머릿속에 본질적으로 존재하는 것처럼 다루어지지 않는다. 이들은 대화 그리고/혹은 텍스트의 언어로 생산될 때 관찰될 수 있다. 담론 그 자체는 사람들의 행위 속에 존재한다. 담론은 사람들 삶의 실제이며, 사람들 사이의 관계들을 조직화한다. 또한 담론은 사람들의 활동들로부터 그리고 사람들의 활동 속에서 이야기되는 한, 사람들의 활동을 사라지게 하지는 않는다.

제2장

'사회'를 알아가기
대안적 설계

지식은 사회적으로 조직된다(D. E. Smith, 1990a). 이때 지식은 텍스트의 형태를 띠며 〈사회관계〉를 만들어낸다. 우리가 사회과학에서 당연하게 여기는 지식의 형태는 자연과학의 형태를 모방하면서 생성되었다. 자연과학은 우리의 일상적 〈실제〉 밖에 있는 것으로, 우리가 지배관계나 권력관계 속에 존재하지 않는다는 입장을 취한다.

로레인 코드(Lorraine Code, 1995)는 지식이 사회적으로 조직되는 것에 대해 이렇게 썼다.

지식은 단지 지식일 뿐이라는 전문적이고 일상적인 신념에서 보면 그 지식이 누구의 것인지, 누가 만들었는지, 누가 알고 있는지는 중요하지 않다. 만일 사실들이 정말 사실적인 것에 입각해 있다면, 그것은 널리 보급될 것이다. 지식과 '단순한 의견'을 구분하는 오랜 전통은 지식에 특정의 지위를 부여해줌으로써 그 지식을 일반적이고 보편적인 범주로 만들었다. 이는 지식이 개별 인식주체의 특정한 경험을 초월하게 만든다(13).

물론 코드는 지식이 사회적으로 조직되었다고 말하지 않았다. 그러나 그녀는 인식주체의 경험을 초월하는 객관화된 표현들에는 독특한 사회적 문법이 있다고 얘기했다. 이 말에는 지식이 사회적으로 조직된다는 의미가 함축되어 있다. 이런 객관화된 표현들에 대해서는 6장과 9장에서 다룰 것이다. 여기서 말하는 객관화된 표현들이란 텍스트적 실재들(textual realities)로서, 이들은 제도나 지배관계가 존재하기 위해 반드시 필요하다.1 여기서 중요한 점은 사람들이 텍스트적 실재들에 얼마나 포획되었으며, 우리의 삶이 얼마나 그것에 의해 조직되어 있는가 하는 것이다. 코드가 말한 바대로, 제도적 실재를 들여다보면 지배관계는 제도 안에서 드러나고 조정되며 또한 제도는 지배관계를 만들어낸다. 지배관계는 객관화된 양식으로 재현된다. 텍스트적 실재가 만들어내는 독자, 관찰자, 청자라는 주체위치는 그들의 일상적 실제와 연결되어 있지는 않다. 일상의 실제에서 관찰자, 청자, 독자가 어디에 머물든지 간에, 그들은 텍스트 — 쓰이거나, 인쇄되거나, 스크린이나 모니터에 나오는 — 의 재현에 의해 주체로 위치된다. 그들은 텍스트에서 재현되는 사건들, 장소들, 사람들, 이야기들 등의 바깥에 존재한다. 독자들의 일상생활 세계는 지배관계의 텍스트 안에서 보이는 세계와는 다른

---

1 사회적으로 조직된 텍스트적 실재들에 대한 더 확장된 표현은 *Conceptual Practices of Power*(D. E. Smith, 1990a)를 보라.

입장에 있다. 텍스트적 실재란 그들이 참여한 사건의 경험조차도 바꾸어놓는다.

1. 객관화된 사회관계를 재조직화하기

앞에 인용한 글에서, 코드(Code, 1995)는 객관화가 개인이 알고 믿고 경험하는 것을 바꾸어놓는 힘을 가지고 있다고 하였다. 물론, 코드는 실증주의를 비판한다. 그러나 사회학이 객관화와 같은 동일한 질서로 계승되고자 한다 해도 그 표현의 형태를 실증주의에 묶어둘 필요는 없다. 사회학에 대해 고군분투하던 초기에 나를 강타했던 것은 연구자들과 사상가들의 담론으로부터 도출된 연구문제가 어떻게 일상세계 속의 사람들을 연구의 대상으로 설정하느냐였다. 나는 그 당시 여성주의 사회학자들과 함께 활동가로 일하고 있었다. 우리는 우리의 사회학적 기술이 변화를 위한 여성들의 조직화에 유용하고 가치 있게 쓰이기를 바랐다. 학생들의 박사학위 논문을 지도하면서 내가 발견한 것은 그들이 '사회운동'의 개념적 틀을 받아들여 여성운동 그 자체를 다루고 싶어 한다는 것이었다. 여성운동을 사회운동의 하나로 바라보게 되자 여성운동은 사회학적 대상으로 바뀌었다. 사회운동이라는 틀을 적용하자 거기에 참여하는 우리는 대상으로 재구조화되었다. 우리는 개념상 아웃사이더가 된 것이다. 그들에게는 사람들과 사람들의 행동을 대상으로 변형시키지 않고서 그 주제를 다루는 것이 불가능해보였다. 그것은 의도의 문제가 아니었다. 일단 사회학적 틀이 씌워지자, 여성운동 **내부로**

부터 나오는 어떤 질문과 발견도 차단되었다.

사회학은 제도적 관계와 조직화를 다루면서, 사람들의 입장에서 문제를 탐구하지도, 활동가들이 변화를 도모하도록 내버려두지도 않는 학문이었다. 당시의 담론은 아르키메데스 지렛점(*Archimedean point*)이라는 개념을 이용하여 사회학자를 보편적 주체위치에 두게 하였다. 즉, 사회학자를 객관적으로 획득될 수 있는 세계의 바깥에 놓았고, 그러한 객관성은 사회학의 성배였다. 주류사회학 이론과 연구방법은 힘(*power*)의 위치를 숨기고 있는데, 이는 내 경우를 보면 놀랄 만큼 분명해진다. 그때 나는 지역 여성연합을 위해 함께 할 수 있는 일이 있는지 찾아보려고 여성연합과 사회학자 간의 모임을 주선했다. 그런데 이 모임은 성공하지 못했다. 그들은 모임이 끝나갈 무렵 사회학자들과 함께 일한 경험에 대해 말했는데, 그것은 자신들이 학문의 대상이 되었다는 것이었다. 내가 보기에 사회학은 학문의 대상을 만들어내는 것 이외의 다른 방법을 알지 못했다. 사회학은 연구자와 활동가의 이해관계를 결합하려는 정치적 의도가 있는 연구에서조차도 이 문제에 고착되어 있어 보인다.[2]

---

2 레슬리 샐징어(Leslie Salzinger, 1991)의 경험과 비교하라. 그녀는 미국 베이 에리어에서 이주가사노동자 조합에 대한 연구를 하며 "사례확장방법"(Burawoy, Burton et al., 1991)이라고 불리는 방법론을 사용했고, 이후에 "문화기술지는 무엇을 위한 것인가?"라고 질문했다. 그녀는 "나는 내 연구가 다른 연구자들에게뿐만 아니라 특정한 정치적 틀 안에서 활동하는 활동가들에게도 역시 유용하다고 판단하고 연구를 시작했다. 오랫동안 나는 그 틀에 너무 집중해서 그 외의 것은 거의 볼 수 없었다. 일단 내 기대가 계속해서 좌절되자, 나는 내 앞에 실제로 드러나는 자율적인(그리고 정치적인) 주체들을 볼 수 있었다. 그러나 이후 분석을 하면서, 새로운 이슈들이 떠올랐

우리가 '제도적 문화기술지'로 부르는 사회학의 목표는 〈사회〉에 대한 지식의 사회관계를 재조직화하는 데 있다. 즉, 사회에 대한 지식을 일상적 삶의 실제에 대한 평범한 지식이 확장된 것으로 재조직화한다. 이 방법은 한 현장과 다른 현장을 연결하는 관계를 그려줌으로써 일상의 현장에서 볼 수 있는 것의 범위를 넓혀준다. 제도적 문화기술지는 마치 지도의 좌표처럼 사람들이 지역에서 한 일상적 경험들을 면밀히 보여주고, 우리가 사회의 지배관계, 경제, 그리고 이들의 교차지점에 어떻게 연결되어 있는지를 보여준다. 지도를 만들 때와 같이, 제도적 문화기술지의 일정 부분은 기술을 요하겠지만, 그 결과물은 마치 잘 만든 지도처럼 그 지역에 사는 사람들이 쉽게 접근하고 활용할 수 있도록 해야 한다.

2. 제도적 문화기술지란 무엇인가?
다른 연구접근과의 대조

나는 제도적 문화기술지가 어떻게 이루어지는지 설명하기 위해 진 에니언(Jean Anyon, 1997)의 연구와 마이클 부라보이(Michael Burawoy) 등의 연구를 대조해보고자 한다. 진 에니언의 연구는 매우 관례적인 사회

다. 나는 이미 존재하는 정치 어젠다에 잘 맞지 않는 과정들을 이해하려고 했기 때문에, 수집한 정보를 사용할 수 있는 집단이나 제도는 더 이상 없었다"(159~160). 샐징어는 "〔그녀의 연구결과에서 언급한〕 퍼즐의 일부분과 … 새롭고 계속 진행되는 과업을 찾고자 하는 사람들을 발견했다"(160).

학적 절차에 따라 진행한 것이고, 마이클 부라보이의 연구는 제도적 문화기술지와 일부 유사한 측면이 있는 사례확장방법으로 진행되었다 (Burawoy, Blum et al., 2000; Burawoy, Burton et al., 1991).

에니언의 연구는 뉴저지 주 뉴어크 시에서 시행했던 '빈민지역의 학교교육'(*ghetto schooling*) (1997)에 대한 것이다. 내가 진 에니언의 연구를 이용하는 것은 그녀의 연구를 비판하기 위해서가 아니라 대조를 통해 제도적 문화기술지의 특징이 무엇인지 보여주기 위해서이다. 에니언은 1990년대 초 개혁기에, 근 2년간 K-8 학교에서 개발프로그램 직원으로 참여했다. 이 프로그램은 바로 폐기되었고, 그 후 1년간 같은 구역(17구역) 안의 다른 학교들에서 시행되었다. 그녀는 연구를 시작하면서 빈민지역의 학교상황과 그녀의 현장연구에 영향을 미친 개혁운동에 대한 배경지식을 제시한다. 그리고 그녀는 도심 외곽지역과 비교하면서 자신이 참여한 지역사회의 빈곤 수준을 도시 빈곤의 일반적 맥락 안에서 설명하고, 학교, 교실, 학생들, 선생님들, 관리자들, 그리고 그들의 관계를 기술한다.

이 책의 상당 부분은 1860년부터 1997년까지 뉴어크 시와 미국 전역에서 이루어진 교육과 교육개혁에 관한 역사적 연구이다. 그녀는 참여관찰을 통해 경제적이고 정치적인 발전이 "마시 스쿨에서 맞닥뜨린 상황과 어떻게 연동되는가"(156)를 탐색했다. 그녀는 이 역사적인 설명을 4개의 요점으로 정리한다.

1. "전체 도시와 주민들의 사회적 계급과 인종적 지위는 그 도시의 교육투자 수준과 학생을 교육시키는 지역의 성공 여부와 밀접하게

연관되어 있다"(155).

2. "20세기 뉴어크 시 학교들의 현황과 자산은 그 도시의 경제적 변화와 깊이 연관되어 있다 — 그리고 지역과 국가 단체의 의사결정 뿐 아니라 연방정부와 주정부의 정책과도 연관되어 있다"(155~156).

3. "1860년대와 1870년대의 선거구 재분할 전후에 있던 이 도시들의 정치적 고립은 결국 한 세기 동안 도시와 학교에 불리하게 작용한 세금과 재정 정책을 가져왔다"(156).

4. "충분한 경제적 자원(예를 들어 초보적인 직업들과, 주 및 연방 입법부 내 정치적 대표체)의 부족 때문에, 지난 100년 동안 이 도시의 학교들은 붕괴의 늪으로 떨어졌고, 후원회는 소수의 백인 — 더 최근에는 흑인 — 에 의해 운영되었다." 이로 인해 학교 직원들의 질은 도심 외곽지역보다 떨어졌다(156).

이 책은 다양한 정치적, 경제적 변화가능성에 대해 계속 논의한다.

에니언의 연구전략은 사회학에서 전형적인 것으로, 사회학적, 정치 경제적 연구에서 도출된 용어로 일상과 지역의 사건들을 해석한다. 이 연구전략에서는 개념적 구조가 사람들을 대체하고, 더 나아가 사람들의 활동과 사회관계 및 행동의 조직을 대체한다. 그래서 '사회문화적 차이점', '사회계급', '인종적 지위' 같은 범주들이 주체가 된다. 이들 어휘의 객관화된 특징으로 인해 독자들은 학교관리자, 교사, 부모를 포함한 사람들의 일상적 삶의 외부에 놓인다. 문화기술지 형태의 간략한 서술은 이미 주어진 범주의 일례 정도로 사용될 뿐이다. 예를 들어, 두

명의 백인 자원봉사자가 학부모회의 흑인 대표가 주재하는 모임에 왔다. 이 백인 자원봉사자들은 은퇴한 회사 중역으로, 자신들의 전문적 지식을 활용해보려고 학교에 온 사람들이었다. "부모들과 개혁자들 간의 엄청난 사회적 격차 때문에 의사소통이 원활히 이루어지지 않았고, 공동으로 계획하는 것도 어려웠다. 그 격차는 결코 좁혀지지 않았다" (Anyon, 1997: 21). 그 지역 특유의 흑인 방언이나 학교와 지역사회의 여러 측면들은 모임의 실패 원인이 되었고, 사회문화적 차이를 보여주었다. 이 연구의 특징적 형태는 문화기술지적 관찰이나 대상자와의 인터뷰가 연구자의 이론적 범주들을 설명하는 예시와 표현으로 사용되었다는 데 있다. 여기서는 일정 부분 통제되지 않는(기존 사회학적 담론의 관점에서 볼 때) 사람들의 일상적 삶의 실제들이 선별적으로 차용된다.

제도적 문화기술지는 이와 매우 다르게 진행된다. 제도적 과정에 포함된 사람들의 삶 속에 있는 〈실제〉에서 출발하고, 이런 현실이 지배와 경제의 사회관계 속에 어떻게 묻혀 있는지에 초점을 맞춘다. 예를 들어, 제도적 문화기술지 연구는 학부모회에 속해 있는 구성원들(학부모회 대표는 그 지역사회의 지도자이기도 하다)의 경험과 관심에서 출발한다. 그리고 이런 입장을 견지하면서 학교와 지역사회에서 학부모와 자녀들의 상황과 경험들에 대한 이야기를 구축해나간다. 그러나 이것은 시작일 뿐이다. 그들의 경험은 연구자로 하여금 다음 단계의 방향을 문화기술지를 향해 나아가도록 한다. 여기가 바로 제도적 문화기술지 연구자가 '문제틀'이라고 부르는 특화된 지점이다(Campbell and Gregor, 2002). 제도적 체제는 부모들과 아이들의 관점에서 연구된다. 그들의 관점과 경험은 제도적 문화기술지 연구자의 연구방향을 구성한다. 연구자가 학교, 행정체계, 학교 이사회, 행정 개혁, 도시 재정 등의 사회관계를 검토하는 것은, 이 사회관계가 아이들과 부모들의 경험과 관련있고, 특히 학교와 학교 이사회에서 그들을 대표하는 학부모회와도 관련이 있기 때문이다. 학부모회 구성원들은 당연히 학교와 행정에 대해 상당부분 알고 있을 것이고, 제도적 문화기술지 연구의 목표는 그 지식을 구축하고 확장하는 데 있다.

이렇게 확장해서 생산된 지식이 학부모회에 유용하고 그들과 관련되어 있다고 이론적으로 주장할 수는 없다. 그러나 우리의 경험에 의하면 제도적 문화기술지는 제도적 질서에 참여하고 저항하는 활동에 직접적으로 관련된 활동가를 비롯한 여타의 사람들에게 생생한 지식을 생산해준다. 제도적 문화기술지 연구는 문화기술지이기 때문에 그 제도적 질서가 어떻게 함께 어우러져 있는지 묘사하고 분석한다. 그것이 어떻게 작동하며, 어떻게 서로 얽혀 있는지 안다는 것은 어둠 속에서 고군분투해야만 하는 사람들에게 헤아릴 수 없을 만큼 소중한 가치를 지닌다. 예를 들어, 제도적 과정에 작동하는 개념과 범주들을 변화시키는 것이야말로 실천적 함의를 가진다. 변화의 여지가 아직 남아 있는 곳에서 이것을 안다는 것은 매우 유용하다. 좀더 일반적으로 말해, 제도적 실천의 〈문제틀〉이 확인되면 변화는 내부로부터 나올 수 있다. 또한 제도적 문화기술지 방법은 일상세계가 경험의 범위를 넘어 사회관계 안에서 어떻게 얽혀 있는가에 대한 지식을 얻을 수 있게 해준다.

제도적 문화기술지는 제도적 질서에 어떤 〈입장〉을 취함으로써 시작한다. 입장은 제도적 질서를 탐구할 때 안내자 역할을 한다. 제도적 문화기술지는 사람들이 겪는 주제, 관심사, 문제 그리고 이것들이 제도적 질서와 어떻게 관련되어 있는지에 대한 입장에서 시작한다. 연구자는 사람들과 얘기하면서 주제를 제시하고 연구의 방향을 설정한다. 앨리슨 그리피스(Alison Griffith)와 나는 학교 보내기와 엄마 노릇하기의 관계를 연구한 적이 있다(Griffith and D. E. Smith, 2004). 이 연구는 한부모인 우리의 경험에서 시작됐다(우리는 이것에 대해 서로 많은 얘기를 했다). 우리는 아이들이 다니는 학교와 우리 사이에 왜 문제가 생겼는지 이해하고 싶었다. 문제는 우리가 교육자들에게 실제적으로나 잠재적으로 결함 있는 아이들의 결함 있는 부모로 보인다는 것이었다. 우리가 이 연구를 하기로 결정하기 2~3년 전, 앨리슨과 나는 아이들의 학교와 관련된 여러 가지 문제 ― 믿음, 불만, 비참함, 죄책감 ― 를 공유했다. 토론토의 좁은 골짜기들을 따라 오래 걸으면서, 우리는 엄마 노릇, 아이들의 고충, 간섭에 대한 두려움, 교사를 너무 밀어붙이거나 혹은 충분히 밀어붙이지 못한 것에 대한 이야기를 나눴다. 우리 연구는 아이를 학교에 보내는 것에 내포된 〈사회관계〉와 조직화가 엄마로서 여성이 해야 하는 일과 어떤 관계에 있는가 하는 것이었다.

우리는 산책을 하면서 학교 보내기에서 엄마 노릇에 관한 연구 틀을 짰다. 앨리슨은 이미 우리 경험에 대해 좀더 체계적이고 사회학적인 토대를 갖고 있었다. 1984년에 그녀는 한부모가족에 대한 이데올로기를 연구했고, 교육 철학자, 교육 행정가, 교사들이 그 이데올로기를 다양하게 사용하고 있음을 밝힌 바 있다(Griffith, 1984). 우리는 연구를 하면서 학교가 "표준적인 북미가족"(Standard North American Family, D. E. Smith, 1999c)에 대해 갖는 아주 특별한 생각을 더 많이 알아낼 수 있었다. 초등학교 아이를 둔 엄마들에게 "표준적인 북미가족"은 아내/엄마는 집에 있고 아빠/남편은 돈을 버는 가족을 의미했다. 앨리슨과 나는 학교체계와 대립하는 '정상이 아닌' 가족의 범주에 들어 있었기 때문에, 우리에게 부족한 것처럼 보이는 그 '정상' 가족에 대해 더 많이 알려고 했다. 정상적인 가족의 관점에서 우리의 경험은 결핍으로 보였다.

우리는 여성들의 일상적 삶에서의 특수한 입장을 제도적 맥락 안에서 그들이 관계하고 참여하는 방식으로 세워보기로 했다. 엄마의 일상 안에서 그들의 〈입장〉을 세워보기 위해, 우리는 초등학교에 다니는 아이들을 가진 몇 명의 엄마들과 집중적으로 인터뷰하기로 했다. 그들과의 인터뷰를 기초로, 우리는 학교와 학교 이사회 측을 탐색해나갈 수 있었다. 제도적 질서 자체가 '저절로' 연구의 초점이 되는 것은 아니다. 그것은 명확한 단일 형태보다는 복잡한 관계의 양상을 띤다. 그래서 어떤 정치적 이해관계를 갖고 있던지 간에, 특정한 제도적 입장을 견지하는 것은 사회학적인 시선의 방향을 조정하고 관련성의 틀을 제공한다.

우리는 여성들에게 아이들의 학교 보내기와 관련해서 그들이 했던 일에 대해 얘기했다. 우리가 서로 '인터뷰'를 하면서 나온 질문들은 그일의 깊이와 세세함을 보여주었다. 그들과 얘기하면서, 우리는 학교 보내기와 관련된 엄마들의 일상의 〈일〉(work)이 이뤄지는 방식의 범위와 다양성에 대해 더 많이 알게 되었다. 인터뷰에 참여한 여성들 중에는 저소득 지역에서 아이들을 학교에 보내는 여성도 있었고, 중산층의 전문가 집단이 많이 사는 지역에서 학교에 보내는 여성도 있었다. 그녀들은 학교 교육활동을 보조하는 특화된 일을 다양하게 경험했고, 그 일을 할 수 있는 시간적 가용성 여부 또한 다양했다. 전일제로 일하는 여성들은 학교에 기여하는 교육활동에 참여할 수 있는 시간이 적었다.

우리 연구는 우리가 조사한 자료에만 한정되지 않았다. 우리는 우연히 연구의 전제들이 '엄마 노릇 담론'으로 불리는 것과 깊이 관련되어 있음을 발견했다. 앞장에서 기술했듯이, '엄마 노릇 담론'은 20세기 초 북미 교육전문가와 학계에서 제기되었고, 새 공립학교 체계와 관련해서 엄마 노릇의 실천을 재조직하자는 중산층 백인 여성운동을 통해 촉진되었다(Rothman, 1978). 이 담론은 여성들이 아이들의 건강과 사회화에 책임을 지도록 했고, 더 최근에는 학교에서의 성취에 기여하도록 가정에서 보충학습을 하게 만들었다(Arnup, 1994). 학교에서의 성공은 중산층 아이들이 전문가, 정부관료, 관리자가 되어 중간 계층의 사회적 지위를 유지할 수 있도록 보장해주기 때문에 점점 더 중요하게 되었다(Collins, 1979). 엄마 노릇 담론은 교육관련 지식인들에 의해 계속 새로 만들어지고 수정되고 때로는 근본적으로 다시 쓰였고, 가정에서 엄마의 일을 학교 선생님의 활동과 조정되도록 만드는 핵심장치가 되었다(Griffith and D. E. Smith, 2004).

이 분야의 문헌연구는 주로 페미니스트 역사 연구의 발전에 힘입었다. 우리는 중산층 조직화의 하나인 "표준적인 북미가족"(D. E. Smith, 1999c)이라는 중산층 가족 모델을 알게 되었다. 아이를 학교 보내는 데 있어 엄마의 역할은 불평등을 재생산해왔고, 이런 불평등의 재생산은 공립학교 체계가 전형적으로 해온 일이다.

이것이 바로 빈민지역 학교의 상황을 정치경제적 용어로 해석한 에니언의 연구와 제도적 문화기술지 간의 차이점이다. 제도적 문화기술지는 제도적 과정 안에 있는 사람들의 관심과 관점을 가지고 일상세계의 〈실제〉로부터 시작한다. 제도적 과정에 대한 문화기술지 연구는 이런 관점을 기반으로 출발한다. 연구가 진행되어감에 따라 일상과 사회관계가 문화기술지적으로 자세하게 표현된다. 연구의 시작단계에서 출발하여 일상의 조직화에 내포되어 있는 〈사회관계〉가 밝혀지면서 다음 단계의 윤곽이 드러난다. 다음의 각 단계는 제도적 문화기술지의 초점인 사람들의 일상의 〈일〉이 어떻게 제도적 과정이 되어가는가에 대해 더 많은 것을 알게 해준다. 여기서 말하는 일이란 고용의 의미가 아니다(7장 참조). 제도적 문화기술지 연구의 원리상 그 진행에 한계가 있기는 하지만, 사람들의 일상에 착목하는 제도적 문화기술지 방식은 계속 이어질 수 있다. 제도적 문화기술지 연구자는 실행단계에서 연구의 한계를 정확하게 예측할 수 없고 때때로 대학윤리위원회의 검토과정에서 어려움을 겪기도 한다. 그리고 기금을 지원해주는 단체와 갈등을 겪기도 하는데, 이 단체들이 '연구 참여자'가 누구이고 그들이 어떤 질문을 받을 것인가를 물어보며 명확한 설명을 요구하기 때문이다.3 그러나 연구의 방향이 결코 무작위로 이루어지는 것은 아니다. 다음 단계는 지금까지 발견되어온 것 위에 세워지고 제도적 체제에까지 확장된다. 사회관계에 대한 지도 그리기는 일상의 장을 포함해서 확장된다. 이는 일상의 장에서 시작하고 형성했던 더 큰 조직화를 보여주기 위함이다.

이 연구전략은 마이클 부라보이와 그의 동료들이 제안한 '사례확장방법'(*extended case method*)과 유사하다(Burawoy, Blum et al., 2000; Burawoy, Burton et al., 1991). 그러나 사례확장방법은 제도적 문화기

---

3 대학에서 윤리성 검토 과정은 이런 점에서 기금 지원을 더디게 한다. 기금 제공자는 사회학적 연구에서의 혁신 전략을 더 잘 알고 있다.

술지와 그 접근법에서 완전히 구별된다. 내가 쓴 글을 보다보면 제도적 문화기술지도 사례확장방법처럼 "미시 사회학의 거시적 토대를 밝히는 것"(Burawoy, Burton et al., 1991: 282)을 추구하며, 미시에서 거시로, "지역에서 외부로, 과정에서 힘으로"(Burawoy, Blum et al., 2000: 29)의 확장을 추구하는 것처럼 보일 수 있다.

〔사례확장방법〕은 경험적 조사의 관점을 가지고 사회적 상황을 다룬다. 그리고 기존에 주어진 일반적 개념과 법칙을 가지고 정부, 경제, 법률적 질서를 해석한다. 이를 통해 미시적 상황이 더 넓은 사회구조에 의해 어떻게 형성되는지 이해하려고 한다(Burawoy, Burton et al., 1991: 282).

그러나 더 면밀히 살펴보면 차이점은 분명해진다. 사례확장방법은 미시에서 거시로, '생활세계'에서 '체계'로 탐구가 진행되면서 존재론적 전환이 일어난다. 사례확장방법은 '미시' 단계에서는 참여관찰을 사용하는 문화기술지이지만 '거시' 단계에서는 이론이 작동된다. 생활과 일에 대한 참여관찰은 면밀하게 이루어지고, 분석은 '해석학적'이다. 그러나 일단 조사가 사람들의 생활세계를 넘어 '체계의 특성'을 발견하게 되면, 이론이 지배하게 되고 연구는 전 지구적으로 움직이는 힘에 대한 "과학적"(Burawoy, Burton et al., 1991: 284) 탐구가 된다(Burawoy, Burton et al., 2000: 28). 체계의 속성을 설명하는 이론은 문화기술지와 만남으로써 다듬어지고 개선된다. 문화기술지는 그 이론에 의해 틀지어진다.

과학자들은 생활세계 바깥에 서 있는 관찰자로서 체계의 속성에 대한 통찰을 가질 수 있다. 이러한 통찰은 사람들의 행위로 인해 발생하는 의도되거나 의도되지 않은 결과들을 자율적인 제도들에 통합한다(Burawoy, Burton et al., 1991: 284).

사례확장방법은 특정 사례에 대한 문화기술지 연구와 이 사례에 작동하는 객관적 힘에 관한 이론을 결합함으로서 "사람들이 지구적 지배에 저항하고, 회피하고, 협상하는 방식"을 설명한다(Burawoy, Blum et al., 2000: 28).

이와는 달리 제도적 문화기술지는 탐구와 발견을 목적으로 하는 연구방식이다. **지구적 지배나 저항**과 같은 개념을 미리 적용해 해석하지 않고 사람들의 일상의 행동이 어떤 특정한 현실상황 안에서는 보이지 않는 확장된 사회관계와 어떻게 연결되고 조정되는가를 발견하는 것이다. 또한 사람들이 그 관계에 어떻게 참여하는가를 발견하는 것이다. 제도적 문화기술지는 이런 확장된 사회적 관계가 일상의 현실에서는 보이지 않는다고 가정하지만, 그렇다고 사회관계가 일상의 현실에 대해 악의적 기능을 한다고 가정하지는 않는다. 사실, 제도적 문화기술지 자체는 사람들의 삶 속에 있는 인식주체를 제거하지 않고 지식을 조직화하는 또 다른 형태를 의식적으로 도입하려 하지만, 이는 사람들의 일상행위와 사회관계가 조직화되는 수준에서 이뤄진다. 연구가 진행될수록 제도적 문화기술지는 문화기술지 작업은 그대로 유지하면서 미시와 거시, 사회학과 정치경제학 사이의 경계를 허물어버린다. 앨리슨 그리피스, 앤 매니컴(Ann Manicom, 1988), 그리고 내가 한 일련의 연구들은 일상적 수준에 머물러 있던 여성의 자녀 학교 보내기 역할을 공교육의 제도적 체제로 이동시킨 것이다. 이 과정에서 우리는 점차 사람들이 어떻게 일상생활의 특수성으로부터 표준화와 일반화로 특징지어지는 제도가 만들어지는지 이해하게 되었다. 여기서 계급이라는 더 큰 범위의 사회관계는 외적 결정요인으로 나타나지 않는다. 그보다는 오히려 공립학교 행정가들, 교사들의 교육 업무와 연동되어, 가정에서 여성의 시간과 일을 조정하는 사회관계로 드러났다. 만일 한 여성이 자녀교육에 모든 시간을 할애할 수 있을 만큼 남편의 수입이 충분하고, 지역사회가 대부분 비슷한 생활수준을 갖고 있다면, 이 여성은 학교의 교육활동에 많은 기여를 할 수 있다. 하지만 이런 기여를 받지 못하는 다른 학교들은 결코 그 수준을 따라잡지 못한다.

우리 연구에서 앨리슨과 나는, 학교의 눈으로 봤을 때 왜 우리가 결함 있는 가족으로 보였는지 발견했다. 학교의 관점에서 엄마의 무보수 교육활동은 당연히 집에서 행해야 할 일인데, 우리에게는 그런 시간을 마련할 자원이 없었던 것이다. 중산층 부모의 교육활동은 아이들의 노동시장에서의 위치를 재생산하도록 도와주는 것이며, 이런 활동은 공립학교 체계를 통해서 세대 간에 계층이 어떻게 조직화되는지 그 한 부분을 보여주었다. 부모가 맡은 실질적인 무보수 교육활동에 의존할 수 없는 교사는 가정에서 해주지 않는 부분을 보충하기 위해 수업시간을 더 잡아야 했다. 이 경우 교사들은 중산층 가정에서 이뤄지는 방대한 배경지식에 의존할 수 있는 학교와 동일한 수준의 교육내용을 전달할 수 없었다(Manicom, 1988). 중산층 지역에 있는 학교는 여성이 집에서 교육을 보조함으로써 교사의 수준을 높이지 않고서도 교육 수준을 높게 유지하였다. 한부모인 앨리슨과 나는 이런 기여를 할 수 없는 것처럼 보인 것이다.

일상에서 발견할 수 있는 것과 확장된 〈사회관계〉의 연관은 사람들의 일상활동들을 유기적으로 관련지음으로써 발견할 수 있다. 문화기술지로 발견한 것과 이론적 개입을 막연하게 연결할 필요가 없다. 제도적 문화기술지 연구가 얼마나 확장될 수 있느냐는 대부분 연구 〈문제틀〉과의 관련성에 달려 있다. 연구의 문제틀은 연구자나 활동가의 관심에서 나올 수 있지만, 연구과정에서도 도출될 수 있고, 부수적으로 연구지원금에 의해서도 나올 수 있다.

제도적 문화기술지는 부라보이가 "체계"라고 명명한 관계의 조직화 수준을 문화기술지 방식으로 풀어가는데, 이 점이 바로 제도적 문화기술지와 사례확장방법의 핵심적인 차이이다. 지역에서 이루어지는 실제 활동들은 서로 연계되고 초지역적으로 조정되며, 다시 이것은 지역의 실제 활동에 적용된다. 관찰될 수 있는 지역적 일상을 넘어서는 문화기술지 연구를 하려면, 참여자들의 〈일 지식〉(work knowledge)을 통해 〈일〉 조직화에 접근하고(D. E. Smith, 2003a: 7장 참조), 텍스트의 조정기능을 문화기술지로 통합하는 혁신적 방법을 끌어와야 한다(D. E. Smith, 2001a: 8, 9장 참조). 사람들의 〈일〉이 〈조정〉되는 초지역적 형태들은 그 조정이 이루어지는 실제적 방식 속에서 발견되고 탐색될 수 있다.

이처럼 제도적 문화기술지는 '과학자들'이 사람들의 '생활세계'와 동떨어져서 설명하는 '저항'이나 '지배'에 초점을 두지 않는다. '저항'이나 '지배' 등의 개념은 사람들의 입장에서 우리의 일상생활이 보이지 않는 관계에 어떻게 참여하고 묻혀 있는지를 보여주는 사회학적 기획을 뒤집어버릴 수 있다. 제도적 문화기술지는 제도적 상황 안에 직접적으로 관여한 사람들의 경험을 탐구함으로써 시작하지만, 그들이 탐구의 대상은 아니다. 탐구의 대상은 사람들의 경험과 관련된 제도의 양상이지, 사람들 그 자체가 아닌 것이다. 제도적 문화기술지 연구자의 〈입장〉은 그 자신의 경험이나, 다른 이들과의 대화를 통해 알게 된 것들로 세워질 수 있다.4 즉, 제도적 문화기술지의 〈문제틀〉은 사람들의 경험으로

---

4 많은 제도적 문화기술지 연구들은 그들 자신의 경험에서 문제틀을 설정한다. 내가 이미 설명했듯이, 앨리슨과 나의 연구는 한부모로서 아이들의 학교 보내기와 학교와 우리의 관계에 대한 관심에서 시작됐다(Griffith and D. E. Smith, 2004). 우리의 경험은 우리 연구의 문제틀이 되었다. 제럴드 드 몽티니(Gerald de Montigny)의 사회복지 '일(하기)'에 대한 연구(1995a)는 노동자 계급 공동체에서 자란 남자로서 자신의 경험에서 나온 것이다. 그는 사회복지 전문직 이데올로기가 자신의 경험과 의무 사이에 갈등을 일으킴을 경험했다. 그의 문화기술지는 전문직 이데올로기, 사회관계, 그리고 사회복지실천의 조직화 모두를 연구했다. 록사나 응의 연구(Roxana Ng, 1986)는 공동체 조직과 자원봉사 조직에서 일하는 캐나다 이주 이민자로서 그녀의 경험에서 나온 것이다. 그 조직은 이민자 여성의 구직을 돕고 그들에 대한 옹호활동을 하는 곳이었다. 카미니 그레이엄(Kamini Grahame, 1999) 또한 캐나다 이민자로서, 미국에서 훈련 프로그램에 참여한 이민 여성의 관점에서 연구를 시작한다. 그녀는 훈련 프로그램들을 전달하는 자원봉사 조직들이 주정부나 연방정부의 정책에 연결되면서 일어나는 조직적 변화를 연구했다. 재닛 랭킨(Janet Rankin, 1998, 2001, 2003)은 밴쿠버 섬의 간호지도자로서 브리티시컬럼비아 지역의 병원과 건강보호 관리 재구조화와 관련된 간호사의 경험을 연구했다. 질리안 워커(Gillian Walker, 1990)는 '가정폭력'과 관련해 여성운동에서의 활동가 경험을 바탕으로, 여성운동의 정의에 따라 정부가 매 맞는 여성의 개념을 가정폭력의 개념으로 이끌어간 과정을 제도적 문화기술지로 연구하였다. 경험에 바탕을 둔 제도적 문화기술지 연구는 이 밖에도 많다.

부터 설정된다. 문제틀의 설정은 사람들의 일상이 묻힌 제도적 관계 속으로 연속적으로 더 깊숙이 들어가는 첫 번째 단계이다.**5** 제도적 문화기술지에서는 이론적 목적지를 상정하지 않는다. 오히려 이론적 목적지가 전혀 없다. 부라보이가 말한 "체계"는 "국가, 경제, 법 질서, 그리고 그와 유사한 것"과 같은 "더 광범위한 구조"(Burawoy, Burton et al., 1991: 282)를 뜻한다. 제도적 문화기술지에서 이런 "체계"의 차원은 이론적이기보다 문화기술지 방식으로 탐구된다.

3. 경험과 제도적 문화기술지의 문제틀

나는 루이 알튀세(Louis Althusser, 1971: 32)가 쓴 **문제틀**(*problematic*)이란 용어를 사용했다. 문제틀은 질문이나 문제라는 용어보다 더 광범위한 연구의 영역을 조직화할 수 있게 해준다. 한 연구의 영역에서 여러 가지 질문과 문제가 도출되지만, 그것들이 탐구의 방향을 총망라하지는 못한다. 문제틀은 일상이 복잡하게 얽혀 있다는 것, 그리고 이 복잡한 관계가 조직화되어 나타날 수 있다는 것을 보여준다.

　제도적 문화기술지의 일반적인 문제틀로 바라보면 생활세계는 사회관계가 끝없이 발견되는 영역이다. 그러나 문제틀로 생활세계를 바라

---

5 나는 마리 캠벨과 프랜시스 그레고르의 연구(Campbell and Gregor, 2002: 46~50)를 추천한다. 그들은 제도적 문화기술지 수행 시 가장 우선해야 할 것으로, 어떻게 연구 문제틀을 설정하는지를 잘 보여주었다.

본다는 것이 연구자가 문제나 주제에서 연구를 시작한다는 의미는 아니다. 문제틀은 사회관계의 실제 속성 혹은 일상활동의 조직화를 제도적 문화기술지의 연구주제로 전환해준다. 문제틀은 사람들의 일상행위와 일상언어가 어떻게 더 큰 조직에 엮여 있는지를 알게 해주고 이를 통해 사회학적 담론으로 나아가게 한다.

　수잔 터너(Susan Turner)는 지방자치단체의 토지사용계획 조직화에 대한 연구를 진행했다(2001, 2003). 1986년, 그녀는 우체통에서 계곡 개발계획을 소개하는 모임의 초청장을 발견했다. 이 계곡은 자연 산림 지역이었는데, 지역주민들은 당연히 자연 산림을 그대로 유지해야 한다고 생각했다. 그들은 계곡개발에 반대하기 위해 결집했고, 터너는 이 반대조직의 지도자가 되었다. 그녀는 조직 활동을 하면서 지방 의회가 열리고 개발이 결정되는 과정에 대해 잘 알게 되었다. 이것이 바로 우리에게 너무나 익숙한 전환이 일어나는 일상세계이다. 친숙했던 일상세계는 갑자기 외부의 개입으로 혼란에 빠졌는데, 이는 일상의 눈으로 보면 터무니없는 것이다 — 내가 브리티시컬럼비아대학교에서 일상의 관점에서 출발하는 사회학을 깨닫게 되었을 때도 이런 혼란을 경험했다(1장 참조). 터너의 연구에서 지역주민들은 전에는 알지 못했던 행동을 하려 하였고, 그것은 바로 자신들의 상황과 행동을 다른 지역주민들의 행동과 연결시키는 것이었다. 터너는 그때 사회학을 전공하는 대학원생이었고, 그녀가 연구한 분야는 후에 제도적 문화기술지로 불리게 되었다. 그녀는 이 일에 참여한 경험을 토대로 연구를 진행하였으며, 여기서의 활동과 경험을 제도적 문화기술지 연구로 전환하였다. 투쟁의 현장은 연구의 **문제틀**로 바뀌었다. 그녀는 지방자치단체의 토지사용계획과 관련된 텍스트와 텍스트를 매개로 이루어진 과정을 탐구하고 서술했다. 이 계획안에 주민들의 목소리는 거의 반영되지 않았다(Turner, 2001).

〈문제틀〉로 일상세계를 주목한다는 것(D. E. Smith, 1987)은 사람들의 **문제**에서 연구를 시작한다는 의미가 아니다. 사람들이 경험하는 문제와 관심들은 종종 탐구의 동기를 제공해주긴 하지만 연구의 방향성을 정해주는 것은 아니다. 조지 스미스(George Smith, 1988, 1990, 1995, 1998)의 연구는 게이 남성들이 경험한 일종의 괴롭힘에 대한 그의 관심에서 시작되었다. 터너의 연구는 지방자치도시 개발의 맥락에서 환경운동에 그녀가 참여하게 된 것에서 시작되었다. 이런 관심과 경험에서 문제틀을 체계화하는 것은 그것에서 더 나아가 하나의 연구로 발전한다는 것을 의미한다. 연구가 이런 관심에 의해 시작될 수는 있지만, 그 관심이 연구를 제한하거나 선입견으로 작용해서는 안 된다. 문제틀을 형성하는 것은 새로운 연구를 만들어내는 것이다. 우리는 관련된 사람들과 얘기하면서 새로운 연구를 시작할 수도 있고, 때로 그들이 생각하는 것 이상으로 그들에게 배울 수 있다. 제도적 문화기술지 연구자는 이 지점에서 제도적 과정의 양상들로 연구를 발전시킨다. 제도적 과정은 사람들의 관심사와 연결되어 있고 사람들이 자신의 삶에 관해 얘기할 때 드러난다. 일상세계에 함축되어 있는 조직화 형태에서 나온 사람들의 행위의 〈실제들〉은 제도적 문화기술지의 문제틀을 발전시킴으로써 탐구될 수 있는 담론적 재현의 형태로 전환된다.

일상세계는 복잡한 관계로 얽혀 있으며, 거기서 일어나는 일은 일상세계에서 매우 이상하고 자의적인 형태로 나타난다. 경찰이 들이닥쳤

을 때 증기탕에서 섹스를 즐기던 게이들의 경험(G. W. Smith, 1988)이
나 계곡 개발계획에서 지역주민들의 경험(Turner, 2003), 혹은 간호사
들이 자신들에게 부과된 새로운 관리방식 때문에 고군분투했던 경험
(Campbell, 1984; Rankin, 1998, 2001, 2003)이 그 예이다. 그러나 이런
일은 항상 발생하는 것이 아니다. 그것들은 일상에서 당연하게 생각되
는 것을 분명하게 보여주며, 일상이 일상 그 자체를 넘어 확장된 고리
들에 연결되어 있음을 알게 해준다. 제도적 문화기술지 담론이 도달하
려는 목적지는 일상 속에 함축된 것을 연구의 문제틀로 구성하여, 그
일상 속에 사회관계와 조직화가 작동하고 있음을 밝히는 것이다.

그러나 터너의 계곡 파괴 연구에서 보여주듯이, 사회관계가 사람들
간의 행동을 조정하는 것이나 사람들이 경제와 지배의 사회관계 안에
묶이는 모습은 그렇게 극적으로 드러나 보이지 않는다. 앨리슨과 나는
다른 도시의 협곡을 걸으면서, 아이들 학교 보내기의 양상이 어떻게 만
들어지는지 깊이 생각했다. 즉, 우리가 한부모라는 것, 학교 운영방식
에 대해 거의 이해하지 못한다는 것, 학교가 우리를 한부모라는 이유로
결함 있는 부모로 인식한다는 것 등의 사실들이 우리의 고민이었다. 우
리는 서로의 경험을 공유하였고, 이를 통해 우리가 공통의 관심사를 가
지고 있음을 알게 되었다. 그 공통의 관심사는 앞서 언급했던 여러 연
구들(Griffith, 1984, 1986, 1995; Griffith and D. E. Smith, 1987, 1990a,
1990b, 2005; Manicom, 1988)의 〈문제틀〉로 발전했다. 이 중 매니컴
(1988)은 초등학교에서 학부모의 활동이 어떻게 학교의 일상적 운영에
작용해 불평등을 만들어내는지를 탐구하였다.

제도적 문화기술지의 문제틀은 이처럼 현재, 미지의 시간과 장소,

그리고 생경한 힘의 형태들이 실제로 통해 있음을 알게 해준다. 힘의 형태는 어쩌다 잠시 보이기도 하지만 일상에서는 거의 보이지 않는다. 문제들은 발견되어야 하는 영역이지, 연구자가 정답을 찾으려고 던지는 질문이 아니다. 제도적 문화기술지 연구는 문제들과 관련될 때 비로소 복합적으로 중첩되어 있는 다양한 제도들로 확장된다. 문제들은 이러한 제도적 복합체에 눈 뜨게 하면서, 제도적 문화기술지가 현대 서구 사회 제도들과 지배관계들의 작동에 관한 좀더 보편적인 발견들에 관여하게 해준다.

일상세계를 문제들로 상정하는 것(D. E. Smith, 1987)이야말로 제도적 문화기술지가 사람들의 실제 경험을 연구의 출발점으로 삼게 만든다. 제도적 문화기술지는 탐구를 위해 주체위치를 설정하는데, 이는 연구시작 당시의 연구 참여자들이 주체가 되도록 하는 것이다. 연구는 바로 여기서 시작된다. 사람들에게 일어난 경험과 행동, 그리고 이것들이 경험 너머의 것과 어떻게 엮여 있는지를 탐구한다. 제도적 문화기술지는 일상 너머에서 일상의 현실을 지배하는 〈사회적 조직화〉(social organization)를 발견할 수 있게 설계되어 있다. 제도적 문화기술지는 사람들에게 어떤 일이 발생해왔고, 현재 어떤 일이 발생하는지를 견지하면서 제도적 맥락 속에서 제도적 질서와 그 조직화를 발견하고자 한다.

여기서 다음의 두 가지가 강조되어야 한다.

1. 문제들은 한 개인의 특정 경험으로부터 추론해서 구성되지 않는다. 왜냐하면 한 개인의 경험에서 출발하기는 하지만 그 경험이 묻힌 사회관계를 탐구하기 때문에, 그 개인에게 특별하지 않은 관

계들도 반드시 조사해야 한다. 이 관계들은 연구가 포괄하는 복잡한 관계들의 일부이다. 이 복잡한 관계는 그들이 하는 활동과, 관계된 다른 이들의 활동을 넘어서고 또한 그것들을 조정한다. 그러므로 이것은 개인의 경험에서 시작하는 것도 끝나는 것도 아니다.

2. 질적연구는 보통 그 함의 면에서 한계가 있다고 하는데, 그 이유는 해당 문화기술지 연구가 이루어진 특정한 상황에 국한되어 의미가 부여되기 때문이다. 그러나 이런 비판은 지역의 상황에 지역 외부 혹은 초지역적 관계가 깊이 스며들어 있는 우리의 현실을 무시하는 데서 비롯되었다. 지역 외부 혹은 초지역적 관계는 특정한 현장을 넘어서 일반화된다. 현재 질적연구에 대한 관심이 증가하는 것은 질적연구 결과가 보여주는 실제들 안에 눈에 보이지 않는 일반성이 있다고 여겨지기 때문이다. 제도적 문화기술지는 현대사회 제도의 성격을 명시적으로 다룬다. 제도는 다양한 지역의 현장들을 포괄하는 일반적이고 보편적인 사회적 조직화의 형태이다. 제도가 가지는 이러한 일반적이고 보편적인 특성은 지역의 특수한 상황에서 다르게 작동될 수 있지만 어떤 제도적 문화기술지에서도 잘 드러난다 — 확실히 한 개인의 경험에서 시작한 연구일지라도, 제도의 일반화된 특성은 명백하게 드러나야 한다.

정치적 관여는 제도적 문화기술지가 어떻게 진행되느냐에 있어 매우 중요하다. 제도적 문화기술지 연구는 실용적 측면도 있지만 그렇다고 '본래의' 경계가 있는 것은 아니다. 그래서 제도적 문화기술지가 다른 영역으로 자연스럽게 확장되느냐의 문제는 연구자의 정치적 성향과 관심사에 달려 있다. 연구자의 이러한 관심사야말로 제도적 문화기술지와의 관련성을 규정하는 핵심이다. 연구가 객관적으로 이루어져야 한다는 입장에서 볼 때, 연구자의 정치적 관여는 연구결과를 오염시키는 편견으로 간주된다. 그러나 제도적 문화기술지는 실험적 접근법이 아니다. 연구자의 입장을 연구의 출발점으로 삼으면, 사건이 실제로 어떻게 작동되는지에 대한 정확하고 신뢰할 만한 연구결과가 반드시 나온다. 그것은 진리를 반영한 연구결과임에 틀림없다. 여기서 정치적 관여는 바른 길로 가려는 연구자의 책임성을 강화시킨다. 행동하는 사람들을 보고 연구자는 연구결과를 이끌어낸다. 이런 연구결과는 행동과 조직화를 필요로 하는 사람들에게 가장 좋은 선물이다. 제도적 문화기술지의 목표는 제도적 체제 안에 속한 일반인들의 지식만이 아니라 그들과 함께 일한 사람들의 지식을 확장하는 데 있다.

일단 〈문제틀〉이 채택되면, 연구자 개인이 가진 관점의 편파성과 개별성은 탐구의 한계에서 탐구의 본질적 차원으로 전환된다. 한 개인의 이야기 속에는 그의 실재는 물론 그와 연관된 다른 이들의 행동, 그리고 행동들을 조정하는 관계가 담겨 있다. 개인의 경험이 갖는 특수성 안에 그런 관계가 함축되어 있다. 사람들은 자신의 일상세계를 전문가처럼 그 내면 속속들이 알고 있다. 그러나 가사를 일로 바라본 것과 같이, 우리는 일상에서의 〈일〉을 연계하고 〈조정〉하는 관계 안에 놓여 있다. 제도적 문화기술지 연구는 문제틀이 되는 제도적 과정을 고안하기 위해 다양한 종류의 〈일들〉이 어떻게 조정되는지뿐 아니라 다양한 현장에서 일어나는 여러 종류의 일들이 제도적 과정을 만드는 데 어떻게 조정되는지를 발견하고자 한다.

4. 결론

이 장에서 우리는 객관성이 지식을 사회적으로 조직화하는 한 방식임을 알 수 있었다. 이 객관성의 틀 안에서 주체는 보류되거나 배제되었고 '지식'도 개별 주체와 주체성, 즉 개인의 경험, 관심, 관점과는 별개로 구성되었다(구체적인 것은 5장 참조). 제도적 문화기술지는 사회에 대한 지식의 대안적 형태를 제안하는 하나의 기획이다. 지식의 대안적 형태란 사람들이 일상적인 실천을 통해 얻은 지식을 사회관계와 제도적 질서로 확장하는 것이다. 이 접근법은 다음의 두 연구와 구별된다. 첫째, 에니언(빈민지역에서의 학교교육에 대한 1997년 연구)의 연구는 사회적 관심들을 체계화하는 개념과 이론을 가지고, 문화기술지의 요소들은 포함하지만 사람들이 일상에서 부딪히는 문제들이 사회적으로 조직화된다는 점은 설명하지 않는다. 둘째, 부라보이와 동료들의 사례확장방법(Burawoy, Burton et al., 1991; Burawoy, Blum et al., 2000)은 조직화의 거시사회적 수준으로 진입하는 지점에서 이론을 적용해 제도적 문화기술지의 측면을 저버린다. 제도적 문화기술지는 연구자로 하여금 일상경험과 일상지식의 세계에 머무르게 한다. 또한 그 안에 함축된 문제들을 문화기술지 방법으로 탐구함으로써 일상의 경험에 기반한 지식을 넘어 문화기술지의 가능성을 확장시킨다. 그리고 다양한 사람들이 참여하는 사회관계와 그 너머의 사회관계를 보여준다.

제도적 문화기술지는 제도적 형태에 얽힌 사람들의 경험을 연구한다. 연구가 어떻게 발전하느냐는 연구자 자신, 연구자의 관심과 기술, 연구자가 쏟아 부을 수 있는 시간, 연구기금 등에 달려 있다. 어떤 문화기술지 연구는 제도 안에서 일어나는 사람들의 경험에 초점을 둔다. 또 다른 연구는 일상에서의 사람들의 일을 탐구하고 제도의 조정 형태를 설명하면서 제도의 규제적 측면을 탐구한다. 제도적 문화기술지 연구는 연구가 진행됨에 따라 한 특정 영역에 대한 연구를 넘어 사회적 차원으로 확장된다.

　일반적으로, 제도적 문화기술지는 〈지배관계〉가 사람들의 일상활동에 어떻게 의존하고 일상활동을 어떻게 결정하는지를 밝히기 위해, 사람들의 일상경험으로부터 연구를 시작한다. 제도적 문화기술지는 사람들의 일 지식과 함께 이루어진다. 사람들의 일 지식은 텍스트뿐만 아니라 연구과정에서 공동으로 생산되는 것이고, 여기서 텍스트는 제도적 체제의 일반화 가능성, 일반화, 그리고 객관성을 만들어내는 데 필수적인 부분이다. 제도적 문화기술지는 체제의 대상화를 전제하기보다는 체제를 문화기술지적으로 설명한다. 제도적 문화기술지 연구자가 발전시켜온 연구방법은 특히 텍스트에 초점을 맞춘다(5장, 8장, 9장 참조). 이는 한 지역에서의 활동을 다른 시공간에서 조정하는 데 매우 중요하다. 제도적 문화기술지 방법은 사회학에서 통상적으로 이해되어온 문화기술지의 범위를 뛰어넘어 권력과 행위주체, 예를 들어 기업, 정부, 국제조직들이 어떻게 조직화되는지를 보여줄 수 있는 잠재력을 가지고 있다(D. E. Smith, 1999c, 2001a).

제 2 부

사회에 관한 존재론

제3장

제도적 문화기술지의
존재론

3장과 4장에서는 제도적 문화기술지를 어떻게 설계할 것인가의 문제를 다룬다. 제도적 문화기술지는 사람들의 일상적 지식을 일상세계 너머의 힘, 그리고 일상세계 너머의 관계로 확장하기 위해 설계되었다. 따라서 제도적 문화기술지의 목표는 일상세계를 살아가는 사람들의 일상적 지식을 힘이나 사회적 영역으로 확장하는 데 있다. 일상세계를 〈문제틀〉로 포착하려 하는 경우, 그 연구는 사람들의 경험에서 시작하는 탐구라 할 수 있다. 그러나 저명한 사회학적 문화기술지라도 제도적 문화기술지와는 다른데, 그 이유는 이들 문화기술지가 특정 현상에 대한 관찰자의 직접 경험에 머물러 있기 때문이다. 제도적 문화기술지 연구는 사람들의 일상활동들이 이루어지고 조직화되는 초지역적 관계들을 탐색하는 방향으로 전개되어야 한다. 앞서 언급했듯이, 제도적 문화기술지는 부라보이의 사례확장방법과 달리, 한 지역에서 일어나는 일상

경험을 넘어 지역을 초월해서 조정되고 확장되는 관계들을 탐색한다. 여기서 내가 강조하고 싶은 것은 제도적 문화기술지 연구자도 다른 사회학적 연구들이 대상으로 했던 것과 동일한 세계를 탐색하고 서술한다는 점이다.

제도적 문화기술지는 탐구와 발견을 위한 기획으로 이론의 지배를 거부한다. 나는 일반적인 사회학의 담론 질서를 지칭하기 위해 '**주류사회학**'(*mainstream sociology*)이라는 용어를 선택하였다.1 주류사회학이라는 용어는 다양한 사회학적 연구 관행들을 포괄한다. 물론 우수한 문화기술지 연구는 주류사회학적 실천에서 예외가 되기도 하지만 대개는 이러한 관행을 따른다.2 주류사회학의 관행들은 확실히 제도적 문화기술지 접근에 방해가 된다.

일반적으로 주류사회학은 놀랄 만큼 이론에 압도되어 있다.3 이론 없이는 연구가 진행될 수도, 발견한 것이 사회학 지식으로 인정될 수도 없다. 제프리 알렉산더(Jeffrey Alexander, 1989)에 따르면 사회학자들은 사실에 근거해 판단하기 어려울 때(21), 소통을 위한 유일한 대안으로 고전이론에 의존한다(27). 물론, 제도적 문화기술지도 이론 없이 나

---

1 담론의 질서라는 개념은 미셸 푸코(Foucault, 1981)의 개념으로, 담론이 통제되고 경계지어지는 절차를 의미한다.

2 내가 보기에 찰스 굿윈(Charles Goodwin)과 마저리 하니스 굿윈(Marjorie Harness Goodwin)의 문화기술지 연구들이 그 예외이다. 그리고 민속방법론, 특히 대화분석 또한 예외이다.

3 다른 학문 분야들이 지식 또는 최소한의 연구결과들을 축적하는 반면, 사회학은 이론을 '축적하는' 것처럼 보인다. 조나단 터너(Jonathan Turner)의 "이론축적에 대한 평가"("Assessing theory cumulation", 1989)를 참조.

아갈 수는 없다. 그런 의미에서 3장과 4장에서는 이론을 다룬다. 나는 제도적 문화기술지 형성에 중요한 자원이었던 마르크스, 미드, 바흐친, 가핑클의 이론적 사고를 끌어들이는 데 주저하지 않았다. 하지만 주류사회학은 어떠한 연구라도 개념적 틀을 강제한다. 그러한 개념적 틀은 〈실제〉를 어떻게 바라볼지를 결정하고, 실제에 대한 선택과 해석을 지배하고 제한하는데, 이는 바흐친(Bakhtin, 1981)이 말한 "독백"(monologic)과 유사하다. 바흐친에 의하면, "독백"은 사회의 본질적인 대화를 억압하고 대체한다(D. E. Smith, 1999b). 게다가, 주류사회학 이론은 인식주체를 일상의 경험세계 밖으로 몰아낸다.

제도적 문화기술지의 존재론을 서술한다는 것은 어떤 점에서 주류사회학의 그러한 특징에 반대를 표하는 것이다. 제도적 문화기술지는 방법론으로써가 아니라, 대안적인 사회학으로써 제안되었다. 그런데 주류사회학 문헌에서 제도적 문화기술지는 질적방법으로 소개되었다. 그래서 나도 제도적 문화기술지를 탐구의 방법으로 언급하였다. 하지만 내가 제도적 문화기술지를 탐구의 방법으로 언급한 이유는 제도적 문화기술지의 발견들이 개념적 틀에 의해 미리 속단되지 않는 특성을 가지고 있기 때문이다. 말하자면, 탐색과 발견이 제도적 문화기술지의 핵심이다. 자료를 획득하고 분석할 때 우리는 이미 받아들여진 개념과 선입견을 피할 수는 없다. 그러나 제도적 문화기술지 연구에서는 〈실제〉를 알아가는 과정에서 그러한 선입견이 노출되고 드러난다. 따라서 제도적 문화기술지 연구자들은 개념을 점검하면서 실제를 끊임없이 들여다봐야 한다. 사람들 속으로 들어가 그들이 경험하고 말하고 쓰는 그 〈실제〉로부터 배우려고 노력하는 것이 제도적 문화기술지 연구의 핵심이다. 고전적 해석학의 용어를 빌자면(Gadamer, 1975), 연구란 연구자가 변화되는 대화이다. 2장에서 언급한 바처럼, 앨리슨 그리피스와 내가(Griffith and D. E. Smith, 2005) '엄마 노릇 담론'(*mothering discourse*)을 발견하였을 때 우리는 연구과정에서 변화되는 경험을 하였다. 엄마 노릇 담론은 자녀 학교 보내기에 대한 엄마의 책임 모델을 우리 자신에게 부과하였고, 그래서 우리 연구에도 이 담론을 끌어들일 수밖에 없었다. 이러한 맥락에서 자료수집이 이루어졌지만, 우리는 가능한 한 우리의 분석과 해석을 수정할 수 있었다.

제도적 문화기술지의 목표는 이중적인 특성을 갖는다. 하나는 사람들이 어떤 방식으로든 참여하는 〈지배관계〉에 대한 '지도를 그리는 것'(*maps*), 좀더 구체적으로는 제도적 복합체의 지도를 그리는 것이다. 이로 인해 일상세계에 대한 사람들의 지식은 통상적인 방법으로 배울 수 있는 범위를 넘어 확장된다. 이것이 바로 사람들의 일상경험에서 문제들을 찾는 제도적 문화기술지의 목표이다. '현재 위치'(YOU ARE HERE!)라는 단어와 함께 특정 위치를 화살표로 표시하는 지하상가 지도와 같이, 제도적 문화기술지는 사람들의 경험의 장소를 그들이 가고자 하는 장소와 연결한다.

다른 하나는 제도, 좀더 일반적으로 말하면 현대 서구사회의 지배관계를 발견하기 위해 지식과 방법을 확립하는 것이다. 우리가 제도적 문화기술지를 시작했을 때만 해도, 아주 다른 제도적 장에서 이루어지는 연구들이 서로에게 자원이 되리라고는 기대하지 못했다. 그러나 뜻밖에도 우리는 자원을 주고받음으로써 제도적 과정 전반에 대해서는 물론 제도들이 어떻게 구성되는지를 배울 수 있었다. 이 배움의 과정은 서서

히 이루어졌지만 그 영역은 확대되었다. 이로부터 우리는 특정 사례를 넘어 일반화되는 과정과 지배관계에 대한 문화기술지적 탐색이 가능함을 알 수 있었다. 사실 이것은 제도가 어떻게 작동하는지에 대한 한 측면을 보여준다.

1. 사회에 대한 존재론

일상에 대한 〈문제틀〉은 제도적 문화기술지의 방향을 설정한다. 즉, 문제틀은 연구에서의 초점과 방향을 잡아준다. 그러나 무엇을 봐야 하는지, 어디에서 찾아야 하는지에 대한 질문은 여전히 남는다. 제도적 문화기술지의 힘은 사람들의 일상과 행위 속에서 〈사회〉를 탐구하고 발견하는 것이다. 이것은 무엇을 의미하는가? 역설적이지만 나는 이론을 피하자고 하면서 내가 '존재론'이라 부르는 또 다른 이론을 향한다. 존재론은 실재에 관한 이론이다. 3장과 4장에서 사회가 어떻게 실재하는가에 대한 이론을 정리하였는데, 이것이 바로 내가 말하는 〈사회〉에 대한 존재론이다. 본 장에서는 제도적 문화기술지 연구자들이 무엇을 관찰하고 기록해야 하며, 무엇이 자료가 되는지에 대해 다룰 것이다. 여기서 다루는 용어는 난해하고 심오하다. 그것은 헤겔이나 하이데거와 같은 철학의 명인들의 글을 이해하고 읽는 고된 작업을 수반한다. 헤겔과 하이데거는 존재, 실존, 실재란 무엇인가 등의 총체적이고 까다로운 문제들을 다룬 학자들이다. 그러나 나는 이해하기 적정한 수준에서 존재론을 다루고자 한다. 내가 원하는 이론은 사회가 어떻게 그런

성질로 존재하느냐이다. 이러한 이론은 우리가 무엇을 관찰하고, 듣고, 기록하고, 분석해야 하는지 알도록 도울 것이다. 그러나 여기서는 민속방법론에서와 같은 인식론적 이슈는 다루지 않을 것이다.**4**

제도적 문화기술지는 맥락의존성을 중시하는 다른 어떤 탐구기획과 대체로 상관이 없다. '실재'(*reality*)와 마주하려는 제도적 문화기술지의 연구결과는 우리가 사회를 어떻게 알 수 있는지, 객관성을 어떻게 알 수 있는지 알려준다. 즉 제도적 문화기술지의 연구결과는 〈실제〉(*actualities*)로부터 추출되며, 실제에 기반해 재검토된다. 제도적 문화기술지의 연구결과도 제도적 문화기술지가 찾아내고자 하는 실제 속에 있으며 실제에 대해 이야기하는 것이다. 지도가 그려지는 것처럼, 연구의 발견들과 분석들은 실제에 기초해 이루어진다. 〈실제〉 없이는 어떤 의미도 만들어질 수 없다. 제도적 문화기술지는 일상세계 사람들이 가진 일상에 관한 전문적 지식을 대체하기보다 확장하려 한다. 물론, 사회를 해석하는 것과 관련해서는 분석의 정확성, 엄밀성, 타당성의 이슈들이 제기된다. 그러나 제도적 문화기술지의 존재론을 사회적 실재에 관한 이론으로 구상한 것은 시공간에서 일어나는 사회적 과정과 차원들을 설명하기 위해서이다. 제도적 문화기술지에서 요구되는 존재론은 〈실제〉에서 발견하고 배우면서 연구가 진행되도록 해주는 그러한 종류의 개념적 틀이다. 제도적 문화기술지의 존재론은 제도 안에서 사회를 그리는 지도제작의 원리와 같다.

제도적 문화기술지의 존재론을 구상하면서 우리는 한 가지 문제에

---

4 예를 들어, 버튼(Button, 1991)의 소론 참조.

맞닥뜨리게 되었다. 주류사회학 담론에서 사람들이 사라지는 이상한 현상, 사회학의 담론적 실천이 실제와 분리되는 이상한 현상에 직면한 것이다. 따라서 제도적 문화기술지의 설계에서는 사람들이 주체, 인식주체, 혹은 잠재적 인식주체로 남아 있도록 해야 한다. 주류사회학은 사람들의 실제행동과 말에 대해 이론적 해석을 강요하는데, 이는 인식주체를 이야기 밖으로 밀어내고 사람을 대상으로 표현한다. 행위자와 행위가 이론화될 때, 이 양자 모두는 역사적 과정으로부터는 물론이고 사람들이 행동하고 존재하는 것으로부터도 사라진다. 그리고 행위자와 행위는 온전히 사회학의 통제하에 있는 특정 담론 안에 갇히게 된다.

'행위'(action)는 '개개 행동들'(acts)을 조합한 것이 아니다. '개개 행동들' 은 체험을 추론하는 순간에만 행위의 구성요소로 나타난다. 우리의 몸은 우리를 둘러싼 주변세계와 '행위'하는 자아가 일관성을 갖도록 매개하는 데, '행위'는 이러한 몸과 분리되어 논의될 수 없다. 내가 행위하는 자아 (acting self)의 층화모델(stratification model)이라고 부르는 것에는 일련 의 과정 속에 깊이 뿌리를 둔 것으로서 행위의 성찰적 감시, 합리화, 동기 화가 포함된다. 과정으로서 '의도성'을 지칭하는 행위의 합리화도 성찰적 감시 및 동기화와 마찬가지로 인간행동의 관행적 특성이다(Giddens, 1984: 3~4).

그러나 '행위'와 '개개 행동들'을 '몸'에만 연결시키려 했던 기든스의 이론화는 오히려 그가 해결하고자 했던 그 분리를 만들어낸다.

물론 기든스는 영리한 이론가여서 어떤 실재를 '개개 행동들'에 귀속시키거나 행위자의 '체험'을 묵살해버릴 만큼 무모하지 않았다. 나는 버스에 앉아 기든스의 책을 보다가 길 옆 보도를 걸어가는 어떤 나이 든 남자를 쳐다보았다. 기든스의 이론적 틀에 그 남자를 맞춰보기 위해서는 나의 존재를 생략해야 했는데, 제프리 알렉산더(Alexander, 1995)에 따르면 이는 사회학 이론이 가진 미덕 중 하나이다. 나는 그 나이 든 남자를 '행위자'(actor)로, 보도를 걷는 그의 걸음을 '행위'(action)로 인식하는 것이 무엇을 의미하는지 알아야 했다. 행위자들은 더 이상 실제의 사람이 아니었다. 즉, 행위자는 사회학 이론을 읽으면서 버스에 앉아, 보도를 걷는 나이 든 남자를 자세히 쳐다보는 노년의 여자가 아니라, 이론적 드라마의 대본 속 인물이었다. '나'는 더 이상 버스 안에 앉아 있는 '그녀'가 아니라 (나를 심기불편하게 만드는) 아르키메데스의 지렛점 위에 있는 '그녀'가 되었다. 여기서 '그녀'는 사회학자지만 사회학을 행하는 행위 속에서는 사라져버린다. 바로 이 소외야말로 여성운동이 나에게 벗어나라고 가르쳤던 것이다(지나가는 버스를 보는지 모르겠지만). 보도를 걷는 나이 든 남자의 걸음을 행위로 재구성하면, 걷고자 하는 동기 갖기, 걷는 것을 성찰적으로 감시하고 합리화하기만이 남게 된다. 이처럼 나와 나이 든 남자의 실제경험들을 사회학의 이론적 담론으로 이동시키면 우리는 그가 경험했던 것을 결코 배울 수 없게 된다. 놀랍게도, 사회학자는 완전히 사라져버리고, 그 나이 든 남자는 이론적 범주의 한 예증이 되고 만다. 이렇게 함으로써 그녀/나는 본문에서 사라진다. 객관성은 연구방법론으로 담보되는 것이 아니라 담론의 문체에서 드러난다.[5]

1) 실제 사람들의 실제 활동들

우리는 마르크스와 엥겔스(Marx and Engels, 1976)에서 대안을 찾을 수 있다. 마르크스와 엥겔스는 독일 관념론자들을 비판하면서, 사회과학이 사람들의 〈실제〉 활동과 그 활동의 물적 토대에 근거해야 한다고 주장했다. 그들이 쓴 사회과학의 존재론에 의하면, 역사와 사회는 사람들의 활동 속에서만, 그리고 그 속에서 발전된 '협동'의 형태로만 존재한다. 그들은 독일 관념론자들의 관념적 이성이 〈실제〉를 관념으로 대체시켰다고 비판하였다. 이는 역사가 관념에 의해 변화했다고 보는 관념론에 대한 비판 그 이상이었다. 그것은 마치 개념이 행위자처럼 역사와 사회를 발전시켰다고 보는 사고방식에 대한 비판이었다.6

나는 이것이 주류사회학의 문제라고 생각한다. 개념은 원래 그것의 기원이었던 바로 그 실제를 대신하거나 대체한다. 실제는 개념에 일치하는 것만 선택적으로 재현된다. 개념은 선택된 실제들을 해석하는 지배적인 방식이 된다.7 사회체계나 사회구조 같은 개념들은 경험적 준거에 대한 요구 없이도 인간행동을 설명하는 데 결정적인 역할을 부여받

---

5 문체론은 "실제 세계에 대한 모사, 모델 또는 왜곡을 만들어내는 언어학적 구조의 특정적 활용"을 의미한다(Bradford, 1997: xii).

6 《독일 이데올로기》에서 공식화한 첫 비평은 정치경제학자들이 어떻게 정치경제의 개념들을 마치 실제 그 자체인 것처럼 다루는가에 대한 비평으로 이어졌다(Smith, 2004).

7 마르크스의 이데올로기 비평에 대한 충분한 해설을 위해, 나의 저서인 *The Conceptual Practices of Power: A Feminist Sociology of Knowledge*(D. E. Smith, 1990a) 안의 "The Ideological Practice of Sociology" 장 참조.

은 이론적 구성물이다. 나는 주립정신병원을 현장연구로 하여 박사학위 논문을 썼는데, 그때 "사회구조란 어디 있지? 어떻게 그걸 발견하지?"라고 스스로에게 물었다. 내가 구내식당에서의 그 순간을 기억하는 이유는 그러한 의문이 수년간 내 뇌리에서 맴돌았기 때문이다. 기든스(Giddens, 1984)가 사회구조를 '규칙들'로 설명한 것은 하나의 추상명사를 다른 것으로 바꿔놓은 것에 불과했고, 명확한 지시어로는 여전히 부족했다. 사회는 이론에 둘러싸여 있을 때만 실제로 나타나고 사람들의 일상과 활동의 구체적인 현실 속에서는 발견되지 않는다. 칼 헴펠(Carl Hempel, 1966)과 같은 실증주의자들은 집단 속 사람들의 행동에 대해 가설을 세우고 검증해야 하며, 그 가설들에 대한 공식적 진술들을 이론으로 받아들이게 하는 데 기여하였다. 여기에는 사람들이 행하는 것을 관찰하여 배운다거나, 사람들이 살아가는 모습 안에서 사회를 발견한다는 개념은 없다. '사회구조'와 같은 개념은 주류사회학에서 사람들과 그들이 행한 것에 미친 영향을 언급할 때 사용된다. 그러나 사회구조가 어떻게 존재하는가는 아직도 문제시되지 않고 있다.

주류사회학 담론이 끊임없이 사람들의 삶의 현실과 개념적인 거리를 두고 있다면, 제도적 문화기술지는 그 반대방향에 서 있다. 찰스 베이저만(Charles Bazerman, 1988)은 의미의 '미결정'(*underdetermination*)이라는 독특한 글쓰기를 창조했는데, 이것은 사회과학의 글쓰기를 자연과학의 글쓰기와 대조하여 이름 붙인 것이다. 사회학 용어들은 사회학 담론에 참여하는 모든 이들이 동의하는 구체적 지시대상을 갖지 않는다. 허버트 블레이락(Hubert Blalock, 1969)은 사회학 이론을 형식수학으로 바꾸는 연구에서 미결정의 문제를 밝혔다. 그의 견해에 따르면, '언어로 이루어진 이론들'은 너무 애매모호하고, 복잡하며, 너무 많은 변수들이 들어 있어서, 수학적으로 검증되기 전에 근본적으로 다시 쓰여야 한다. 제프리 알렉산더(Alexander, 1989)는 사회과학의 핵심이 "사회과학의 구성요소에는 명확하고 반론의 여지가 없는 준거란 없다"(21), 그리고 "사회과학의 조건들은 설명적 포괄법칙에 대한 동의는 다루지 않은 채, 실제와 매우 동떨어진 경험적 지식의 본질에 대해 한결같이 동의하게 만든다"(19)고 하였다. 의미의 미결정은 제도적 문화기술지가 추구하는 목표와 명백히 다르다. 제도적 문화기술지의 개념적 작업이 의도하는 것은 사람들의 실제 행위 속에서 사회를 **밝혀내는** 것인데, 만일 추후에 여기에 문제나 부족한 점이 드러나면 발견된 것은 수정되거나 폐기되어야 한다.

사회학에는 다음과 같은 속성들로 세계의 실체들(*entities*)을 구성하려는 경향이 깊이 배여 있다.

1. 행위를 가리키는 동사에서 유래된 단어들이다. 이들은 지금은 주어-주체가 사라진 명사 형태로 바뀌었다. **조직화**(*organization*), **제도**(*institution*), **의미**(*meaning*), **질서**(*order*), **갈등**(*conflict*), **권력**(*power*)이 그러한 용어들이다. 이들은 사회학 문장에서 행위자로 기능한다.
2. **역할**(*role*), **규칙**(*rule*), **규범**(*norm*) 등과 같이 사회의 특정 측면들을 분리해서 표현하는 용어들이다. 이들은 사회로부터 유래되었지만 실제 세계 밖에 존재하는 것으로 다루어진다.
3. 사회학자들의 저작에서 나온 개념들이다. 이들은 주된 사회학적

실체 목록을 늘리기 위해 원래의 맥락과 분리되어 사용된다. 막스 베버의 **관료제** 개념은 19세기 말, 20세기 초에 사회학에 도입된 개념이다. 찰스 페로(Charles Perrow)는 1986년 그의 저서인 《복합조직》(*Complex Organizations*)에서 이 개념을 사용하였는데, 이는 마치 막스 베버 시대에서 오늘에 이르기까지 대규모 조직들의 관리방식에 아무런 변화가 없는 것처럼 보이게 한다.

4. 마지막으로 사회학은 **사회구조**나 **문화자본**과 같은 은유에 지나치게 의존한다. 마치 건축에 비유하는 듯한 사회구조는 정의되지 않은 채 아주 자주, 그리고 광범위하게 사용된다. 또한 피에르 부르디외(Pierre Bourdieu, 1973)가 사용한 **문화자본**은 교육이나 다른 특권적 접근처럼 한 사회가 개인을 위해 만들어내는 일종의 특권과 기회를 가리키는 말이다.

이상과 같은 스타일로 글을 쓰면 해당 개념에 상응하는 실체가 정확히 드러나지 않는 '흐릿하고 모호한 존재론'이 되어버린다. 글에서 사람과 행동이 사라지는 것은 조금만 주의를 기울이면 뚜렷이 보인다. 무엇을 지시하는지가 불문명한 개념화된 실재들이 행위의 주체가 되어버린다. 결국 무엇을 지시하는지도 불분명하고, 모호한 개념의 의미를 채우는 것도 독자의 몫으로 남겨진다.[8]

제도적 문화기술지는 문화기술지적 기획이기는 하지만, 역사적 과정

---

8 해럴드 가핑클(Harold Garfinkel, 1967)은 표준사회학의 연구 관행에 대한 비판에서 이 문제를 지적하였다.

을 탐구하거나 이론화하지 않는다. 그러나 마르크스의 이론과 개념에 대한 접근에서 많은 것을 빌려왔다. 마르크스는 그의 저작인 《독일이데올로기》(*The German Ideology*)에서 기존 사회과학의 존재론적 원리를 벗어나 자본주의적 생산관계의 작동을 토대로 이론을 구축하였는데, 그 과정에서 이 원리를 버리지는 않았다.9 물론 마르크스가 이론을 사용하지 않은 것은 아니었다. 중요한 것은 그가 이론적 개념이 가진 독특한 특성, 즉 이론적 개념은 〈실제〉의 사회관계를 표현해야 한다고 생각했다는 것이다(D. E. Smith, 2004). 마르크스는 이론적 개념들을 사람들이 활동하는 실제 속에서 찾았다. 그는 사람들의 활동이 사회관계로 조직화되어 있다고 보았다. 즉, 사람들의 활동은 생산양식의 발전단계에 따라 달라지는 협동 관계의 형태들로 조직화되어 있었다. 마르크스는 사람들의 활동과 관계로 이루어진 역사적 실제가 어떻게 이론으로 만들어지는가에 주목하였다.10 그의 이론에서 '경제'는 이전 이론에서 말하는 추상적인 관계와 뚜렷이 구별된다. 그에게 경제는 개인의 의도와는 상관없이 사람들이 상품을 화폐로 교환하는 하나의 역동적이고 명백한 현상이었다. 여기서 주목할 것은 이 관계들의 '추상적인' 속성이 처음부터 개념에서 출발하지 않았다는 점이다. 오히려, 화폐와

---

9 구조주의자인 루이 알튀세(Althusser, 1969, 1970, 1971)나 《포스트모던적 조건》(*The Postmodern Condition*)이라는 저작에서 교조주의 형식을 버린 장 프랑수아 리오타르(Jean Francois Lyotard, 1984)와 같은 후기마르크스주의자들은 마르크스가 중요하게 생각했던 이 점을 이어받는 데 실패했다.

10 이것은 알튀세가 버리고 싶어 했던 마르크스 사상의 한 측면이다. 알튀세의 《자본론을 읽는다》(*Reading Capital*, 1970) 참조.

상품의 교환관계는 물건들의 구체적인 특성과 용도를 소멸시키면서 이루어졌는데, 바로 이 실제 세계에서의 교환관계로부터 추상적인 속성이 도출되었다.

자본과 같은 개념들은 상품 생산을 위해 화폐가 교환되고, 생산에 들어간 것보다 더 큰 화폐가치로 교환되는 상품과 화폐의 연쇄적 관계 속에서 도출되었다. 이들 사회관계로부터 자산을 소유한 부르주아와 생계수단을 생산해낼 수 없는 다수의 사람들 간의 관계가 발생한다. 이들 다수의 사람들은 임노동관계에 의존해야 하고, 상품을 생산하기 위해 자본가가 소유한 기계장비 및 공장에서 일하면서 임금을 받는다. 이는 앞서 간단히 설명했던 자본의 연쇄적 관계로 이어진다. 이처럼 마르크스는 이론의 토대를 만들려고 했고, 구체적인 역사적 근거를 가지고 추상적인 사회관계를 설명하려 했다. 이것은 마르크스 이론의 특성일 뿐, 결코 사회학의 특성은 아니다.

제도적 문화기술지가 마르크스의 방식을 따르려고 의도한 건 아니다. 오히려 문화기술지적 방식에 충실하려고 했다. 그러나 제도적 문화기술지는 마르크스가 사회과학의 이론과 개념에 대한 존재론적 근거에 주목했던 방식을 진지하게 받아들였다. 마르크스에 있어, 정치경제학 개념들은 사회과학에서 받아들여진 개념들이 아니다. 마르크스의 정치경제학 개념들은 역사적으로 출현한 사회관계들을 보여주었는데, 이런 사회관계들이야말로 연구의 대상이 되어야만 한다(D. E. Smith, 2004). 이처럼 이론이나 개념은 사회관계의 〈실제〉를 밝혀낸 것이어야 하지, 사회과학이 다루는 실제에 부과되거나, 실제를 차단하는 것이어서는 안 된다. 제도적 문화기술지에서 문화기술지 작업이 지향해야 할 것은 〈사회〉의 〈실제〉에 대한 탐구이다. 이러한 문화기술지적 작업은 개념과 실제 사회관계 간에 대화를 만들어내는데, 이 개념이 과연 실제 사회관계를 얼마나 적절하게 표현했는지가 문화기술지적 검증의 대상이 된다. 이런 작업들이 반드시 선입견을 드러내 보여주거나 없애버릴 것이라는 보장은 없다. 그리고 사회관계에 내재된 개념들의 함축적 근거를 밝히리라는 보장도 없다. 그러나 제도적 문화기술지 작업들은 개념보다 〈실제〉에 관심을 갖는다. 우리는 실제로부터 배워야 하는데, 이는 이미 개념화한 것 이상으로 실제가 존재하기 때문이다.

2) 사회를 이해하는 방식 : 활동들은 어떻게 조정되는가?

제도적 문화기술지가 다루는 대상이 사람들이 하는 활동의 실제라고만 말하기에는 다소 부족한 점이 있다. 물론, 우리는 사람들의 실천행위, 그들의 일, 모든 종류의 활동을 연구대상으로 삼을 수 있다. 그러나 여기에는 사회학의 한 논점이 빠져 있다. 문화기술지는 사람들의 활동에 근거해 이루어지지만, 행동과 행동하는 사람을 개별화한다. 바로 이점이 사회학의 오래된 난제이다.

주체를 개별화하는 것은 제도적 문화기술지 연구에서도 문제가 된다. 왜냐하면 제도적 문화기술지는 사람들이 살아가는 일상의 특수성을 넘어 이들을 조직화하는 사회관계 영역까지 포괄하려 하기 때문이다. 연구의 존재론적 근거가 오로지 개인 행위에만 있다면, 제도적 관계, 보다 일반적으로 지배관계의 탐구는 문제가 된다. 앞서 언급한 것처럼, 사회 혹은 사회집단이 어떻게 존재하는가라는 존재론의 문제는 사회학에서 제기된 바 없다. 사회를 대상화함으로써 "사회가 어떻게 존재하는가"라는 질문은 사라져버렸다. 게오르그 짐멜(George Simmel, 1950)에 의하면, 사회는 개인에 내재되어 있지만, "사회가 자신의 조직과 기관을 발전시키고 그 조직과 기관의 요구와 명령을 개인에게 부과함으로써, 개인은 사회를 이질적으로 느끼게 된다"(58). 사회학을 과학으로 만들고자 했던 에밀 뒤르켐(Emile Durkheim, 1966)은 '사회적 사실들'이 개인의 바깥에 존재한다고 가정하였다. 그에 의하면 사회적 사실들은 "뚜렷하게 구별되는 특성들로 이루어진 하나의 범주로써, 개인의 바깥에 존재하면서 사람들이 행동하고, 생각하고, 느끼는 방식을 구성하며, 개인을 통제하는 힘을 가지고 있다"(3). 앤서니 기든스(Anthony Giddens, 1984)는 자신의 초기 개념들을 수정해서 개인이 구조의 창조과정에 참여하는 것을 '구조화'(structuration)라고 이름 붙였다. 구조화는 개인 행동과 구조 사이의 상호작용으로서, 구조가 개인의 행동을 모양새 짓고 개인의 행동도 역시 구조에 영향을 주는 것을 뜻한다. 이것은 호소력 있는 설명이지만, 사회를 개인 외부에 있는 실재로 가정한 기존의 관행을 그대로 따른 것에 불과하다. 기든스는 규칙들에 결정적인 어떤 지위를 부여하는 데 신중했다. 그는 규칙들은 단지 "사회체계의 재생산에 포함되어 있다"(185)고 하였다. 그럼에도 불구하고, 존재론의 문제는 여전히 흐릿하고 모호한 채로 남아 있다. 이론화될 수는 있지만 결코 관찰될 수 없는 촘스키의 생성문법 모델에 비견해 볼 때, 사회구조의 개념은 오히려 이론화하기 간편하다. 촘스키의 수준에서 보면, 예전에 내가 "사회구조는 어디 있나"라고 물었던 질문은 부적절하고 심지어 어리석게 보일 것이다.

사회를 대상화하지 않을 때 이론가들은 개인화된 주체 속에서 〈사회〉를 찾아낸다. 예를 들어, 베버(Weber, 1978)는 개인의 의식으로부터 사회를 끌어내었다.

개인은 행위에 주관적 의미를 부여한다. 이 점을 고려하면, 개인의 행위는 다른 이들의 행동을 고려하고 그 과정에서 자신의 행위가 도출되기 때문에 사회적인 것이다(88).

의식이론에 철학적 토대를 둔 현상학적 사회학도 이와 유사한 고민을 하였다. 여기서 의식이론은 개인화(*individuation*)와 연관이 깊은데, 현상학적 사회학은 이를 극복하기 위하여 다양한 방법을 고민하였다 (Gurwitch, 1964; Schutz, 1962a). 그리고 더 근래에는 피에르 부르디외(Bourdieu, 1990)의 아비투스(*habitus*) 개념을 가지고 개인의 학습과 경험을 통해 사회가 재생산되고 있음을 제시하였다.

〔아비투스〕는 역사적으로 생성된 도식적 틀에 따라 … 개인적이고 집합적인 관례를 만들어낸다. 아비투스는 과거의 경험이 현재에도 실재함을 확인시켜준다. 과거의 경험은 인식, 사고, 행위의 도식적 틀로 각 사회조직체 안에 침전되어 있다. 그래서 오랜 시간 동안 쌓여온 관례들이 어떤 규칙이나 규범들보다 더 정확하고 일관성 있다는 것을 확실하게 보여준다.

사회학은 개인화된 주체를 가정한다. 사실, 파슨스의 규범과 가치, 기든스의 구조화, 슈츠의 상호주관성과 같은 개념들은 개인화된 주체를 가정함으로써 발생하는 문제에 대한 대안으로 제시되었다.

제도적 문화기술지는 개별 주체는 물론 그들의 행동과 경험을 배제하지도 않고, 체계나 구조처럼 사회를 대상화하지도 않으며, 혹은 이 둘의 교묘한 결합을 택하지도 않는다. 제도적 문화기술지 연구의 초점인 〈사회〉는 사람들의 활동과 실천들이 〈조정〉되는 바로 그곳에 있다. 바로 거기에 개인들이 존재하고, 그것도 '몸'으로 존재한다. 그들이 활동하는 곳도 바로 거기이고, 자신들의 행위가 타인의 행위에 의해 〈조정〉되는 곳도 바로 거기이다. 이러한 것들이 제도적 문화기술지 기획의 기초가 된다. 여기서 조정은 현상처럼 사람들의 활동과 분리되지 않으며, '사회 구조'나 '규칙들'처럼 대상화되지도 않는다. 조정은 그 자체로 특화된 행위 형태가 아니다. 제도적 문화기술지가 포착하려는 〈사회〉는 사람들의 활동이 다른 사람들의 활동과 조정됨으로써 구체화된다. 우리가 말하는 사회는 바로 이러한 맥락하의 '사회'이다. 이처럼 사회 자체는 뚜렷이 구별되는 하나의 현상이 아니다. 그것은 사람들이 행하는 것의 한 측면으로서, 탐색되고 설명되어야 하는 것이다.11 제도적 문화기술지 연구의 초점은 결코 개인이 아니지만 그렇다고 개인이 사라지는 것은 아니다. 오히려 제도적 문화기술지 연구에서 개인은 극히 중

---

11 여기서 우리가 알아야 할 것은 〈사회〉를 사람들의 활동이 조정되는 것으로 이해하는 것이 지배의 폭력적 형태를 배제하는 것이 아니라는 점이다. 물리적 폭력은 남성들이 그들의 배우자에 대한 지배를 주장할 때 사용된다. 그것은 경찰이 법을 시행하고 거리 질서를 유지하기 위해 사용되며, 경찰이 하는 일의 어떤 측면과 그 일의 조직화를 보여준다. 그러나 은근히 이루어지는 어린아이에 대한 부모의 물리적 폭력은 조정행위들의 수단과 같다. 이들을 비롯한 여타의 지배방식은 지배자들이 원하는 쪽으로 지배받는 사람들의 활동을 조정한다.

요한 존재이다.12 그러나 여기서 개인의 행동들은 행위들 간의 관계 속에서 다루어진다.

이처럼 '사회'를 사람들의 활동들이 조정되는 것으로 보는 존재론적 입장은 사회를 다른 수준이나 측면에서 탐색하려는 여러 사회학자들의 존재론과 일치하기도 한다. 이와 같은 존재론적 개념으로 많은 사회학을 한데 묶을 수 있다. 예를 들어, 조지 허버트 미드(Mead, 1962)는 상호작용을 통해 사람들의 활동이 조정되는 상징양식을 검토하고 공식화하였다. 게다가 그는 상징 그 자체를 사람들의 행위를 조정하는 뚜렷한 형태로 해석하였다(4장에서 이것에 대해 더 자세히 다룬다).13 민속방법

---

12 우리가 **활동이론**(*activity theory*)으로 알고 있는 이론이 제도적 문화기술지와 비슷하게 보일 수 있다. 활동이론은 마르크스와 엥겔스가 《독일이데올로기》의 서두에서 언급한 바로 그 존재론적 선언에서 유래한다. 활동이론은 소련에서 뛰어난 심리학 전통을 창시한, 레프 비고츠키(Lev Vygotsky)의 사상을 근거로 전개되었다. 레프 비고츠키의 심리학은 심리발달을 이론화하는 데 있어 사회적 환경을 정신의 개념에 통합했다. 활동이론은 최근에 A. N. 레온테프(A. N. Leont'ev, 1978, 1981)의 연구에서 그리고 더 최근에는 이리외 엥게스트롬(Yrjö Engeström, 1987; Engeström, Miettinen et al., 1999)의 연구에서 하나의 사회학으로 재창조되었다. 〈사회〉에 대한 이론인 제도적 문화기술지와 활동이론을 연결시키는 데 있어 문제는 활동이론이 심리학적 기원으로부터 큰 영향을 받았다는 점이다. 예를 들어 레온테프(Leont'ev, 1981)는 노동분업에 대한 개념을 집단적인 속성으로 도입하고 있다. 그런데 이는 주류사회학에서 계속 문제가 되어온 개인과 사회의 이분법적 개념 논리와 크게 다르지 않다. 엥게스트롬은 이와 다소 다르지만 개인에서 체계를 추정하는 데 있어 제도적 문화기술지와는 더욱 반대방향으로 이동하였다. 활동체계는 개인 활동으로부터 어떤 공식적인 규칙에 따라 만들어지고, 그 결과들은 실제적인 〈일 조직화〉를 분석하는 데 사용될 수 있다. 비록 이들 모델이 실제의 일 조직화에 대한 문화기술지로 구성되기는 하지만, 형식적 모델로 이루어짐으로써 특정한 제도적 세팅에서 사람들의 활동이 실제로 어떻게 조정되는지 발견하려는 제도적 문화기술지를 피해간다.

론의 대화분석은 사람들의 일상적 대화가 어떻게 조정되는지 연구하는 것이다. 나는 몇 년 전 보스턴의 민속방법론 모임에서 본 영화 한 편을 기억한다.14 만약 내 기억이 맞는다면, 그것은 연속으로 이어지는 간단한 장면이었다. 병원 접수직원이 자리에서 일어나 의자에 앉아 기다리는 여자에게 말을 하기 위해 다가간다. 소리가 없는 슬로모션인 그 장면을 보면 두 사람의 몸의 움직임이 어떻게 서로 조정되는지를 알 수 있을 것이다. 한 사람은 다가가고, 다른 한 사람은 그것을 인식하고 마주하는 방식으로 조정된다. 그것은 마치 의식 저 밑에서 작동하는 하나의 춤과 같다.

이와 매우 다른 수준이기는 하지만, 우리는 마르크스의 교환관계와 경제 개념에서 사람들의 활동이 조정되는 예를 볼 수 있다. 마르크스의 원작에서 많은 이론화가 이루어진 것과는 달리, 실제 이론에서 그는 사람들의 실제를 직접적으로 드러나지 않는 관계들로 전환하는 것에 신중한 태도를 보였다. 이 점에서 '상품', '상품의 물신성'과 같은 개념들은 중요한 이론적 역할을 한다. 어떤 개념적 용어이든 거기에는 늘 관계가 내포되어 있다. 바로 이 점이 《자본론》에서 사람들의 실제를 놀라울 정도로 논리정연하고 복잡한 추상적 개념으로 묶어내게 하였다.

제도적 문화기술지는 〈사회〉를 사람들의 실제적 활동을 조정하는 것으로 볼 것을 제안한다. 이 외에도 제도적 문화기술지는 사람들이 우리

---

13 미드의 방법은 인간들과 동물들 간의 상호작용에 대한 주의 깊은 관찰을 이론적으로 형식화한 것으로, 유일하게 제도적 문화기술지와 동질의 것으로 여겨진다.

14 내 기억에 따르면, 그 영화는 알 로빌랴드(Al Robillard)가 제작하였다.

에게 그 자신이나 타인의 행위에 대해 얘기한 것을 가지고 연구를 진행해야 하며, 사람들이 하는 활동의 조정 형태가 어떻게 제도적 과정을 '산출'하는지를 찾아내야 한다고 제안한다.

3) 차이와 사회

패턴이나 구조를 다루는 이론들은 행위자들이 규범이나 규칙을 공유하고 있고, 이 규범과 규칙이 패턴이나 구조를 만들어낸다고 한다. 그러나 일단 우리의 관심을 이런 대상화에서 사람들의 행동이 조정된다는 쪽으로 이동시키면, 사회적 과정 자체가 관점이나, 관심사, 경험에서 〈차이〉를 만들어낸다는 것을 알 수 있다. 두 사람이 약간 좁은 계단을 통해 아파트 2층으로 식탁을 옮기는 아주 평범한 예를 들어보자. 두 사람이 서 있는 위치가 다르고, 그래서 각자는 다른 경험을 한다. 위에 있는 남자는 다음 계단을 볼 수 있으며 아파트로 들어가기 위해 계단 꼭대기에서 어떻게 회전해야 하는지를 생각해내려 한다. 밑에 있는 여자는 위를 볼 수 없으나, 이런 종류의 상황에 익숙하다. 그 여자는 전에 이런 일을 해본 경험이 있고 이런 일에 능숙하다. 계단, 계단의 폭, 커브, 식탁의 크기, 모양, 무게 등은 가구를 옮길 때 마주하는 흔한 상황이다. 두 사람은 앞뒤에서 말을 주고받는다. 위에 있는 남자가 "모서리가 벽에 부딪혀!"라는 정보를 제공하면, 밑에 있는 여자는 "기울여서 좀더 밀어올려!'라며 식탁을 이동시키는 방법을 제시한다. 각자의 행동에 대한 〈조정〉은 말로 이루어진다. 그러나 또한 조정은 식탁을 이동하는 과정에서 각자의 행동에서도 이루어진다. 두 사람의 움직임은 무게의 분배를 바꾸고, 식탁을 잡는 모양새를 바꾸며, 계단에서 어떻게 보조를 맞춰야 할지를 바꾸게 한다. 그리고 제한된 공간에서 어떻게 자신들의 몸을 움직여야 하는지에 변화를 주기도 한다. 그들은 함께 그 일을 했고, 함께 계단을 올랐으며, 함께 식탁을 옮겼다. 그러나 그 일을 잘해 내기 위해 두 사람은 각기 다른 관점과 행동을 취했는데, 바로 이 때문에 두 사람의 경험은 달랐다. 아래에 있는 여자는 위쪽에 있는 남자가 자신의 제안을 귀담아 듣지 않자 화가 난 목소리로 말한다. 그들의 이런 경험은 이후에 있을 대화에 반영될 수 있다. 즉, 계단에서 불편한 자세로 가구를 옮기면서 알게 된 것은 가구를 옮기는 순간순간만이 아니라, 바로 그 다음 순간 두 사람의 관계에도 반영된다.

〈사회〉는 〈차이〉를 조정하고, 차이를 만들어낸다. 제도적 문화기술지는 각 개인은 독특하며, 그만의 경험과 이력을 갖고 있고, 타인과 다른 위치에 있기 때문에 사물을 다른 관점에서 바라보고, 다르게 느끼며, 다른 욕구와 욕망을 갖고 있고, 다른 이해관계를 갖는다고 본다. 이런 점에서 제도적 문화기술지 연구자의 관심은 사람들의 실제 삶을 그대로 보여주는 데 있지 않다. 또한 제도적 문화기술지 연구자는 이론적 가치에 부합되는 어떤 특정 이론체계로 사람들의 행동을 설명하려고 하지도 않는다. 그보다는 오히려 사람들의 〈경험〉에서 배우고, 사람들의 일상의 삶과 행동이 어떻게 타인들의 행동에 조응하면서 조직화되고 사회관계 안으로 포섭되는지를 추적한다. 비록 이러한 〈조직화〉와 〈사회관계〉로의 포섭이 일상의 경험 안에서는 잘 드러나지 않더라도 말이다.

식탁을 계단 위로 옮길 때 두 사람의 관점과 이해관계가 갈라지는 것은 사회 어디서나 나타나는 〈사회적 조직화〉의 한 전형이다. 사람들이 서로 조응하면서 만들어지는 〈사회〉는 서로 다른 관점과 이해관계에 기반하며, 또한 관점과 이해관계의 차이를 만들어내기도 한다. 대규모 조직과 제도는 그 목적을 공유하는 것으로 알려져 있지만, 사실은 〈차이〉를 만들어내고, 심지어 차이에 의존하기까지 한다. 마르크스는 자본이라는 추상적 사회관계가 부르주아와 프롤레타리아 간의 차이에 근거한 것임을 분명히 했다. 여기서 차이는 사실 부르주아에 의해 주도적이고 억압적으로 발전되어온 것이다. 겉으로 잘 드러나 보이지 않지만 교환관계의 근원은 마르크스(Marx, 1976)가 "이른바 원시적 축적"이라고 부른 역사적 과정에서 형성된 노동계급과 부르주아의 관계이다. 서유럽의 제국주의는 유럽인들과 다른 신체적 특징을 지닌 사람들을 경시하였고, 이는 식민주의가 종식된 이후에도 인종차별로 이어졌다.

사회관계와 사회적 조직화는 거시 또는 미시 수준에서 〈경험〉과 관점의 〈차이〉를 만들어낸다. 우리는 일상에서 인종차별주의를 조직화하는 사회관계에 지속적으로 참여하고 있다. 우리가 서로를 어떻게 이해하는가는 과거에 연유하는데, 사실 과거는 현재의 모습 속에 나타나며 미래에 투영된다. 사람들 간에 경험이 다른 것은 거시 수준에서 발생하는 통상적 방식 때문이기도 하고, 또는 계단에서 식탁을 들어 올리는 것처럼 미시 수준에서 연속적으로 이루어지는 조정 때문이기도 하다. 유럽과 북미에서 여성운동이 제기한 사회학의 가장 심각한 인식론적 문제는 남녀의 노동분업이었다. 이로 인해 여성에게 가사 영역이 부가되었고, 그 결과 여성은 지성과 과학, 합리성으로 대표되는 남성 영역에서 배제되었다(1장 참조). 젠더적 관점과 경험은 서구사회 계몽주의의 영향을 받은 것이다. 제국주의나 젠더와 같은 제도로부터 우리는 사람들의 관점과 이해관계가 서로 차이가 있다는 것을 알게 되었다. 이러한 차이를 이론적으로 공식화한 것은 탈근대 이론들이다. 〈사회〉는 사람들의 행동을 조정함으로써 개인들 사이에 경험의 차이를 만들어내고, 이러한 차이들로부터 사회의 특징이 나타난다. 이때 차이는 이미 존재하기도 또는 만들어지기도 한다.

제도적 문화기술지는 처음부터 보편적 인식자를 거부하였기 때문에 보편성을 주장하지 않는다. 제도적 문화기술지는 상이한 관점과 경험들을 대체하는 하나의 단일화된 표현을 만들어내는 것을 목표로 하지 않는다. 앞서 언급하였듯이, 바흐친은 그런 단일화된 언어를 "독백"이라 했다. 마이클 가디너(Michael Gardiner, 1992)는 다음과 같이 기술하였다.

바흐친에 의하면, 이념적 가치, 의미를 나타내는 실천행위, 창작열은 언어의 살아 있는 실재를 구성하는데, 독백주의란 이들을 단일 헤게모니, 단일한 의식 또는 관점에 종속시키는 것이다. 이 초월적인 의식에 포함될 수 없는 것은 그게 무엇이 되었든지 이질적이거나 불필요한 것으로 간주되었다(26).

식탁을 층계 위로 들어 올리는 두 사람을 생각해보자. 단일한 설명을 목표로 하는 전략에서는 상이한 이야기들로부터 하나의 객관화된 설명과 의미를 만들어내려고 노력할 것이다. 이와는 달리, 사람들의 활동조정을 탐구할 때는 경험과 관점의 차이를 배우고, 행동들이 어떻게 조응해가는지를 찾는다. 제도적 문화기술지 연구자는 서로 다른 관점과 경험을 가진 정보제공자들 사이의 일치점을 찾지 않는다. 그들은 사람들의 서로 다른 이야기가 사회관계 속에서 교차되고 상호 보완되는 양상을 탐구한다. 실제로 관점과 경험의 차이는 조정이라는 제도적 형태에 사람들이 어떻게 참여하는가를 발견하는 데 핵심적이다.

제도적 문화기술지는 사람들이 서로 다른 방식으로 사회관계에 참여한다는 점, 타인들과의 조정 여하에 따라 그들의 행동과 경험이 달라진다는 점을 활용한다. 엘렌 펜스(Ellen Pence, 2001)는 미네소타 주 덜루스에서 가정폭력의 사법절차가 어떻게 이루어지는지를 연구하였는데, 이 연구는 펜스가 가정폭력 남편을 둔 여성을 지원하고 옹호하는 단체 활동가로 일하면서 얻은 경험에서 출발하였다. 이 단체는 가정폭력 피해여성이 보호와 안전의 문제에 직면해 있지만, 사법절차에서는 이 문제가 인지되지 않을 뿐 아니라 심지어 심화되고 있음을 알게 되었다. 펜스는 긴급구조요청 전화를 시작으로 순찰차의 급파, 경찰보고서 작성, 형량 선고까지 이르는 사건의 처리과정이 어떻게 조직화되는지를 연구하였다. 조사방법은 관찰, 인터뷰, 그리고 텍스트 분석을 활용하였다. 경찰은 자신들의 일에 대해서, 그리고 가정폭력 처리보고서가 어떻게 작성되는지에 대해서 말해주었다. 펜스는 형사들은 물론 보호관찰관, 시 검사들로부터 그들이 가정폭력 사건을 어떻게 처리하는지에 관해 이야기를 들었다. 그런데 이들 각자는 가정폭력 처리과정을 서로 다르게 알고 있었고, 그 결과 이를 서로 다르게 이야기하였다.

제도적 문화기술지는 바로 이 가정폭력 처리과정이 어떻게 이루어지는지를 기술한다. 제도적 문화기술지 연구자는 ① 샤마즈와 미첼

(Charmaz and Mitchelle, 2001)의 근거이론이나 ② 해머슬리와 앳킨슨 (Hammersley and Atkinson, 1995)이 제안한 문화기술지 접근, 혹은 ③ 이론을 개발하는 경우처럼 행위자들의 서로 다른 관점에 대해 해석하지 않는다. 샤마즈와 미첼(Charmaz and Mitchelle, 2001)은 이론 도출을 위해 연구의 전 과정에 걸쳐 자료를 귀납적으로 해석한다. 해머슬리와 앳킨슨(Hammersley and Atkinson, 1995)은 초점이 되는 문제, 혹은 특정 현상을 기술하고 설명할 목적을 가지고 문화기술지가 설계되어야 한다고 말한다. 펜스의 연구가 지향하는 것은 가정폭력 피해여성이 배우자가 연루된 사법과정에서 겪게 되는 관심사와 경험이지, 사법과정에 관여하는 관련 당사자들(경찰, 보호관찰관, 검사)의 경험적 지식이 아니다. 그렇다고 하여 사법절차에서 관련 당사자들의 경험적 지식이 사라지는 것은 아니다. 사법처리 과정에 대한 이야기는 관련 당사자들이 알고 있는 사법처리 과정을 조합하여 이루어진다. 그들의 경험적 지식은, 다른 방법론적 접근에서와는 달리, 결코 해석되지 않는다. 오히려 그들의 경험적 지식은 사법처리 과정에 관여한 다른 사람들의 이야기로 보완된다(7장 참조).

4) 사람들의 행동이 일어나는 것으로 사회를 인식하기

제도적 문화기술지는 사람들의 행동에 대한 조정을 지속적이고 적극적으로 일어나는 과정으로 본다. 반면, 주류사회학은 사회를 명확한 상태나 결정요인으로 상화하면서 질서와 패턴 같은 개념들을 사용해왔다. 《사회적 행위의 구조》(*The Structure of Social Action*, 1937)에서 탤

컷 파슨스(Talcott Parsons)는 사회학 이론의 주요한 문제틀을 질서의 문제로 보았다. 질서의 문제는 본래 홉스가 규제 없는 사회와 만인의 만인에 대한 투쟁의 주장에서 개념화한 것이다. 파슨스는 홉스의 논의와는 별개로, 사회 질서가 복잡하고 의도적인 개별행동들의 상호작용으로부터 추론될 수 없다는 입장이다. 전체에 대한 한 개인의 정치적 지배에서 대안을 찾고자 했던 홉스와는 달리 파슨스는 사회가 공유된 규범과 가치에 의해 존재하고, 이 규범과 가치들은 개인의 의도적 행위에 우선한다고 보았다. 기든스가 초기에 언급한 사회구조 개념 또한 이와 동일한 전통 안에 있다. "규칙과 자원들이 … 사회체계를 만들고 다시 사회체계가 규칙과 자원들을 만든다". 여기서 사회구조는 "사회의 … 제도화된 특징들로 이해된다"(1984: 185). 기든스는 규칙들이 "사회체계의 재생산에 관련되어 있다"고 조심스럽게 쓰고 있다(185). 허버트 블루머(Herbert Blumer, 1969)는 당시 주류사상의 영향을 받은 것으로 추정된다. 그러나 흥미롭게도 블루머는 조지 허버트 미드의 유기체적 사회를 상징적 상호작용론으로 재구성하였다. 상징적 상호작용론에 의하면, 집합행동은 상호 간에 이해를 공유할 때 발생한다.

파슨스 이후, 사회 질서의 문제는 의미의 미결정성(Bazerman, 1988)을 재생산하는 규범, 공유된 해석, 역할, 규칙 등과 같은 이론적 실체들을 받아들임으로써 해결되었다.[15] 사회를 조직하기 위한 패턴이나 질서는 규범이나 규칙의 산물인 한편, 규범이나 규칙은 관찰된 패턴이나 질서로부터 추론될 수 있다. 주류사회학은 근본적으로 규칙이나 규범

---

15 질서에 대한 해럴드 가핑클의 연구(Garfinkel, 1967)는 특히 제외.

에 의해 생성된 질서, 구조, 패턴을 공시적으로 이해한다.16

바흐친(Bakhtin, 1981, 1986)은 대안적 모델을 제안하였다. 이 모델에서 그는 구조가 타인과의 조정과 별개로 존재한다거나, 구조가 조정을 결정한다는 식의 이론화를 거부한다. 바흐친은 물론 문학이론 저술가이다. 그는 **랑그**(*langue*)와 **파롤**(*parole*)을 구별한 소쉬르에 도전한다. 소쉬르는 기호 체계인 언어(*language*)와 사람들이 실제 구사하는 것으로서의 말(*speech*)을 구별하였다. 소쉬르에게 있어, 이 두 가지는 별개의 관심사였다. 기호의 의미와 속성들은 기호 체계에 의해 결정된다. 언어는 구조 또는 체계로써 이론화된 것이다. 말은 하나의 현상으로 구별되어, 언어 내부에서 생성된 기호 체계로부터 분리되어 연구된다. 그러나 바흐친은 언어와 발화(말 혹은 글)의 관계에 주목한다. 언어는 사람들의 의도가 발화행위로 현실화되는 과정에서 변화하고 진화하는 복합체이다. 동시에 발화는 언어를 재생산하고 정교화한다.

발화는 결코 스스로 시작되지 않는다. 발화는 언제나 대답이다. 발화는 항상 먼저 일어난 발화에 대한 응답이기 때문에, 많든 적든 앞의 발화에 제한받고, 발화의 순서에 의해 좌우된다(Holquist, 1990: 60).

---

16 민속방법론은 규범과 사회행동의 패턴화 사이에 일반적으로 당연시되는 관계로부터 주목할 만한 출발점을 만들어냈다. "민속방법론의 근본적인 통찰을 발견하기 위해서는, 사회질서의 근본이 되는 장은 사회구성원들이 만들어내고 이해하는 방법적 실천들을 사용하고, 이를 통해 그들의 상황적 특성을 설명하는 것이 필요하다. 여기서 사회구성원들은 이들 상황을 실제 세계의 실천활동으로 구성한다"(Zimmerman and Boden, 1991: 6).

구조는 발화하는 매 순간의 과정 속에 녹아 있으면서, 과거의 발화에 제한받고 동시에 미래의 발화에 투영된다.

특정 행위 '패턴들'을 만들어내는 실체 없는 사회구조를 찾기보다 바흐친과 같은 모델을 채택하는 것이 더 나을 것이다. 대화는 언어로 하는 하나의 조정 형태이다. 이 조정 개념을 좀더 포괄적으로 보면, 〈사회〉는 사람들의 행위에 집중하고 다른 사람들의 행동에 반응하는 지속적인 과정으로 이해될 수 있다. 이 지속적인 과정에서 사람들은 다른 사람들의 행동에 말려들고 반응한다. 그들이 하는 행동은 지속되는 과정에 대한 반응이다. 그 다음 순간에 일어나는 모든 행동은 타인의 행동에 조응하여 일어난다. 예를 들어, 차를 운전할 때 지켜야 할 많은 질서들은 해당 지역의 역사적 과정의 산물이다. 만일 당신이 북미 출신으로 호주나 영국(또는 그 반대)을 여행한다면, 당신은 당신이 익숙했던 것과 달리 반대편으로 운전하는 규칙을 따라야 한다. 그러한 규칙은 행동을 결정하는 추상적 개념 공간에 존재하지 않는다. 그것은 법제화되고 지시설명서와 같은 구체적 형태로 되어 있다. 도로 왼쪽으로 운전하라는 규칙을 따른다는 것은 단순히 그 규칙을 따르는 것 이상으로 더 많은 것에 깊이 관여하는 것이다. 예를 들어, 운전은 텅 빈 도로에서보다 교통량이 많은 도로에서 오히려 쉽다. 교통량이 많은 도로에서는 다른 사람의 차량에 맞추어 당신의 차를 조정해야 하는데, 이는 어떤 의미에서 다른 차량들이 당신의 차를 안내해주는 것과 같다. 그러나 텅 빈 도로에서는 어떤 안내도 받지 못하므로 당신은 잘못된 쪽으로 무턱대고 운전하게 된다. '규칙'이란 바로 이렇게 당신이 있는 곳에서 오른쪽으로 가야할지 왼쪽으로 가야할지를 상기시켜주는 역할을 한다.

사람들이 운전하면서 자기 차를 조정하는 것은 어떤 점에서는 규칙에 얽매이는 것이다. 그러나 그것은 해당 지역에서 운전에 관한 역사적 과정에 관여하는 것이기도 하다. 교통량과 교통흐름은 하루 중에도 시간대별로 그리고 지역에 따라 다르다. 조정은 계속되며, 이는 항상 그 지역의 역사적 과정을 반영한다. 여기에는 체계나 패턴, 구조가 아니라 역사적 과정이 드러난다. 여기서 '역사적'이란 과거에 일어났다는 의미가 아니다. '역사적'이란 운전자들이 그간 사람들이 운전해온 방법을 당연하게 받아들이고, 앞으로도 그 방법이 반영될 거라는 의미이다. 여기에는 고정된 어떤 시점이 없다. 바흐친의 모델에서와 같이, 각각의 다음 행위는 종결되지 않은 과거와 '대화적으로' 연계되어 있다.

물론 규칙과 규제는 있다. 그러나 그것들은 역사적 과정과 분리되지 않고 그 과정에 통합된다. 제도적 문화기술지는 민속방법론자인 로렌스 비더(Lawrence Wieder, 1974)의 모델과 권고사항을 따른다. 그는 죄수 간의 규칙이 죄수들의 사회생활을 만들어간다는 가정하에 죄수 간의 규칙을 연구하였다. 그는 문화기술지 연구에서, 규칙이 재소자들의 행동을 지배하는 외부 명령이 아니라 재소자들과 직원들에 의해 나타나는 것임을 발견하였다. 비더는 '규칙'을 사람들의 일상적 실천으로 보았다. 내 손자와 내가 길을 막 건너려고 할 때 정지 신호에도 불구하고 젊은 운전자가 휙 지나갔다. 나는 소리를 질렀다. "정지 신호라고!" 당연히 쓸데없는 일이었지만, 나는 규칙을 말한 것이다. 나는 정지 신호등과 거리를 가로질러 뻗어 있는 굵고 하얀 선으로부터 그 규칙을 '읽은' 것이다. 그리고 나는 그때 거기 어딘가에서 교통법규를 알게 되었다. 그 규칙은 나에게 항의할 권한을 부여했다. 고령이라는 나이는 나에게 소리칠 자유도 주었다. 사람들이 어찌 생각하는지는 더 이상 상관하지 않는다. 내가 소리 지른 것은 그 운전자가 멈추지 않은 것과 관련이 있다. 나는 그녀가 내 말을 들은 후 생각하기를 바랐다. 그리고 그녀가 내가 인식한 것을 알고 있기를 바랐다. 즉 "'멈춤'이라는 표시가 있는 곳에서는 멈추어 서서 건너가는 차나 사람이 없는가를 확인하라"는 규칙 말이다. 그러나 도시에서 운전을 하려면 규칙을 아는 것만으로는 부족하다. 경찰이 운전자의 돌발행동을 통제한다 하더라도, 사람들이 교통 흐름에 맞춰 가도록 지시할 수는 없다. 이와 마찬가지로 가정폭력 사례의 사법처리 과정에 관한 펜스(Pence, 2001; 9장 참조)의 연구에서, 법률의 일상적 실천은 연속적인 사법행위 과정에서 중요한 부분이다. 각 단계에서, 법률은 이렇게 혹은 저렇게 처리될 것을 요구하고, 그 단계들의 유효성은 법률에 따른다. 그러나 법 규정은 추상적인 이론적 공간 안에 있지 않다. 법 규정은 사람들의 일과 그 일을 조정하는 데 반영된다.

주체를 분리시키고 개체화하는 것은 진행 중인 역사적 과정을 대상화한다. 사회구조 개념은 사회구조를 그 안에서 행동하는 개별 주체의 외부에 있는 것으로 본다. 민속방법론은 질서를 대상화하지 않는다. 민속방법론은 질서를 사회성원들의 판단과 책임수행을 통한 조직적 실천으로 이해한다. 그러나 이러한 방법론은 분석할 때 사회를 파편화한다. 사회를 파편화하는 것은 그 안에 내재된 사회적 과정만이 아니라, 과거와 미래로부터 사회를 분리시킴으로써, 사회를 특정 시점 안에서만 보게 만든다. 민속방법론, 더 구체적으로 대화분석은 이야기의 맥락을 연구영역에 포함시키지 않음으로써 이야기와 맥락을 분리한다.

당연히 이러한 분리는 있을 수 없다. 따라서 이론적 논쟁은 젠더와 같은 사회구조의 속성들이 어떻게 대화분석에서 다루어질 수 있는지에 모인다(Schegloff, 1987, 1991; Wilson, 1991; Zimmerman and Boden, 1991). 이들 논쟁에서 주로 다루는 것은 지속적인 과정에서 대화를 떼어냄17으로써 발생하는 문제이다.18

바흐친의 대화 개념은 상호교환, 사람들의 행동, 우리의 언어 사용과 매순간 일어나는 역사적 과정이 과거에서 미래로 가는 현재의 변화에 이미 침전되어 있고, 그 변화에 기여함을 의미한다. 제도적 문화기술지는 바흐친의 대화 개념을 채택함으로써, 개념적 추상화로 인해 사람들의 일상적 삶과 행동의 특수성이 상실되는 것을 피할 수 있다. 사회구조는 역사적 과정에 있는 사람들의 상호작용 속에 녹아 있다. 물론

---

17 일정 범위의 대화를 지속적 과정에서 분리해내는 것 또한 기술적으로 가능해졌다. 대화분석에 사용되는 음성 녹음과 녹취 절차들은 시퀀스를 일시적으로 분리시켜 녹음과 녹취 과정에서 일정 범위의 대화를 선택하고, 의사소통의 다른 차원들에서 언어로 말해진 것을 분리함으로써 대폭 생략되거나 수정된다.

18 알레산드로 듀란티와 찰스 굿윈(Alessandro Duranti and Charles Goodwin, 1992) 은 이 문제를 상호작용의 현상과 같이 언어 연구의 한층 더 일반적인 문제로 끌어올렸다. "우리가 볼 때, 중심사건과 맥락이라는 전경-배경 관계의 근본적인 불균형은 이들 현상들이 어떻게 연구되는지에 막대한 영향을 끼쳤다. 첫째, 특징에서의 차이는 그에 상응하는 구조적 명료성에서의 차이를 동반한다. 이것의 효과는 더욱 명료한 구조를 가진 중심사건이 분석에서 가장 큰 몫을 차지한다는 점이다. 이때 명확한 형태를 갖지 않는 맥락적 배경을 분석하거나 심지어 기술하는 방법들은 어느 곳에서도 그만큼 강조되지 않는다. 그러므로 언어학자는 언어의 분절 구조를 대화 생산 및 조직화와 관련하여 핵심적인 주요 현상으로 받아들여왔다. 이 결과 중 하나는 언어구조에 관한 형식언어학 내에서 이루어진 엄청난 작업의 양과, 맥락의 조직화에 확실히 초점을 둔 연구가 너무 미미하다는 것 사이의 불균형이다(10).

현재 속에는 과거의 제약이 드러나지만, 이것이 구조나 질서로 대상화되지는 않는다. 제도적 문화기술지가 주목하는 것은 역사적 과정 안의 사람들이 다른 사람들과의 관계 속에서 조정하는 바로 그 실제적 활동이다. 이런 의미에서 제도적 문화기술지는 특정 장소, 특정 시기에 사람들의 일상적 활동에서 끊임없이 일어나는 〈조정〉 방식을 발견하고자 한다.

2. 제도, 언어, 그리고 텍스트

우리는 그동안 제도를 지배관계 안에 있는 기능적 복합체로 생각해왔다. '기능적 복합체'는 관찰가능한 조직과 담론의 복합체를 의미하는 것으로, 교육, 과학, 법, 건강 보호, 정부, 기업 수익성 등과 같은 기능에 중점을 둔다. 그러나 제도적 문화기술지는 기능적 복합체를 연구대상으로 삼지 않는다. 기능적 복합체는 제도 안에 포함된 사람들의 입장에서 탐색된 것이 아니라 단지 부분적으로 파악된 것이다. 확실히 제도적 문화기술지는 하나 이상의 기능적 복합체들의 교차부분이나 연결지점 혹은 더 포괄적인 지배관계로 확장해간다. 제도적 문화기술지는 어떤 실체를 정의해보려는 일반적인 연구관례를 따르지 않는다. 〈실제〉는 제도라는 범주에만 한정되지 않는다. 실제 세계에서 사회관계는 사람들의 일상적 참여를 통해 조직화되는데, 이는 제도적으로 표현되는 것과 일치하지는 않는다. 연구자는 그의 연구가 어떻게 진행될지 미리알지 못한다. 연구자가 사람들의 경험으로부터 연구를 시작하는 것과 같이, 연구의 방향은 최초의 〈문제틀〉로부터 비롯된다.

〈실제〉 세계의 경험으로부터 지배관계와 제도 복합체를 탐구하는 것은, 언어로 조직화된 세계와 다양한 형식의 텍스트에 기반한 세계로 향한다(1장 참조). 연구자는 지배관계를 탐구하면서 어떤 현상에 직면하게 되는데, 이는 마르크스와 엥겔스가 《독일이데올로기》에서 제기한 존재론으로는 다룰 수 없는 현상이었다. 마르크스와 엥겔스는 사람들로부터 의식이 구축되어야만 한다고 주장했지만, 그들은 사회관계, 말하자면 조정의 형태를 이해하거나 분석하는 방법을 알려주지는 않았다. 19세기에는 의식, 사상, 이념, 지식, 이성 등이 사람들의 머릿속에서 일어나는 것으로 받아들여졌다. 그러나 우리에게는 익숙한 변화라는 것이 당시에는 개념화되지 않았다. 개인 소유의 자본주의적 기업이라는 제도는 자본주의 생산양식에서 서로 대립하는 두 계급에 대한 설명의 기초가 되었다. 여기에서 마르크스와 엥겔스가 보지 못하고 인지하지 못했던 것은 개인 소유의 기업이 법인 형태로 변화하는 것이었다. 그런 변화는 막스 베버가 후기 사회학적 관찰을 통해 정부조직의 맥락에서 기록하였는데, 그는 이 변화에 대해 단지 '합리성'이라는 추상적 개념으로 설명할 뿐이었다.

그러나 〈지배관계〉라는 개념은 사회적 조직화 과정에서 일어나는 주요한 변화를 포착할 수 있다. 그동안 개별 주체 외부에서 대상화된 '의식', '정신', '합리성', '조직화' 등이 재구성되었다. 이것이 바로 제도적 문화기술지가 과감하게 도전하려는 영역인데, 즉 사람들의 〈경험〉에서 〈지배관계〉로 확장해나가려는 것이다. 그렇다고 이것이 관념주의로 복귀하자는 것은 아니다. 이를테면 '생산력' 대신에 이념과 신념 등으로 대체하자는 것이 아니다. 제도적 문화기술지는 사람들의 〈일〉이 지역을 넘어 조직화되면서 대상화해온 의식, 사고, 문화현상 등에 주목한다. 즉 제도적 문화기술지가 주목하는 것은 사람들의 활동인데, 이들은 실제적이고 물질적이며 지속적 변화과정에 있다. 그런 까닭에 이들 조직화에서 언어가 중심이 되고, 제도적 문화기술지의 존재론의 영역으로 언어를 가져와야만 한다. 따라서 언어는 이들 조직화에서 핵심이다. 언어가 제도적 문화기술지의 존재론에 들어와야 하는 이유가 바로 이 때문이다. 이렇게 함으로써 언어로 이루어진 것들은 문화기술지 탐구 안에 통합될 수 있다. 이에 관한 주제는 다음 장에서 계속 논의될 것이다.

3. 결론

이 장에서는 제도적 문화기술지의 존재론, 즉 사회가 어떻게 존재하는가에 관한 개념적 설계를 다루었다. 〈사회〉를 사람들의 행동이 〈조정〉되는 것으로 바라보면서, 그들 행동의 〈실제〉로부터 제도적 문화기술지 존재론은 설계되었다. 제도적 문화기술지의 개념적 설계는 과거의 이론적 작업에 근거해 이루어졌다. 더 중요한 것은 개념의 발전이나 정교화가 제도적 문화기술지 연구를 통해 도출되어왔다는 것이다. 개념의 발전이나 정교화는 제도적 문화기술지를 가르치면서 직관적으로 알고 있던 것을 설명하는 과정에서 이루어졌다. 제도적 문화기술지는 이론과 개념보다 사람들의 활동이 어떻게 조정되는지 설명하는 것을 중요시했다. 즉 제도적 문화기술지에서 이론은 사람들의 활동보다 우위에 있지 않았다. 제도적 문화기술지와 주류사회학의 차이를 명시하고 설명함에 있어, 나는 제도적 문화기술지 연구의 대상인 〈사회〉의 주요 측면을 확인해보았다.

1. 가장 중요한 첫 단계는 제도적 문화기술지의 존재론을 구체적인 삶에서의 사람들의 실제 행동으로부터 수립하는 것이다.
2. 그러나 여기에 머물러버린다면, 아직 〈사회〉를 완전히 이해하는 것이 아니다. 사람들의 행위가 어떻게 조정되는가라는 생각을 진전시켜라. 제도적 문화기술지의 초점인 〈사회〉는 실제 사람들과 실제 활동들이 특정의 물질적 조건하에서 어떻게 조정되는지를 탐구할 때 드러난다.
3. 실제의 사람들로부터 연구를 시작한다는 것은 자신만의 관점을 가진 독특한 개인들로부터 연구를 시작한다는 것이다. 사람들의 행동이 조정되는 바로 그 과정에서 다양한 관점과 경험이 만들어지고 있다. 따라서 〈사회〉 그 자체는 상이한 관점, 경험, 이해, 노하우를 만들어낸다.
4. 사람들이 활동하는 세계와 사람들이 조정되는 양상은 항상 변화한다. 행위의 매 순간은 역사적으로 주어진 것에 좌우되며, 미래는 새로이 구성된 현재의 행위에 따라 좌우된다.
5. 마지막으로, 언어가 제도적 문화기술지 연구에서 매우 중요하다는 점이다. 이를 통해 제도적 문화기술지는 일상을 넘어 제도적 형태에 도달한다. 이 제도적 형태 안에서 연구자는 연구의 출발점

인 문제들에 관여하게 된다.

　제도적 문화기술지 연구자들은 사람들의 행동이 일어난다는 것, 실제가 있다는 것, 그 실제에 관하여 일치 또는 불일치할 가능성이 있다는 것을 당연한 것으로 생각한다. 따라서 제도적 문화기술지는 잘못된 것은 수정할 수 있고, 이론적 상징 없이도 정확한 개념을 사용할 수 있으며, 사람들의 관점에서부터 제도적 체제에 관한 지식을 발전시킬 수 있다는 점에 근거한다. 제도적 문화기술지는 제도적 관계들이 어떻게 함께 어우러지는지 발견하려고 한다. 이 발견의 과정에서 우리는 사람들이 행한 것에 대해 말하고 쓸 수 있으며, 우리의 결과물을 서로는 물론 다른 사회학자들 그리고 제도적 체제에 참여한 사람들과 공유할 수 있다. 제도적 문화기술지의 결과물은 하나의 문화기술지이다. 이는 다른 사회학자는 물론 제도적 과정을 산출하는 데 적극적으로 관련되었던 일상을 살아가는 사람들한테 설득력이 있어야 한다.

제 4 장

언어
주관성의 조정자

3장에서 설명한 사회존재론은 사고, 아이디어, 개념, 정신, 이론 등의 영역으로 확장된다. 사고, 아이디어 등이 존재론적 지위를 갖지는 못하지만 일반적으로 사람들의 행동과는 확실히 구분되는 존재론적 영역으로 간주되기는 한다. 사고, 아이디어, 개념과 같은 것들이 어떻게 사람들의 행동에 영향을 미치고 결정하는지가 이슈로 제기되지만, 이들이 자체적으로 작동하거나 행동의 형태로 나타나는 것은 아니다. 데카르트가 주창한 정신과 육체의 분리는 사람들의 행위로부터 사고와 정신의 분리를, 더 정확하게는 〈사회〉로부터의 분리를 지속시켰다. 조지 허버트 미드, 발렌틴 볼로쉬노프, 그리고 레프 비고츠키에서부터 A. R. 루리아에 이르는 심리이론의 전통은 예외지만, 의식과 주관성의 어휘를 통해서 사회를 이해하기는 어렵다. 의식과 주관성은 마치 시간과 공간의 외부에 존재하는 것처럼 표현될 뿐만 아니라 사람의 행위를 조정하는 것과 아무 관련이 없어 보인다. 언어 현상에 대한 학문적 탐구 전통들이 언어와 정신, 언어와 인지, 언어와 사고에 몰두했지만 여기서도 마찬가지였다. 이들에게 사회는 사고의 부속물일 뿐이다. M. A. K. 할리데이(M. A. K. Halliday) 등 일부 소수만이 사회가 언어 연구에 필수적이라고 여겼다.1 굿윈은 소쉬르의 연구(Saussure, 1966)에서 유래된 주류 연구전통을 다음과 같이 비판했다.

소쉬르가 랑그/빠롤을 구분한 이래로 언어학 내에서 대화로 이루어지는 상호작용과정은 체계적으로 배제되었다. 소쉬르의 연구에서 언어는 "자기 독립적 총체"(*self-contained whole*)로 정의되었고, 그는 언어의 사회적 특성을 화자와 청자 간의 상호작용이 아니라 문법체계에서 찾았다. 사실 소쉬르의 관점에서 말하기는 사회적인 행위가 아니라 개인적인 행위이다. 언어의 사회적인 특징을 이렇게 정의한 소쉬르의 대단한 미덕 덕분에, 언어학자들은 사회적 상호작용과 같은 현상에 관심을 두지 않게 되었다: "언어는 말하기와 달리 우리가 분리하여 연구할 수 있는 것이다"(Goodwin, 1990, 2).

사회학은 한편으로는 행동을, 다른 한편으로는 아이디어, 사고, 개념, 의미 등을 분리한다. 이러한 통상적인 사회학적 분리를 없애기 위

---

1 특히 루카이야 하산(Ruqaiya Hasan)과 함께 쓴 그의 책 《언어, 맥락 그리고 텍스트: 사회의미론적 관점에서 본 관점에서 본 언어의 양상들》(*Language, Context, and Text: Aspects of Language in a Social-Semiotic Perspective*, 1989) 참조.

해서는 아이디어, 사고, 개념, 의미가 행동보다 우월하다는 관점에서 벗어나야 한다. 이러한 흐름 중 하나는 아이디어 등도 실제 시간에 특정 현장에서 특정한 사람에 의해 수행되므로 행동이라고 주장하는 것이다. 그러므로 아이디어 등도 언어 현상으로 이해되어야 한다. 특히 사람들의 사고, 개념, 이론, 신념 등은 사람들의 행위를 지속적으로 조정하는 데 필수적이기 때문이다. 따라서 정신 현상들을 행동으로 구체화시킬 때에는 이 둘 사이를 분리시키지 않는 언어를 연구할 필요가 있다. 앞 장에서 설명한 것처럼 언어 현상과 사회적 범위 안에 있는 언어 현상을 다루기 위해서 우리는 관심의 초점을 이동시켜야 한다. 즉, '정신과 언어 현상 안에 무엇이 있고 언어 자체에 무엇이 있는가'에 대한 관심에서 '사람들 사이에 무슨 일이 일어나고 있는가'에 대한 관심으로 이동해야 한다.

이 장에서는 이러한 이슈를 두 가지 방법으로 얘기하고자 한다. 첫 번째로, 볼로쉬노프, 미드, 그리고 루리아의 사고를 끌어들임으로써 사람들의 의식 또는 주관성을 조정하는 언어를 설명하고자 한다. 두 번째로, 볼로쉬노프가 **개인상호간 영역**(*interindividual territory*)이라 부른 경험 기반과 텍스트 기반의 차이를 설명하고자 한다.

1. 언어를 사회적인 것으로 재개념화하기

먼저 언어(이야기와 텍스트)를 사람들 간의 활동이나 실천 그리고 사람들의 의식이나 주관성을 조정하는 것으로 개념화하는 문제에서 시작해보자. 언어는 주관성 또는 의식 수준에서 사람들의 행위를 조정하는 탁월한 매개체이다. 기존의 언어 개념들은 사람들의 머릿속에 있는 능동적 사고, 개념, 아이디어, 이데올로기 등을 은폐시켜왔다. 그러나 언어가 개인의 주관성을 조정하고 담론이 언어를 조절한다고 보면 기존의 개념 사용에 대해 다른 방법을 제안할 수 있다. 그렇다고 해서 이것이 사람들이 생각하지 않고, 아이디어를 갖지 않으며, 개념화하지 않는다는 의미는 아니다. 나는 그보다 〈사회〉에 주목하여, ⓐ 사람들의 일상 활동 안에서 개념, 아이디어 등을 탐구하는 문화기술지의 실천방법과 ⓑ 그 현상들을 사회로 끌어내는 것에 관심을 두고자 한다. 사회 속의 현상들은 언어나 그 외의 방법으로 특정 시공간 안에서 다른 이들의 행동과 연결 혹은 조정되면서 이루어지는 사람들의 활동으로 볼 수 있다.

의식의 조정자인 언어를 연구하기 위해서 나는 언어가 〈개인상호간 영역〉을 창조한다는 볼로쉬노프(Vološinov, 1973)의 언어 개념을 전용하겠다. 볼로쉬노프의 이론은 여러 가지 면에서 미드의 이론과 유사한데, 미드의 의미 있는 상징(significant symbol)의 개념이 조금 더 진전된 것이다. 볼로쉬노프는 단어를 "두 사람의 양면적 활동", 즉 "화자와 청자의 상호 교환적 관계의 생산물"(86)2이라고 본다. 단어를 사용하거나 발화하는 두 주체 간의 관계가 그들 사이(between)에 존재하므로, 이것이 바로 개인상호간의 의미이다.

볼로쉬노프의 〈개인상호간 영역〉 개념을 알프레드 슈츠(Schutz,

---

2 또한 바흐친이 1981년 언어에 대해 공식화한 것에 의하면, "언어는 자기 자신과 타인과의 경계에 놓여 있고, 언어에서 단어의 절반은 다른 누군가의 것이다"(293).

1962a)의 현상학적 **상호주관성**(*intersubjectivity*) 개념과 혼동해서는 안된다. 개인상호간 영역은 언어 안에 있으며 항상 생성된다. 반면 상호주관성은 주관성의 신비를 만들어내는 개인의 주관성(3장에서 논의하였다)에서 비롯된 현상학적 접근의 본질적인 문제를 극복하기 위해 고안되었다. 바이트쿠스(Vaitkus, 2000)는 가장 단순한 수준에서 설명하는데, 상호주관성을 "일상생활 세계에서 타자(*the Other*)의 존재를 자연스럽고 단순하게 가정하는 '일상적 문제'로"(280) 보았다. 하지만 일상적 문제라는 용어는 "고도의 성찰적 영역에 존재하는 상호주관성의 의미 있고 다양한 발화"(280)를 보다 명확히 하기 위해 창안된 것이다. 반면, 볼로쉬노프(Vološinov, 1973)의 개인상호간 영역의 개념은 근본적으로 다르다. 왜냐하면 〈개인상호간 영역〉은 화자와 청자가 교환하는 단어의 양 측면에서 발생되기 때문이다. 〈개인상호간 영역〉은 그들의 의식들이 언어를 통하여 조정될 때 탄생한다.

인간으로서 우리는 나이가 다르거나 장애가 있다 하더라도 감각을 통해서 알게 된 세상을 공유한다. 그리고 아주 적절치는 않지만 우리가 환경이라 부르는 것과 우리의 몸은 끊임없이 상호작용하면서 세상을 공유한다. 언어의 〈개인상호간 영역〉은 이러한 감각적인 영역에서 형성된다. 미드의 주장처럼 언어는 "이전에 이미 있던 상황 또는 그 객체를 단순하게 상징하지는 않는다". 대신 "그 상황 또는 객체의 존재나 느낌을 설명한다"(Mead, 1962: 78). 언어는 경험적 수준에서 우리의 감각적인 영역을 개인상호간 영역으로 조직화한다. 즉 일반적으로 알려져 있고 명명된 세계에서 서로 다른 경험과 인식이 교차되는 속에서 화자와 청자 간의(여기에 나는 저자와 독자 간의 관계도 추가하고 싶다) 상호적 관계가 구성된다.

언어가 세상을 어떻게 호혜적 관계로 구성해내는지에 대한 한 예가 있다. 어린 시절 병 때문에 앞을 볼 수 없고 들을 수 없게 된 헬렌 켈러 (Hellen Keller, 1955)는 자신이 원하는 바를 오직 몸짓으로만 의사소통할 수 있었다. 그녀의 선생님인 앤 맨스필드 설리번(Anne Mansfield Sullivan)은 손에 철자를 쓰게 하여 의사소통의 범위를 확장하도록 가르쳤다. 켈러는 손바닥에 글씨를 쓰기 시작하면서 더 많은 것을 표현할 수 있게 되었다. 설리번은 과거에 켈러가 철자를 사용하면서 겪었던 어려움을(Keller, 1909: 213) 언어가 형성되는 〈개인상호간 영역〉으로 설명하였다. 어떤 의미에서 켈러는 자신의 욕망만 있는 상태였다. 켈러가 선생님이나 다른 사람의 손바닥에 적은 '명사들'은 단지 원하는 것을 표현한 것뿐이었다. 그러나 어느 날, 설리번이 그녀의 손바닥에 W A T E R라는 철자를 쓰면서 동시에 펌프의 물을 쏟았을 때 켈러의 의식은 전환되었다. 이 순간이 바로 설리번과 켈러가 상징적 과정인 개인상호간 영역을 만나는 순간이었으며, 다른 주체가 있고 그녀 자신도 상호적으로 주체가 되는 세계로 들어선 순간이었다. 켈러는 우물에서의 그 순간 이전에 자신은 "유령"이었으며(Keller, 1955: 37), "우물에서 일어난 일들은 공허함이 홀연히 사라지는 경험이었다"(42)고 말하였다.

켈러와 설리번의 관계에서 〈개인상호간 영역〉이 만들어질 때, 미드가 얘기한 '의미 있는 상징'의 역할은 켈러의 이야기에서 분명해진다. 그 순간 이전에 '기호'는 그녀에게 단순한 욕구의 표현이었다. 기호들은 상징적으로 조직화되지 않았으며, 주체 간의 관계를 조직하지도 않았다. 헬렌 켈러의 발견이 상징에 참여하는 능력을 찾는 것이었다면, 이와 유사한 발견이 제 2기 여성운동 초기에도 있었다. 여성인 우리가 함께 이야기를 나눌 때 우리는 이야기할 무언가가 있다는 것만을 알고 대화를 시작하였다. 하지만 우리의 처음 대화에는 이름 붙일 수 있는 게 없었다. 베티 프리단은 그녀의 저작 《여성의 신비》(Feminine Mystique, 1963) 에서 첫 번째 장의 제목을 "이름 붙일 수 없는 문제"(The Problem That Has No Name) 라고 하였다. 프리단은 우리에 대해 말하고, 우리를 위해 말하고, 우리를 소개하기 위해 모든 단어들을 사용하지만, 우리가 느끼는 이 이상한 감정들은 결코 명명되지 않는다고 말했다. 다른 여성들과 가볍게 대화를 나누거나 혹은 좀더 조직화하여 무엇에 대해 이야기를 나누는 다양한 실천을 통해 의식 고양이 이루어지고, 이 전환의 단계를 통해 우리의 경험에 이름을 붙이기 시작했다. 그러고 나서 우리의 경험을 말할 수 있는 주체들로서 우리 사이에 개인상호간 영역을 구성하게 되었다. 우리의 경험을 말하거나 쓰는 것은 정치적 조직과 활동의 기반이 될 수 있다. 우리는 새로운 방식으로 서로에게 주체가 되었다.

'개인상호간 영역' 개념은 지나치게 구체화시켜서도 안 되고 모호한 그 무엇으로 전환시켜서도 안 된다. 우리가 알아야 할 것은 언어가 사회적 활동들을 조직화한다는 것, 사람들의 행동을 조정하는 **사회**와 분리될 수 없다는 것, 그리고 사람들의 행위와도 분리될 수 없다는 것이다. 제도적 문화기술지 연구자들은 언어학의 다양한 분야와 이론을 접하면서 언어가 사회를 조정하는 것에 거부감을 갖는 연구 분야를 만나게 된다. 여기에서 조정의 양상은 사회의 다양한 현상을 포괄한다. 일반적으로 언어학 이론은 데카르트 이후 서구 유럽의 지적 전통에 깊이 배태되어 있는 개인화된 주체(*individuated subject*) **3** 패러다임에 기반을 둔다. 이 이론에서 다루는 언어 현상이 전제하는 것은 두뇌, 마음, 정신, 인지 등의 과정과 실천 그리고 속성들이 개인에 의해 또는 개인 속에서 만들어진다는 것이다. 언어의 생득성을 주장하는 노암 촘스키(Noam Chomsky, 1968)의 보편 문법 이론은 언어의 어떤 개념에도 사회는 없다고 보는 것으로 유명하다. 아이가 자라면서 언어의 문법적 형태를 배우는 기질이 선천적인지 여부가 이슈는 아니다. 문제는 단어의 연속이, 사람들이 언어로 조정되고 조직화되는지와는 상관없는 것처럼,**4** 문법과 구문으로 표현된다는 점이다. 일반적으로 구문은 마치 자

---

3 나의 에세이 "포스트모더니즘 이후 진실 말하기"("Telling the truth after post-modernism", D. E. Smith, 1999d) 참조. 개인화된 주체의 문제는 적절하여야 할 이론을 심각하게 훼손했다. 존 설(John Searle, 1969)이 발전시킨 언어행위 개념은 행위의 개념을 개인이 수행하는 것으로만 제한한다. 말, 실제로는 언어가 본질적으로 사회적 성격을 갖는다는 문제는 화행을 지배하는 규칙들, 즉 사회를 만들어내기도 하면서 동시에 사회를 숨기기도 하는 규칙들을 도입함으로써 간과되는 것이다. 겸손하고, 주제넘지 않지만 역설적인 오스틴(Austin)의 사고에 기원을 두고 있는 설의 저작(Searl, 1962)에서는 수행(*performative*)이라는 개념을 도입하는데, 이는 일련의 발화를 발화된 것 이상의 행위를 수행하는 것으로 묘사함으로써 일상언어의 사회적 성격에 대한 논란을 극복하려 한 것이다. 그래서 "네, 그렇게 하겠습니다"는 결혼을 수행하는 것이고, "내가 이러저러한 것을 약속할게"는 약속을 수행하는 것이다. 수행은 개인 화자의 발화가 작동하는 것이다. 사회적인 것을 놓치는 문제는 '발화수반 행위'(*illuocutionary*) 등과 같은 개념을 도입함으로써 극복된다.

4 촘스키에 관한 다울링(Dowling, 1999)의 두 번째 설명 단락을 인용해보겠다.

다음과 같은 상황을 생각해보자. 파티에 가기 위해 가족들이 20분 안에 출발해야 한다고 생각하는 어머니는 꾸물거리기로 유명한 어린 딸이 여전히 꾸물거리고 있을 거라고 의심하고, 그녀의 방에 가서 손가락질을 하며 "옷 입어!"(*dress!*)라고 말했

다. 이러한 경우 생성문 법학자들의 요지는 통사론에서 "옷 입어!"는 생략으로 설명되어야만 한다는 것이다. 촘스키가 초기에 가장 유명한 저서에서 애용했던 용어인 "옷 입어!"라는 발화는 우리에게 발화의 표층 구조만을 알려준다. 심층 구조, 즉 정확히 말하자면 비트겐슈타인이 설명하고자 했던 '감추어진', 또는 '보이지 않는' 차원은 존재하지 않는다. 명령문의 심층구조에는 '드러나지 않는' 2인칭 주어가 포함되어 있다.

… 촘스키 이론의 설명 방식대로라면, 심층구조에서 '보이지 않는' 2인칭 주어가 존재한다는 것을 부인하는 것은 영어 화자로서 문법능력이 없다고 하는 예에서 볼 수 있다. 그래서 예를 들어, 언어학자들은 '보이지 않는' 주어를 보이게 해야 한다고 하면, 원어민이 생략된 발화와 동일한 의미로 받아들일 수 있는 문장—"너 옷 입어!"(you dress!), "너 네 옷 입어!"(you dress yourself!), "너 네 옷 입어, 너!"(you dress yourself, you!) — 만을 만들어내게 된다고 말할 것이다. 반면, 만약 대명사 자리에 3인칭 주어를 쓰게 되면, 즉시 뭔가 문법적으로 틀렸다고 이해한다: *"그것이 옷 입어!", *"그것들이 옷 입어!" 등이 그러하다(보통 비문 앞에는 * 표시를 한다)(31).

그러나 만약 우리가 문법을 기본적으로 사회의 조정자로 보고 시작하면, 표층(관찰 가능한) 구조를 생성하는 통사론적 형태에 대한 이론적 설명(이론적으로만 설명될 뿐 관찰 증거는 없다)은 이 예에서는 이해되지 않는다. 대화에 참여하는 사람들에게 '2인칭 주어'는 명백히 드러난다. 발화의 형태는 생략되어 있지 않다. 표층 구조의 모습은 텍스트와 텍스트화한 구문을 매개로 하여 만들어진다. 단어와 그 단어가 나타내는 실제를 분리시키는 것이 텍스트의 마술이다. 아마 비트겐슈타인은 보이지 않고 뒤에 숨겨진 것은 존재하지 않는다는 것을 제대로 이해한 것 같다. 만약 우리가 구문(syntax)을 언어를 통제하는 개인의 사고 구조가 생득적으로 발전하는 것으로 보지 않고, 주관성을 조정하는 언어에 통합되어 있는 것으로 본다면, 우리는 구문의 연속적 과정을 다른 사람에게 알기 쉽게 얘기하는 실제 논리로 생각해 볼 수 있을 것이다. 예를 들어, 명사구가 어떻게 주제나 초점을 보여주는가, 그리고 동사구가 어떻게 행동이나 사건을 보여주는가이다. 이 이야기에서, 명사구는 필요하지 않다. 어머니는 바로 거기에서 딸에게 소리를 쳤다. 동사구는 행위의 연속에 사용된다. 다른 맥락에서 명사구를 대체하는 것은 '단어가 아니라 그 방에서 이루어진 **사회적 행동**(the social

율적인 체계인 것처럼 제시된다. 특정한 상황에서 사람들의 실제적인 말은 언어에 사회가 없다는 모델과 일치하지 않을 수도 있다. 그러나 이론적으로 완벽한 '심층 구조'(*deep structure*)를 강조하는 동안 그 불일치는 표층 구조에서 발생되었다. 만약 이러한 것들로만 언어학 이론이 구성된다면, 사회는 언어의 2차적 기능 또는 의사소통의 기능만 담당하는 것으로 보인다. 예를 들어 자켄도프(Jackendoff, 2002)에 의하면 사회는 단지 언어와 사고의 관계의 특별한 영역이다. 즉 그에 의하면 "사회세계를 이해한다는 것"은 "사람들의 정체성, 다른 사람과 관련한 사회적 역할 … 그리고 사람들의 신념과 동기의 성격을 아는 것"이다 (274~275).

'사회-기호학' 영역의 대표주자 중 하나인 M. A. K. 할리데이는 조금 다른 종류의 문제를 제시하였다. 할리데이는 언어의 분리 현상을 연구하기 위해 텍스트라는 개념을 사용하였다. 할리데이가 사용하는 텍스트는 이 책 후반부(특히 8~9장)에 언급된 제도적 문화기술지가 발전시킨 텍스트와는 다르다. 제도적 문화기술지 연구자들의 〈텍스트〉는 대화나 사건이 발생하는 특정 순간 너머에 존재하는 어떤 물질적 형태인 이미지나 단어를 의미한다. 반면 할리데이의 텍스트는 일반적으로 발화를 의미한다. 할리데이(Halliday, 1994)는 "우리는 어떤 특정 맥락에서 특정 역할을 하는 살아 있는 언어를 텍스트라고 부른다. 텍스트는

---

act)'이다. 분석가들에게 표층구조 기저에 있는 것은 어머니와 딸이 함께 있다는 것이다. 촘스키 언어학자들은 "너 네 옷 입어!", "너 네 옷 입어, 너!"의 맥락에서 말로 언급되지 않는 문장들을 어떻게 표현할까? 만약 그것들이 그 상황에서 이렇게 얘기된다면, 그 대화는 매우 다른 뭔가를 의미할 것이다.

말로 표현되기도 하고, 글로 쓰이기도 하며, 우리가 생각하는 내용을 표현하는 어떤 매체로도 존재할 수 있다"(10)고 말한다.5 의미론적 실체인 텍스트는 연구자가 관심을 갖는 현상들을 분리시킨다. 할리데이는 사회적 행동으로부터 언어를 추출하여 말리노프스키(Malinowski)가 말한 **상황의 맥락**(*the context of situation*)과 다시 연결하고 있으며, 그 이후 "사회체계의 한 측면인"(4) 사회구조와 연결하였다. 그러나 이렇게 되면 이 접근의 장점이 무엇이든 간에 언어는 사람들의 활동과 그 활동을 조정하는 것에서 벗어나 특화된 언어 현상 영역으로 넘어가게 된다. 따라서 할리데이의 접근은 제도적 문화기술지 연구에 적용되지 않는다. 제도적 문화기술지에서 〈사회〉란 사람들이 활동을 〈조정〉하는 그 자체이다. 언어는 그 활동의 일부분이다. 그러므로 제도적 문화기술지에서 말하는 언어는 활동이기도 하지만 동시에 의식이나 주관성을 묘사하는 활동의 차원을 조정하는 것으로 인식해야 한다.

1) 주관성을 조정하는 언어

미드의 〈의미 있는 상징〉 이론은 볼로쉬노프의 청자와 화자 사이의 양면적 활동이라는 언어 이론을 보완하고 확장한다. 미드의 이론 덕분에

---

5 할리데이는 언어학적인 분석의 데이터가 될 수 있는 '살아있는 언어의 순간'을 확인하기 위하여 **텍스트**라는 용어를 사용한 것처럼 보인다. 그는 실제 말한 내용(그리고 물론, 그 당시에는 과거가 되지만)과 녹음되어 꼼꼼하게 필사된 형태 간의 모호한 변화에는 관심이 없다. 내 관점에서는, 말한 내용이 원래부터 배태되어 있던 사회적 행동과 사회적 장으로부터 분리된다는 점이 가장 중요한 포인트이다.

어떻게 해서든 언어를 사회의 외부에 두고자 하는 언어 이론에서 벗어날 수 있게 되었다. 미드의 〈의미 있는 상징〉 개념에서 사회는 언어와 의미 현상의 기본 토대이다. 반면 이 개념에서 단어, 기표와 기의, 개념, 객체 또는 지시 대상 간의 관계 같은 전통적인 문제들은 무시된다. 미드에 의하면, 언어는 화자와 청자에게 같거나 유사한 반응을 일으키는 관례적인 음성 제스처로 표현될 때에만 존재한다. 음성 제스처 또는 말은 사람들의 경험에서 나오는 축적된 반응들을 활성화시킨다. 따라서 경험은 사회적으로 조직화된다.

우리에게 미드의 이론은 매우 복잡하게 느껴지는데, 이는 그가 몸짓과 상호작용을 해석하는 기존의 전통을 반박하기 때문이다. 찰스 다윈 (Charles Darwin)은 동물의 몸짓이 감정을 표현(처음에는 감정이 일어나고 그 다음에 감정을 표현하는 몸짓)6한다고 주장하는데, 미드는 다윈이 제기한 몸짓 모델을 반대한다. 예를 들어, 개가 싸울 때 한쪽 개가 상대편 개를 향해 짖고 공격하는 행위는 상대편 개의 동작이 끝나기도 전에 일어나는 대응이므로, 동물 사이의 상호작용에서 몸짓이 일어난다고 미드는 반론한다. 상대편 개의 반응에 의해 중단된 행동은 일종의 생략된 몸짓이다.

---

6 또한 소쉬르(Saussure, 1996)가 설명한 시퀀스인 '의사소통'에도 적용되는 다윈의 모델에 대한 미드의 반론에 주목하라. 한 개인의 마음에 있는 개념은 소리 이미지를 드러낸다. 즉 뇌가 이미지를 보내면 소리로 나타난다. 그 소리는 다시 한 사람의 입에서 다른 사람의 귀와 뇌로 이동한다. 그리고 그 역으로도 이루어진다(27~28). 소쉬르의 모델은 몸짓은 유기체 내부에서 발생되며 감정에서 시작되어 표현된다는 다윈의 관점과 유사한데, 이 관점이 미드가 특히 반대하는 부분이다.

우리가 관습적으로 말(*word*)이라고 부르는 음성 제스처는 화자와 청자가 모두 듣고 이해하고 반응할 수 있는데, 이것이 바로 몸짓과 〈의미 있는 상징〉과의 차이이다. 몸짓은 어떻게 반응하는가에 의해 정의되는 반면, 말이나 음성 몸짓은 화자와 청자 그리고 아마도 독자와 필자 모두가 동일한 의미의 반응에 의해 정의된다. 몸짓은 다른 사람의 반응을 의미한다. 행위자가 막 무엇인가를 하려 했던 순간 다른 사람의 반응에 의해 중단될 때까지 행위자의 행동에는 아무런 의미가 없다. 그러나 단어는 화자와 청자에게 동일한 반응을 의미한다. 청자와 마찬가지로 화자는 청자가 말한 것을 듣고 그녀/그가 들은 내용에 반응한다.

미드의 〈의미 있는 상징〉 이론은 사회적 행동에 언어가 필수적이라고 보는 관점 중 하나이다. 말한 내용과 들은 내용에 대한 반응을 조정하는 것처럼 언어는 다음에 일어날 일을 계획하고 조직화한다. 따라서 〈의미 있는 상징〉은 주관성을 조정한다는 점에서 구체화되며, 단어가 어떻게 의미를 갖는지에 대한 전통적인 개념과는 매우 대조적인 급진적 개념이다. 미드의 '음성 몸짓'은 그 유명한 소쉬르의 공식에서는 기표에 해당되지만, 다른 한편으로는 기의 혹은 기표의 개념적 의미에 해당되기도 한다. 양쪽의 반응이 동일한 음성 몸짓을 통해서 의식이 조정될 때 미드의 〈의미 있는 상징〉은 사회적 행동으로 존재하게 된다.

내가 하는 말이 무엇을 의미하는지를 인식한다는 것은 다른 사람이 내 말을 어떻게 이해하는지를 인식하는 것이기 때문에, 당신은 사회적 행동의 조직화에 참여할 수 있고 이를 예측할 수 있다. 이것이 오역과 오해의 여지가 없다는 의미는 아니다. 이것이 의미하는 바는, 〈의미 있는 상징〉은 사회적 행동에서 화자와 청자가 얼마나 같은 반응을 불러일으키게 할 수 있느냐에 달려 있다는 것이다. 오역은 청자가 들었을 것으로 혹은 이해했을 것으로 화자가 미리 가정하는 것이다. 사회적 행동은 서로 다른 다양한 차원의 〈조정〉 속에서 이루어진다. 참여자는 상대방의 반응에 따라 시시각각 대응하는 것이 아니라 다가올 반응에 대응하여 자신과 타인의 반응을 구조화한다. 운전을 할 때에도 다른 차의 움직임에 반응하여 운전하는 것과 교통 신호를 읽고 운전하는 것은 차이가 존재한다.

초보운전 시절 나는 방향 지시등을 켜면서 가고 싶은 방향으로 차를 운전하라고 배웠다. 이는 가고자 하는 방향의 신호와 조심스럽게 움직인다는 두 가지 정보를 다른 운전자들에게 보내라는 것이다. 여기에서 조심스럽게 움직이는 것이 바로 미드가 얘기한 **몸짓**(gesture)이다. 차의 방향지시등이 진짜 몸짓인지는 나중에 다시 논할 것이고, 여기에서는 미드의 몸짓과 〈의미 있는 상징〉을 명확히 구분하기로 하자. 몸짓은 다른 사람의 반응에 의해 중단된 행동이다. 고속도로에서, 한쪽 차선에 있는 차가 다른 차선의 교통 흐름에 끼어들었다. 나는 내 차선의 가장자리로 들어오는 차를 보았으며, 그 차가 들어올 수 있도록 속도를 줄였다. 그러나 나는 속도를 지속적으로 똑같이 올릴 수도 있었으며, 차를 지나쳐간 후에 그 차를 발견할 수도 있었다. 이러한 종류의 상호 교환이 미드가 얘기한 몸짓이다. 한 사람은 행동하고, 타자가 반응하고, 그 반응에 첫 번째 반응을 하는 등이다.

언어 또는 미드 〈의미 있는 상징〉은 사회적 과정에서 새로운 차원의 조직화를 만들어낸다. 사람들은 다른 사람들의 반응이나 신호를 기다리지만은 않는다. 오히려 사람들은 화자와 청자 모두가 동일하게 반응하는 발화, 관습적인 소리나 대본 등 사회적 행동을 받아들인다. 이것이 〈의미 있는 상징〉의 속성이다. 고속도로에서, 고속도로 건너편에 거대한 표지판이 보인다. 거기에는 "톨게이트로 가려면 427번 출구를 지나서 천천히 나가시오"라고 쓰여 있다. 표지판의 메시지는 모든 사람들에게 똑같지만, 운전자의 목적지나 선택에 따라 행동과정은 다를 수 있다. 이것이 바로 토론토 401번 고속도로 상황에서의 '읽기'의 의미이다. 각 운전자는 자신이 읽은 것을 다른 운전자들도 읽었을 것으로 생각할 수 있다. 운전자들은 운전하는 동안 전반적인 교통 흐름과 현 상황을 고려하면서, 표지판 메시지를 해석하여 운전한다. 우리는 우리가 메시지를 봤듯이 다른 운전자들도 메시지를 봤을 것이라 생각한다. 이것이 〈의미 있는 상징〉의 정의이다. 화자는 말을 하고 청자와 화자는 들었던 내용에 같은 의미로 반응한다. 왜냐하면 발화는 화자와 청자 모두에게 같은 의미로 받아들여지기 때문이다.

2) 경험의 조직화로서의 개인상호간 영역

레프 비고츠키(Lev Vygotsky, 1962, 1978)의 사상을 따르고 발전시킨 루리아(Luria, 1961, 1976; Luria and Yudovich, 1971)는 자신의 주요 저작에서 아이들의 언어 발달을 연구하였다. 루리아는 아동들의 언어 발달에서 언어는 아이들의 행동과 교사나 실험자와의 상호작용 모두를 통제하고 조직화하는 역할을 한다고 보았다. 루리아의 주요한 관심은 언어의 심리학적 측면과 사회적 측면의 교차점에 있었으며, **언어의 일반화체계**(*verbal generalization system*, 1961)라는 개념을 도입하였다. 언어의 일반화체계란 그가 무슨 일을 하는지, 어떤 일이 일어나는지, 거기에 무엇이 있는지에 맞춰 사람들이 어떻게 반응할지를 조직화하는 개념이다. 언어가 추상화되고 체계화되면서 언어가 지시하는 대상의 특정 측면을 억압하게 되는데, 이 과정에서 언어는 일반화된다.

《아베롱의 야생소년》(Wild Boy of Aveyron, Ingram, 1993)의 언어를 습득하는 과정에 대한 이야기를 통해 우리는 루리아의 주장을 정확하게 이해할 수 있다. 19세기 초, 프랑스 아베롱 지역 근처에서 어린 소년이 발견되었다. 사람들은 몇 년 동안 그 소년을 두세 번 발견하였으며, 한두 번 그를 붙잡아 옷을 입히고 음식을 먹이기도 했다. 그는 대부분의 삶을 야생상태로 살았기 때문에 말을 못했다. 그래서 그를 농아인을 치료하는 의사인 장-마르크 이타르(Jean-Marc Itard)가 있는 파리로 보냈으며, 그는 사람들의 관심이 사라질 때까지 그를 데리고 있었다. 이타르는 야생소년 빅토르가 말을 할 수 있도록 가르치지는 못했지만 단어와 사물7을 연관시키도록 가르쳤다.

---

7 헬렌 켈러가 〈의미있는 상징〉의 개인상호간 영역을 알게 된 그 순간이 빅토르에게는 찾아오지 않았다. 그가 사용하도록 배운 단어들은 특정 물건을 호칭하는 것이었다.

이타르는 빅토르를 절대 말하게 할 수 없었으며, 그 가까이 가지도 못했다. 그들 관계의 초기에, 우유 한잔을 주자 빅토르가 'lait'(우유)라는 단어를 말했을 때 이타르는 너무도 기뻤다. 그러나 이타르가 나중에 알아차렸듯이, 그것은 우유와 단어를 동시에 알기에 충분하지 못했다. 빅토르는 단순히 기쁨의 표현으로 'lait!'(이타르가 그에게 가르치려고 노력해왔던 단어)라는 단어를 사용하였다. 우유를 먹고 싶다면 말해야 하는 'lait'라는 단어를 빅토르는 우유잔을 잡기 전에는 거의 말하지 않았다. 우유가 그 바로 앞에 있지 않을 때에는 그 단어를 절대 말하지 않았으며, 'lait'가 무엇을 의미하는지 절대 이해하지도 못했다(Ingram, 1993, 2002).

이타르는 몇 달 동안 일대일의 집중훈련을 실시한 후, 빅토르에게 단어와 사물을 연관시키는 능력이 있다고 주장하였다. 이타르 박사는 책, 열쇠, 칼과 같은 물건들을 서재에 늘어놓고 빅토르와 함께 다른 방으로 갔다. 그리고는 물건들의 이름을 얘기하고 빅토르에게 서재로 가서 그것을 가져오도록 하였다. 이타르가 서재를 잠그기 전까지 빅토르는 이 테스트에 문제가 없었다. 빅토르가 빈손으로 돌아오면, 이타르는 열쇠를 찾지 못한 체하고 빅토르에게 주변에 있는 같은 물건을 찾아달라고 부탁하였다. 그날 빅토르에게 찾아오라고 한 물건들은 지팡이, 풀무, 유리와 칼 등 방에서 쉽게 찾을 수 있는 것들이었다. 만약 빅토르가 이 물건들이 서재에 있는 물건과 같은 것임을 알 수 있다면, 그는 '지팡이'라는 단어가 훈련받을 때 사용한 바로 그 지팡이만이 아니라 다른 모든 지팡이들을 의미한다는 것을 이해했다고 볼 수 있다. 그러나 이타르가 몸짓으로 가져올 물건을 알려줬음에도 빅토르는 그 물건을 가져오지 못했다. 이 야생소년은 물건의 공통점 대신에 차이점들을 보고 있었던 것이다. 겉으로 보기에 모든 칼은 조금씩 달라보였기 때문에, 같지 않은 것을 선택해서 가져오는 것은 소년에게 불가능했다(Ingram, 1993: 204).

최소한 보고된 것만을 보면, 빅토르는 일반화 체계로서의 언어를 습득하지 못하였다. 개라는 단어를 사용할 때 다양한 종류의 개들을 인식할 수 있거나 다양한 개와의 경험을 떠올릴 수 있는 능력이 바로 언어의 일반화 능력이다. 미드(Mead, 1962)는 다음과 같이 말하였다.

만약 개가 무엇이냐는 질문을 받고 중앙신경계에서 그 답을 얻으려 한다면, 그 사람은 개에 대한 다소 명확하게 연결된 전반적인 반응들을 찾고자 할 것이다. 사람은 이러한 반응들을 생각하며 '개'라는 용어를 사용하기 때문이다. 개는 친구도 가능하고 적도 될 수 있으며, 나의 소유물 혹은 누군가의 소유물도 될 수 있다. 우리가 반응하는 특정 유형들이 있고, 개인별로 다양하게 반응할 수도 있다. 그러나 '개'라는 용어가 호명될 때 떠올릴 수 있는 일련의 반응들은 항상 존재한다. 따라서 만약 누군가 개에 대해서 다른 사람에게 말하고 있다면, 그는 다른 사람들이 생각할 수 있는 반응들을 스스로 떠올리고 있는 것이다(71).

미드와 루리아는 단어가 개인상호간 영역으로 감각의 세계를 조합하고 조직화한다고 보았다. 그래서 사물들이 동일한 것으로 취급되려면 빅토르에게 사물의 차이점으로 읽혔던 대상의 특별한 성질은 무시되어야 한다. 단어가 사회적 행동의 과정에서 작동하려면 언어를 생성하는 조직화 과정은 사물의 정체성을 포착하고, 구별짓는 특성들은 무시한다. 또한 사물을 가리키는 단어는 곧 우리의 인식이 조직화된 것이다.

어머니가 아이에게 서로 다른 사물을 보여주고 특정 단어로 부를 때 아이는 어머니가 얘기한 바로 그 첫 번째 단어들을 이해하기 힘들다. 그러나 이는 아이의 정신적 과정을 형성하는 데 결정적으로 중요한 영향을 미친다. 사물에 대한 직접적 인식과 관련하여 단어는 사물의 본질적 특성을 분리시킨다. 인식된 사물의 '마시기 위한'이라는 기능적인 역할을 추가하여 '유리잔'으로 명명하면 그 사물의 본질적인 속성은 분리되고, 무게나 외형과 같은 사물의 덜 본질적인 속성들이 억제된다. 외형과는 상관없이 어떤 유리잔이든 '유리잔'이란 단어로 명시하는 것은 이 사물에 대한 인식을 영속화하고 일반화한다(Luria and Yudovich, 1971: 23).

따라서 단어는 볼로쉬노프의 말처럼 화자와 청자의 양방향의 산물이며, 단어는 개인상호간 영역으로 설명되는 인식을 조직화한다. 그렇다고 사물이 단순히 그 이름에 지나지 않는다는 유명론으로 가자는 것은 아니다. 물론 단어가 지시하는 그 대상은 '실제로 거기에 존재한다'. 하지만 단어가 지시하는 구체적인 대상은 언어를 통해서 **사물**(*as objects*)로 존재하게 된다. 행크스(Hanks, 1996)는 찰스 퍼스(Charles Peirce)와 소쉬르의 이론이 단어를 구체적인 사물보다는 개념을 중심으로 다룬다고 논쟁하였는데, 우리는 이런 행크스의 딜레마에 강요당한 것은 아니다.

따라서 '탁자'라는 사물은 '단단한 물질로 만들어지고 다리 또는 다른 장치를 통해 바닥에 서 있는, 평평한 표면으로 이루어진 가구'를 생각나게 할 것이다. 이런 점에서, 기호는 내재적인 사물을 나타내며, 개념적인 실체는 〔언어〕 체계 내에서 정의된다. 여기서의 문제는 물질적 사물들과 개념은 말할 것도 없이 세상에 있는 것들을 어떻게 연결할 것인가이다(Hanks, 1996: 41~42).

루리아와 미드는 어떤 형태로든 설정된 단어-의미의 결합체보다는 지시하는 단어와 대상 사이의 관계를 다르게 설명한다. 두 사람 모두 단어를 **조직화**(*organizing*)하는 존재라고 생각하였는데, 루리아는 사물에 대한 인식을, 그리고 미드는 사회적 행동 안에서의 참여자의 반응을 연구하였다. 아동의 언어 발달에 대하여 루리아(Luria, 1961)는 언어는 실제적인 활동 과정에서 인지적인 실행을 조직화하며, 사물을 지칭하는 '단어'가 아이들에게 일반화되어 비슷한 사물들과 구별할 수 있게 된다는 것을 강조하였다. 반면 동일 사물이라도 서로 구별되는 차이점은 무시된다. 이 설명에서 단어와 사물은 서로 독립적이지 않다. 인식되는 대상은 사물을 지시하는 단어에 의해 사물로 이미 조직화된다. 물론 거기에는 진짜로 사물이 존재한다. 그러나 루리아에 의하면, 그것은 관련된 단어로 우리에게 이미 인지적으로 조직되어 있기 때문에 사물로 존재하는 것이다.

또한 단어에 의해 인지의 표준화가 이루어짐으로써 명명된 사물과의 관계에서 다른 위치에 있는 사람들도 그것을 같은 것으로 여길 수 있다. 각 개인들은 서 있는 위치가 다르고 본인의 입장에서부터 상황을 조정하기 때문에(Schutz, 1962a) 다양한 관점은 필수적이다. 이러한 다양한 관점은 지식의 일반화를 조직화하는 단어로 통합될 수 있다. 이것이 바로 빅토르가 언어 배우기에 실패한 지점이다. 빅토르에게 언어는 세상을 조직화하지 않았으며, 그 결과 빅토르는 개별 사물의 독특한 점만 보았다. 빅토르는 언어가 사물을 조직화하는 방법에 참여할 수 없었다. 그 결과, 헬렌 켈러가 발견했던 언어의 〈개인상호간 영역〉을 받아들이지 못하였다.

루리아에 의하면, 말이란 사람들 사이에서 그리고 시간을 통해서 말해지고 들리는 세상을 만들고 일반화하는 조직가이다. 반면, 미드는 〈의미 있는 상징〉이 다음에 나타날 사회적 행동을 어떻게 조직화하는

가에 초점을 둔다. 4장 앞부분에서 인용한 미드(Mead, 1962)의 주장을 반복하고 재강조하자면, 언어는 "상황 또는 이미 거기에 이전부터 존재해왔던 사물을 단순하게 상징하는 것이 아니라", 주어진 사회적 활동 안에서 적극적으로 "그 상황 또는 그 물체의 존재나 외형을 가능하도록"(78) 만든다.

2. 경험 기반 영역과 텍스트 기반 영역

1장에서 논의했듯이, 일반적으로 제도와 지배관계는 텍스트에 의해서 조정된다. 이 텍스트는 할리데이가 말한 텍스트가 아니라, 물질적으로 복제할 수 있는 단어나 이미지를 의미한다. 이러한 단어와 이미지들의 복제 기술은 지역적 현실을 넘어 지배관계를 일반화하는 기반이 된다. 나는 경험을 기반으로 형성되는 개인상호간 영역과 텍스트를 기반으로 만들어지는 개인상호간 영역의 차이를 다루고자 한다. 여기에서 〈경험〉은 동일하지는 않지만 동시에 일어나며, 〈텍스트〉는 물질적 차원을 가진다.

어떤 특정한 언어는 서로 다른 방식으로 말해지고 쓰이는데, 바흐친(Bakhtin, 1986)은 말하기 장르(*speech genre*)의 개념을 도입하여 사회의 다양한 장면에서 일어나는 언어의 다중성을 설명하였다. "물론 각각의 발화는 개별적이지만, 언어가 사용되는 공간에서 이 발화들은 상대적으로 안정적인 유형으로 발전된다. 이것을 우리는 말하기 장르라고 부른다."(60) 바흐친은 이를 일차적 말하기 장르와 이차적 말하기 장르로 구분하였는데, 이 설명은 여기에서 매우 유용하다. 일차적 말하기 장르는 직접적인 경험의 수준에서 작동되는 것이다. "예술적이고, 과학적이고, 사회정치적인" 장르는 이차적 말하기 장르이다. 대체로 이차적 말하기 장르는 "문자화"되어 있으며, "소설, 드라마, 모든 종류의 과학적 조사, 비평의 주요 장르 등"(62)을 포함한다. 즉, 〈텍스트〉에 기반하고 있다. 이 점이 바로 내가 여기에서 강조하고 싶은 차이점이다. 어떤 의미에서 경험적인 것은 결코 다른 것으로 대체되지 않는 반면, 개인상호간 영역이 구축되는 토대는 일차적 말하기 장르에서 이차적 말하기 장르로 이동하면서 근본적으로 달라진다.

대부분의 경우, 언어학자와 철학자들이 말하는 개인상호간 영역은 개, 탁자, 나무 등과 같이 감각으로 매개되는 경험의 세계와 관련되어 있다. 물론 감각이 매개되는 세상은 행위의 세계이며 그것은 이미 사회적이다. 사물로서의 탁자와 단어로서의 탁자는 미드가 말한 "반응들"의 조직화와 관련된다. 루리아가 제시한 **언어의 일반화체계**의 개념에 따르면 우리의 행동, 말, 글쓰기 내용은 이미 조직화되어 있다. 더 나아가, 글레이저즈펠트(Glasersfeld, 1995)는 단어가 어떻게 조정적인 기능을 하는지 탐색하였는데, 그는 아이들이 원래 사회적으로 조직화된 복잡한 활동을 할 때 단어와 사물을 알게 된다고 하였다. "아이들이 생각하는 컵의 개념에는 우유를 마시는 행위, 그리고 컵 안에 있는 우유까지 포함되는 경우가 많다"(141). 시간이 흘러 아이들은 다양하고 실제적인 사회적 행동을 하면서 '컵'이라는 단어를 듣고 사용하게 되는데, 이때 단어는 일반적인 사물과 구별된다. 그 순간 단어와 사물 모두 사회적으로 조직화된 활동과 연결된다. 사회적으로 조직화된 활동들은 '지시 대상들' 간의 관계를 구성한다.

미드는 개별적인 수많은 개들 사이에 '개'라는 단어를 어떻게 추출하는지 설명했는데, 글레이저즈펠트는 미드의 이러한 설명을 보충했다. 그는 개라는 단어를 사용하면서 개들의 수많은 차이들이 여러 사회적 활동들 속에 녹아 있다고 하였다. 사람들 사이의 일상적인 대화는 경험적으로 이러한 상징적인 형태에 의존한다. 이러한 상징적인 형태는 우리의 일상활동과 관계를 조정한다. 다음에는 경험에 기반한 개인상호간 영역이 작동되는 예를 탁자라는 단어를 들어 설명하겠다.

행크스(Hanks, 1996)는 탁자라는 개념을 "단단한 물질로 만들어지고 다리 또는 다른 도구를 통해 바닥에 서 있는, 평평한 표면으로 이루어진 가구"(41)라고 묘사하였다. 그러나 사람들의 활동이라는 맥락에서 볼 때 탁자라는 사물은 그리 단순하지 않다. 미드의 개에 대한 설명에서처럼, 단어는 반응이 어떻게 사회적으로 조직화되는지 그리고 반응을 어떻게 조직화하는지와 관련된다.

탁자는 탁자 위에서 하는 적절한 행위를 기준으로 탁자 윗면과 다리 부분으로 구분된다. 만약 우리가 〈사회적 조직화〉와 관계없이 단순히 물리적 형태로서 탁자를 생각해보면, 탁자 위에서 오줌을 누는 아이나 탁자 아래에서 위를 바라보는 아이를 상상해볼 수 있다. 나의 손녀인 칼라가 탁자 위를 기어 다닐 때 아이의 아버지는 소리를 지른다. "칼라! 탁자에서 내려와!" 아이는 거실의 탁자 위에 올라가는 것이 환영받지 못한다는 것을 배우게 된다.8 탁자에서의 식사시간은 탁자 윗면을 사용

---

8 그러나 칼라가 무엇을 했는지 정확히 알고 있고, 아버지를 약 올리기 위하여 그 일을

하는 시간이다. 탁자는 책을 읽거나 편지를 쓸 때에도 사용될 수 있다. 또한 탁자는 화면에 등장하는 해설자의 하체 부분을 가려주기도 한다. 공공장소에서 탁자는 사람들 간의 거리를 조직화한다. 즉 탁자는 카페, 식당 등에서 일시적으로 공간을 분리하여 사용하도록 한다. 이와 같은 탁자에 대한 반응들은 사회적으로 조직화된 실천으로서, '단단한 물질로 만든 가구'에만 적용되는 것은 아니다. 새로 이사 온 어떤 여성이 있다고 하자. 저녁 식사에 친구가 온다면, 그녀는 단단한 포장박스를 찾아 식탁보를 깔고 그 위에 꽃병을 올려놓은 후, 주변에 앉을 수 있도록 방석을 놓을 것이다. 칼라는 가족들이 앉아서 식사할 때, 탁자가 어떻게 사람들 사이의 관계를 조직화하는지 배우고 있다. 칼라는 자기 옆에 누구를 앉힐지 선택하는 것을 즐기고 있다. 칼라는 가족들이 식사할 때 탁자 위에 다양한 식기들을 올려놓으며, 식기도구들이 바닥에 떨어지면 집어서 다시 사용하지 않고 반드시 설거지통에 넣어야 한다는 것을 배운다. 또한 칼라는 식사할 때 탁자 위에서는 특정 신체 일부만이 허용된다는 것을 배운다.

나는 경험-기반과 텍스트-기반의 개인상호간 영역9의 차이를 명확히 하기 위하여, 전통적인 민속방법론의 대화분석에서 연구자들이 사용하는 두 가지 대화를 제시하겠다. 하나는 굿윈의 연구(Goodwin, 1990)에 나오는 필라델피아 흑인 어린이들의 대화이다. 굿윈은 어른들

다시 했다고 썼지만, 나는 여전히 의심스럽다.

9 경험에 기반한 개인상호성은 글을 쓸 때도 발생된다. 리처드 다빌(Richard Darville, 1995)은 "스토리를 읽는 사람들은 그것을 읽어나갈 때 그리고 글의 의미를 확인할 때 그들의 경험을 사용한다"고 지적하였다.

없이 길가에 있는 어린이들의 상호작용을 관찰하고 녹음하였다. 그녀는 "시내에서 함께 노는 아동들의 자연스러운 집단 활동을 가까이 보여주고 싶어서 선택하였다"(20)고 말했다. 이는 경험-기반 대화의 한 사례이다. 대조적인 사례는 디어드리 보든의 연구(Deirdre Boden, 1994)에서 나오는 업무상의 대화이다. 이것은 텍스트 기반의 대화를 보여준다. 이 두 사례 모두 굿윈과 보든이 대화분석을 경시하였기 때문에 어떤 의미에서는 잘못 사용되었다. 개인상호간 영역10을 형성할 때 이른

---

10 여기에서 경험 기반과 텍스트 기반의 개인상호간 영역의 차이가 표시되어 있다. 바실 번스타인(Basil Bernstein, 1966)이 대조를 제한되고 정교한 코드라고 한 것처럼, 사회계급에서 이루어지는 대화의 차이를 따라가 보면 알게 되는 말하기의 차이를 고려하지 않았다. 그가 관찰한 노동계급 학생들은 지역 환경과 사람들의 공유된 경험에 의존하면서 과도하게 유행에 따라 말하는 경향이 있었다(번스타인은 후에 이를 제한된 코드라고 설명하였다). 중간계급 학생들은 보다 추상적인 개념의 정교한 코드를 사용하였으며, 독자 또는 청자와 반드시 공유되지만은 않은 이야기를 사용했다. 반면에 노동계급 학생들은 경험 기반에서만 편안하게 말하는 경향이 있었다. 이와 비슷하게 샤츠만과 스트라우스(Schatzman and Strauss, 1966)도 태풍에 강타당한 미드웨스턴 시에 대한 인터뷰 연구에서, 노동계급과 중간계급 응답자들이 어떻게 다르게 이야기하는지 그 차이를 발견하였다. 물론 중복되는 부분도 있다. 하지만 차이는 명백하였고 극단적으로 보면 매우 두드러졌다. 중간계급 응답자는 일반적으로 시의 입장에서 얘기하려는 경향이 있었다. 그들의 이야기는 시의 제도, 소방부서, 적십자사, 시장의 업무, 경찰 등을 강조하였다. 노동계급 응답자들은 보다 그들 자신의 입장에서 얘기하고자 하였으며, 그들에게 무슨 일이 있어났는지, 그들과 친한 사람들에게 무슨 일이 있었는지 설명하고자 하였다. 어떤 식으로 말하는 한 가지 방법이 나머지 방법보다 낫다고 할 수는 없다. 태풍 경험에 대한 몇 가지 얘기들은 생생하고 강렬했다. 그러나 다른 것들은 불일치하고 따라가기 어려웠다. 하지만 중간계급 응답자의 이야기는 사회학자들이 따라가기 쉽다. 왜냐하면 그들은 시 당국의 관점에서 말하기 때문이다. 어떤 의미에서 이미 사회학적 설명으로 직접 통합될 수 있는 형태로 처리된 것이다.

바 경험과 텍스트 기반의 차이를 독자들이 잘 알 수 있도록 그것들을 적절하게 바꿔보겠다.

다음은 굿윈(Goodwin, 1990: 253)[11]의 연구에서 발췌한 사례인데, 초퍼는 토니가 겁쟁이라고 얘기하는 중이다.

95	초퍼	그때를 생각해봐, (0.5) 너는 우리가
96		어디에서 농구를 하고 있었는지
97		알지? (1.2) 그리고 너는
98 →	토니	누가… 어디에서 농구하고 있었는데…
99	초퍼	있잖아… 우리가 어디서 농구를 했는지 넌 알잖아
100		그리고 세상에 너는 우리를 기다리지
101		않았어, 너는 거기에서 도망갔잖아
102		모퉁이까지
103		그 녀석들이 얘기하고 계속 얘기하더라
104		그 애들이 "야 토니,
105		왜 도망가냐?" 토니는 대답했다. "나는
106		도망가는 게 아냐"(라고 했어) 그 녀석들이 나에게
107		오더라. 나는… (킬킬거림) *크크 그 녀석들의
108		엉덩이를 발로 차버렸어. 그리고… 토니는
109		모퉁이 주위에 계속 숨어 있었고.

---

11 굿윈의 메모, 원래 게일 제퍼슨(Sacks, Schegloff and Jefferson, 1974)에 의해 개발된 대화분석을 최대한 보존하였다.

나는 여기에서 스토리가 〈개인상호간 영역〉을 만들 때 그들의 공동
경험에 의존하는 방식을 굳이 지적하지는 않겠다. 초퍼는 토니와 다른
친구들이 그 사건을 기억할 수 있도록 이 대화를 시작한다. 그는 며칠
전 농구장에서 일어났던 사건의 경험을 그들과 연결하고 있다. 이 이야
기는 토니에 대한 것이며, 다른 친구들은 물론 토니도 듣고 있다. '우
리', '그 녀석들', 그리고 '그 애들'이라는 직시어를 사용함으로써 초퍼
의 경험은 '우리의 것'이 되기를 강요한다. 최소한 초퍼와 토니는 그 경
험을 공유하는 것으로 보인다. 이와는 대조적으로 보든의 연구에서 인
용한 다음 사례는 연구 책임자 빅과 연구 참여자 앨런과의 전화 내용을
녹음한 것이다.

1	앨런	제가 전화한 주요한 이유는. 흐-
2	→	음. (0.3) 어. 우리가 제출한 우리의 초기 예산서
3		기억하죠? 그 우리가
4		**신중하게 작성했던?** (0.4) 3개의 중간제목들.
5		괄호로 제시하자고 얘기했었지요.
6		당분간 -음? 그러나 우리
7		그것을 앞당길 수 있을까요?
8		내년으로?
9	앨런	좋아요.
10	빅 →	〔음〕 그것을 할 준비가 되었나요?
11		이제- 끄음. 그, 거기에는 우리가 할 수 있는
12		몇 가지 방법이 있어요. 그리고

13		그것들은 매우 복잡하고
14		회계절차와 연계되어 있고 음
15	앨런	예
16		반면 컴퓨터 사용
17		환경이 (0. 2) 다른 거는?
18	앨런	흠흠?
19	빅	그래서 내가 제시하고자 하는 것은 …

굿윈의 연구에 나오는 소규모 집단에서처럼 여기에서도 '우리', '우리의'와 같은 직시어가 사용되었다. 그러나 빅은 앨런에게 생활세계의 농구장이 아닌 텍스트에 집중하게 한다. 그리고 여기서 '우리'는 친구집단이나 적어도 초퍼와 토니와 같은 친구 사이를 말하는 것이 아니라, 프로젝트에 대해 같은 책임을 가지고 참여하고 있는 사람들이다. 프로젝트에 앨런이 포함되어 있고, 명확하지는 않지만 다른 사람들도 관여되어 있다. 프로젝트를 환기시키는 빅의 지시는 청자에게 경험을 공유하라고 하지는 않으나, 앨런에게 이전에 이미 읽었거나 부분적으로는 직접 작성했을 수도 있는 서류나 텍스트를 변경할 것을 지시하고 있다. 초퍼의 이야기에서는 개인상호간 영역이 형성될 때 시간과 장소가 일치하지 않음을 보여준다.

주인공인 초퍼와 빅에게는 대화 상대자와 서로 공유하는 세계가 있으며, 그 세계에 의존하여 대화를 진행하였다. 초퍼는 슈츠(Schutz, 1962a)가 **영 포인트**(*null point*)라고 한 위치에서 말하고 다른 사람들을 조직화한 것이다.

실제 내 몸이 있는 장소, 여기가 바로 내가 취하는 태도의 출발점이다. 말하자면, 나의 조정 체계의 중심 O(center O)이라고 할 수 있다. 내 몸의 중심을 기준으로 나는 나의 주변 요소들을 오른쪽과 왼쪽, 앞과 뒤, 위와 아래, 가까운 주변과 먼 곳 등과 같은 범주로 분류할 수 있다. 비슷한 방법으로 앞과 뒤, 과거와 미래, 동시에 그리고 연속적으로 등과 같은 범주로 세상의 사건을 조직화한다면, 바로 지금이야말로 모든 시간 관점의 출발이다(222~223).

초퍼는 토니가 신체적으로 같은 장소에 있었음을 당연하게 얘기하고 있으며, 동시에 실제로 그는 거기에 있었다. 초퍼의 이야기에서는 토니가 두려워했다고 하고 있고 이런 두려움을 초퍼는 느끼지 못한 것이었다. 둘 사이의 차이점은 '그 녀석들'이 멈추지 않고 그들에게 오고 있었다는 것을 서로 다르게 인식한다는 점이다. 사람들 사이의 일상적 대화는 이러한 상징적 형태에 의존하는데, 이는 우리의 경험에 토대하며 일상활동과 관계를 조정한다. 부엌에 있는 남편은 부인에게 신문이 도착했는지 물어본다. 이때 부인은 옆방에 있다. 부인은 자신과 남편의 위치(Hanks, 1996: 1)를 고려해서 신문이 탁자 위에 있다고 대답한다. 부인과 남편은 '센터 O'을 중심으로 하여 각자의 위치에서 말한다. 부인은 남편에게 신문을 어떻게 찾을 수 있는지 알려주기 위해 남편의 위치를 알아야 한다(신문은 그의 바로 앞에 있었다). 텍스트에 관한 대화인 빅과 앨런의 전화 대화와 대조해보자. 텍스트는 그들의 현재 위치와 상관이 없다. 즉 텍스트와 관련해서 볼 때 그들의 위치에는 차이가 없다. 이런 점에서 텍스트는 대상화된다. 참여자들이 계획서를 수정해서 제출할 때 관점과 견해의 차이가 나타나지만, 이미 그것은 텍스트적인 시간 (D. E. Smith, 1990a) 으로 들어간 것이며, 현재 위치와는 상관이 없다.

우리는 입으로 말하기와 글로 말하기 간의 차이처럼 경험 기반의 말하기와 텍스트 기반의 말하기 간의 차이를 혼동하지 않도록 유의해야 한다. 여기에서 우리는 바흐친이 얘기한 경험 기반과 텍스트 기반 말하기의 차이로 이동해보자. 바흐친은 텍스트 기반의 말하기를 글로 쓰는 말하기 장르와 동일시하였는데, 여기에서의 초점은 개인상호간 영역이 나타나는 방식에 있다. 우리는 위에서 텍스트 기반의 대화 사례를 들었으며, 경험을 글로 표현하는 데 익숙하다. 경험을 표현하는 글쓰기는 그 의미를 이해하기 위해 자신의 경험 자원을 떠올릴 수 있는 독자의 능력에 의존하고 독자가 그러한 능력이 있음을 전제한다. 개인상호간의 경험 기반과 텍스트 기반의 차이는 청자/독자가 그들이 듣거나 읽은 것을 이해하기 위해 동원할 수 있는 자원의 차이이다. 경험을 표현하거나 묘사하는 텍스트들은 독자가 텍스트들을 활성화시킴으로 경험에 기초한 개인상호성을 구성하기 때문이다.

말하자면, 주인공의 행동을 '따라가는' 독자나 청자는 적극적인 해석의 과정에 참여한다. 스토리를 이야기하는 사람은 무슨 일이 일어났는지 완벽하게 설명할 수는 없다. 따라서 독자가 스토리를 '이해하려면' 사람들은 어떻고 상황은 어떻게 이루어지는지에 대한 정보를 제공하는 텍스트에 반드시 자신의 감각을 '채워 넣어야' 한다. ··· 그녀는 그녀의 경험을 떠올릴 수밖에 없다. 따라서 스토리를 따라가기 위해서는 무엇이 관련되는지 해석할 때처럼, 관련된 경험과 자신의 고유한 경험 모두에서 시작한다. 스토리는 독자가 주인공들과 함께 경험할 수 있도록 함과 동시에, 자신의 경험을 끌어낸다는 데 그 매력이 있다. 독자의 경험은 주인공의 경험과 섞인다(Darville, 1995: 252~253).

물론 경험이 아니라 텍스트에 기반하여 개인상호성이 형성되는 스토리들도 있다. 예를 들어, 뉴스 매체는 사람들이 생성해내는 개인상호간 영역들을 기초로 텍스트적 토대를 만들어낸다. 사람과 대상의 세계는 지시대상물들이 내적으로 저장되면서 축적된다. 이는 지리학이나 역사와 같은 공적 영역의 텍스트적 실재에서 더 일반적일 수 있다. 이러한 것들도 텍스트적 실재이다. 이들은 일상의 실재들과 간접적으로만 연결되는데, 이러한 실재들은 그것이 말이 되었건 글이 되었건 경험에 토대한 상징적 조정의 형태이다. 독자는 뉴스 진행자들이 하는 이야기 또는 신문의 기사에 대하여 점점 친숙해진다. 독자들은 뉴스를 보거나 읽을 때 텍스트 안에 정의된 사람, 사건, 사물, 제도 현상(정부와 경찰 등)에 대한 정보를 구축한다.

제도적 문화기술지가 독자/시청자/청취자와 뉴스 매체를 연결하는 텍스트 내적관계를 설명할 수 있다는 것은 행운이다. 알렉 맥홀(Alec McHoul, 1982)은 호주 신문의 뉴스 기사 읽기에 대한 문화기술지 연구를 하였다. 그는 경험에 기반한 상징적 조정과는 매우 다른 과정으로 서술하였다. 그가 읽기로 결정한 기사 제목은 "주요 영역들의 '안전'"이었다. 이 기사의 제목은 맥홀에게 별 의미가 없었다. 그는 이 기사가 화자와 청자 그리고 작가와 독자 모두에게 감응을 불러일으키는 '대중매체'의 과정을 보여주지 못했다고 생각했다. 맥홀은 기사 제목과 내용을 연결할 수는 없었지만, 그 기사가 무엇을 의미하는지 찾는 방법을 알고 있었다. 그는 통상적으로 하던 방식을 피해 스스로 정한 원칙하에서, 기사 제목이 무엇을 '의미하는지' 찾기 위해 빠르게 건너뛰며 읽었다. 그는 기사를 순차적으로 읽으면서 도움이 되는 문장을 찾았다. "공공서비스의 주요 영역들은 공무원 인원감축의 영향을 받지 않을 것이다." 맥홀에 따르면,

이제까지 '주요 영역'이 무엇을 의미하는지 찾아왔다. 무엇보다, '영역'은 무엇인가? 영역이란 공공 서비스의 영역을 의미한다. 그러나 무슨 영역이 '주요한가?' (무슨 일을 하든) '안전'의 의미, 즉 왜 '안전'이 헤드라인에 인용되었는지의 몇 가지 의미를 발견하였다. 문장으로 하면 '안전'하다는 것이 결코 안전하지 않다는 것이다. …
나는 반문한다. 공무원의 인원감축은 무엇인가? 그 기사는 내가 이미 그 내용을 알고 있다고 여기는 것 같다. 나는 그 당시에 무슨 일이 있었는지 생각해보았지만 아무 일도 없었다. 결국 내가 정한 규칙을 어기고 이전의 신문기사를 검토하였다. 그리고 나서야 이 기사 전에 예산이 삭감된 것을 알았고 이 논쟁을 이해하게 되었다(119).

이러한 〈텍스트〉에 대한 반응을 정리해야만 했던 그의 연구는 문화기술지를 통해 더욱 명확해졌다. "그 기사는〔공무원의 인원감축〕에 대하여 내가 이미 그 내용을 알고 있다고 여기는 것 같다." 맥홀이 과거의 신문 기사를 찾는 일은 일반적이거나 자연스러운 반응이 아니다. 절벽 위에 있는 물수리 새가 상향기류일 때 위쪽으로 비행한다는 것을 내 손

자에게 알려주는 방법과는 매우 다른 과정이다 — 내 손자는 자신의 방향을 바꿔 내가 가리키는 방향을 바라본다. 말하자면 우리는 우리의 조정 체계(슈츠의 초기문헌 참고)를 정렬할 수 있다. 맥홀의 의지는 매우 다르다. 그는 연구하고 있는 신문을 선택했던 방구석의 오래된 신문더미로 다시 돌아갔다. 스토리에 대해 믿을 만한 보편적인 일, 사건, 사람들을 '신문에서' 찾을 수 있기 때문이다. 기사를 보고 바로 그 내용을 알지 못하기 때문에 자연스럽게 과거의 신문기사를 찾는 것이다. 일단 텍스트 안에서 지시대상을 찾으면 '그 순간 아는 것'이 시작되며, '논쟁이 떠오르게 된다'.

소쉬르 학파는 '실천' 틀('practice' framework)을 지지하여 말하기에 의미를 결합하자고 주장하였으나, 행크스(Hanks, 1996)는 이에 반대하고 '문자화된 언어'의 중요성을 강조하였다.

프린트 매개물은 분배 방식의 하나로, 널리 알릴 수 있으며 직접적인 대면을 대신할 수 있다. 10만 가구에서 같은 신문을 본다면, 이는 직접적인 대면의 네트워크를 현실화하는 것이다. 대부분의 접수 대행업체들은 직접 만날 필요가 없고 공공영역에 참여하기 위해 같은 언어를 알아야 할 필요도 없다. 그들의 공동체는 해석적이 되고 그들의 조화는 대략 상상이 된다(235).

하지만 뉴스 매체는 종종 사람들 사이에 대화거리가 되기도 하고, 심지어 어떤 경우에는 매체를 보지 않은 사람은 대화에 참여할 수도 없다. 나는 내 아들들과 택시에서 유사한 경험을 하는데, 내 아들들은 남성

운전기사와 텔레비전, 라디오 혹은 스포츠 기사에 나온 모든 종목의 어떤 팀이든 최근 성적에 대해 스스럼없이 바로 이야기한다. 그들은 연대감과 공통의 관심사를 가지고 있고, 얘기하는 텍스트의 기반이 안정적이며, 그들이 하는 말이 텍스트의 내용을 바꾸지는 않는다. 즉 텍스트는 대화에 참여하는 사람들의 관점과 독립적이다. 나는 지역 식료품점 세이프웨이(Safeway)에서 쇼핑하는 여성이 약사(또는 여성)에게 하는 이야기를 들었다. 그들은 대중매체의 기사에 대하여 이야기하고 있었다. 그 전날 밤, 밴쿠버 시내에서는 신문 헤드라인에 나온 '폭동'이 발생했다. 뉴욕 하키팀이 밴쿠버 지역 하키팀과의 경기에서 크게 이겼고, 관중들은 길거리에서 난동을 일으켰다. 혹은 신문과, 아마도 텔레비전이 이런 정보를 제공하였을 것이다. 쇼핑하는 여성과 약사는 폭동에 대하여 이야기하였다. 그들은 "너무 위험한 일들이 일어났어요!"라고 이야기하였다. 하지만 우리가 있던(이야기하던 두 여성뿐만 아니라 내가 여행하던) 그곳은 조용하고, 밴쿠버에서 매우 잘사는 지역인 웨스트포인트 그레이였다. 지역 10대들에 의해 방해받지 않는 곳이며, 상대적으로 잘 살고, 항상 조용한 곳이다. 대중 폭력이나 폭동이 일어난 적이 전혀 없다. 뉴스 기사는 쇼핑하는 여성과 약사가 공유하는 세계와 같은 준거를 갖는 듯 보였지만, 보든의 녹음에서 빅과 앨런의 대화에서처럼 그들은 텍스트를 준거로 하고 있다. 그 기사가 얘기하는 것에서 그들의 경험을 찾을 수는 없었다.

맥홀처럼 이들도 텍스트로 된 대중매체에 의존하고 있는데, 이 텍스트로 된 대중매체는 폭동이라는 용어로 활성화된 자원을 공유하고 있다. 미드의 사례에서 개라는 용어가 놀이친구, 상대편 등과 같이 개에 대한 경험들을 유도해내는 것과 달리, **폭동**이라는 용어는 고함, 무서운 불빛, 연기, 다른 행성에서 온 외계인처럼 옷을 입은 경찰, 막대기로 다른 사람의 머리를 때리고, 군중들은 달아나고 그 위에 상처입거나 죽은 채 쓰러진 사람들로 가득한 텔레비전의 거리 이미지를 유도한다.12 폭동이라는 용어는 길거리에서의 위험에 대한 공포를 작동시킨다. 뉴스 기사는 두 화자가 말하는 똑같은 세계가 나타나기를 요청하는 텍스트적 실제를 모은다. 그들 각자는 그 전날 텔레비전에서 보았던 것을 떠올릴 수 있다. 경험에 기초하여 사람들에게 유용한 정보를 제공했던 일상세계의 뉴스 매체로부터 위험은 전염병처럼 번져나간다.

3. 결론

이 장은 매개체로서의 언어 이론을 소개하였다. 언어 이론은 사람들의 머릿속에서 나온 생각, 아이디어, 이데올로기 등과 사람들 행위의 조정인 〈사회〉를 매개한다. 제도적 문화기술지에서 언어는 매우 중요하다. 왜냐하면 제도를 구성하는 특별한 조정 형태가 언어 **안**에 있기 때문이다. 제도적 문화기술지는 사람들의 의식 또는 주관성을 조정 — 사회적으로 만들기 — 하는 언어의 역할을 검토할 수 있는 언어의 이론화를 필요로 한다. 언어학자들의 표준적인 접근은 언어 현상을 사회와 분리

---

12 나는 뉴스에서 보여주려 한 폭동이 그러한 이미지로 정확히 제시되었다고 생각하지 않는다. 텔레비전은 전달 과정에서 시각적으로 왜곡된 재현을 만들어낸다.

시키는 철저한 규율을 채택하고 있다. 그러나 이러한 접근법들은 우리에게 필요한 것을 제공해주지 않는다. 따라서 언어를 본질적으로 사회적인 것이라고 생각하는 하나의 흐름이 있는데, 여기에서는 볼로쉬노프(Vološinov, 1973), 미드(Mead, 1962) 그리고 루리아(Luria, 1961, 1976; Luria and Yudovich, 1971)에 대해서 설명하였다. 여기에서 강조하는 것은 볼로쉬노프가 "개인상호간 영역"이라고 부른 **조직화**하는 언어이다.

바흐친은 직접 경험에 기반한 말하기 장르와 제도적 문화기술지 연구자들이 말하는, 텍스트로 매개된 문자화된 장르를 구분하였다. 이러한 구분은 언어가 사람들의 행위를 조정하는 방식의 차이를 보여주는 다양한 사례를 통해 연구되고 정교화되고 있다. 여기서 사람들의 행위는 공유된 경험세계에 의한 개인상호간 영역에 근거한 것일 수도, 혹은 텍스트에 의한 개인상호간 영역에 근거한 것일 수도 있다. 이는 두 종류의 대조적인 대화 녹음을 통해 강조되었는데, 하나는 한 무리 아이들의 의사소통에서 그의 경험, 최소한 부분적으로 다른 아이들과 공유된 경험에 기반한 이야기이다. 다른 하나는 개인상호간에 텍스트를 기반으로 형성된 두 사람 사이의 전화 대화의 일부이다. 공통의 감각 기반 세계에 대한 경험보다는 텍스트 간 공유 기반에 의존하는 특징을 가진 개인상호간 영역들의 사례들이 확대되고 있다. 다음 장에서는 두 가지의 혼합된 주제, 즉 사회를 조직화하는 언어 그리고 경험과 텍스트 기반의 개인상호간 영역을 형성하는 것 사이의 차이를 설명할 것인데, 특히 실천으로서의 제도적 문화기술지의 일반적인 틀을 제시하고자 한다.

제 3 부

문화기술지로 제도에 접근하기

제5장 텍스트, 텍스트-독자 대화, 제도적 담론

이 장은 제도적 문화기술지를 설명하는 이 책 3부의 도입부이다. 3부의 다섯 개 장은 문화기술지 방법으로 어떻게 제도에 접근할 수 있는지에 초점이 맞춰져 있다. 이 장에서 나는 우선 텍스트의 핵심 역할을 소개하고, 3장과 4장에서 상세히 기술한 존재론을 기반으로 텍스트가 문화기술지와 어떻게 통합되는지를 설명하려고 한다. 텍스트를 기반으로 하는 사회관계들은 사람, 장소, 시간이 가진 지역적 특수성을 표준화하고 일반화된 초지역적 형태로 변형시키는데, 제도는 이렇게 묘하고 마법 같은 영역 안에 존재한다. 텍스트는 일상세계의 현장과 〈지배관계〉 사이를 연결하는 핵심 고리 역할을 한다. 텍스트는 읽고, 보고, 들어야 할 무엇인가로 우리 앞에 나타난다.

　이 글을 쓰는 중에 나는 아들 부부와 사랑하는 개 한 마리가 창밖에서 돌아다니는 것을 본다. 그러다가 다시 내 원고를 읽고, 이어 브리티시컬럼비아 안의 산불 재발 위험을 알리는 라디오 방송을 듣는다(나는 우리와 함께 사는 정치가들이 이미 경험한 기후변화의 결과를 얼마나 알고 있는지 모르겠다). 이처럼 우리는 개를 바라보고, 날씨(이 시기에 밴쿠버는 매우 덥다)가 어떤지 알고자 하는 일상적 현실에 둘러싸여 있다. 여기서 내가 글을 쓰고, 읽고, 라디오를 듣는 것은 텍스트의 세계로 들어가는 것인데, 바로 이들 〈텍스트〉를 통해 나는 다른 관계들, 즉 이 책을 읽을 독자나 출판사, 라디오 뉴스를 듣고 있는 사람들, 그리고 라디오 방송국 전체 조직으로 연결된다.

텍스트를 문화기술지의 한 영역으로 소개할 때 문제가 되는 것은 텍스트가 보통 가지고 있는 '비활동성'이다. 왜 그런지 모르겠지만 우리는 텍스트가 현 시점의 일상세계 안에 존재하는 실체라고 생각하지 않는다. 우리가 살아가는 공간들 안에서 텍스트는 현존하지 않는 것으로 간주되고, 그래서 우리가 다른 이들과 무엇인가를 조정할 때 텍스트가 '활동한다'는 것을 인식하지 못한다. 읽고, 보고, 들을 때, 혹은 또 다른 일을 할 때, 우리는 텍스트를 이미 주어진 것으로 취급한다. 우리는 노래나 협주곡의 악보, 쪽수, 장, 모니터에 떠 있는 것과 같은 텍스트의 구조만을 볼 뿐, 이러한 텍스트가 시공간 속에서 무엇을 **발생**(occurrence)시키는가에 대해서는 보지 않는다. 언제든 다시 볼 수 있는 단어나 이미지들처럼 텍스트가 물질을 담고 있는 한, 텍스트는 우리 눈에 정체된 것으로 보인다. 물론 우리를 둘러싼 것들은 변할 수도 있다. 예를 들어 우리가 비행기에서 읽던 책을 착륙할 때까지 다 읽지 못하는 경우에도 그 책은 똑같은 상태로 있다. 이처럼 텍스트의 힘은 일상에서 끊임없이 변하는 사람들의 삶과 행동 속에서 시간과 공간을 넘어 다시 읽히고, 재발견되고, 재해석될 수 있다는 데 있다.

텍스트의 정지 상태, **거기 있음**(*thereness*)은 텍스트를 문화기술지 연구나 사회조사에 포함시키려 했던 연구자들에게 늘 따라 다니는 문제였다. 린지 프라이어(Lindsay Prior, 2003)은 '활동하는 문서'(*documents in action*)란 개념을 발전시켰는데, 이것은 문서를 사람들의 활동과 결합시켜보려는 시도였다. 그는 조직 세팅에서의 문서를 예로 들어, "세상에 대한 특정 비전과 그 안에서 일어나는 사건들이 전개될 때, 이해관계들이 얽히고설키는 과정에서 어떻게 문서가 채택되는지"(67)를 보여주었다. 그가 제시한 예는 다음과 같다.

'환자', '클라이언트' 그리고 정신이상 범죄자들의 정체성이 어떻게 문서를 통해 구조화되었는지 연구한다든가, 문서의 형태가 어떻게 행위를 정당화하는 근거나 상호작용의 지지대로 사용될 수 있는가를 연구하는 것, 그리고 '조직'이 어떻게 기록문서를 통해 분명히 '실행되었는지'를 연구하는 것 등이다(Prior, 2003: 67).

프라이어의 접근법은 여러 가지 점에서 나무랄 데 없지만, 제도적 문화기술지의 관점에서 보면 몇 가지 문제가 있다. 하나는 사람들은 사라지고 문서가 연구의 초점이 되어버린다는 점이다. 프라이어에 의하면 "연구자는 문서를 따라가야 한다"(68). 즉 일상의 활동에서 문서가 어떻게 '기록되는지', 그 기능은 무엇이고, 맥락이 달라지면 어떻게 달라지며, 어떤 현상이 생겨날 때 문서가 하는 역할이 무엇인지를 따라가야 한다는 것이다(68). 그러나 이렇게 하면 문서의 사용, 기능, 역할이 일상 세팅 및 일련의 행동과 분리되면서 사람이 사라져 버리는 연구결과물을 산출하게 된다. 문서가 행동을 견인하는 것은 사실이지만, 사람들이 어떻게 그 행동에 연루되는지는 연구의 초점에서 멀어지게 된다.

로드 왓슨(Rod Watson, 1997)은 민속방법론 영역에서 텍스트를 연구하는 방법을 발전시켰는데, 그는 텍스트를 사람들의 일상의 활동들 속에서 작동하는 '활동적' 특성을 갖는 것으로 간주하였다. 그는 연루라는 용어로 텍스트 분석을 제안했는데, 이것은 텍스트가 앞으로 나타나게 될 것에 맞춰서 작동되는 측면을 탐색하는 것이다. 왓슨은 존 리(John Lee)와 함께 거리 현장연구에서 수집한 자료를 분석하면서, 버스를 기다리는 한 무리의 사람들을 관찰했다. 그는 어떤 버스가 다가올 때, 그 버스 번호가 어떻게 사람들을 뒤에 서거나 앞으로 움직이도록 하는지에 주목했다. 버스 번호는 정류장에 있는 사람들을 그 버스 노선을 원하는 그룹과 원하지 않는 그룹으로 분류시켰다. 그는 버스 번호라는 텍스트에 '이중-행동'(*duplex-action*)의 개념을 도입했다.

첫 번째 '단계'는 사람들이 그 표시(들)을 검토하는 것이고, 두 번째 '단계'는 그 표시를 '다음' 행동으로 결합시키는 것이다(93).

왓슨의 관찰과 분석방법은 텍스트가 현실 속에 어떻게 자리하고 있는지를 문화기술지 방법(혹은 민속방법론 방법)으로 탐구한다는 점에서 유용하다. 그러나 이 방법은 텍스트를 매개로 조정되는 초지역적인 차원을 연구할 때는 적용하기 어렵다. 초지역적 차원을 연구할 때는 제도나 지배관계를 문화기술지로 탐구해야 한다. 제도적 관계들은 일상에서 나타난다. 그러나 한 지역을 초월해서 이뤄지는 연관관계는 문화기술지와 민속방법론에서 전통적으로 사용되는 관찰법으로 파악할 수 없다. 텍스트는 대화의 기능을 가지며, 두 가지 수준에서 조정 역할을 한다. 하나는 텍스트가 **발생**하는 행동의 과정을 어떻게 조정하느냐 하는 것이고, 다른 하나는 텍스트 발생의 순간을 넘어서, 시공간적으로 확장되는 사회관계 속에서 텍스트가 현실의 특정한 행동과정을 어떻게 조정하느냐 하는 것이다. 리와 왓슨이 관찰한 버스에 16번이 붙어 있다고 하자. 버스 번호를 버스 노선정보로 읽어내는 것은 그 텍스트 자체를 넘어서 조직화를 전제로 하는 것이다. 왓슨의 분석은 우리에게 현장에서의 읽기 행위와 버스를 기다리는 사람들의 행동을 보여준다. 그러나 그것이 또 다른 종류의 연관관계까지 펼쳐져 있지는 않다. 즉, 버스 번호가 버스 노선에 대한 회사의 계획이나 도시의 배치, 승객의 흐름, 붐비는 시간 등과의 관계 속에서 어떻게 조직화되었는지까지 포괄하지는 못한다. 버스 운전자의 일, 수리공, 정각에 정류장에서 버스를 타야 하는 사람들, 이들 너머에 있는 버스회사의 조직, 사무직 노동자들을 포함한 관리인 등은 어느 한 지점에서의 관찰 수준을 넘어선다.

내가 말하고 싶은 것은, 제도적 문화기술지는 민속방법론과 달리 제도적 맥락 속에서 살아가는 사람들의 일상의 경험을 〈문제틀〉로 설정한다는 것이다. 이와는 달리 리와 왓슨은 단지 관찰하고 있을 뿐인데, 관찰의 목적이 기술하는 것에 있는 경우 그 관찰의 내용은 객관화된다. 이들의 관심은 도시에서 사람들이 무엇을 하는지 관찰하고 기록하는 데 있다. 여기서 기술에 함축되어 있는 입장은 학술적 담론의 입장을 취한다. 즉, 관찰자가 학술적 담론에 참여하고, 이 담론을 위해 관찰 결과가 기술되는 것이다. 그러나 제도적 문화기술지 연구의 문제틀은 이 제도적 관계 안에서의 입장으로부터 나온다. 따라서 제도적 문화기술지는 일상에서 이루어지는 제도적 관계의 차원들을 발견하는 데 관심을 가진다. 1장에서 강조한 바와 같이, 제도적 관계는 본질적으로 텍스트를 매개로 하여 이루어진다. 즉 텍스트는 사람들의 활동이 지역적으로, 또는 제도적으로 조정되는 과정에서 작동한다. 이런 이유로 제도적 문화기술지는 문화기술지라는 전략을 선택할 필요가 있다.

이후에 다룰 주제는 두 가지이다. 첫째는 **텍스트-독자 대화**(*text-reader conversation*)의 개념이다. 앞에서 나는 텍스트가 사람들의 활동과정 속에서 발생한다고 말하였다. **텍스트-독자 대화**는 독자와 텍스트의 비활동성에 독자가 참여하는 것을 가시적으로 보여줌으로써 텍스트 발생의 개념을 확장한다. 독자는 텍스트를 활성화하면서 텍스트의 언어에 관여하고 또한 그것에 반응하게 된다. 이것이 텍스트-독자 대화이다. 두 번째는 **제도적 담론**의 개념인데, 이 개념의 특징을 알아보고 텍스트-독자 대화의 특징을 서술할 것이다.

1. 텍스트-독자 대화

우리는 얼굴을 마주보거나 전화로 얘기할 때 대화 당사자가 한쪽만 있다고 생각하지는 않는다. 또한 대화가 시간과 상관없이 이루어진다고 생각하지도 않는다. 한쪽이 많이 얘기하고, 다른 한쪽은 "응", "아"와 같이 별로 얘기를 하지 않더라도 대화 당사자들 간에 상호교환이 없다고는 생각하지 않는다.

물론, 텍스트들은 쓰이거나 말해진다. 아무도 이것을 부인하지는 않는다. 그러나 텍스트를 읽는 것은 그것을 이해하기 위해서이다. 텍스트성 (*textuality*)은 독자들이 텍스트에 반응하는 장면을 말한다. 텍스트는 수동적이고 침묵하며 독자의 활동을 필요로 하기 때문에, 만일 우리가 텍스트의 중심에 독자를 위치시키면 텍스트의 의미를 불어넣고 텍스트를 삶속으로 가지고 오게 된다(McGann, 1993: 4).

텍스트 읽기는 대화의 특별한 형태인데, 독자는 여기서 두 가지 역할을 한다.[1] 하나는 텍스트를 '활성화'하는 것 — 물론 이는 텍스트를 만든 사람이 의도한 대로 되는 것은 아니다 — 이고(McCoy, 1995), 다른 하나는 어떤 방식으로든 텍스트에 반응하거나 응하는 것이다. 독자가 텍스트를 활성화한다는 것은 텍스트의 메시지를 일상세계나 일련의 행동에 끌어넣는 것이다. 주목할 점은, 텍스트를 활성화한다는 개념은 왓슨이 언급한 읽기의 '모니터링' 단계와는 다르다는 것이다. 왓슨에게 텍스트는 항상 독자 밖에 있다. 그러나 텍스트-독자 대화의 개념은 텍스트를 활성화하는 독자 안에서 텍스트가 활동하게 한다. 또한 텍스트를

---

1 제도적 문화기술지가 관심을 갖는 텍스트적 현상의 대부분은 글로 쓰인 것들이다. 여기에는 인쇄되거나 컴퓨터상에 있는 텍스트들이 포함된다. 그래서 읽기가 중요하다. 그러나 텍스트-독자 대화의 개념은 이미지를 포함해서 다른 종류의 텍스트들에도 적용가능하다. 예를 들어, 사진 텍스트를 활용한 리자 맥코이의 연구(McCoy, 1995)를 참조하시오.

사람들이 일하는 일상의 실제 안에 단단히 묶어둔다.

제도적 세팅에서 텍스트-독자 대화는 제도적 담론이 사람들의 일상 활동을 어떻게 규제하는가를 볼 때 반드시 고려해야 하는 요소이다. 텍스트-독자 대화를 탐구하려면 텍스트-독자 대화를 〈실제〉가 제도로 변환되는 과정으로 보거나(이에 대해서는 9장을 참조), 아니면 거꾸로 제도적 담론이 일상경험의 특수성을 '제도적'인 것에 포섭하거나 '제도적'인 것으로 만드는 독특한 방식으로 보아야 한다. 후자는 이 장의 후반부에서 보여줄 것들의 핵심이다.

텍스트-독자 대화는 활동성을 갖지만, 아무리 여러 번 읽어도 텍스트가 똑같이 남아 있다는 점에서 대화와 다르다. 말로 하는 대화는 화자가 다른 이에게 대답하는 것에 따라 그 형태가 달라진다. 반면, 텍스트-독자 대화는 한쪽이 고정되고 미리 결정되어 있으며, 오랜 기간 읽는다고 해도 바뀌지 않는다. 독자의 읽기는 바뀔 수 있지만, 텍스트는 그대로 남아 있다. 텍스트-독자 대화의 한'쪽'은 고정되어 있고 다른 쪽에게 반응하지 않는다. 그러나 텍스트-독자 대화의 다른 쪽은 텍스트를 상대하고, 텍스트의 목소리 — 심지어, '행위자'(D. E. Smith, 1990b, 1999d) — 가 되기도 하고 동시에 텍스트에 응답하고, 해석하고, 그것에 의해 행동한다.

대부분은 그렇지 않지만, 많은 텍스트-독자 대화들은 관찰될 수 없다. 왓슨의 버스정류장 관찰은 실제 사람들이 텍스트를 읽는 것에 대한 관찰은 아니다. 오히려 관찰자의 방식으로 사람들이 반응하는 텍스트에 대한 관찰이었다. 버스 번호를 읽는 작업은 생략되었다.[2] 오래전에 나는 익명의 어떤 책 초고를 검토한 적이 있었는데, 버스 번호들을 읽는 작업이 눈에 보이도록 만든 책이었다. 그것은 문맹인 사람들이 어떻게 일상생활을 해나가는가에 대한 문화기술지였는데, 그들이 일상적으로 부딪히는 문제 중 하나가 버스 번호를 읽는 것이었다. 그들은 **문맹**으로 낙인찍히지 않으려고 자신이 읽지 못한다는 것을 밝히지 않은 채 다른 사람들이 그들에게 번호를 읽어주게 하는 독창적인 방법들을 사용했다. 다른 사람이 번호를 읽어주는 것을 관찰할 수 있었던 것은 그가 큰 소리로 읽고 있었기 때문이다. 이 연구에는 제3자가 개입되어 있기 때문에 텍스트-독자 대화의 복잡성을 관찰할 수 있었다. 우리는 텍스트-독자 대화들의 흔적들을 발견할 수 있다. 예를 들어, 도서관 책들을 보면 밑줄 등으로 강조하거나 페이지 구석에 설명을 적어놓은 것이 있는데, 그것은 텍스트와 독자가 대화한 흔적을 이후의 독자들에게 남겨둔 것이다. 또 다른 예는, 극소수이긴 하지만, 사회학자들이 자신의 텍스트-독자 대화를 관찰하는 것이다. 우리가 앞 장에서 보았듯이, 맥홀 (McHoul, 1982)은 자신이 신문 기사를 읽는 것에 대한 문화기술지를 제시했는데, 이는 읽기의 실제 과정을 면밀히 따라가보는 연구였다. 예전에 나는 정신적으로 병들어가는 사람을 묘사한 인터뷰 텍스트를 읽는 과정을 분석할 때 약간 다른 접근법을 택했는데, 텍스트 읽는 방식을 제시한 지침을 내가 어떻게 따르고 있는지를 보여주었다(D. E. Smith, 1990d). 리자 맥코이(Liza McCoy, 1995)는 결혼사진 텍스트가 활성화되는 과정을 연구했다. 세 사람이 모여서 한 명의 결혼사진에 대

---

2 이것의 부분적 이유는 민속방법론적 관례가 제도적 문화기술지 연구자들의 경험적 지식의 직접적 도입을 가로막기 때문이다.

해 얘기하게 했고, 텍스트-독자 대화를 관찰할 수 있는 방법을 창안했다. 맥코이는 그 대화를 제안하긴 했지만, 대화를 통제하지는 않았다. 그녀는 사진이 가진 특성이 세 사람 사이에서 이뤄진 대화를 어떻게 조직화하는지 보여주었다. 그녀는 읽기활동을 묘사했는데, 거기에서 그들은 그들 중 한 사람의 결혼이 재현된 사진에 반응하고 활성화하고 있었다. 결혼을 이상적으로 바라보는 것이 실제 예식의 사건들과 대응되면서 "점검되었다"(D. E. Smith, 1990a). 신부는 결혼식이라는 본 예식을 구성하는 세부사항들의 중심이다. 예를 들어, 사진에는 웨딩케이크를 자르는 장면이 있지만, 신부에 따라서는 카메라 앞에서 포즈를 취할 뿐 실제로 신랑과 함께 케이크를 자르지는 않는다.

그 대화에서, 사진 텍스트는 대화하는 세 사람 앞에 있는 시각적 존재이다. 그들의 이야기에서 사진 텍스트는 직접 대화에서 언급되는 것을 넘어서 사건과 관련해서 다뤄진다. 이렇게 사건과 관련지어서 사진을 읽는 과정이 사실적 이야기를 읽을 때 나타나는 특징이다. 독자는 본질적으로 텍스트 그 자체를 다루지는 않는다. 오히려 독자는 실제로 일어났거나 그곳에 존재했던 것을 연결할 수 있는 매체로 텍스트를 다룬다(D. E. Smith, 1990a). 때로는 실제 사건들이 이런 텍스트 안의 표현들과 반대일 수 있다. 예를 들어, 신부가 신부 들러리의 드레스 색깔을 보고, "불행하게도 사진에서 그것〔드레스 색깔〕은 검정으로 보여"라고 말한다. 텍스트-독자 대화의 예에서, 우리는 다음의 특징들을 발견할 수 있다.

1. 누구에게나 '똑같은' 텍스트는 화자가 남들과 같은 이미지를 보고

있다는 것을 말해준다.

2. 사진 텍스트가 활성화되면, 독자들이 텍스트를 그들 중 한 명의 결혼에 대한 표현으로 인식한다.

3. 이 예에서 텍스트-독자 대화는 계속 진행되는 상황 속의 활동으로 보인다.

4. 텍스트-독자 대화에서 해석적 측면은 텍스트의 단어나 이미지들을 상황과 연속된 행동들로 표현한다.

5. 독자들은 사실적이거나 사실과 합치하는 텍스트에 해석적 절차를 적용한다. 즉, 텍스트에 표현된 것이 맞는지 검토하기 위해 현실의 실제 모습과 비교해서 텍스트를 '점검한다'.

텍스트는 분명히 독자들에게 반응해서 변화하지 않으며 어떤 독자에게나 똑같이 보인다. 줄리아 크리스테바(Julia Kristeva, 1986) 같은 이론가들은 텍스트는 독자 안에 있는 존재이고 그래서 어떤 분석가도 자신의 해석이 진실이라고 주장할 만한 결정적인 텍스트는 없다고 보았다. 텍스트-독자 대화의 개념을 도입하면 이런 종류의 어려움은 사라진다. 물론 주어진 텍스트는 다른 시간에, 다른 사람들에 의해, 다른 행동들 안에서 다르게 읽힐 수 있다. 실제로 어떤 텍스트가 다르게 해석되거나 읽힌다는 것은 텍스트의 항구성을 전제로 한 것이다. 즉, 동일한 텍스트가 다르게 해석되는 것이다.

텍스트의 항구성은 조직과 제도 안에서 텍스트가 어떤 역할을 하는지 이해하는 데 꼭 필요하다(D. E. Smith, 2001a). 실제로, 제도적 텍스트는 행동의 세팅이 달라지면 다르게 읽힌다. 또한 텍스트의 항구성은 다양한 일상의 장들을 아울러서 사람들의 일을 표준화하는 데 핵심적인 역할을 한다. 누가 그 텍스트를 읽던지 간에 표준화된 어휘, 주체-객체의 구조, 실체, 주체들, 그리고 주체들 간의 상호관계 등을 보여주기 때문이다. 제도적 텍스트는 모든 독자들에게 똑같이 제시된다. 그것은 독자들이 대화하거나 텍스트와 관련한 상황들을 조정할 때, 그 사이에서 담론을 효과적으로 통제한다. 물론 독자들 중에는 다른 말하기 장르를 사용하거나 제도적 텍스트에 저항하는 사람이 있을 수 있으나, 이 경우에도 표준화는 여전히 작동한다.

1) 텍스트-독자 대화에서 읽기의 과정

텍스트를 활성화하는 것은 바로 독자이다. 텍스트가 쓰일 때, 그는 텍스트의 행위자 역할을 맡는다. 독자는 대화라는 사회적 행위 속에서 예상하고, 인식하고, 일관성을 유지하는 과정을 거치면서 현실에 기반한 어떤 태도를 취한다. 독자들이 텍스트를 활성화하는 방법을 살펴보기 위해 미드의 분석으로 돌아가보자(1962). 독자가 자신이 알고 있는 단어들과 연관된 반응들을 불러일으키지 못한다면 텍스트가 의미하는 것을 알 수 없다. 이런 반응들은 그 자신의 것이 된다. 미드가 사용한 예들과 그의 생각은 대부분 얼굴을 마주하고 이뤄지는 관계나 구어를 기반으로 한다. 이런 관점에서 보면, 문어도 구어의 상징적 조직화와 다르지 않다. 읽기에서, 텍스트를 활성화할 때, 독자의 의식은 텍스트의 단어들과 조응한다. 물론 활성화는 종종 선택적으로 이뤄진다. 실제 대화와 텍스트-독자 대화의 차이점은 이들 대화가 어떻게 사회적 행위 안에 삽입되는가에 있다. 실제 대화는 시간이 흘러가면서 진행되는 과정의 일부분이고, 그 과정 안에 깊이 묻혀서, 그 과정에 반응하고, 대화의 방향을 통제한다. 텍스트에서, 텍스트-독자 대화를 구성하는 읽기는 그 자체로 사회적 행위이다. 그 행위는 진행되는 다양한 역사적 과정의 통합된 부분에 개입하고, 그런 통합을 형성하기도 한다.

그러나 텍스트-독자 대화 안에서 텍스트는 상당히 통제적인 역할을 한다. 텍스트가 통제적 역할을 할 때는 단어들과 문장들이 독자의 반응을 활성화할 때이다. 이때 독자는 어떤 의미에서 텍스트의 행위자가 된다. 예를 들어, 친구가 정신적으로 앓아간다는 것을 발견한 여성의 경험을 묘사한 인터뷰에서, 연구 텍스트는 그 발견을 주제로 잡고 시작한다(D. E. Smith, 1990d). 연구 텍스트의 도입부에, 누군가가 정신적으로 아프다는 것을 발견했는데, 이 발견은 그 텍스트의 뒷부분을 읽을 때 지침으로 설정된다. 이런 지침을 따라 읽어가면서, 독자는 텍스트의 행위자가 된다. 이 지침들을 가지고, 나는 그녀의 행동에 대해 정신병의 징후나 정신병이 진행되는 과정을 어떻게 텍스트에서 묘사하고 있는지 탐색하면서 읽어나갔다.

또 다른 유사한 예로, 나는 텍스트가 설정해놓은 반응을 따라가면서 텍스트의 행위자가 되는 경험을 했다.

나는 발 맥더미드(Val McDermid, 2002)의 미스터리 소설을 읽으며 동시에 미케 발(Mieke Bal)의 《서사란 무엇인가》(Narratology, 1997)의 한 단락을 읽고 있었다. 미케 발은 자신의 저작에서 이블린 폭스 켈러(Evelyn Fox Keller)가 어떻게 '비밀'의 개념을 활용해서, 자연과학 내에서 전통적인 성역할의 질서를 연구했는지 분석했다.3 두 가지 책을 함께 읽으면서, 나는 발의 분석에 초점을 두고, 맥더미드의 소설을 읽을 때 '비밀'의 개념이 어떻게 작동하는지 추적하기 시작했다. 비밀이라는 단어가 도입되는 단락은 다음과 같이 요약할 수 있다: 바지선 선장의 할아버지는 그 배 근처에서 익사체로 발견되었다. 그 바지선 선장에게는 비밀이 있었다. 비밀이라는 용어는 일련의 지시문으로 작동하는데, 비밀이라는 개념에 맞아 떨어지는 세부항목들을 독자가 발견하도록 한

---

3 여기에 발(Bal, 1997)의 그 단락이 있다.

> 나는 '비밀'이라는 단어에 있는 은유에 초점을 맞추고자 한다. '비밀'은 너무 흔하고 평범하게 들린다. '삶'이나 '자연'과 결합된 '비밀'이라는 단어는 실제로 꽤 일반적인 것이 되었지만, 그 단어는 여기서 다른 것을 위한 대체물이다. 그것은 단일한 용어가 아니라, 내러티브라는 것이 나의 주장이다. 반대 접두어를 제시함으로써, 알려지지 않은 것이 알려질 수 있다. 앎의 주체는 연구자이다. 비밀이 무엇인지는 또한 알려질 수 있다. 그러나 여기서, 주체는 연구자가 아니다. '비밀' 세계는 행동, 즉 억제하는 주체를 함축한다. 비밀이 있다면, 누군가는 그것을 지키고 있다. 이것은 젠더화된 언어의 그물망 안에 꼭 맞고, 거기서 본질과 삶은 여성화된다. 그리고 이 텍스트는 함축적으로 비밀 엄수가 희미의 행위가 되는 이야기를 말한다. 모르는 사람들을 위한 은유로서 '비밀'은 비밀을 알고자 하는 연구자와 그것을 저지하려는 '여성'의 두 주체 사이에서 저항을 만든다. 프랜시스 베이컨(Francis Bacon)의 잘 알려진 은유가 보여주듯이, 그녀의 비밀을 그녀에게서 떼어내어 왜곡시킴으로써 저항의 본질이 적대감으로 쉽게 바뀌어버린다. 그러나 익명의 사람들을 성별화함으로써 완전히 다른 본질을 가진 비밀이라는 단어의 부차적인 면이 부각된다. 비밀이 밝혀지는 데는 과정이 있다. 그 과정에 포함된 일련의 사건들은 이야기로 간주될 수 있다. 그 내러티브는 그 은유의 사용자이자 나레이터인 남성 과학자에 의해 말해진다. 그 내레이션은 주체로부터 나온다는 의미에서 주관적이다. 비밀이라는 단어는 미지의 주체의 관점에서의 내러티브를 말해준다. 여기서 미지의 주체는 그것을 지식의 결핍으로 인해 배제되었다고 느끼면서 내부자, 즉 앎의 주체이자 저지하려는 주체가 한 행동으로 경험한다. 미지의 주체는 내레이터의 반대편에 있다(35).

다. 이것은 내가 앞에서 언급한 정신병을 앓게 되는 사람에 관한 연구 인터뷰를 읽을 때 나를 어떤 방향으로 안내하는 것과 매우 유사했다(D. E. Smith, 1990d). 즉, 나는 무엇을 찾아야 하는지 알고 있었다. 맥더미드는 **비밀**이라는 개념에 맞는 시퀀스를 다음과 같이 제시한다.

1. 바지선 선장은 "노인이 저지른 사건에서 해방됐다는 것을 결코 잊지 않았다"(32). 그 노인은 바로 그를 키웠고 학대해온 그의 할아버지였다.
2. 선원들은 "아침까지〔노인의 죽음〕에 대해 알지〔못했다〕"(32). "그 노인"이 아침에 나타나지 않자 선원들은 그를 찾아 나섰다.
3. 선장은 평소처럼 일하러 나왔고 그가 할아버지를 죽인 사실을 숨긴다.
4. 선원들은 "보트와 선창의 말뚝 사이에" 낀 "노인의" 시체를 찾는다 (33). "그 노인은 너무 많이 마셨기 때문에 선창에 바지선을 묶어 놓은 밧줄들 중 하나에 발이 걸려 넘어졌다"고 사람들은 추측한다 (33).
5. 이 공식적인 발견은 사고사로 결론이 난다. "한동안 아무도 의심하지 않았다"(33).

이것은 얼굴을 마주보고 하는 대화는 아니다. 화자도 없고, 청자도 없다. 독자는 텍스트를 활성화하고 '작동시키는' 두 가지 역할을 한다. 우리는 **비밀**이라는 단어를 활성화해서 사회 속에서 통용되는 문법으로 그것을 묘사한다. 독자는 그 개념을 채택하고 '작동시킨다'. 예를 들어,

나는 다음날 아침까지 노인의 죽음에 대해 알지 못했던 것은 오직 선원들뿐이라는 것에 주목한다. '비밀'의 개념은 독자들에게 관련된 요소들을 집어내게 하고, 또한 비밀을 아는 자와 그렇지 않은 자들 사이의 차이점을 배열하고 정렬하게 한다. 나의 텍스트와 맥더미드 소설의 항목들을 읽으면서, 당신도 역시 그 항목들을 조직화하는 지침들 속에서 비밀이라는 용어를 사용하면서 읽을 것이다. 그래서 읽기의 과정은 텍스트에서 주어진 것들을 독자가 이리저리 조합하면서 진행된다. 독자는 선장이 비밀을 가지고 있고 그래서 다른 사람이 모르는 것을 마치 알고 있는 것처럼 보인다는 얘기를 듣는다. 바지선 선장이 그의 할아버지를 싫어했다는 것이 단서가 된다. 계속 읽어가면서, 독자는 비밀을 모르는 이들이 바지선의 선원이라는 것을 알게 된다. 바로 이 부분에서 독자들은 숨겨 있던 사실이 무엇이고, 밝혀지길 기다리는 것이 무엇인지 알게 된다. 즉, 바지선 선장이 그의 할아버지를 죽였다는 것. 기다린다는 것은 비밀이라는 용어를 사용할 때 도입돼야 하는 태도이다. 본래 무엇인가를 기대하는 이야기 구조는 그 단락에서 긴장을 창출하고, 이것은 밝혀져야 할 것을 '찾아보게 하는' 효과를 낳는다. 독자는 바지선 선장이 그의 할아버지를 싫어했다는 것을 알게 되고 할아버지는 실종된다. … 기타 등. 물론 이 긴장은 작가가 비밀이 조금씩 밝혀지도록 시퀀스를 구성하면서 '비밀'의 문법을 배치하는 기술이다. '비밀' 개념을 행위의 과정으로 이해한다면, 독자는 그 문법 안에 틀어박힌 항목들을 향해 나아가게 된다. 비밀에는 내부자와 외부자가 있다. 대립의 구조는 아는 사람들과 배제된 사람들 사이에서 창출된다. 그리고 선장의 비밀을 아는 관음증적인 독자들의 위치는 이 모든 것의 위에 있다.

이런 구성은 대화든 텍스트든 간에 상호작용의 시퀀스 안에서 찾아볼 수 있다. 어린 아이들은 초등학교 교실에서 유대와 배제를 조직화하는 '비밀'의 문법을 사용한다. 이런 연속적인 작동이 항상 같은 것은 아니지만, 그것의 문법은, '비밀'이 어떻게 의미지어지는가에 달려 있다. 상호관계를 **통제**하거나 조직화하는 집단들 사이에서, 또한 텍스트와 독자의 관계에서도, '반응'의 역동성에 대한 미드의 의미를 사용할 수 있다. 일단 **비밀**이라는 용어가 제기되면, 뒤에 따라오는 것은 그 용어와 관련된 문법에 의해 조직화된다. 혹은 그 용어의 앞부분의 시퀀스는 동일한 문법적 형식이 '요구된다'. 독자는 주인공이 뭔가를 숨기고 있다는 것을 발견하고 이를 알고자 하지만, 독자가 아는 것을 모르는 이들이 존재하게 된다.

어떤 점에서, 텍스트를 활성화함으로써 행위자가 되는 과정은 불가피하다. 여기서 그 단어의 의미를 안다는 것은 아주 본질적이다. 물론 단어의 의미를 안다는 것이 단어에 동의한다거나 그 동의가 자동적으로 이루어진다는 뜻은 아니다. 이는 텍스트가 닮지하는 어젠다에 대한 저항이나 부인, 반대, 거절도 작동하고 있음을 의미한다.

2. 제도적 담론에 대한 텍스트-독자 대화

제도적 담론은 사람들이 행하는 일을 조정하는 데 있어 핵심 요소이다. 사람들이 하는 일에는 지배관계 안에 묻힌 제도의 복합성이 일상생활처럼 존재한다. 여기서 나는 제도적 담론의 기초가 되는 텍스트-독자 대화가 독특한 절차를 포함하고 있다는 것을 제시하고자 한다. 아래에 제시되는 것들은 모든 다른 경험적 예시처럼 관찰을 기반으로 한 것이다. 나는 제도적 텍스트-독자 대화가 어떻게 진행되는지에 대한 일반적 개념을 제시할 것인데, 이는 앞으로 더 심화된 관찰과 질문을 통해 정교화되어야 할 것이다.

4장에서 우리는 어떤 대상에 이름을 부여하는 예, 즉 일상의 경험을 언어로 지시하는 바로 그 순간의 경험과 언어가 일체화되는 예를 보았다. 앤 설리번은 펌프에서 물을 튀기면서, 'WATER'란 글자를 헬렌 켈러의 손바닥에 쓴다. 일반적인 철학자나 언어학자와 마찬가지로 미드의 용어들도 일상에서 만나는 대상들이다 ― '개들', '탁자들' 등이 그 예이다. 그러나 제도적 담론은 이런 단어와 경험 사이의 일체화를 사라지게 한다.

재닛 길트로우(Janet Giltrow, 1998)는 관리담론을 연구하면서 다음과 같은 독특한 특성을 발견했다. 그녀는 (주류사회학에서와 마찬가지로) 제도적 담론 안에서도 명명화(*nominalizations*) **4**가 우세하다는 것을 알았다. 그래서 그녀는 할리데이와 제임스 마틴(James Martin, 1993)이 제시한 예를 쫓아 그들에 대해 '풀기'(*unpacking*) 작업을 하였다. 그 결과 많은 명명화가 행위를 가리키는 동사로부터 나온다는 것을 알게 되었다. 명명화하는 것은 주체/행위자의 존재를 은폐시켰다. 어떤 일들이 행해지지만, 그 일을 하는 주체는 보이지 않는 것이다. '풀기'는 이

---

4 또한 리처드 다빌이 그가 **조직적 텍스트들**(*organizational texts*)이라고 부르는 것에 대해 설명한 것을 참조하시오(Darville, 1995: 256).

런 명사류들을 활동적인 동사의 형태로 풀어내는 것이다. 누가 혹은 무엇인가가 그 어떤 것을 하거나 할 것이라고 가정하는 것이다. 할리데이는 과학적 명명화를 어떻게 풀 수 있는지 보여준다. 그는 아이작 뉴턴(Issac Newton)의 저작을 예로 사용한다. 뉴턴은 '굴절성'이라는 명사를 사용하기도 하지만 '빛은 굴절된다'에서처럼 그것을 풀어서 사용하기도 한다(Halliday and Martin, 1993: 7).5 길트로우(Giltrow, 1998)는 관리담론의 명명화에 이 방법을 적용하면서 이 문제에 뛰어들었다.

할리데이와 마틴의 '풀기'를 모델로 해서, 나는 관리에 대한 연구들에 사용된 명사들을 검토했다. 그 과정에서 내가 기대한 것은 명사구의 복잡성

---

5 나는 할리데이의 저작을 읽고서 어휘적 활용보다는 과학적 명명화를 통해 더 많은 것을 추적할 수 있음을 제시하고자 한다.

M. A. K. 할리데이(Halliday and Martin, 1993: 7)는 아이작 뉴턴의 과학적 글쓰기 안에서 다음을 확인하였다. 즉, '빛이 굴절되었다' 같은 활동적인 동사 형태로 진술하는 것으로부터 그에 상응하는 명사화된 용어인 '굴절성'까지 가는 텍스트의 절차를 확인하였다. 빛이 굴절되는 그 과정은 '실체'로 재구성된다. 일단 재구성된 실체는 뉴턴이 고려하는 과정이나 사건의 관계 속에서 인과적으로 활발하게 다루어질 수 있다.
할리데이는 뉴턴의 명명화를 매우 어휘적인 혁신으로 간주했다(그와 마틴은 사회과학적 명명화를 중요한 것으로 보았다). 그는 뉴턴의 실험작업에 대해 언급한 것도 아니고, 조건을 만들어내는 것이 중요하다고 언급한 것도 아니다. 여기서 조건은 관찰에 기반한 진술을 명사 형태로 대체하는 것이다. 이런 전환은 뉴턴의 능력에 근거한다. 나는 뉴턴이 과정을 분리하고, 그것을 재창조하고, 다시 그것을 관찰하고 그것을 똑같은 것으로 인식하는 기술력에 근거하고 있다고 제시하였다(D. E. Smith, 2001b).

과 원어들 속에서 과학적 명사로 보이는 일종의 학문적 흔적을 발견하는 것이었다. 과학적 명사들은 세상에 대한 특정 경험을 표현해주고, 특정 사고를 가능하게 해주는데, 과연 관리연구들에서 사용된 명사들은 과학적 명사들이라고 할 수 있는가? 아니면 그들은 할리데이가 주장한 것처럼 과학적 명사들이라고 할 수 없는가? (341)

결국에 그녀가 발견한 것은 관리담론에 대한 명명화가 애매모호하다는 것이다. 즉 "행위자가 반복해서 사라진다"는 것이다(341). 행위자의 부재는 관련된 사람을 확인할 수 없게 만들었을 뿐 아니라 풀려진 명명화의 여러 다른 부분들에 걸쳐서 행위자가 연속성이 있는지도 확인되지 않았다. 명명화가 풀리고 나면 행위자가 반드시 같은 사람도 아니었다. 예를 들어, "제도적 조직화의 창조와 활용"(341)이라는 문구 기저에 작동하는 진술이 무엇인지 풀어보자. 행위자를 볼 수 있도록 표시해보면, 활동하는 개인, w, 는 창조하고, 또 다른 x, 는 활용한다. 혹은 w 가 창조하지만 다른 e, 가 활용한다. 그러나 여기에도 근본적인 모호성은 남아 있다. 즉 "우리는 행위의 고리와 연결되어 있는 것이 한 명의 행위자인지 아니면 여러 행위자들인지 확인할 수 없었다. w, x, 그리고 y가 모두 같은 실체인가 아니면 다른 것인가?"(341~342).

길트로우의 분석은 제도적 담론이 연속적으로 이루어지는 텍스트-독자 대화에 작용할 때 문제가 있다는 것을 알려준다. 제도적 텍스트를 읽는 독자는 담론의 명명화만을 만나는 게 아니다. 독자는 개인으로 구체화되지 않은 채 사건이나 사람들을 범주로 만나게 된다. 따라서 독자는 주어진 제도적 텍스트에서 그것이 무엇을 지칭하는지 알 수 없다.

엄격히 보면, 그것은 아무런 설명도 해주지 않는다. 그러나 마치 설명을 해주는 것처럼 보인다.

구체적 내용을 지시하지 않는 명사들이 있다 — 예를 들어, 것(*thing*), 사실(*fact*), 경우(*case*), 이유(*reason*) 등이 그러하다(Schmid, 2000). 슈미드는 그들을 '껍질들'이라고 부른다. 그들은 혼자서는 의미가 없고, 보통 바로 뒤따라오거나 같은 문장의 일부분인 절을 통해서 그 실체를 채운다 — "내가 저녁에 늦은 이유는 차의 기름이 떨어졌기 때문이야", 여기서 이유가 껍질 용어이다. 일반적으로 언어학자들은 텍스트의 정지 상태에 매달리고 독자들은 보통 이런 분석6에서 빠져 있다. 문구들 사이의 시퀀스를 인지하긴 하지만 그것은 텍스트 내부에서 일어나는 것이고 읽는 순간에 발생하지는 않는다. 언어적 처리는 물론 매우 기술적이다. 이런 맥락에서 나는 제도적 담론에 대한 텍스트-독자 대화 안에 껍질처럼 기능하는 단어나 발언들의 개념을 다루고자 한다. 그 발언들은 '간극'(Schmid, 2000)을 담고 있는데, 독자는 여기에 자신의 일과 관련된 일상의 〈실제들〉속에서 실체(*substance*)를 추출해서 발언 안의 개념들을 채워 넣어야 하는 것이다. 이것은 제도적 담론에 대한 텍스트-독자 대화의 작업을 위한 모델이 될 수 있다. 길트로우의 발견(Giltrow, 1998)은 제도적 행위의 시퀀스들 속에서 텍스트-독자 대화가 사람들의 〈일〉과 관련한 일상의 〈실제〉에 대한 개념적 윤곽을 어떻게 추적할 수 있는지 제시한다. 제도적 담론은 누군가가 행한 것으로 어떻게 전환될 수 있는가? 제도들은 일상의 실제 속에서 발생한다. 사람들은 매일

---

6 윈터의 분석(Winter, 1992)에서 보면 대화적 과정의 흔적들이 있다.

의 활동 과정 안에서 그것들을 생산한다. 표준화와 일반화를 수행하는 텍스트는 제도와 관련한 의미들에 얼마나 중요한가? 제도적 담론의 껍질은 어떻게 채워지는가?

해럴드 가핑클(Garfinkel, 1967)은 자살방지센터 직원이나 배심원의 일상적인 일, 그리고 정신병원 자료를 사회학적으로 부호화하는 일상적인 일에 대해 논의하였다. 그의 이러한 논의는 우리에게 직접적 지시체로 표현된 것을 다른 방식으로 설명하는 방법을 제시해주었다. 이들 기관의 직원들은 "사람이 사회 안에서 어떻게 죽는지, 어떤 기준으로 정신과 치료를 받을 환자를 선별하는지, 혹은 여러 가지 평결 중에 어떤 것이 옳은지를 … 단편적 조각들 속에서 무엇인가를 분명하게 판별해주는 협력적 일에 관여하는 사람들"이다(10). 가핑클에 따르면, 사회적 활동들은 사회의 규범이나 규칙을 따른 결과이다. 그는 이런 사회적 활동들을 '유형성', '전형성', '반복성'으로 다루는 패러다임을 거부했다. 그는 규칙이 곧바로 행동으로 이어진다고 보지 않았다. 그는 오히려 사회적 활동에 참여하는 사람들이 합리적이고 객관적인 것으로 인식될 수 있는 것을 목표로 행동한다고 제시하였다. 이들 세팅에서 일하는 사람들은 합리성을 추구하기 때문에, 이들의 활동을 직접적인 특성으로 다루어서는 안 된다. 그보다는 "사람들이 상식상 합리적인 것으로 인식하는 것은 어느 정도 사회구성원들 사이의 조정된 활동들로 다루어져야 한다"(10).

우리는 흔히 제도적 담론이 행동을 규정한다기보다는, 사람들의 행위를 제도적으로 설명할 수 있는 용어를 제공한다고 여긴다. 제도적 담론은 제도적 범주와는 달리, 행위자와 주체의 존재를 대체하고 억압한다. 제도적 담론은 행위자가 가진 관점을 보이지 않게 하고, 일상의 생생한 경험7이 가진 독특함을 포섭해버린다. 바로 이 점이 제도적 텍스트-독자 대화의 고유한 특성을 구성할 수 있는 시발점이다. 어쨌든 제도적 담론의 텍스트-독자 대화에는 〈실제〉를 제도적 담론의 예시나 표현으로 다루는 과정이 포함되어 있다.

　제도적 텍스트-독자 대화의 이런 속성이 일상에서 어떻게 실행되는지 보여주는 나의 경험을 얘기해보겠다. 나는 두 개의 텍스트를 분석하였다. 그 텍스트는 1960년대 후반 캘리포니아 버클리에서 거리 사람들과 경찰 간에 벌어진 충돌을 묘사한 것이었다(D. E. Smith, 1990d). 하나는 그 사건을 목격한 사람의 관점에서 서술된 것이고, 다른 하나는 경찰서장이 쓴 사건 보고서로, 일반 대중에게 공표된 버클리 시장의 보고서 안에 포함되어 있던 것이다. 나는 읽기의 경험을 끌어오기 위해 내가 텍스트-독자 대화에 동참하였음을 강조하고 싶다. 내가 처음 텍스트를 읽었을 때, 두 텍스트의 이야기는 매우 달랐다. 첫 번째 텍스트는 충돌은 경찰에 의해 일어났다고 지적하였고, 두 번째 텍스트에서는 그것을 반박하였다. 나는 제시한 대로, 두 개의 다른 사실에 관한 이야기로 그 텍스트들을 읽기 시작했다. 그러나 더 자세히 읽어보자, 그 이야기들은 사실상 처음 읽었을 때만큼 다르게 보이지는 않았지만 여전히 모순점이 있었다.

---

7 조직적 담론의 '행위자 없음'이란 특징에 대해서는 다빌(Darville, 1995: 256)을 다시 보시오.

결국, 나는 두 텍스트가 순차적으로 작성되었다는 것을 알았다. 첫 번째 텍스트는 경찰의 부적절한 행동을 고발하는 진술로서 현장에 있던 사람들 중 한 명의 시각에서 나온 것이고, 두 번째 텍스트는 이에 대한 공식적인 답변이었다. 그 사건에 대한 공식적인 버전은 더 광범위한 자료의 일부분으로, 이 연속된 텍스트 읽기에 어떤 '지침'을 제공해준다. 나는 **지침**이라는 단어를 사용해서, 텍스트의 도입부에서 이 글을 읽는 방법에 대해 일종의 안내를 하고 있음을 말하고자 한다. 텍스트-독자 대화에서 우리가 읽기를 과정이나 연속성으로 생각했다는 점을 상기해보자. 나는 앞에서 "정신적으로 앓게 되어"가는 구절에 대한 분석을 서술했는데(D. E. Smith, 1990d), 이 구절은 독자에게 젊은 여성의 행동에 대한 여러 가지 서술이 정신병의 예시와 증거로 채택되는 데 지침으로 작동하고 있었다. 나는 '비밀'의 개념이 맥더미드의 미스터리 소설의 한 단락을 읽을 때 어떤 지침을 주는지 보여주었다. 버클리 사건의 경우, 처음 두 텍스트를 읽었을 때 나는 공식적 해명이 제시한 지침에 관심을 두지 않았다, 그러나 내가 그 지침에 관심을 두자, 공식적 해명이 제시한 지침에 따라 첫 번째 텍스트를 다시 읽어가면서 두 번째 이야기인 제도적 텍스트의 행위자가 되고 있음을 알았다. 다음은 공식적인 설명에 해당되는 지시문이다.

즉흥적이고 간추린 뉴스들이 범람하는 시대에는 분명히 어떤 위기의 요체들이 있다. 대중들이 뉴스에 더 까다로워져 있다든가, 젊은이들이 결론을 끌어내기 전에 전체 이야기를 이해하도록 교육 받았다든가, 자유로운 사회분위기에서는 법 집행이 더욱 어렵다는 인식이 그것이다(D. E. Smith,

1990d: 158에서 인용).

'까다롭지 않은' 독자는 본래의 '대안적 언론의' 보도를 그대로 받아들인다. 그러나 까다로운 독자들은 다르다. 그는 '전체 이야기'를 탐색하고 전체 이야기의 의미를 찾으며, 두 가지 이야기를 연속된 것으로 읽는다. 공식적인 버전은 목격자에 의해 작성된 이야기를 대체하거나 혹은 더 강력하게 **포섭하고8** 있다. 첫 번째 이야기는 작가가 목격한 사건을 기술하고 있는데, 이것은 경찰 쪽에서 봤을 때는 지독히도 부적절한 행동의 증거로 보인다. 반면, 두 번째 이야기는 이런 서술을 재구조화하는데, 경찰의 행동은 적절한 임무수행이었고 목격자가 이를 잘못 해석한 것으로 읽히도록 기술하였다.

일단 제도적 버전의 틀 거리를 읽기 방법으로 채택하자, 나는 원본에서 묘사된 사건이 어떻게 경찰이 적절한 임무수행을 한 것으로 제도적 틀에 맞게 재편성되었는지 볼 수 있었다. 원 목격자에 의해 기술된 이야기의 일부분은 이렇게 되어 있다.

나는 코디(Cody)의 반대편 헤이스트(Haste)와 텔레그래프(Telegraph)의 코너 아래에 그냥 서 있었는데, 16살에서 17살쯤 된 소년이 헤이스트까지 걸어와서 두 경찰 앞을 지나치는 것을 보았다.

---

8 다빌(Darville, 1995)과 비교해보시오. "관료적, 행정적, 법적, 전문적 언어로 쓰인 조직적 기록물에서 중요한 것은 사안이 어떻게 작성되어 제출되느냐(이들을 조직적 과정에 삽입하는 것)이지, 그들이 어떻게 기록되느냐(경험을 연관시키거나 기억을 촉진하는 것)가 아니다."(254)

불을 막 붙인 담배를 입에 문 젊은 경찰이 갑자기 이 젊은이를 붙잡아서 거칠게 확 돌리고 순찰차에 밀어붙여 꼼짝 못하게 하고는, 뭔가를 찾으려는 듯 그의 옷을 잡아채서 벗기고 주머니를 뒤졌다. 단 한마디도 그에 대해 설명하지 않았다. 그리고 그는 가라고 소리치면서 소년을 거칠게 거리 쪽으로 밀어버렸다.

경찰보고서에 제시된 버전에서는 원본의 이야기를 포섭하는 담론의 작동을 분명히 볼 수 있다.

첫 번째 〔사건〕은 몸을 수색당하고 바로 풀려난 것처럼 보이는 젊은이에 관한 것이다. 사실 이 사람은 체포되어서 미성년자 알코올 소지 혐의로 기소되었다. 그는 유죄를 인정했고 법원은 판결을 보류했다. 이 젊은이는 이후 연속된 대소동으로 몰아치게 된 그 사건에 연루된 사람 중 하나였다.

첫 번째 원본의 이야기에는 확실히 젊은 경찰의 제도적 지위는 없다. 그는 단지 담배에 불을 붙였고, 육체적으로 젊은이에게 가혹하게 대했으며, 아무런 말도 없이 몸을 뒤졌다. 두 번째 이야기에서 이런 세부사항들은 특히 제도적인 것으로 대체된다. 경찰서장의 보고서는 제도적인 것을 되살렸다. 나는 공식문건을 해석적 틀로 활용하면서 목격자의 이야기를 읽었을 때, 제도적 범주의 사용이 어떻게 원본의 이야기를 제도적인 예로 다루는지 볼 수 있었다. 어떤 의미에서, 공식 문건은 껍질을 설정하고 있었고, 그 껍질은 원본의 이야기로 채워질 수 있었다. 젊은이의 몸을 확 돌려서 꼼짝 못하게 순찰차 위에 눌러놓고, 뭔가를 찾는 것처럼 옷과 주머니를 뒤지는 것, 이 모든 것은 단지 경찰의 적절한 행동의 예이다. 젊은이가 나중에 체포돼서 벌금을 부과 받았다는 보고서는 그 몸수색의 정당성을 소급해서 보여준다. 주목할 것은 목격자와 경찰 이야기의 차이점이 이후 소송에서 분명해졌다는 것이다. 목격자는 '소년'이 몸수색을 당한 후에 거리로 거칠게 밀쳐진 것처럼 묘사했다. 경찰보고서에서 젊은이는 '사실' 체포되었다. 그것은 제도적 절차에 맞게 젊은이를 '몸수색'했다고 재구성한 자료이다.

나는 여기서 텍스트-독자 대화의 개입을 강조하고자 한다. 특히 경찰 버전에서 원 목격자의 진술까지 읽어가는 과정에서 나는 능동적인 역할을 했다. 또한 원 목격자의 진술의 특성을 제도적 행위의 표현이나 예로 어떻게 다루는지를 발견하는 과정에서도 나는 능동적인 역할을 했다. 제도적 버전은 목격자의 상세한 설명들을 읽는 데 방향을 제시해준다. 제도적 과정에의 포섭은 읽기 행위의 과정이다. 그것은 경찰보고서에서 나타난 '대응들'을 활성화하고 그 기관의 담당영역을 작동시키고, 목격된 사건과 제도 사이에 적합성을 찾는 것 모두를 포함한다. 그것은 다른 방법으로 작동되지는 않는다.

제도적 담론은 어떤 일련의 시간 속에 존재한다. '몸수색'에 대한 경찰 측 설명에서 그 사건은 제도적 행동의 확장된 연속선상의 한 순간으로 자리하고 있다. 이런 제도적 행동은 목격된 사건이 일어난 현장 밖에 존재한다. '청소년 범죄자'와 '알코올 소지 미성년자' 같은 제도적 범주를 사용하게 되면 목격자의 이야기 속에 나오는 젊은이는 제도적 관계 안으로 포섭되고, 이는 현장에서 목격한 사건의 직접성을 넘어서는 것이다. 원 목격자는 신문사에 편지를 보내 그 사건에 대해 목격한 대로 설명했는데, 이것은 '행정적인' 지식을 겸비한 시장의 버전으로 표현되었다. 이 목격된 장면은 그 사건 전후에 점차 커져갔던 조직적 행동들 속에 하나로 자리 잡혔다. 제도적 범주는 제도적 과정의 주체들을 개별적인 개개인들이 아니라 특정 부류의 사람들로 위치시켰다. 길트로우(Giltrow, 1998)가 지적했듯이, 행위자가 계속 지속되는 것은 아니다. 개개의 경찰들이 행위자로 대체될 수는 있지만, 그들이 행위자로서 모든 사건들을 관통하는 지속성을 갖는 것은 아니다. 텍스트-독자 대화에서 기소된 것, 유죄라고 인정한 것, 법원으로부터 판결 보류를 받은 것 등의 제도적 내러티브는 젊은이에 대한 목격자의 원 묘사를 포섭해버린다. 목격자는 원래 젊은이 혹은 소년이 길을 걸어가다가 경찰에 의해 저지당하고 몸수색을 당했다고 묘사했다. 독자가 제도적인 텍스트의 행위자로서 작동되면, 그는 현실 속의 사람들이 가진 관점을 알수 없게 된다. 실제 사람들의 경험, 독자들의 경험은 포섭되거나 옆으로 제쳐진다.9 길트로우의 "경험자들"은 "조용히 사라진다"(342). 기관은 제도적 범주에 속한다. 제도적 범주에 포섭될 수 없는 누군가는 소속된 기관이 없다는 것이다.

스테판 돕슨(Stephan Dobson, 2001)은 대학에서 고충처리에 관한 연구를 했다. 그는 대학 학과 내에서 노조 대표로 선출되었고 수업 조교를 대표해서 고충을 제기하는 과정에 대해 서술했다. 우선, 첫 번째 단

---

9 데이비드 벅홀트와 자베르 구브리엄(David Buckholdt and Jaber Gubrium, 1983)의 논문과 비교해보시오. 이들의 연구는 인간서비스 조직 전문 인력의 일과, 이들이 서비스의 지속적인 재원을 가능하게 하는 제도적 범주 안으로 환자와 클라이언트들을 맞춰 넣기 위해 무엇을 했는지에 관한 내용이다.

계는 불만사항 신고서를 작성하는 것이었고, 그 다음은 노조와 대학의 인적자원부서가 그것을 처리할 때까지 텍스트가 이동해가는 시퀀스가 있었다. 불만사항은 잘 처리되었지만, 돕슨은 이 처리과정에 대해 다음과 같이 말했다.

우리는 여기서 일련의 행동들이 텍스트에 의해 계획되고 조정되는 전 과정을 볼 수 있다. 불만사항 신고서 작성부터 시작했는데, 이 신고서는 노조원인 우리가 표준화된 사건들의 시퀀스를 활성화한 것이다. 그러나 우리는 사람들이 사라지는 것을 보기 시작했다. 마치 보통의 사회학적 설명에서처럼, 사라와의 친분과 우정은 문제 기록자로의 나의 '역할'과 지역 계층 구조 안에서의 나의 '위치'와는 아무 관련이 없었다. 그리고 더 나쁜 것은 절차적 행위가 관료적으로 진행된 것이었는데, 이 과정에서 우리는 사라라는 한 사람이 사라지는 것을 목격한 것이다. 사라의 가계수표가 부도 처리되어 돌아오자 나는 그 사건과 관련된 그녀의 감정 상태와 불만들을 기록하여 인사부서의 책임자에게 보고했다. 그러나 이 사건의 처리과정에서 그녀의 경험은 전혀 고려되지 않았고, 기록되지도 언급되지도 않았다. 심지어 그녀가 좌절감 때문에 결국 이 문제를 들고 일어났지만 인사부서의 직원들은 그녀가 문제를 제기하고 소정의 성과를 '얻어낼' 때까지 침묵으로 일관했다. 사라는 제도적 시퀀스 안에 객관화된 기록이 되어버렸고, 제도적 절차 속에 살아 있는 주체로서의 위치는 사라졌다. 그리고 그것은 정확히 인종, 계급, 젠더의 경험이 사라지는 법률적인 절차가 진행될 때 이루어졌다(151~152).

3. 제도적 조정자로서의 텍스트

제도적 텍스트들은 만들어진다. 9장에서 보겠지만, 제도적 텍스트들은 〔〈상호텍스트적〉(intertextual)이지는 않지만〕서로 맞물려 있다. 제도적 텍스트에서 범주, 개념, 그리고 틀을 설정하는 것은 매우 정치적인 일이다. 이는 원래 정치적인 영역이 아닌 곳에서도 정치적이다. 텍스트는 제도적 조정에서 핵심적이다. 텍스트는 사람들이 설정한 용어들에 권한을 부여함으로서 제도적 세팅 안에서 사람들의 일을 규제한다. 질리안 워커(Walker, 1990)는 캐나다 여성운동의 초기 투쟁을 연구했다. 이 투쟁은 사회운동 내부에서, 그리고 사회운동과 정부 사이에서 남성이 여성에게 가한 폭력을 어떻게 개념화하고 제도적으로 실행되게 하느냐(이 주제는 9장에서 더 다룬다)에 관한 것이었다. 그녀는 7년 동안 생산된 일련의 문서들을 조사했는데, "개념적인 과정을 거쳐, '사회문제'가 되어가는 순간들을 포착했다"(65). 그녀는 여성이 겪은 폭력 경험이 정치적 투쟁(Walker, 1990)을 위한 공식 용어로 변화되는 과정을 추적했고, 정치적 투쟁이 활동가와 그 운동의 성격을 어떻게 바꾸는지도 추적했다.

여성들은 공적인 영역에서 발언하기 위해 위원회와 대책팀에서 일하고, 정부가 요청한 대로 기금마련 제안서를 만들었다. 전문 기관들과 다양한 정부 청문회, 회의에 제출할 보고서도 급히 준비했다. 이런 과정을 거치면서 우리의 일은 압력단체와 로비단체, 서비스업체처럼 더 전문적인 방식으로 바뀌어갔다(Walker, 1995: 77).

워커(Walker, 1990, 1995)는 추적 끝에 **가정폭력**이라는 매우 모호한 개념에 도달했는데, 이 개념은 정부의 권한을 결정하는 데 사용되었다. 더욱이 아동학대나 노인학대(1990)를 포함해서 정부에게 모두 위임해 버림으로써 여성과 관련된 문제를 부차적인 것으로 만들어버렸다. 정치적 과정에 대한 워커의 논문은 텍스트 안에 명시된 개념들에 대해 탐색하였고, 이를 통해 텍스트가 중심이 되어 일상 속에서 제도적 체제를 형성하고 사람들의 일을 지속적으로 조정하면서 개념을 설정하고 표준화한다는 것을 보여주었다.10

제도적 담론은 텍스트 안에서 설정되고, 사람들의 활동을 계속해서 조정하는데, 여기에는 대화와 텍스트가 모두 존재한다. 터너(Turner, 2001)는 지역사회의 개발계획에 저항하는 거주자들의 경험을 연구한 논문에서 제도적 환경 안에서 텍스트와 대화의 상호관련성을 다음과 같이 서술했다.

사람들의 활동이 대화로 조직화되는 과정에서 지역개발에 관한 공적 관리 제도가 생겨나고, 공공의 지식이 만들어지고, 구체적인 결과물이 나온다. 이 과정에 결부되어 있는 텍스트들을 통해 거주자들은 법적으로 필요한 공문서 작성과정에 참여하게 된다. 텍스트들은 거주자들이 전략을 만드는 데 작동된다. 사람들이 만나서 얘기할 때, 텍스트가 만들어지고 텍스트가

---

10 조지 스미스(Smith, 1995)는 제도적 체제의 개념을 제도적 문화기술지에 도입했다. 제도적 체제의 개념은 탐구를 용이하게 하고 어떻게 지배가 조직화되고 정치적 행정적 조직화의 형태에 의해 관리되는지를 기술해주는 메커니즘으로서 도입한 것이다 (25).

'대화' 안으로 들어온다. 여기에 확장된 텍스트 내부의 교환이 이루어지고 그 결과물은 강력한 공적 지식이 되고 행정적 '체제'가 된다(300).

터너는 거주민 중의 한 사람으로서, 저항의 과정에서 "우리의 텍스트들이 개발계획과 주민들의 관심사를 어떻게 이야기할지에 대한 틀을 제공하였음"(300)을 알게 되었다. 활동가들은 제도적 과정에서 효과적으로 활동하기 위해 이러한 담론적 움직임이 필요했지만 또한 텍스트이던 대화이던 간에 무엇을 표명하는지도 중요했다. 활동가들은 지방정부와의 협상과정에서 매우 유능하게 개입했지만, 그들 또한 제도적 담론에 의해 포획되었다. 〈제도적 포획〉(DeVault and McCoy, 2002; D. E. Smith, 2003b)은 광범위한 실천이고 텍스트-독자 대화의 제도적 절차에 의해 규제된다. 이런 절차를 통해 제도적 담론은 경험적 이야기나 글보다 우위에 서게 되고 이들을 재구성한다. 이것은 제도적 문화기술지 연구의 문제인데, 우리는 7장에서 이것을 다룰 것이다.

4. 결론

이 장에서 나는 제도를 연구할 때 텍스트를 문화기술지적으로 다루는 개념적 전략을 제안하였다. 여기서 어려운 점은 우리의 일상생활과 밀접하게 연관되어 있는 텍스트가 이미 주어진 정지상태로 존재한다는 것이다. 텍스트는 읽기 전에도, 읽고 난 후에도 거기 그대로 존재한다. 읽기가 어떤 활동인 것처럼 보이지는 않는다. 그것은 종종 〈일〉이 되고 〈경험〉이 되지만 텍스트는 우리 앞에 그저 가만히 놓여 있다. 그것은 움직이지 않는다. 이런 특성은 사람들의 실천 및 행위의 조정과 관련된 문화기술지와는 상반된다.

그러나 텍스트는 제도적 문화기술지에서 핵심적으로 중요한데, 그이유는 텍스트가 우리 일상의 육체적 현존과 초지역적인 지배관계의 조직화 사이의 본질적인 연결을 만들어내기 때문이다. 우리는 어떻게 해서든 텍스트를 사람들의 일상적 행위들과 동일한 차원에서 다루어야 한다. 제도적 문화기술지는 텍스트들이 '발생하고', 일어나고, 활성화되고, 제도적 관계의 조직화에 통합되는 것을 보여줄 수 있어야 한다.

이를 위해, 나는 텍스트-독자 대화의 개념을 도입했고 이것은 다음의 세 가지 역할을 한다.

1. 어떤 특정한 텍스트를 읽는다는 것은 특정 사람이 특정 지역적 환경 안에서 행한 어떤 활동으로 인식될 수 있다.
2. 텍스트-독자 대화에 포함된 독자는 두 가지 역할을 한다. 첫째, 그는 텍스트를 활성화하고, 그러면서 텍스트의 행위자가 된다. 둘째, 그는 자신의 일과 관련된 어떤 방법이든 사용해서 텍스트에 반응한다.
3. 텍스트가 독자에 의해 활성화되고, 행위들의 시퀀스를 조직화하는 데 관여하고 일정 역할을 한다는 것을 우리에게 확인시켜준다. 텍스트의 조직화 역할은 여기서 충분히 설명하지 못했는데, 8장에서 이를 좀더 자세히 다룰 것이다.

텍스트-독자 대화는 다양하게 이뤄진다. 버스정류장에 도착하는 버스의 번호를 읽는 것(Watson, 1997)은 인터넷의 정보를 읽는 것은 고사하고, 전화번호부에서 이름을 찾는 것과도 다르다. 이 둘은 소설을 읽는 것, 혹은 친구들과 결혼사진을 보는 것과도 다르다. 어떤 텍스트였는지, 텍스트가 어떻게 작동했는지는 항상 경험적 질문이다. 그러나 우리의 초점은 제도에 있기 때문에 제도적 담론 안에서 이뤄지는 텍스트-독자 대화가 갖는 특징에 주목한다.

제도적 담론은 개인의 관점을 누구의 관점도 아닌 객관화된 관점으로 이동시킨다. 제도적 담론에서는 명명화가 이루어지는데, 이것은 행동을 탈개인화하는 장치이다. 길트로우(Giltrow, 1998)가 지적한 것처럼, 이런 명명화는 실제에 부합하는 대상을 찾기 위한 풀기작업을 어렵게 할 수 있다. 사람들이 실재한다 해도, 그들은 사람들의 범주로만 존재할 뿐이다. 목격자의 이야기를 읽기 위해 경찰의 공식보고서에 적용된 제도적 틀의 해석적 지침을 사용하면, 목격된 실제의 특성들을 포섭해버리는 담론적 절차가 보인다. 목격된 실제는 단순히 제도적인 것의 예증이나 표현이 되어버린다.

마지막으로 텍스트와 말은 모두 제도적 세팅 안에서 사람들의 일을 조정하는데, 제도적 담론의 중요성이 이것들을 통해 드러난다. 제도적 담론은 설계되며, 이 과정은 본질적으로 정치적이다. 즉, 제도적 체제 안에서 드러나는 힘의 형태와 관련이 있다. 제도적 문화기술지가 제도적 관계의 〈실제〉에 접근하는 방법을 좀더 밝혀낸다면, 일상에서의 말하기, 읽기, 쓰기와 같은 〈제도적 담론〉의 측면들은 더 심도 있게 논의될 수 있을 것이다. 제도적 담론은 제도적 문화기술지 연구행위의 맥락이자 우리가 경험하는 것의 맥락이다. 우리는 앞으로 이런 담론이 지식의 다른 형태들을 어떻게 포섭하고 대체하는가를 보게 될 것이다.

제6장

대화와 자료로서의
경험

앞장에서 제도적 담론과 텍스트적 실천에 대해 소개했다. 제도적 담론과 텍스트적 실천은 사람들이 경험하는 일상의 독특성을 그들의 관점을 빼고 표현함으로써 사람들을 주체와 행위자에서 사라지도록 만들었다. 다양한 관점과 말하기 장르가 통용되는 세상에서 〈지배관계〉는 독백 형태의 객관화된 관점을 강요하는데, 이는 참여자들이 가진 관점의 다양성을 억제하기 위해 어떤 특정 담론이나 말하기 장르를 작동시키는 것이다. 이른바 바흐친의 독백(Bakhtin, 1981; Holquist, 1990; 3장 참고)처럼. 이렇게 되면 일상에서 사람들의 실제 행위는 선택적으로만 드러나고, 제도적으로 구성된 실제의 한 예증이나 예시, 표현으로만 나타난다. 반면 경험은 항상 경험한 사람의 관점에서 얘기되며, 명백하든 그렇지 않든 간에 언제나 특정한 시간과 장소에서 이루어진다.1 제도적 문화기술지는 사람들이 자신의 경험을 말하는 능력에 의존한다. 〈경험〉은 일상세계를 탐구하는 연구자와 정보제공자 모두에게 꼭 필요한 자원으로서, 이 경험적 자료 속에는 관점의 다양성이 들어 있다.

제도적 문화기술지 연구자에게 가장 핵심적인 문제는 〈지배관계〉의 객관화와 제도적 담론의 독백에서 탈피하여 〈실제〉로 돌아가는 방법을 찾는 것이다. 실제는 항상 거기에 있고, 항상 진행되고 있으며, 항상 말로 하는 것보다 더 많은 것을 내포한다. 나는 조지 스미스와 함께 존재론적 전환(1장 참조)에 대해 얘기하였는데, 나는 사회학에서, 조지 스미스는 그의 전공영역인 철학에서 독백 외부를 사고하고 탐구하는 방법을 찾아냈다. 우리의 이러한 작업은 3장과 4장의 제도적 문화기술지의 존재론으로 이어졌다. 우리가 목표로 한 것은 우리가 살고 있는 세계를 일상세계와 같은 것으로 이해하는 것이었다. 어떤 연구에서든 제도적 문화기술지 연구자들의 핵심 자원은 사람들의 경험, 즉 연구자와 정보제공자의 경험이다.

주디스 버틀러(Judith Butler)와 조안 스코트(Joan Scott)가 경험적 이야기의 중요성을 일축해버렸어도, 내 생각에는 흔들림이 없다(Butler and Scott, 1992; Scott, 1992). 물론 경험적인 것(*the experiential*)이 사실적인 것(*the factual*)으로 직접 전환될 수 없다는 것은 맞다. 사실적인 것이 사회적으로 조직화된다는 것은 관점과 주관성의 개입을 중지시킨다. 동시에 경험은 개인이 겪는 삶의 〈실제〉로부터 직접 말해지거나

---

1 경험적인 이야기를 근간으로 하는 일차적 내러티브라는 용어를 나는 도처에서 사용하였다. D. E. 스미스(D. E. Smith, 1990a; 157~163)의 일차적 내러티브와 이데올로기적 내러티브의 대조에 관한 논의를 참고하시오.

글로 쓰인다. 이처럼 경험을 말하고 쓰는 것은 여성들이 어떻게 남성들이 지배하는 지적, 정치적, 문화적, 가정적 삶에 파열을 가져왔는지는 물론이고 기존의 담론을 넘어 나아갈 수 있었는지를 아는 데 핵심이었다. 이러한 맥락에서 〈경험〉을 토로하는 것은 여성들의 삶, 사람들의 삶을 이해하는 풍부한 자원이 된다. 아울러 사회학의 독백을 포함한 제도적 담론과 이데올로기의 독백들의 지배를 깰 수 있는 지식산출에도 중요한 자원이 된다.

1. 대화로서의 경험: 문제

버틀러와 스코트(Butler and Scott, 1992)의 논점은 경험이 지식의 무조건적 근원이 아니며, 경험은 구성되고 대화적이라는 것에 초점을 두고 있다. 스코트(Scott, 1992)는 경험적 이야기의 재현적 타당성을 당연한 것으로 받아들이고, 경험적 이야기의 구성적 특성이 갖는 문제를 무시하는 역사학자들에게 비판적이었다.

경험을 지식의 근원으로 받아들이는 경우, 개별 주체(경험을 했던 사람이나 그 경험에 대해 이야기하는 역사학자)의 눈으로 보는 것이 설명의 근거가 된다. 이때 경험의 구성적 특성과, 개별 주체의 시각이 언어(또는 담론)와 역사에 따라 어떻게 구성되는지에 관한 질문은 여전히 남는다(25).

스코트에 있어, 경험을 구성되는 것으로 인식한다는 것은 경험적 이야기를 액면 그대로 받아들일 수 없다는 것을 의미했다. 그에게, 경험을 말하거나 쓰는 것은 항상 언어나 담론으로 이루어지기 때문에, 언제나 말하는 사람 또는 글쓴이가 의도한 것 이상으로 구조화의 영향을 받는다. 경험적 이야기가 산출될 때에는 통제와 배제, 순서 매기기, 특정 담론에 대해 범주의 논리를 적용하고 구별하는 것이 작용한다. 조금 다른 표현이기는 하지만, 폴라 모야(Paula Moya, 2000: 81)가 주장하는 것처럼 경험은 이데올로기나 이론에 의해 매개된다.

물론 나는, 경험이란 특정한 사람들이 기억하는 내용을 특정 세팅에서 얘기하고 글로 쓰는 그 시점에서만 드러나며, 따라서 어떠한 사실도 순수하게 본래의 모습을 재현할 수 없다는 견해에 대체로 동의한다. 제도적 문화기술지 연구자들은 스코트가 제기한 문제에 맞닥뜨리게 된다. 그들은 정보제공자의 경험이나 연구자 자신의 경험 또는 연구현장에서의 관찰경험에 의존한다. 면접에서의 경험이든 참여관찰에서의 경험이든, 제도적 문화기술지 연구자는 사람들의 경험에 의존한다. 연구의 자료로 산출되는 경험은 우리 자신의 경험에서 나올 수도 있고, 연구현장에 참여하여 얻을 수도 있고, 또는 인터뷰로부터 나올 수도 있다. 경험이 산출될 때에는, 비록 그것이 연구자의 경험인 경우에도 대화가 수반된다. 대화 이외의 다른 것은 없다. 대화는 실제로부터 경험적 지식을 생산하는 언어 제작소이다. 경험적 이야기는 실제를 지시할 수도 없고, 실제에 순수하게 접근하게 할 수도 없다. 왜냐하면 〈실제〉는 항상 말해진 것, 쓰인 것, 그려진 것 그 이상이기 때문이다. 제도적 문화기술지 연구자들의 자료는 늘 협력적 산물이다. 아롱 시쿠렐(Aaron Cicourel, 1964)을 비롯한 몇몇 연구자들의 경우처럼, 인터뷰에서 자료는 협력적으로 수집되기 때문에 정보제공자에 관한 특정 진술들에만 의거하게 되지는 않는다. 자료는 항상 '주체'와 면접자와의 상호교환으로부터 만들어진다. 만일 사람들의 경험에서 도출되는 자료가 항상 대화적으로 수집된다면, 무슨 권한으로 우리가 사람들의 행위를 묘사할 수 있다고 주장할 것이며, 또 사람들의 행위가 어떻게 경험적 이야기에 기반해 조정된다고 주장할 수 있을 것인가?

제도적 문화기술지 연구자들이 주목해야 할 것이 있다. 제도적 문화기술지 연구자는 사람들의 경험을 그들과 그들이 속한 인구집단, 또는 그들의 관점에서 묘사된 사건이나 사태를 진술하기 위한 기반으로 사용하지 않는다는 것이다. 제도적 문화기술지 연구에서, 경험에 대해 말하고 쓰는 것이야말로 사람들이 알고 있는 그들 삶의 실제로부터 연구하기 위해 가장 중요한 것이다. 제도적 문화기술지 방법에 필수적인 것은 문화기술지적 분석에 (사람들의) 관점의 다양성, 일대기, 위치 짓기 등을 인식하고 통합하는 것이다. 〈실제〉는 사람들의 경험이며, 그들이 했던 행동이다. 즉 그들의 '일'(work) (7장 참조)과 일을 기반으로 하는 지식인데, 이것들은 제도적 문화기술지 연구자들에게 매우 중요한 자원이다.

제도적 문화기술지는, 연구자원으로서의 경험의 가치를 비판하는 사람들과 마찬가지로, 경험은 말로 얘기되거나 글로 쓰일 때 대화적이어야만 유용하다고 본다. 여기서 더 나아가 내가 정말 말하고 싶은 것은, 우리가 이른바 **경험**이라 부르는 것은 근본적으로 대화적이라는 점이다. 경험은 감각적으로 알게 되는 몸의 세계에서 시작하지만, 항상 그리고 오로지 말하거나 쓰는 순간에 언어의 형태로만 나타난다. 일반적으로 경험은 말로 표현되기 이전에 먼저 발생하는 것이라고 생각한다. 그러나 경험을 애기하는 실제 상황을 떠올려본다면, 경험은 실제로 말하는 과정에서만 나타난다는 것을 알 수 있다. 여기서 말하기는 특정 시간, 특정 장소, 특정 사람들에게 일어나며, 또는 글로 쓰이는 경우에는 현재와 미래의 독자들과 관련된다. 경험적 글쓰기나 말하기는, 비록 자기 자신의 경험을 글로 쓰는 성찰적 과정에서조차, 화자와 청자의 관심사는 물론 그 관심사에 관여된 사회적 행동 그리고 말하기 장르를 지향한다.

경험은 신뢰할 만한 자료가 아니며, 돌이킬 수 없을 만큼 오염되어 있고, 대화적으로 산출되지 않는다고 보는 견해가 있다. 만약 경험이 입 밖으로 표현될 때만 드러나는 것이라면, 경험은 담론이나 담론들에 의해 결정되는 것이고 원래의 상태나 사건을 잘 표현했다고 주장할 수 없다는 것이다. 이는 소쉬르(Saussure, 1966)에 의해 처음으로 형성된 구조주의 학파의 결정론에 편승한 견해이다. 구조주의자들과 후기구조주의자들은 언어의 내부적 관계가 양분되어 의미가 형성된다고 이론화하였다. 의미는 화자나 필자의 의도에 앞서 주어진다. 사람들이 말하거나 쓰는 것은 담론 내에서 이루어진다. 이때, 담론의 특징적인 어휘에는 그 담론이 인정하는 실체와 주체는 물론, 배제(Foucault, 1972)와 인습, 〈상호텍스트성〉(intertextuality)이 내포되어 있다. 말을 하거나 글을 쓴다는 것은 이러한 결정요인들로부터 절대로 자유로울 수 없다. 후기구조주의자들의 견해에서 보면, 담론은 우리의 의도를 통해서 말한다. 우리의 의도는 담론에 종속되거나 대체된다. 경험적인 대화나 글쓰기도 예외는 아니다. 경험이 경험으로 존재하기 위해서는 반드시 말로 표현되거나 글로 쓰여야 한다. 경험은 언어로 표현되기 전에는 실재의 진정한 재현이 될 수 없다. 그러므로 경험은 넓게 보자면 이미 담론에 의해 결정된다. 이러한 주장은 버틀러, 스코트 그리고 모야의 논리와 같은데, 경험의 보편성을 주장하지 않으면서 경험이 일종의 진리가 될 수 있는 가능성을 훼손한다. 왜냐하면, 만일 경험이 이미 말로 형상화된다면, 담론의 어휘적 결정에 깊숙이 관여하고 있어서 이미 〈실제〉를 제대로 재현해주지 않기 때문이다.

2. 대화로서의 경험에 대한 대안적 이해

3장에서는 바흐친의 담론(Bakhtin, 1981; Holquist, 1990)의 개념 또는 일반적인 사회적 과정 모델로써 바흐친의 용어(번역된 것으로서)인 말하기 장르(Bakhtin, 1986)라는 개념을 인용하였다. 여기에서는 말과 글쓰기의 내용을 결정하는 담론에 대한 대안 이론이 바흐친의 이론을 삼펴보자. 바흐친의 관점에서 보면 모든 발화는 언어나 담론에서 제시된 말과 화자의 의도, 청자, 상황 등 사이에서 이루어지는 대화이다. 대화에서 화자 또는 청자의 역할은 담론 안에서 그가 필요로 하는 자원을 찾는 것이며, 담론의 역할은 화자/글쓴이의 의도를 가능하게 하면서 동시에 발화를 제한하는 것이다.

이 대화는 여성운동에서 투쟁의 양상으로 나타났다. 우리는 이미 말하기와 글쓰기에서 발견하고자 하는 것이 우리가 참여하는 담론에 의해 어떻게 포획될 수 있는지에 대해 알고 있다[이는 5장에서 서술된 바 있는,

독자가 제도적 담론의 행위주체가 되는 〈제도적 포획〉(institutional capture)과 유사하다]. 여성이 자신의 경험을 말하는 것은 하나의 투쟁이었다. 즉 그것은 남성에 의해 형성된 담론적 어휘를 강제하려는 것에 대한, 말하지 않았던 것을 말하게 하는 그러한 투쟁이었다. 그러나 여성들은 자신의 경험을 말할 수 있게 되었다. 그 이유는 바흐친이 강조하고 있는 바처럼, 어떤 순간에서의 의도와 담론 사이의 대화는 사실상 유동적이기 때문이다. 단어들은 기존의 의미와는 다른 의미의 말로 만들어질 수 있다. 즉, 새로운 단어나 이들 단어를 조합하는 방식은 언제고 새롭게 만들어질 수 있다. 그래서 언어는 변화될 수 있는 것이다. 말하는 사람과 글 쓰는 사람들은 예전에는 사용하지 않던 말들을 합쳐서 지속적으로 새로운 단어를 만들어내며, 서로 다른 특징적 상황들과 이야기 구성의 동기에 반응한다.

바흐친주의자들의 관점에서 보면, 경험은 대화적인 것으로 인식될 수 있다. 그러나 여기에서 대화란, 화자의 경험으로 회상된 것과 화자의 경험으로 표현되는 실제 일어난 사건 간의 상호교환이 담론에 의해 결정된다는 의미는 아니다. 담론을 푸코의 개념으로 너무 자주 인용하면, 담론에 과도한 의미를 부여하게 된다. 바흐친의 개념화를 채택하면, 담론이 활동하는 매 순간은 담론을 재생산하고 재형성하는 것으로 볼 수 있다. 경험적 대화는 종종 우리에게 떠오르는 회상, 느낌, 세부 묘사, 생각에 충실하게 경험을 말하는 방법을 찾기 위해 주어진 담론에 대항해야 하지만, 그것이 경험이 되는 것은 오직 대화 안에서이다. 다음은 구술사 인터뷰에서 인용된 내용으로, 인터뷰 과정에서 '경험'이 만들어지는 것을 볼 수 있다.

예, 더글러스는 오전 8시 반쯤 병원에 와서 나한테 언제 집에 갔는지 등을 얘기했어요. 아니, 그건 분명 그보다 더 이른 시간이었어요. 그가 들어와도 된다고 허락을 받았는지 어땠는지는 몰라요. 하지만 더글러스는 자신이 이른 아침에 밖에 있었고, 누군가가 다가와 시간을 물었고, 아내가 막 출산을 했다고 그들에게 말했다고 했어요. 그는 너무 감동해서 누군가에게 말을 해야만 했어요. 얼마나 아름다운 일이에요. 이 일은 내가 막 둘째 아이와 병원에서 나올 때 벌어졌다는 것을 알았어요. 어쨌든, 우리는 그녀 집으로 갔어요. 하지만 아세요? 이런 것들이 나를 **힘들게** 해요. 우리 곁에 숙모가 있던 것 같아요. 저는 우리가 왜 그녀와 함께 있었는지 기억나지 않아요. 그러나 저는 그녀가 우리와 함께 있었다고 생각해요. 그녀가 있었음에 틀림없어요. 왜냐하면 제가 당신에게 이야기하려 한 것이 비로 숙모에 관한 것이니까요. 이제 우리에게는 아주 좋은 집이 있어요. 침실 1개와 멋진 거실, 그리고 바로 더글러스가 들어왔어요. … 거기에 숙모가 있었는데, 저는 그와 함께 침대에서 그것을 해야만 했어요. 그를 밀쳐내려고 노력했지만 소용이 없었어요. 내가 없는 동안 참았다는 거죠. 겨우 10일이에요! 이제 막 병원에서 나왔다고요! (Rowbotham, 1973: 43)

경험한 내용을 이야기할 때에는 말을 더듬고 반복하는 내용이 매우 많다. 인터뷰 진행자에게 얘기할 때 나타나는 모습이다. "하지만 아세요?"와 같은 대화는 대화 상대에게 직접 얘기할 때에만 나타나는 특징은 아니다. 진행되는 대화가 스토리를 만들어내는 것처럼, 경험은 어떤 의미에서 인터뷰 진행자를 **위해** 만들어진다. 스토리의 요점은 병원에서 집으로 돌아온 즉시 성관계를 했다는 점에 있지 않고 그녀의 숙모가 집에 있었다는 점에 있다. "그녀가 있었음에 틀림없어요. 왜냐하면 제가 당신에게 이야기하려 한 것이 바로 숙모에 관한 것이니까요." 그녀가 자신의 이야기를 정확히 말할 때 갖게 되는 어려움은 과거에 대해 말하는 것뿐 아니라 인터뷰 진행자가 있다는 것과 그의 관심사에 따라 이야기해야 한다는 것이다. 인터뷰 진행자와 정보제공자 사이의 대화는 정보제공자의 경험을 둘 사이의 교환관계로 끌어들인다. 즉, 그녀가 기억하는 것과 인터뷰 진행자의 관심과 의도 사이에 교환이 이루어진 것이다.

3. 경험, 언어 그리고 사회적 조직화

경험은 항상 두 가지 세계에 기초하고 있다. 하나는 몸과 마음이 기억하는 세계이고, 다른 하나는 청중이나 독자에게 말이나 글로 표현되는 〈실제〉의 세계이다. 4장에서 나는 언어가 경험의 〈개인상호간 영역〉들을 어떻게 조직화하는지에 대해 이론적 설명을 하였다. 경험적 대화에서 드러나는 것은 이미 언어에 깊숙이 조직화되어 있다(4장 참조). 역사학자들은 거기에 무엇이 있었고 그 후에 무슨 일이 일어났는지에 대한 지식의 근원을 경험이라고 가정하였는데, 조안 스코트는 이러한 경험적 자료를 불확실한 근거라고 보았다. 그러나 제도적 문화기술지 연구자들은 무엇이 일어났는지 또는 진짜로 무슨 일이 진행되고 있는지를 설명하고자 하지 않는다. 제도적 문화기술지 연구자는 정보제공자가 무엇을 알고 있는지, 그들의 일상생활의 행위에서 어떻게 지식이 만들어지는지, 그러한 지식이 다른 사람들의 지식과 어떻게 조정되어 가시화되는지에 대해 관심을 가진다. 제도적 문화기술지 연구자들은 사람들의 활동의 **사회적 조직화**(*social organization*)에 관심이 있다.

경험적 이야기의 언어는 〈사회관계들〉과 〈사회적 조직화〉에 스며들어 있고, 그것이 재현되는 바로 그곳에 있다(다시, 4장 참조). 경험의 개념은 사람들이 직접적으로 알고 있는 일상세계 안에 주체를 위치시킨다. 그 일상세계에서, 우리가 과거부터 미래에 걸쳐 인식하고, 주목하고, 투사한 것들은 이미 개인상호간에 언어로 명명되고 조직화된다. 데이비드 마우러(David Maurer, 1981)가 얘기한 소매치기의 '말'은 우리에게 그들의 언어, 또는 바흐친의 용어(Bakhtin, 1986)를 빌리면, 말하기 장르를 배우는 일종의 작업을 상세하게 보어준다.

예를 들어 전문 소매치기와 같은 특수한 범죄자가 도둑질을 배울 때, 그는 고도의 전문화된 소매치기 기술을 특정한 언어로 배우기 시작한다. 또한 그는 지속적으로 그 언어로 소매치기를 생각하며, 다른 소매치기와 공통된 언어로 그 일에 대하여 얘기하고 토론한다. 다른 말로 하면, 그가 준거로 삼는 소매치기의 전체적 틀은 기술적이기도 하고 언어적이기도 하다. 여기서 언어는 도둑질의 기술을 영구화할 뿐만 아니라 도둑질을 행하는 데 있어 중요한 기반이 된다(Maurer, 1981: 261).

도둑질의 '언어'는 그의 활동들과 관련된 대상들을 구성하며(루리아가 단어들을 지각이 조직화된 것으로 개념화한 것을 참조), 다른 절도범들이나 미래의 피해자들과의 잠재적 관계를 조직화한다. 또한 그 일에 관하여 도둑들 사이에서 업무를 분담하게 한다. 소매치기하고자 하는 대상인 '표적'이 있고, 멀쩡해 보이는 '바람잡이'가 코트의 단추를 풀고, 이어 '앞잡이'가 표적의 안주머니에 접근할 수 있다. 경찰과 형사 등은 위험으로 불리며, 장소와 구역들은 도둑질과의 관련성을 고려하여 선정된다. '타버린' 지역이라는 말은 너무 자주 도둑질을 당해서 '뜨거운' 곳이 된 지역이다(Maurer, 1981: 234~256).

마우러가 강조한 전문화된 말하기 장르에 대한 이야기는 덜 전문화된 말하기 장르에서도 똑같이 적용된다. 덜 전문화된 말하기 장르도 역시 사회적으로 조직화된 활동들로 둘러싸여 있다. 사람들의 행동은 관심사를 조직화한다. 즉 사람들의 행동은 의지, 수단, 지침, 조건 등을 제시하는 일상의 관심대상과의 관련성을 조직화한다. 대부분은 아닐지라도, 많은 사람들의 행위는 경험이 말로 드러나는 대화의 순간 이전에 이미 언어 안에 존재한다. 경험적인 대화에서 사람들의 행동을 특징짓는 용어들은 행위와 관련된 것을 확인해줄 뿐만 아니라 그에 대한 '반응'들도 수반한다(4장에서 '식탁'에 대한 사회적 조직화 설명 참조). 그래서 청자는 단어로 말해진 경험을 듣지 않으며, 경험을 듣는다. 회상적 대화에서 청자(또는 미래 독자)와 경험자 간의 대화는 구별될 수 없다. 즉 청자의 관심사와 관련성은 회상적 어휘 안에서 작동된다. 그러나 회상적 대화, 경험적 대화는, 그것이 일치하지 않든, 반복되든, 수정되든, 일상의 관습을 왜곡하는 것이든 간에, 어떤 의미에서 기다렸던 것이 말해지는 순간 누군가의 경험으로 나타난다. 왜냐하면 경험으로 회상되는 것들은 조직화된 것이기 때문이다. 이는 원래의 현장에서 경험적 대화로 사회적으로 조직화되었음을 의미한다.

여기에 하나의 사례가 있다. 나는 온타리오 시에 있는 대규모 철강회사 노동자들이 직업을 배우는 비공식적인 과정을 연구하고자 마르코와 인터뷰하고 있었다. 제도적 문화기술지와 비슷한 방식으로 인터뷰를 했지만, 엄격하게 말하자면 이것은 제도적 문화기술지 연구는 아니었다. 마르코는 약 20년간 공장에서 일을 했으며 지역노조의 보건안전위원회 위원장이었다.

마르코 목숨이 위험했던 상황이 여러 번 있었죠. 〔도로시: 예〕 제 생각에 그 마지막은 4년 또는 5년 전, 뜨거운 수압이 제 얼굴에 튀었고 저는 2도 화상을 입었습니다. 제 가족은 저와 다르게 "그럴 가치가 있어요? 거울 좀 보세요. 입술, 코는 화상을 입었고, 한쪽 눈도 잃을 뻔했어요"라고 말했어요. "그래 당신이 맞아, 그럴 가치는 없었어." 그래서 지금은 만약 어떤 위험이라도 있다면 그냥 떠나버리겠다는 생각을 하고 있습니다. 기계는 기계이고, 나의 목숨은 나의 목숨이죠.

도로시 그래서 당신이 그 사건을 회고하면, 당신이 그렇게 행동할 수밖에 없도록 느꼈던 〔마르코: 나는 기계를 유지하기 위하여 그렇게 할 수밖에 없었어요 …〕 뭔가가 있었죠? 왜냐하면 당신이 어쩔 수 없었던 그 사건 …

마르코 어, 저는 다시는 그렇게 안 할 겁니다.

도로시 당신은 기계를 계속 작동하기 위해 노력하셨던 거죠?

마르코 맞아요. 지금 같으면 감독관에게 "기계가 계속 작동되길 원한다면 당신이 하세요"라고 말했을 거예요. 그때로 돌아가서 생각해보면, "음, 우리는 기계를 계속 작동해야 했어요". 지금은 저 자신이 더 중요해요. 왜냐하면 당신도 알다시피 하루 일을 끝내고 아내와 아이들이 있는 집으로 가야 하기 때문이죠.

도로시 그럼, 그때 감독관에게서 압박감을 느꼈었나요?

마르코 물론이죠. 저는 '그래, 이건 내 일이야. 이 호스를 바꿀 필요가 있어. 그러니까 압력이 있더라도, 음, 바꿔야만 해'라고 생각했습니다. 음, 그거 아세요? 저는 그것이 안전하다고 생각하지 않아요. 그리고 저는 안전보건위원회 위원장이라서, 정부가 항상 산업안전과 보건법에 의거해서 저희 편에 있음을 알고 있습니다. 만약 내가 그 일을 하지 않겠다고 말했어도, 제 지위에는 영향을 주지 않았을 겁니다. 저는 그것이 안전하다고 느끼지 않고, 다치거나 죽으려고 이 일을 하는 게 아니기 때문에, 그것을 하지 않고 있어요. 안전하지 않기 때문에 그 일을 하고 싶지 않아요. 저는 산업안전과 보건법에 따라 그것을 거부할 수 있어요. "거기에 압력이 있고, 저는 그것을 만지지 않을 거예요." 있잖아요, "이것을 식혀서 일하기 적당해지면 나는 일하기 시작할 거예요. 왜냐하면 이게 내 일이니까요. 그러나 거기에 들어가 화상을 입을 위험? 전에는 그런 일이 있었는데, 다시는 그런 일이 없을 거예요." 그리고 지금 당신은 액체로 된 철을 보고 있습니다. 만약 기계가 고장 난다면, 그리고 제 다리와 팔이 화상을 입을 위험에 처한다면, 저는 죽도록 도망갈 것입니다. 불구가 되거나 화상을 입은 채 집에 갈 만한 가치는 없어요. 기계는 3일 이내에 재조립될 수 있거든요. 절대 그럴 가치는 없어요.[2]

---

[2] 철강회사의 비공식적인 일 배우기에 관한 더 많은 내용은 스미스와 돕슨(Smith and Dobson, 2002)을 참조하시오. 여기에 나타난 마르코와의 인터뷰는 이 연구에서 인용한 것이며, 마르코의 이름은 다른 것으로 대체되었다. 물론 두 이름 모두 익명이다.

마르코가 한 이야기의 사실 여부는 제도적 문화기술지 연구자들에게 중요한 이슈가 아니다. 그들은 철강공장 또는 그와 같은 곳에서 발생하는 사건에 대해 이야기할 때 마르코의 경험을 이용하는 데에는 관심이 없다. 또한 제도적 문화기술지는 마르코의 이야기를 한 개인 또는 계급의 한 구성원의 이야기라고 보지 않는다. 또한 다른 인터뷰에서도 발견될 수 있는 어떤 패턴이나 상황을 찾지 않는다. 그렇다고 그가 표현한 느낌들을 제쳐두어야 하는 것은 아니다. 제도적 문화기술지 연구자는 마르코의 화상과 이에 대한 가족들의 관심으로부터 마르코의 직업과의 관계에 대한 새로운 이해방식에 주목한다. 더 나아가, 만약 우리가 그의 이야기를 제도적 문화기술지로 끌고 가려고 한다면, 마르코의 경험 속에 배태되어 있는 〈사회관계들〉과 〈사회적 조직화〉로 눈을 돌려야 할 것이다. 이렇게 함으로써 우리는 그의 활동이 어떻게 다른 사람의 활동과 조정되는지 그 궤적을 볼 수 있다. 마르코가 사용한 언어는 그가 철강공장에서 갖는 관계와 일에 대한 일상언어이다. 바로 이 일상언어 속에 〈사회적 조직화〉가 담겨 있다.

그가 사용한 **직업**이라는 단어를 예로 들어보자. 그의 직업은 그가 생각해서 하는 일, 감독관이 보는 책임 수행의 일, 그리고 회사와 지역노조 간 계약에 따라 정의된 일의 교차점에 있다. 일단 우리가 명백히 일상어로 여겨지는 단어를 취하여 그것의 토대를 생각하면, 즉 그 단어 너머 사회적으로 조직화된 활동을 그려내면, 얼마나 많은 것들이 보이는지 알 수 있다. 그러면 "그들이 3일 이내에 고칠 수 있는 기계"라는 표현에서 **그들**이라는 단어의 사용에 주목해보자. **그들**이라는 단어는 그가 일하는 회사의 특정 부서를 말한다. **그들**이라는 말은 회사조직을 행위자로 개인화한 것으로서, 마르코의 경험적 이야기 어디에서도 보이지 않는다. 그러나 그들은 감독관 너머 어딘가에서 손상된 기계를 고치거나 새로운 기술을 보완하는 등의 일을 한다. 마르코가 감독관으로 대표되는 회사의 이익에 반하여 자신의 생명에 대한 권리를 주장하고자 할 때, 그는 지방정부의 산업안전과 보건법에 호소할 수 있다. 정부의 권한은 감독관에 부여된 회사의 권한보다 우선한다. 마르코가 잠재적인 위험이 있다고 여긴다면, 감독관이 그것을 그의 책무라고 인식해도 그의 일을 거부할 수 있다. 산업안전과 보건법에 따르면, 마르코는 감독관의 압력에 저항할 권한을 갖고 있다.

경험을 말하는 사람들은 일상생활의 언어를 사용한다. 4장과 바로 앞서 언급한 바처럼, 〈사회적 조직화〉는 바로 그 일상언어에 함축적으로 혹은 보다 더 잘 드러난다. 사람들이 사용하는 용어들은 일상의 조직화된 활동 안에서 사용된다. 더 나아가 사람들이 사용하는 용어들은 사람들의 활동을 조직화한다. 사회적 조직화는 어떤 용어가 사용되는 맥락을 의미하지 않는다. 그보다는 주어진 세팅에서 하나의 용어가 어떻게 의미를 갖는가는 일상활동의 조정과 밀접하게 관련된다. 제도적 문화기술지 연구자는 그러한 일상적 용어들을 정보제공자가 자신의 경험을 말한 것으로 받아들여서는 안 된다. 앨리슨 그리피스와 내가(Griffith and D. E. Smith, 2004) 초등학생 자녀를 둔 여성들을 대상으로 자녀를 학교 보내는 일에 관해 인터뷰했을 때, 우리의 중요한 토픽 중 하나는 수업시간에 관한 것이었다. 우리는 수업시간을, 여성들 중 많은 이들이 그러했듯, 학교의 변치 않는 특징이자 어느 정도는 부모들을 곤경에 처하게 하는 어떤 것으로 여겼다. 우리는 인터뷰에서 초등학교에 다니는 자녀를 둔 여성들에 관한 그 무엇인가를 알게 되었다. 그것은 학교에 대한 (다음 장에서 더 논의할) 일 **지식**의 일부였다. 우리는 이 연구에서 〈일 지식〉에 함축되어 있는 〈사회관계〉를 알게 되었다. 교사의 입장에서 볼 때, 주로 중산층 가족이 사는 학군의 수업시간은 다양한 교과과정으로 꽉 짜여 있다. 교사들은 아이들이 정시에 수업에 오고, 수업시간은 정확한 시간에 시작한다는 것을 당연시 여겼다. 저소득 지역의 학교에서는 그렇지 않다. 학교에 오는 시간이 각기 다른 몇몇 아이들이 (그렇게 많지는 않지만) 있는 학교에서는 중산층 지역의 학교에서와 같이 빡빡한 일정은 실행 불가능하다. 저소득 지역 초등학교에서는 지각생의 방해 없이 수업을 진행하기 위해 개별학습시간에 맞춰 수업을 시작한다. 우리는 교사들의 〈일 지식〉을 통해 우리가 수업시간에 내해 부모로써 알고 있던 것과는 다른 것을 알게 되었다. 우리는 부모와 교사들의 일 지식을 끌어옴으로써, 수업시간이 고정된 것이 아니라 부모와 교사 간 조정의 산물임을 뒤늦게 이해하였다. 제도의 표준화된 측면들은 사람들의 고유하고 다양한 행위들로부터 나오는데, 이것이 바로 제도의 특징이다. 수업시간과 학교출석은 법에 정해져 있다. 그러나 우리는 연구를 통해 **수업시간**에 대해 다음과 같은 사실을 발견하였다. ① 수업시간은 부모가 자녀를 제시간에 학교에 보내고, 약속된 시간에 자녀를 데리러 가고, 점심시간에 자녀를 데리러 왔다 데려다주는 일의 산물이라는 점, ② 학교의 입장에서 보면, 수업시간은 지각생이 수업에 잘 적응하도록 하는 교사의 〈일〉, 혹은 등교하지 않은 아이들의 부모에게 확인하는 부모 자원봉사자의 〈일〉의 산물이라는 점이다. 여기서 교사와 부모 자원봉사자의 〈일〉은 학교의 일정을 조절함으로써 학급 또는 다른 활동들이 제시간에 마무리될 수 있게 한다. 이처럼 수업시간은 학교와 가정의 다양한 조직화 방식에 얽힌 다양한 사람들의 〈일〉의 〈사회적 조직화〉이다. 여기서 임금 고용과 같은 여타의 활동들은 수업시간에 맞춰 조정될 수밖에 없다.

수업시간과 같은 용어들은 단순히 어떤 실체를 지시하는 것처럼 보인다. 그러나 이런 선입견을 받아들이면 일상의 관찰을 제쳐두게 된다. 비더(Wieder, 1974)가 범죄자들이 사용한 말에서 범죄 코드를 발견한 것처럼, 용어들은 일상생활 속의 사람들의 활동들을 조직화하는 데 사용된다. 선행연구(Jackson, 1974; D. E. Smith, 1990d)에서, 낸시 잭슨(Nancy Jackson)과 나는 밴쿠버 신문사 편집실에 관한 제도적 문화기술지 연구를 하였다. 우리는 연구를 진행하면서 사람들이 어떻게 자신들이 행한 것을 추상화된 명사 형태로 전환하는지 그 행위를 비판적으로 보아야 함을 알게 되었다. 예를 들어 어떤 불가사의한 사건이 있었는데, 우리는 그 '뉴스'에 대한 내용을 기자로부터 들었다. 우리는 그 불가사의한 상황이 일상적 맥락에서 사용되는 용어로 추상화되면서 만들어졌다는 것을 알게 되었다. 말하자면, 추상화하지 않고 사회적 조직화를 탐색해야 함을 알게 되었다. '뉴스'는 특정한 날에 일어난 특정한 일이다. 그것은 계속되는 특정의 역사적 순간에 발생되는데, 무엇인가와 연결되고 관련되어 있으며, 무엇인가에 영향을 미친다(D. E. Smith, 1990d). 잭슨은 우리의 연구과정을 다음과 같이 기술하였다.

우리는 뉴스나 취재물 또는 기삿거리와 같은 것들을 감각으로는 찾을 수 없었다. 우리는 언어로 서술함으로서 조직화의 대상이 만들어진다고 생각했다. 우리는 우리의 이런 생각과 감각 간에 어떤 관계가 있는지 알아보기 시작했다. 우리가 알아낸 것은 언어로 기술하는 것이 어떻게 우리가 찾아내지 못한 감각을 설명해주느냐 하는 것이었다. 취재물과 기사들에서 관습적으로 해왔던 것처럼, 만일 우리가 어떤 객관적인 현상을 표현하기 위해 그에 해당되는 용어를 취했다면, 그 취재물이 어디로부터 비롯되었으며 그것의 스토리가 무엇인지에 대한 질문을 던지지 못했을 것이다. 우리는 이런 질문들로 시작했다. 우리는 "실제로 아무것도 일어나지 않았다"거나 "아무 데서도 발견되지 않았다"라는 기사에서 이런 종류의 갭이 있음을 알게 되었다. 이를 통해 우리는 이른바 대상이라고 하는 것들이 … 〔실체라기보다〕 조직화된 관계임을 알기 시작했다(1974: 40).

기삿거리들은 그날 벌어지는 사람들의 〈일〉 속에서 나오지만, 기자들이 취재하고 책임지는 것과 별개로 이루어지는 기사는 어디에도 없다. 일상적 일에서 참여자들의 언어를 명사화하면, 사회적 조직화와 사회관계가 사라지는 추상화가 일어난다. 마르크스가 정치경제학에서 제기했던 동일한 문제를 비슷한 수준에서나마 알아냈던 것이다. 마르크스의 《자본론》(1976), 특히 제 1권은 정치경제학에 대한 비판이다. 왜냐하면 '상품', '임금', '노동', '자본', '화폐' 등과 같은 정치경제적 개념들에 반영되고 기저를 이루는 역사적 발달과정과 사회적 관계를 드러내주었기 때문이다. 사람들의 일상의 삶 수준에서 연구하는 제도적 문화기술지는 일상과 지배관계가 연결되는 〈사회관계들〉과 〈사회적 조직화〉를 발견하고자 한다. 이론적 개념의 증가는 사회적 조직화를 발견하려는 이러한 중요한 탐구에 귀 기울이지 못하게 만든다.

문화기술지 방식으로 풀어내는 정보제공자들의 이야기를 명사화해 대면, 일상을 넘어 일반화로 도약하려는 유혹이 일어난다. 이런 일반화로의 이동은 순전히 언어 안에서만 일어난다. 이는 담론과 정보제공자 간의 대화에 대한 반응이다. 여기서 담론은 제도적 문화기술지 연구자로 하여금 일반적 진술을 하게 만든다. 이것은 근거이론이 갖는 위험 중의 하나이다. 글레이저와 스트라우스(Glaser and Strauss, 1967)는 '죽음 인식의 맥락'과 같은 개념을 일반화하는 것은 이후 연구에서 체계적으로 발전되어야 한다고 하였는데, 인터뷰에서의 표현들을 개념으로 위치지어온 것은 근거이론 연구들에서 흔한 일이다. 개념은 **일반화의 도구**이다. 연구자는 단순히 자신의 연구에서 이론적 지위를 안전하게 해주는 방편으로 개념에 의존하기 쉽다.

이와는 달리 제도적 문화기술지 연구자들은 일반화하고 표준화하는 과정들을 언어를 포함한 사람들의 일상활동이라는 제도적 문화기술지 자료 안에서 찾아야 한다. 그러므로 제도적 문화기술지의 방향은 일상활동이 무엇이며 그들의 조정이 어떻게 이루어지는지를 발견하는 것에 있다. 이렇게 보면, **직업, 감독관, 취재물, 뉴스**와 같은 용어는 일상적인 〈일〉을 표현하는 어휘의 일부가 된다. 이 용어들이 반영하는 사회관계는 무엇인가? 그러한 관계에서 그 용어들이 나타내는 것은 무엇인가? 그리고 이들 〈사회관계〉는 일상적으로 관찰된 것을 넘어 제도적인 과정들을 일반화하는 데 어떤 역할을 하는가?

마르코의 이야기 곳곳에서 그의 경험적 이야기를 나타내는 단어에는 그의 경험의 특수성을 넘어 일반화된 형태들, 관계들 그리고 조직화에 대한 준거들이 들어 있다. 이 준거들은 찾아내고 밝힐 수 있다. 개개인의 개별적 스토리가 배태된 경험적 이야기에는 사회관계와 사회적 조직화가 포함되어 있다. 여기서 경험적 이야기는 그 경험이 말해지는 언어를 토대로 한다. 우리는 일상언어가 수반하는 사회적 조직화를 구체화하고 염두에 두지 않고는 일상언어를 말할 수 없다(4장 참조).

4. 자료와 대화하기

경험을 말하거나 글로 쓰는 것 ― 경험적 대화 ― 은 언제나 있는 일이다. 그러나 제도적 문화기술지는 보다 중요한 자료가 될 만한 것을 창출하기 위해 인터뷰로 혹은 현장에서 사람들과 〈대화〉를 시작한다. 이처럼 제도적 문화기술지의 대화는 연구자들이 단지 배울 수 있는 기회만은 아니다. 그것은 어떤 결과를 목표로 한다. 제도적 문화기술지의 대화는 인터뷰를 하는 사람/관찰자와 정보제공자 간의 대화 또는 관찰자와 정보제공자의 경험 간에 이루어지며, 이는 제도적 문화기술지 담론에 참여하는 연구자에 의해서 암묵적으로 조직화된다. 제도적 문화기술지 연구자는 자신의 연구가 도움이 되었으면 하는 사람들이나 조직들을 위해 출판 또는 보고서를 쓸 경우, 그 자신이 설명하고자 하는 어떤 담론을 지향한다. 이렇게 경험적 대화는 사회관계의 한 순간, 즉 조정된 행위의 한 시퀀스로 보일 수 있다. 이 조정된 행위는 정보제공자와 연구자 간의 대화를 학문적이고 전문화된 담론의 제도 속으로 끌어오는 시퀀스의 한 순간 또는 한 단계로 조직화된 것이다. 이 시퀀스의 다른 순간들도 대화적이지만, 우리는 우리가 자료라고 부르는 것, 즉 우리가 문화기술지로 부르는 독자와의 대화를 만들어내는 자료에 초점을 맞춘다. 여기에서 두 가지가 가장 핵심적인데, 하나는 관찰 현장에서 정보제공자와 이루어지는 일차적 대화이고 또 하나는 일차적 대화로부터 나온 텍스트와의 대화(필드노트나 녹음 내용의 필사본을 읽고 인덱스로 구분하는 것)이다.

일차적 대화는 연구자와 인터뷰 대상자 간의 권력 불평등 때문에 비판받아왔다. 내 기억에 앤젤라 맥로비(Angela McRobbie, 1982)는 이러한 주제를 제기한 첫 번째 사람이었다. 비록 경험과 분석의 다양성에 대한 논의가 축적되었지만, 이 문제의 기본적 차원들은 변하지 않았다. 이 문제는 제도적 문화기술지 연구자와 이 연구에 참여하는 참여자들 간의 관계, 그리고 제도적 문화기술지 연구자가 내부자 또는 외부자로서 연구 참여자들과 맺는 관계에서 발생하는 권력관계이다(Naples, 2003: 76). 앨리슨 그리피스와 나(Griffith and D. E. Smith, 2004)는 저소득 지역 학교에 다니는 자녀의 엄마들과 인터뷰를 하면서 이 문제에 부딪혔다. 트레이시 레이놀즈(Tracey Reynolds, 2002)는 흑인 여성으로서 흑인 여성들을 인터뷰한 경험을 탐색하였다. 레이놀즈는 인터뷰했던 여성들과 같은 흑인이었기 때문에 그녀가 경험해온 이런 몇 가지 문제들을 예상하지 못했다. 인터뷰 대상자 중 한 명은 자신이 바라본 차이점을 분명히 지적했다. 그녀는 전문가이며 중산층 흑인 여성인 레이놀즈의 사회적 지위와 미용사인 자신의 지위를 비교하였다(305).

내가 보기에 찰스 브릭스(Charles Briggs, 2002)는 권력 불균형 문제에 대한 페미니스트들의 견해에 무지해 보이는데, 그는 이 '권력 불균형' 문제를 사회학적 인터뷰에서 기본적으로 발생하는 일반적인 모습으로 받아들이고 있다.

인터뷰하는 사람들은 몇 가지 원칙을 견지해야 한다. (질문들을 건넴으로써) 답변의 내용을 통제하고, (언제 새로운 질문을 던질지 결정함으로써) 답변의 길이와 범위를 통제하고, 인터뷰와 그것이 산출하는 정보에 대해 연구의 모든 참여자들이 그들의 위치를 구성하는 방식을 통제하는 것이다 (911).

이처럼 찰스 브릭스는 인터뷰하는 사람들이 인터뷰 상황을 통제할 때, 그리고 더 나아가 인터뷰 과정에서 학문적 관심사가 가리키는 선입견을 부과할 때 권력의 차이가 있다고 보았다.

인터뷰나 현장관찰이라는 작업 자체는 제도적 행위의 한 시퀀스에서 조정된 것이다. 브릭스는 '권력 불균형' 문제를 연구자가 자원, 자료를 담론 내의 표현으로 바꾸어내기 위해 취하게 되는 사회적 관계의 한 순간으로 공식화하고 진단한다. 본래의 관찰이나 인터뷰로부터 나오는 행위의 시퀀스는 일련의 대화로 구성된다. 이들 대화는 특정담론 안에서 조직화되는데, 이때 연구자들은 담론에 참여하지만 정보제공자나 피관찰자는 참여하지 못한다. 두 가지 대화 중, 일차적 대화는 인터뷰 또는 참여관찰에서 이루어지는 실제적인 협동 과정이다. 어떤 종류의 말이나 관찰에서든, 연구자의 역할은 그가 참여하는 담론 안에서 이루어진다. 어떤 의미에서 연구자는 사회학적 담론과 정보제공자 또는 피관찰자 간의 교환을 만들어내거나 매개한다. 담론은 사람들의 일을 조직화하는 데 지속적으로 관여하면서, 그 담론에 참여하지 않는 타인들과의 적극적인 관계 속으로 끌려들어온다. 정보제공자 또는 피관찰자들은 제도적 문화기술지 연구자들을 통해 그들이 참여하지 않는 학문적 담론과 그들에게 보이지 않는 대화에 휘말려든다. 그러나 이들은 대학 종사자(교수, 연구자 등)들을 연결하는 복잡한 망 안에서 학문적 담론의 〈일 조직화〉에 참여한다(예를 들어 윤리적인 문제에 대한 검토 동의서에 서명하는 것). 이들은 정부나 민간기금기관 및 이들의 요구와 통제들, 전문적이고 학문적인 담론의 질서를 제시하는 출판물과 출판 서평 그리고 제도적 문화기술지 연구자들의 연구물들을 읽는 최종의 독자들과 같은 복잡한 망 안에 참여한다. 브릭스가 말하는 정보제공자와 피관찰자 간의 권력불균형을 만들어내는 것은 그들의 무지이다. 연구자들은 자신들이 잡아채온 것이 무엇인지 알지만, 정보제공자들은 모른다.

제도적 문화기술지 연구자들에게, 두 번째 대화는 첫 번째 대화에 이어 일어난다. 제도적 문화기술지 연구자들은 녹취록을 읽거나 연구자의 현장노트를 읽을 때 인터뷰나 관찰된 것을 재발견하게 된다. 연구자들 또한 인터뷰나 참여관찰에서 정보제공자 또는 관찰된 사람들만큼 지속적인 상호교환 속에 있게 된다. 연구자들은 지속적으로 이루어지는 사회적 행동의 틀 안에서 듣고 반응한다. 그러나 인터뷰나 관찰에는 연구자가 그 과정 자체에서 알거나 듣게 되는 것보다 훨씬 더 많은 것들이 들어 있다. 놀라운 것은 인터뷰 녹취록을 들을 때마다 인터뷰 당시에는 보지 못했던 많은 것을 새롭게 알게 된다는 것이다. 경험적 이야기의 한 사례인 마르코와의 인터뷰를 다룬 책에서, 나는 인용된 구절과 주제 및 언어 사이를 앞뒤로 왔다 갔다 했는데, 이때 전에는 보지 못했던 것을 그 구절에서 발견했다. 나는 마르코와 그의 가족 그리고 마르코와 그의 지도감독관 간의 대화에 내재된 것을 볼 수 있었다. 즉, 그가 경험을 이야기할 때 어휘와 지시어들을 어떻게 사용하는지 볼 수 있었다. 나는 그의 이야기가 사건을 정확하게 말하는지에 대해서는 관심이 없다. 내 관심은 그의 경험 자체, 그가 어떻게 경험을 이야기하는지, 그리고 그의 경험 속에 〈사회관계〉와 〈조직화〉의 흔적이 어떻게 나타나는지에 있다. 새로운 대화와 발견이 이루어진 것은, 마르코와 내가 서로 협조하면서 이야기했던 것과, 언어가 사회적 조직화를 수반하는지에 대해 알고자 했던 나의 연구맥락 간의 대화에서였다.

제도적 문화기술지는 경험자들의 권위를 인정함으로써 연구자들의 무지를 알게 해준다. 제도적 문화기술지 연구자들은 정보제공자 또는 관찰 세팅에서 무언가를 배우는 경청자, 그것도 민감하고 사려 깊고 깊숙이 탐구해 들어가는 그런 경청자이다. 그러므로 연구자와 정보제공자 간 관계의 권력불균형은 덜 중요해보인다. 물론 정보제공자와의 대화를 주도하고, 정보제공자에게 주제를 부여하며, 어느 정도 대화의 방향을 이끌어가는 사람은 연구자이다. 그러나 연구자는 연구의 향후 단계에서 이용가능한 자료를 만들어주는 정보제공자에게 의존한다. 모든 정보제공자가 연구에서 이용 가능한 자료를 만들어내는 것은 아니다. 연구자와 정보제공자 사이에 때때로 존재하는 불균형한 지위의 문제는 트레이시 레이놀즈(Reynolds, 2002)에 의해 제기되었다. 내 경험으로 보면, 이 문제는 정보제공자가 자신의 정보가 이용되거나 자신에게 불리하게 작용할지 모른다는 의구심을 가지고 인터뷰에 마지못해 참여하는 것, 또는 인터뷰하는 사람의 중산층적 옷차림, 말투와 질문 방식 등에 대한 일반적인 반감을 갖고 마지못해 참여하는 것을 의미했다.

내 경험에서 더 큰 문제는, 정보제공자가 어떤 출신인지 제대로 이해하지 못하고 인터뷰할 때였다(Griffith and D. E. Smith, 2004). 그러나 〈일 지식〉에 초점을 둔 제도적 문화기술지 연구에서의 나의 인터뷰 경험으로 미루어볼 때, 일반적으로 정보제공자는 누군가에게 처음으로 자신의 일상의 삶을 이야기하고 있다는 것을 발견하게 된다.

나는 일터에서의 비공식적 학습에 관한 연구를 위해 온타리오 주 철강노동자를 인터뷰하면서(D. E. Smith and Dobson, 2002), 종종 그들이 레이놀즈(Reynolds, 2002)가 묘사한 것과 같은 코멘트로 인터뷰를 시작한다는 것을 알았다. 그들은 지식을 마치 스테판과 나 같은 학자들만이 할 수 있는 그 어떤 것으로 여겨, "왜 저와 인터뷰하려고 하세요? 저는 아무것도 몰라요"라고 말할지도 모른다. 그러나 우리가 그들의 경험으로 이동하여 그들의 일과 그 일을 어떻게 하는지, 그리고 일하는 과정에서 무엇을 배웠는지에 대해 물으면, 그들은 즉시 그리고 편안하게 경험자가 특권적 위치에 있다는 것을 알게 된다. 일단 인터뷰가 시작되면 그들은 많은 것을 얘기하고, 우리는 많은 것을 배우게 된다. 우리가 해야 할 것은 그들이 연구와 관련된 주제에 대하여 계속 얘기하도록 하는 것, 그들이 얘기한 것 중 이해되지 않거나 우리가 더 알고 싶은 부분에 대해 질문을 던지는 것이다. 우리가 연구하고자 했던 것은 철강노동자라는 특정 직업이 아니라 그들이 어떻게 그들의 직업을 배워나갔는지였다. 그리고 그 과정에서 연구에 대한 선입견은 깨져나갔다.

경험의 본질이 대화에 있다고 말할 경우, 경험은 말하거나 쓰이지 않으면 존재하지 않게 되는데, 바로 이것이 제도적 문화기술지 연구자들이 늘 빠지는 함정이다. 자료는 항상 정보제공자와 연구자의 협동으로 산출된다. 자료는 언제나 말이나 관찰의 상황에 의해서, 혹은 상황에 맞춰서, 그리고 특정의 담론적 관례의 범위 내에서 만들어진다. 우리는 이것을 오염으로 취급해야 하는가? 내 생각에 그건 난센스이다. 제도적 문화기술지 연구자들이 자신의 경험을 자원으로 활용한 몇 가지 사례를 들어보자. 제럴드 드 몽티니(de Montigny, 1995a)의 사회복지 실천행위에 대한 정교한 분석은 그의 경험으로부터 도출되고 분석된 것이다. 그것은 제도적 문화기술지 담론 내에서 이루어진 하나의 대화이다. 제도적 문화기술지 담론은 그가 다른 것으로는 묘사할 수 없던 것을 발견하고 묘사하게 해주었다. 이와 유사하게, 카미니 그레이엄의 분석(Grahame, 1998)도 미국 내 대규모 주류 백인조직에서 일한 그녀의 경험에 대한 것으로, 이주여성에 대한 이슈를 다룬다. 그녀가 발견한 것은 드 몽티니의 연구에서와 같은 대화적 특징이었다. 그레이엄은 제도적 문화기술지 덕분에 자신이 관여하던 조직에 대해 탐구할 수 있었지만, 그 조직에서 연구에 참여할 유색인종 여성을 찾기는 어려웠다. 주류 백인조직은 유색인종 여성들이 아직 조직화되지 않았고, 따라서 자신들처럼 조직에 참여하도록 훈련될 필요가 있다고 생각하였다. 그러나 그레이엄 자신의 경험은 이와 달랐다. 그녀는 주류 조직과 동일한 이슈에 매우 적극적인 유색인종 여성조직을 알고 있었고, 그 조직에 접촉할 수 있었다. 그녀는 "민간재단, 풀뿌리 여성조직, 그리고 주 정부 사이에서의 주류 백인조직의 위치"(1)와 주류 조직의 포섭 이데올로기가 유색인종 여성들 사이에서 이미 진행되는 것을 어떻게 알지 못하도록 가로막았는지 보여준다. 유색인종 여성조직은 정부와 민간재단의 자금과 규제를 통해 주입된 제도적 담론에는 드러나지 않았다. 드 몽티니와 그레이엄은 〈일 지식〉(7장 참고)을 그들 연구의 주요한 경험적 자원으로 끌어들였다. 이들의 이야기가 드러나는 대화에는 제도적 문화기술지 담론이 적용되었다. 이때 제도적 문화기술지 담론은 발견을 위해 해석의 개입을 피하고 정보제공자 — 위 사례에서는 연구자 자신들 — 와 협력하게 한다.

제도적 문화기술지 연구자는 사람들의 경험과 사회학적 담론 간의 대화를 이끌어가는데, 이 대화가 갖는 힘은 연구자가 인터뷰 시 갖고 있던 선입견을 변화시킬 수 있고, 아마도 변화시켜야 한다는 점이다. 이처럼 제도적 문화기술지 연구자는 그가 가진 담론과 사람들 또는 사람들의 〈일〉 사이의 상호교환을 만들어내거나 매개한다. 마르코를 인터뷰했던 연구는 전에 말했던 것처럼, 제도적 문화기술지 연구가 아니다. 나는 마르코를 인터뷰할 때 특정 틀을 가지고 했는데, 그것은 마르코가 그의 직업에서 경험한 비공식적 학습에 관한 것이었다. 이러한 인터뷰의 대화적 특성이 나의 관심사였고 초점이었다. 나는 마르코로부터 그의 비공식적 학습에 대하여 배우고 있었다. 그는 앞에서 인용되었던 내용에 이어, 자신이 이러한 비공식적 학습으로부터 배운 것을 공장에 일하러 온 젊은 사람들에게 어떻게 전달하는지 설명했다.

마르코 그것이 제가 견습생에게 얘기한 첫 번째 일이었어요. 〔도로시: 당신이 그들에게 얘기했어요?〕 "만일 직감적으로라도 너의 생명에 위협을 느낀 적이 있다면, 식당으로 가서 직업이 아니라 바로 그것에 대해서 얘기해보자"고 했어요.

이것은 내가 처음에 비공식적 학습이라는 토픽을 설정했을 때의 생각과는 전혀 다른 것이었다. 그 연구는 '비공식적 학습'이라는 주제에 관심이 있는 대규모 연구들의 일부로 진행되었다. 비공식적 학습이라는 전체 주제는 공식적 교육이나 훈련의 장 밖에서 기술을 배운다는 점에서 매우 관례적으로 여겨졌다. 마르코와 다른 철강공장 노동자의 인터뷰에서 배운 한 가지는, 연구를 시작할 때 정했던 비공식적 학습이라는 개념이 부적절하다는 것이었다. 나는 '그 직업'과 관련된 기술들을 배우는 것이 내가 발견하고 싶은 것이라고 당연시했다. 스테판 돕슨과 나는 온타리오 주 해밀턴 시에 있는 스텔코 철강공장 1005구역에서 일하는 마르코와 다른 노동자들과의 인터뷰에서, 그들의 경험적 학습이 우리가 시작할 때 가졌던 다소 관례적인 견해와는 다르게 더욱 풍부하고, 더 깊이 있다는 것을 알게 되었다. 어떤 의미에서, 나는 정보제공자들과의 인터뷰 녹취록을 읽고, 메모하고, 생각하면서 일종의 대화를 한 것이다. 내가 알게 된 것은, 마르코와 그의 견습생들의 대화에서 보여주었던 것처럼, 자신의 경험에서 배운 사람들은 그들이 배운 것의 교사라는 점, 그리고 무엇을 가르쳐야 할지를 생각한다는 점이었다. 사실 내가 얘기를 나누었던 노동자들 중 한두 명은 신입들에게 그 일을 가르치는 특별한 기술을 알아냈다. 엄격하게 말하면, 비록 제도적 문화기술지를 연구하지 않았음에도 나는 내 선입견을 넘어서서 인터뷰했던 사람들로부터 배우고 있었다.[3]

---

3 나는 발견되지 않거나 사람들의 경험에 근거한 문제틀에 기반하지도 않은 채, 미리 결정된 주제로 공동 프로젝트를 수행했다.

대개의 경우, 제도적 문화기술지에서 발견하는 것은 연구자가 모르는 것을 배운다는 데 있지 않고, 연구가 시작될 때 충분히 설정되지 않았던 개념이나 선입견을 깨뜨리는 데 있다. 앞에서 설명한 것처럼, 앨리슨 그리피스와 나는(Griffith and D. E. Smith, 2004) 연구과정에서 '엄마 노릇 담론'을 발견하였으며, 엄마 노릇에 대한 선입견이 어떻게 우리 연구에 개입되었는지 이해하게 되었다. 이 점을 안 그 단계에서, 우리는 이미 자료 수집이 끝난 상태였다. 엄마 노릇 담론에서 비롯된 선입견들은 우리 연구에서 사용한 개념과 우리가 채택한 인터뷰 전략에 꼭 필요한 것이었다. 우리의 연구에는 탐구되지 않은 영역이 분명히 있었는데, 이를 고치기에는 너무 늦어보였다. 공백이 있다는 것을 알기는 했지만, 그 부분을 연구하는 것은 다른 사람들의 몫으로 남겨두었다. 사람들의 경험으로부터 배우는 것은 연구자가 경험을 다루는 것보다 항상 훨씬 더 풍부하다. 연구자와 정보제공자 관계의 속성인 권력불균형 문제는 연구자의 통제를 강조한다. 그러나 권력불균형은, 비록 일시적이긴 하지만, 연구자가 정보제공자를 끌어들이는 제도적 관계의 맥락 안에서 보인다. 인터뷰 과정이 고도로 통제되는 경우, 연구자를 통해 매개되는 담론과 정보제공자 간 상호교환의 영향은 사라진다. 그러나 제도적 문화기술지 연구의 핵심은 연구자들이 모르는 것을 정보제공자가 가르쳐줄 수 있다는 것이다. 제도적 문화기술지 연구자의 통제에 대한 관심은 사라지는 것이 아니라, 정보제공자의 경험이 갖는 권위를 존중하고 그것을 발견하고자 하는 연구자의 노력에 의해 균형 잡히게 된다. 제도적 문화기술지 연구자는 정보제공자와 처음 만나거나 인터뷰 녹취록과 대화할 때, 혹은 관찰된 현장노트를 검토할 때 도전받거

나 변화되도록 담론을 드러낸다. 제도적 문화기술지 연구자와 정보제
공자가 협력하여 경험을 구성한다는 것은, 말하고자 하는 세계에 대한
사회학적 담론과 경험된 〈실제들〉 사이의 대화가 암묵적으로 이루어
지는 것을 의미한다.

5. 결론

버틀러와 스코트(Butler and Scott, 1992), 스코트(Scott, 1992), 모야
(Moya, 2000)에 의하면 경험은 지식으로 직접 전환될 수 없는데, 그 이
유는 경험이란 말해지는 것이든 아니면 연구자와 정보제공자 간의 협력
의 산물이든 간에, 근본적으로 담론에 의해서 형성되는 산물이기 때문
이다(Cicourel, 1964). 제도적 문화기술지는 경험이 대화를 통해 드러
난다는 견해를 거부하지 않는다. 이와는 반대로, 담론이나 말하기 장
르(1981, 1986)에 대한 바흐친의 이론을 채택하면, 경험은 자기의 경험
을 말로 표현하는 화자와 경험의 산출에 협력하는 청자 사이의 대화과
정을 통해 드러난다. 특히 청자들이 화자에 어떻게 귀 기울이는지, 어
떻게 듣는지, 어떻게 질문하는지에서 드러난다. 이런 식으로 드러나는
경험은 자료의 출처로 타당하다. 만약 제도적 문화기술지 연구자가 사
람들의 일상의 삶에 대한 이야기 속에서 사건의 상태가 아닌 제도적 조
정방식을 추적하는 데 관심을 가지면, 정보제공자가 그 경험을 어디에
서 했든지 간에 그 경험은 탐구되고, 확장되며, 열리고, 채택되는 자원
이 된다.

대화의 두 단계가 소개되었다. 일차적 대화는 경험으로 드러나는 대화이다. 이차적 대화는 연구자가 일차적 대화, 즉 그의 자료 혹은 다른 출처들에서 산출된 자료를 다룰 때 드러난다. 이차적 대화에서 정보제공자가 사용한 언어 속에 함축되어 있는 사회적 조직화는 제도적 조정 형태의 흔적을 담고 있다. 여기서 제도적 조정의 형태는 현재 나타나 있으며, 경험적 이야기의 소재가 되는 일상을 조직화한다. 일차적 대화와 이차적 대화의 어휘 속에 담겨 있는 사회적 조직화는 제도적 문화기술지 연구자로 하여금 선입견을 변화시키고 연구를 새로운 방향으로 열리게 한다.

제도적 문화기술지 연구자의 무지는 아주 귀중한 자원이다. 일차적 대화에서 연구자 자신이 얼마나 아는 것이 없는지 발견하는 것은, 정보제공자를 지식이 있으며 자신을 가르칠 수 있는 사람으로 여기는 데 있어 매우 좋은 자극이 된다. 제도적 문화기술지 연구자들은 이 관계에서 변화를 목표로 하며, 그것이 바로 자신의 수정되어야 할 담론들에 대한 선입견 — 그가 참여하는 담론 또는 담론들에 대한 선입견 — 을 드러내는 변화의 과정이다. 경험적 이야기에 함축되어 있거나, 보다 보편적으로 연결고리를 보여주는 표시인 〈사회적 조직화〉와 〈사회관계〉의 개념을 드러내는 것은 연구자가 분석과정에서 겪는 주요한 시험이다.

제도적 문화기술지로 정보제공자와 연구자 간의 경험적 대화를 다루는 것은 정보제공자의 경험을 끌어올려 그것을 전환해주는 사회관계 속에서 대화의 순간을 넘어선다. 이것은 인터뷰를 텍스트로 생산하는 녹취의 작업 속에서 전환된다. 제도적 문화기술지 연구자와 정보제공자 간에 적극적이고 협력적으로 지속되는 대화는 종결된다. 녹취록이든 현장노트이던 간에 그 생산물은 연구자를 텍스트와의 새로운 대화로 끌어들이고, 그것이 무엇인지 밝혀내는 작업으로 연구자를 끌어들인다. 펜스(Pence, 2001)는 이러한 순간을 **상호교환의 과정**(*processing interchange*, 8장에서 부연설명)이라 했으며, 이 과정은 시퀀스 안에서 다음 단계로 넘어가기 위해 하나의 텍스트가 새로운 텍스트로 생성되는 지점이다. 이 점이 바로 정보제공자가 한 말을 연구자의 해석에 종속시키는 근거이론(Glaser and Strauss, 1967)과 같은 방법들과 구별되는 지점이다. 그렇다. 우리는 다음 장에서 보여주겠지만, 사람들의 경험 속에 배태되어 있지만 잘 보이지 않는 〈사회적 조직화〉를 찾아내기 위해 그들의 이야기를 모아야 한다. 그러나 그들이 우리에게 얘기한 내용을 재해석하지는 않는다. 제도적 문화기술지 연구자들의 작업은 개인들과의 대화, 그것이 녹취록이든, 오디오나 비디오테이프이든, 현장노트이든 연구자의 기록들 간의 대화를 전환하여 새로운 대화를 창조하는 것이며, 그리고 이것이 바로 제도적 문화기술지로 만든다. 이렇게 하여 사람들의 행동이 다른 사람들의 행동과 엮이는 연결, 유대, 협력, 다양한 조정 형태가 가시화된다. 제도적 문화기술지에서는 어느 누구의 이야기도 무시되지 않는다. 즉 어떤 이야기도 억압되지 않으며(모든 이야기들을 다 말하지는 않겠지만, 그리고 그 이야기들이 모두 인용되지는 않지만), 그 이야기들 간의 연결을 찾아내고 그것들을 모아서 분석에 사용한다.

제 7 장

일 지식

그렇다면 제도적 문화기술지 연구자는 대화 자료에서 무엇을 추구해야 하는가?[1] 제도적 문화기술지 연구자는 사람들이 무엇을 행하고, 그 행동들이 서로 어떻게 조정되는지를 발견하고자 하며, 그에 질문을 던지고 관찰하는 사람이다. 제도적 문화기술지 연구자로서, 우리는 무엇을 보고, 무엇에 대해 질문해야 하는가? 우리는 어떻게 질문하고 어떻게 관찰해야 하는가? 정보제공자로부터 배운 것을 분석에서 신뢰할 만한 자료로 활용할 수 있기 위해서, 정보제공자의 관심을 어떻게 틀지어야 할까? 시범적으로 해본 모의 문화기술지에 대해 이야기해보자. 이 모

---

1 마저리 디볼트와 리자 맥코이는 《제도적 문화기술지의 실제》에서 제도적 문화기술지 연구자가 사람들의 활동으로부터 어떻게 배우는지, 그리고 그러한 활동들이 어떻게 다른 사람들의 활동들과 조정되는지를 기술하였다.

의 문화기술지는 참여자로서 갖는 나의 〈일 지식〉(*work knowledge*)에 크게 의존한다. 학생으로서 그리고 교수로서 학계에서의 나의 경험이 포함되어 있기는 하나, 나의 〈문제틀〉은 2~3년 전 대학생과 나눈 대화로부터 비롯된다. 이 연구의 밑그림은 대학의 성적 산출에 대해 내가 알고 있던 것이 기반이 되었고, 나의 〈일 지식〉은 다른 이와의 이야기를 통해서 그리고 그들이 알고 있는 것을 배움으로써 확장되었다.

1. 대학 성적과 학점 매기기에 관한 일 지식: 하나의 짧은 문화기술지

캘리포니아대학교에서 사회학 강사로 수업을 시작하면서, 내가 대학 교육직무에 관해 배운 최초의 일 중 하나는 학점 매기기이다. 한번은 중간고사에서 많은 학생들이 B 학점 이상을 받게 되었다. 나는 이 결과에 상당히 기뻤다. 왜냐하면 이 결과를 나와 내 수업보조자의 교수법과 교육과정이 성공적이었기 때문에 나타난 것으로 여겼기 때문이다. 그러나 학교 경영진은 그렇게 보지 않았다. 경영진은 학생들의 성적 결과가 표준분포곡선으로 나타나길 원했고, 이를 내게 요구했다.

이 경험으로부터 나는 학점 매기기 제도에 관해 두 가지를 알게 되었다. 하나는 시험 및 과제를 통해 변별력이 만들어진다는 것이다. 시험과 과제가 자동적으로 성적의 표준분포를 만들어내는 것은 아니다. 그것은 그렇게 기획되어야만 산출될 수 있다. 그렇다, 나의 평가는 뛰어난 몇몇 시험성적을 제외하고는 강의를 듣고 읽기 과제를 수행한 사람과 그렇지 않은 사람을 구별했을 뿐이다. 이렇게 평가하면 등급에 따른 표준분포가 만들어지지 않는다. 두 번째는, 이렇게 등급화된 평가가 학생들의 실제 수행결과를 반영하지 못한다는 점이다. 실제 수업에서는 시험결과가 명확하게 등급화되기 어려움에도 불구하고, 강사는 어떻게든 표준분포에 근사한 성적을 산출해야 한다.

학생 개인들의 학업 정도에 따라 학점이 매겨지는 것처럼 보이지만, 이는 제도적 과정의 산물일 뿐이다. 성적은 대학의 일 조직화(*work organization*)의 **산물**로 보아야 한다. 북미 대학들의 지배적인 교육과정 체제는 특별한 교육학적 근거 없이 수립되었다. 대학 경영진은 교수들을 더 많이 통제하고 싶어 했다(Barrow, 1990). 그들은 교수들이 행정상 정해진 시간보다 적게 일하지 않는지 의구심을 가졌다. 또한 일단 교육과정 체제가 확립되고 나면, 이들 간 상호비교가 가능해진다. 이들 간 비교 단위는 구체적으로 명시될 수 있다. 이렇게 학점을 총계 내고 평균 냄으로써, 난이도가 다른 전공 교육과정들이 같은 것으로 취급될 수 있다. 학생들은 이러한 체계에서 공부하는 방법을 알고 있다. 어려운 과목과 덜 어려운 과목을 병행하는 것, 즉 많은 시간을 할애해야만 하는 과목과 그렇게 하지 않고도 적당히 학점을 받을 수 있는 과목 사이에 균형을 맞추는 것이다.

학점 간 상호비교로 북미 대학들 간에 학점 통용이 가능해졌다. 대학들 간의 이러한 성적 시스템은 공식적으로 대학마다 다른 학점체계를 동일한 것으로 만들었다. 캘리포니아대학교에서 나의 중간고사 학점 매기기를 통제했듯이 다른 대학들도 직접 학점체계를 관리 감독하였다. 또한 대학은 전산화된 자료들이 해킹 당하거나 사본이 유출되지 않도록 관리하면서, 강사로부터 받은 학점 정보를 처리하고 기록물로 보존하였다. 그뿐 아니라 시험 부정행위, 인터넷에서 구입한 문서의 사용과 표절에 대해 유사-사법 처리를 함으로써 통제하였다. 대학이 승인한 학점은 학생의 학업에 대한 평가라는 것, 그리고 자격을 갖춘 강사가 부여한 것임이 보증되어야 한다. 이 모든 과정들은 사람들의 〈일〉이 제도적으로 〈조정〉된 것이다. 교육과정은 학점을 산출하는 학생과 교수진 모두의 〈일 조직화〉로 볼 수 있다. 강사들은 학생들이 배운 것을 테스트할 수 있는 방법을 고안해내야 한다. 교과와 시험평가는 개인, 학과, 대학마다 다르지 않다. 교육과정들은 특정한 교과들로 구성되고 이는 수업강좌들로 실현된다. 수업강좌들은 대학의 일차적 기반인데, 여기에는 텍스트, 교재, 학술지, 소논문, 논문을 '읽고' 토론하는 것, 그리고 많은 경우 전문적 실천이 포함된다. 특정 전공의 교과과정은 학과 내부에서 조정되기 때문에, 학과는 해당 수업강좌들의 담당 강사에게 그에 대한 책임을 부여한다. 강사의 일은 시험 문제를 풀고, 보고서를 쓰고, 여타의 학업수행을 하는 학생의 〈일〉과 함께 이루어진다. 그러므로 학점 매기기는 강사의 일이며, 강사는 (불평이 나올 수 있는) 학점 매기기에 대해 학생들과 대학경영진에 책임을 져야 한다.

우리가 이 과정을 학생들의 입장에서 바라보면, 많은 문제가 있다는 것을 알 수 있다. 학생들의 평점은 대학 간 체계에서 그들을 대변한다. 만일 우리가 시험과 과제를 학생들의 〈일〉로 본다면 학점은 학생들이 수강하는 과목 수에 좌우되며, 기말에 받는 시간 압박과 불안감에 영향을 받는다. 학생들은 더 많은 빚을 지지 않으려고 많은 과목을 들으려할 것이다. 중등과정 이후의 교육과정에 돈이 많이 필요하므로, 아마도 학생들은 돈을 버는 데 많은 시간을 보낼 것이다. 또한 학점은 학생이 집에서 아이들과 배우자와 어떻게 협력하여 시간을 보내느냐에 영향받는다. 신체장애가 있을 경우 도서관에 가기, 강의실 가기, 자료 얻기 등의 일은 더 어려워진다. 이 모든 문제들은 시간이 걸린다. 집에서 학교까지 가는 데에는 시간이 걸린다. 대학의 번잡한 절차에 따라, 강의실에 가는 일, 도서관에 가는 일, 기존 연구물들을 입수하는 일에 모두 시간이 걸린다. 그리고 이들은 장애를 가진 학생들에게는 더욱 오랜 시간이 걸리는 일이다. 이들에 시간이 분산됨으로써 집중적인 연구, 글쓰기, 시험 준비를 할 수 있는 시간은 줄게 된다. 공부와 시험 준비를 할 시간이 줄어든다는 것은 낮은 학점을 의미한다. 학생들의 전념, 능력과 상관없이 예기치 않은 사건들은 학생들의 일 현장의 실제 조건들을 더 악화시킨다. 그러나 수강을 하고 시험을 준비하고, 과제를 하는 학생의 〈일〉, 그리고 대학 간 통용되는 평점을 내는 제도적 질서에서는 보이지 않는 학생의 일이 실제 상황에서는 학점 매기기 과정에 의해 만들어진다. 학점은 단순히 학생들이 강사에게 과제를 제출한 행위를 근거로 매겨지지 않는다. 몇몇 강사들은 장애를 가진 학생들이 편의시설이 거의 부재한 탓에 다른 학생들에 비해 불공정하다는 것을 안다. 장애를 가진 학생들도 몇몇 강사들이 이를 고려한다는 것을 알 것이다.

　시험과 학점 매기기 방법은 영국에서처럼 전국에 걸쳐 표준화되어 있지 않다. 출판사에서는 아마도 교재와 함께 사용하기 적절한 시험문제들을 강사들에게 제공하기도 한다. 서술형의 과제로 평가하기에는 수업규모가 많이 커져서, 객관식 시험은 갈수록 더 기술적이고 세련되어진다. 그렇긴 하지만 일반적인 교육과정에서 시험, 과제들은 강사의 선택이고 교육과정의 특성을 지향한다. 학점 매기기는 객관적인 것으로 생각되지만, 평가가 객관적일 수 있는 정도는 교과와 시험 양식에 따라 매우 다양하다. 예를 들어, 몇몇 학문 분야에서는 학생들에게 관련 기술을 습득시키기 위해 덜 객관적인 시험들, 이를 테면 에세이 쓰기와 같은 것들이 꼭 필요하다고 본다. 다지선다형 시험은 객관성을 담보하긴 하지만, 오히려 토론에서 학생의 의견을 듣고 평가하는 방법이 더 적절할 수 있다.[2]

지금까지 나는 여러 대학에서 경험한 나의 학점 매기기라는 〈일〉의 맥락에서 배운 바를 이야기했다. 나는 학생으로서 그리고 교수로서 학점 산출에 관여해왔다. 또한 나는 다른 강사들과 그들의 일에 대해 이야기를 나누어왔고, 대학에서 학생들이 직면한 몇몇 이슈에 관해서 학생들과도 이야기를 나누었다. 내 수업에서 한 대학원생이 주요 대학에서 학점을 전산화해 관리하는 과정을 묘사한 문화기술지 논문을 썼다. 많이는 아니지만 나 또한 그 논문을 읽고, 다른 방식으로 교육되는 교과들이 어떻게 동일한 것으로 다루어지는지에 대해 추론해보았다. 만일 내게 이런 경험이 없었더라면, 그들의 〈일〉이 어떻게 이루어지는지 나에게 말해주었던 것들로부터 배워 내 지식의 부족함을 채워나갔을 것이다. 학점 매기기에 관해 그들이 경험한 것을 주고받았을 것이며, 이는 문화기술지로 그려낸 〈일 지식〉이 되었을 것이다. 또한 나는 학점에 대한 상대평가를 유지하고, 고질적인 학점 인플레이션 문제를 다루기 위한 〈일〉을 알아내고자 대학 간 관계의 제도적 질서를 더욱 탐구해

---

2 리자 맥코이가 말한 개인적 의사소통 방법을 말한다.

갔을 것이다. 나는 또한 여러 대학들을 탐구하면서 연구, 학술지, 학술대회, 대학 경영진 간의 계약에 의해 지속되는 '학점 매기기' 담론을 발견했을 것이다.

6장에서 나는 제도적 문화기술지 연구자가 끌어내고 듣는 다른 사람들의 경험들이 연구의 자료가 되며, 그것은 대화라는 점에 대해 말한 바 있다. 만일 내가 앞에 언급한 짧은 문화기술지를 하나의 제도적 문화기술지로 연구하고자 했다면, 사람들이 자신이 담당하는 〈일〉을 어떻게 행하는지에 관해 더욱 상세히 파고들었을 것이다. 나는 학생들로부터 어떻게 그들이 과제 수행을 계획하고 수행하고 시험을 준비하며, 이를 나머지 일상과 어떻게 조율해나가는지를 알기 원했을 것이다. 나는 강사들이 학점을 매길 때 무엇을 하는지, 강사들이 학점 매기기의 방법에 상응하도록 교육과정을 어떻게 짜는지, 집에서 아이들이 잠든 이후에 그것을 하는지, 그들 수업 규모가 어떤지, 조교로부터 어느 정도의 지원을 받는지 알기 원했을 것이다. 나는 교무처의 일이 어떤지, 부정행위와 표절은 어떻게 처리되는지, 학교 경영진 간에는 어떤 논의들이 진행되는지, 그리고 학점 비교에 대해 거론된 이슈에 관하여 관련된 저널에서 어떤 논의들이 진행되는지 등을 알고 싶었을 것이다. 하지만 내가 처음부터 끝까지 필요로 한 것은 여기서 내가 '일 지식'이라고 부르는 것이다. 나는 내가 연구하는 영역의 〈일〉에 대해 잘 아는 사람을 찾았을 것이다. 왜냐하면 그들이 그것을 행하기 때문이다. 나는 일에 관여한 사람들의 경험에서 나온 지식 전반에 흥미를 가졌을 것이다. 그들은 그것을 어떻게 행하는지 알기 때문에, 나에게 그것을 말로 설명할 수 있다. 사람들의 〈일 지식〉을 그려내기 위해, 연구자는 사람들이 행한 것과 그들의 일을 보완하는 조건과 맥락에 대해 그들만이 가진 전문적 지식으로부터 배운다. 인터뷰 녹취는 이 배우는 과정을 재현해준다. 즉 인터뷰 녹취 자료는 연구자와의 협력으로 산출된 정보제공자의 〈일 지식〉에 관한 이야기이지만, 그들의 행위 경험을 아는 누군가의 다른 어떤 이야기보다 더 문제가 있지는 않다.

2. 일 지식: 제도적 문화기술지 연구자의 자료

제도적 문화기술지 연구자가 인터뷰 과정에서 산출하는 〈일 지식〉은 참여관찰에서 산출하는 지식과 본질적으로 다르지 않다. 제도적 문화기술지에서 일 지식은 대화를 통해 창출된다. 정보제공자와 연구자는 일 지식을 창출하기 위해 대화를 통해 협력한다. 참여관찰에서, 일 지식은 연구자들의 연구 노트와 일지, 문화기술지 관찰자의 경험적 대화에서 산출된다. 학점 매기기에 관한 나의 일 지식은 내가 참여관찰자가 되면서 얻어진 것이다. 참여관찰자는 일 지식에 관하여 사람들에게 말을 거는 것 이외에도 일을 행한다. 참여관찰자는 스스로 일을 행함으로써 경험한다. 내부자로서의 경험은 특별한 차원으로 그 이야기에 추가된다. 경험적 자료는 문화기술지 인터뷰에서 광범위하게 산출된다고 하지만(Spradley, 1979), 이는 참여관찰자의 말을 기록한 것과 근본적으로 다르지 않다. 이는 일을 행하는 관찰자뿐만 아니라 일을 주시하고 지켜보고 질문하는 관찰자의 경험에 기초한다. 확실히, 관찰자는 다른 사람과 의논하거나 세밀히 관찰함으로써 무엇이 진행되고 있는지 추측한 것을 점검하고 현장 기록을 써나간다. 그렇기는 하지만 이 자료는 사람들이 문화기술지 인터뷰에서 말한 것과 마찬가지로 경험에 근거한다. 그러나 제도적 문화기술지 연구자는 참여를 통해 제도적 복합체에 관여하게 된다. 만일 제도적 문화기술지 연구자가 활동가라면(G. W. Smith, 1990), 그 혹은 그녀가 가진 행동주의 관점으로 제도적 과정의 차원이 드러나게 된다. 조지 스미스(Smith, 1990, 1995)는 자신의 행동주의 경험을 문화기술지로 서술하였다. 이 과정에서 그는 자신의 행동가로써의 경험을 문화기술지적 발견의 한 예로 묘사하였다.

> 지금까지의 분석을 기초로 시민단체 '에이즈 액션 나우!'(AIDS ACTION NOW!) 와 정치-행정 체제 사이에 이루어진 끊임없는 정치적 충돌에 대한 윤곽을 그려보았다. 이를 통해 나는 자료 검토와 수집의 방향을 잡았다. 나는 자료를 분석하면서 정치-행정 체제에 대한 나의 지식을 확장하고자 했다. 나는 모든 경우에 성찰적 태도로 현장 사람들로부터 나오는 지식을 얻고자 했다. 이러한 측면에서 나는 내가 일원이기도 한 세계에 대하여 내부로부터 끊임없이 나타나는 〈사회적 조직화〉를 문화기술지적으로 서술하고자 했다(1995: 31).

스미스는 행동주의 활동에서 배우고 있었다. 그는 자신의 실천과 다른 사람들의 일 지식으로부터 '정치-행정 체제'를 알아가고 있었다. 그가 연구결과를 내놓지 못했어도, 문화기술지 연구자로서 배우는 과정은 활동가로서 배우는 과정과 본질적으로 다르지 않다.3 터너(Turner, 2003)도 이와 매우 유사하게 접근했다. 그녀의 연구는 다른 거주자들과 함께 집 근처의 협곡 개발계획에 반대하는 행동주의로부터 출발하였다. 터너는 우선 시의회에 제기한 문제와 관련된 것들을 배웠다. 거기서부터 그녀는 거주자들이 항의한 개발의 산물에서 볼 수 있는 제도적 과정을 그려내어, 지자체의 개발계획체제를 사람들의 〈일들〉로부터 배워갔다.

3. 일 지식

내가 〈일 지식〉이라고 부르는 것에는 적어도 두 가지 측면이 있다. 하나는 사람들의 일에 대한 경험이다. 즉, 그들이 생각하고 느끼는 것을 포함하여, 그들이 무엇을 행하고, 어떻게 행하는지에 대한 것이다. 두 번째는 은연중에 또는 명시적으로 일어나는 다른 사람들과의 〈일 조정〉이다. 활동가인 조지 스미스(Smith, 1990, 1995)가 가진 일 지식은 다른 활동가들로부터 배워 보완된 것이다. 6장에서 언급한 철강노동자인 마르코와의 인터뷰에는 설명되지 않은 존재들이 있었다. 그들 중 하나는 마르코의 관리감독자였고, 다른 사람들은 그의 가족들이었으며, 회사는 막연하게 '그들'로 표현되었다. 우리는 이러한 사람들의 일에 대한 경험적 이야기를 하나의 문(doors)으로 생각해볼 수 있다. 제도적 문

---

3 활동가로서의 조지 스미스의 관찰은 끝내 문화기술지로 작성되지 않았다. 그는 너무 일찍 사망하였다. 그렇지만 다른 이들이 조지 스미스의 관찰을 활동가로서의 일이라는 측면으로 활용할 수 있었다.

화기술지 연구자는 이 문을 통과해서 특정한 이야기 저편에서 일하고 있는 사람들로부터 일 지식을 얻는다. 여기에서 매우 중요한 점은(8장 참조) 사람들의 일 조직화에 적극 참여하는 〈텍스트〉이며, 이 텍스트가 서로 다른 일의 과정들을 어떻게 조정하는가이다. 우리는 흔히 한 사람의 일과 다른 사람들의 일 사이에는 중요한 연결이 있음을 발견하게 된다. 나의 일 지식의 개념은 이들 두 가지를 포함한다. 그러나 다음에서 나는 이 두 가지를 따로 검토하였다. 왜냐하면 이 두 가지는 대화 자료에서 몇 가지 상이한 실천적 문제들을 제기하기 때문이다.

1) '넓은' 의미의 일

〈일〉이라는 개념을 사용하는 데는 몇 가지 문제가 있다. 왜냐하면 일이라는 개념이 상당 부분 임금 근로와 동일하게 사용되기 때문이다. 제도적 문화기술지 연구자에게 '일' 개념은 넓은 의미로 사용된다. 예를 들어 사람들이 시간과 노력을 들여 행하는 어떤 것, 행하고자 의도하는 것, 무엇을 수단과 도구로 하던지 간에 한정된 조건 아래에서 행하는 것, 사람들이 어떤 일을 할 때 무엇에 관해 생각하는 것으로 확장되어 사용된다. 이는 〈일〉의 개념을 직업으로 행해진 것으로 보는 것보다 더 많은 것을 의미한다. 나는 제도적 문화기술지에서 정보제공자와의 대화에 근거하여 일의 개념을 전개했는데, 이때 가사노동임금(*Wages for Housework*)이라는, 페미니스트 집단이 주장하는 사고를 끌어왔다 (D. E. Smith, 1987). 이들 페미니스트는 실제로 전업주부가 사회의 유급노동과 자본주의를 떠받치는 일을 한다고 제기하였고, 따라서 전업

주부들은 가사노동에 대해 임금을 받아야 한다고 주장했다. 나는 이들로부터 〈일〉의 개념이 확장될 수 있음을 알았다. 나는 일의 개념을 페미니스트들이 언급한 여성에 의해서만 행해지는 일 외에도, 차를 운전하고 세탁소에서 옷을 가져오는 등의 무급활동 전체를 포괄하는 개념으로 확장하였다. 이들 페미니스트는 사람들이 일로 인정하지 않을 뿐만 아니라 경제에 기여하는 것으로도 보지 않는 이러한 무급의 숨은, 보이지 않는 일에 의해 자본주의 경제가 떠받쳐져왔다고 주장하였다. 어느날 나는 점심시간에 토론토 시내의 큰 은행에서 45분가량 줄을 서게 됐다. 나는 팀 다이아몬드가 묘사(Diamond, 1992)한 노인 전용 아파트의 노인들이 생각났다. 그들은 아침식사가 도착하기를 기다리고 있었다.

> 노인들은 아침식사 전에 각기 자리에 앉아 턱받이를 한 채로 엘리베이터를 뚫어지게 쏘아본다. 그들은 적극적으로, 끈기 있게, 미친 듯한 인내심을 가지고 침묵의 기술을 행하면서 조용히 기다린다(129).

나와 다른 사람들도 은행에서 긴 줄을 서서 기다리고 있었다. 침묵의 기술을 행하며, 발을 옮겨가며, 등의 고통을 완화하며 격해지지 않기 위해 노력하고 있었다.4 제도적 문화기술지 연구자에 의하면, 이것은 개천 파기, 서식 채우기, 또는 불끄기보다 덜한 일이 아니다. 이런 방식으로 학점 매기기에 관한 내 이야기의 많은 부분은 일의 개념을 넓힌

---

4 우리는 당시 유급직원이 했던 일을 무급으로 하고 있는데, 이는 현금자동지급기로 대부분 바뀌었다(Glazer, 1993).

다. 우리는 보통 도서관에 가거나 수업에 들어가는 것을 학생들의 일의 한 부분으로(그리고 나아가 일상적인 현실이면서 대학을 생산하는 일의 한 부분으로) 생각하지 않는다. 하지만 넓은 의미의 일의 개념에서 보면, 이 모든 것은 우리가 행한 일이다.5

보이지 않는 일에 대한 세련된 문학의 예는 소설 《등대로》(To the Lighthouse)에서 램지 부인이 디너파티에서 사람들의 행위를 촉진하고 예술적으로 조직화하는 것에 대한 버지니아 울프(Virginia Woolf)의 설명을 들 수 있다. 울프는 램지 부인이 저녁 준비를 지휘하는 것, 식사하는 사람들 사이의 상호작용을 조절하는 것, 그리고 중요한 지점으로, 그녀가 행하는 것에 대해 스스로 계획적이고 의식적이라는 점을 상세하게 보여주었다(Devault, 1991: 6~8). 이것이 〈일〉이라는 점은 그녀와 관계된 사람들에게 인정되지 않았다. 마저리 디볼트(Marjorie Devault)는 연구의 초점을 보이지 않는 일에 두었는데, 이러한 자신의 연구를 소개하기 위해 램지 부인에 대한 이야기를 사용하였다. 디볼트는 가족의 밥을 챙기는 행위가 일임을 보여주었다. 예를 들어 음식쥬비와 같은 용어에서 보통 우리가 생각해온 것뿐만 아니라, 식단 짜기, 장보기, 가

---

5 데버러 브라운(Deborah Brown, 2004)은 여기에 설명된 것처럼 일의 개념을 획기적으로 사용하였다. 브리티시컬럼비아 주 아동보호기관에 대한 연구에서, 그녀는 포커스그룹을 통해 아동보호기관 단체의 수퍼비전을 받고 있는 여성들을 만났다(그녀는 여성들을 그녀의 '연구 자문위원'이라 칭했다). 전체적으로 여성들은 단체와의 관계를 묘사할 때 그들의 경험을 일로 끌어왔다. 경험들은 시간이 지남에 따라 여성들이 개발해온 기술로 정의되었을 뿐만 아니라 작업 활동으로 정의되었다. 이후 브라운은 아동보호상담원의 도움으로 아동보호단체의 일을 규제하는 텍스트의 시퀀스를 탐구해나가기 시작했다.

족들의 습관이나 싫어하는 것과 좋아하는 것을 예상하기 등처럼 우리가 일로 생각하지 않았던 행위도 일에 포함시켰다.6 그녀가 말하길,

나의 논제는 이름 없는 활동이다. 이 활동은 전통적으로 여성들에게 부여되어왔고, 종종 가족 내에서 수행되었다. 그러나 내 경험으로부터 아는 이 활동은 쉽사리 이름 붙여지지 않는다. 내가 이 연구에 대해 생각하기 시작했을 때, 여성들이 함께 사는 사람들을 돌보는 측면을 어떻게 연구할 수 있을지 의아해했다. 나는 어떻게 그러한 목표가 '적당한' 사회학적 주제로 구성될 수 있는지 생각하기 어려워, '집안일'에 대해 연구함으로써 그 주제에 접근하기로 했다. 부분적으로만 아는 전제였기 때문에, 나는 음식을 제공하는 일에 집중하기 시작했다. 용어는 어색하고 오히려 기묘하게 들렸다. 하지만 나는 내가 의미하는 것을 정밀하게 말할 수 있는 더 이상의 용어를 찾을 수 없었다. 내가 요리하기에 대해 말할 때, 그것은 (전문가들이 사용하는 용어인) '식사 준비' 그 이상을 의미했다. 그리고 '공급하기'라는 용어는 전통적으로 남편이 행하는 것을 묘사하기 위해 사용되었으며, 이는 여성들이 가족 식사로 만들 수 있는 임금과 연결된다. 연구를 계획하는 동안 나는 다양한 개념적 정의에 대해 고심했다. 하지만 내 마음속에 품고 있는 활동에 대해 완전하고 적당한 라벨을 발견하지 못했다(4~5).

---

6 디볼트는 가족 식사 준비와 관련된 일상적인 현실에 접촉하지 않은 채, 관념적으로 분류되는 '돌봄노동'과 같은 개념들을 거부하였다.

디볼트는 이러한 '언어의 불충분성'을 '여성의 경험과 그 경험을 이해할 수 있는 사고 사이의 적합성 부재'의 예로 보았다. 이 불충분성은 제도적 문화기술지 연구자들에게 흔한 문제이다. 그것은 다양한 형태로 나타난다. 스테판 돕슨과 내가 철강 노동자들을 인터뷰할 때, 특히 강철 처리에 대해 매우 무지한 우리 두 사람에게 공업적인 과정을 묘사해 줄 때, 우리는 때로 언어의 불충분성 문제에 빠졌다. 우리는 공장 노동자의 일상적인 어휘들을 알지 못했다. 우리는 노동자들이 묘사하는 눈에 보이는 대상에 관해 지식이 없었다. 몇몇 정보제공자들은 몸짓에 의지하곤 했다. (스테판 없이 행한) 나의 인터뷰들 중 하나를 읽을 때, 공장에서의 특정한 과정을 묘사하는 하나의 긴 구절에서, 나는 "네", "오우, 알겠어요" 등으로 응답한 것을 보았다. 그러나 두서너 번 그의 이야기를 읽었음에도 불구하고, 이해하기 어려운 제조과정이 있었다. 지금은 이해하지 못하지만, 그때 나는 어떻게 정보제공자가 말했던 것을 이해할 수 있었을까? 나는 내가 그것을 꾸며냈다고 생각하지 않는다. 인터뷰에 대해 다시 생각해보았을 때, 나는 그의 몸짓이 기계의 동작, 처리 단계로의 이동 등에 대해 표현이 풍부하고 생생했다는 것을 깨달았다. 물론, 이들은 오디오 녹음기의 기술 때문에 삭제되었다. 그런 문제들을 인식하게 되면, 연구자는 말로 한층 더 구체적으로 표현하려고 한다. 디볼트는 정보제공자들로부터 가족을 위한 음식준비의 〈일〉에 대한 상세한 묘사를 얻어냈다. 디볼트는 정보제공자들의 묘사를 토대로 가족생활에 대한 일의 이해를 확장했다. 이렇게 하여 그녀는 가사노동 임금 집단(이 집단은 관념론적인 마르크스주의에 기원함으로써 그러한 확장을 이루지 못했다)이 예상한 것을 넘어섰을 뿐 아니라, 가족과 가족관계에 대한 많은 저술에서 보여주지 못한 것을 보여주었다.

〈일〉은 의도성을 갖는다. 일은 뚜렷한 조건하에서 분명한 자원들을 가지고 어떤 실제의 시간과 공간에서 행해진다. 일에 대한 이 개념이 갖는 장점은, 사람들이 행하는 것에 대해서뿐만 아니라 사람들이 일을 하기 위해 필요로 하는 것들과 접촉하는 것을 포함한다는 것이다. 노나 글레이저(Nona Glazer, 1993)는 현 사회에서 발생하는 유급 일에서 무급 일로의 보편적인 변형에 대해 주목했다. 이 변형은 또한 시간과 비용의 전환이다.7 오늘날 식료품점에서는 고객들이 사고 싶은 물건을 직접 집어 들어 바구니나 카트에 넣고, 계산을 위해 상품들을 옮겨서 통로를 오르내리는데, 글레이저는 이렇게 하지 않았던 예전과 비교했다. 그 당시 이 모든 일은 판매 점원이 했다. 당신이 모퉁이 가게에 들어가 식료품 목록을 남기면, 당신이 일을 간 동안 식료품이 가정에 배달되었다. 1912년 셀프서비스 식료품점이 나타난 후 식료품점 사업이 변화되기 시작했다. 지금은 어떤 식료품점에 들어가도 선반 위의 재료를 찾고 계산을 위해 그것을 아래로 나르는 일은 고객의 일이다. 당신을 위해 물건을 찾고 옮기는 것은 더 이상 다른 직원과 판매자의 일이 아니다.8

---

7 일을 자본주의 체제의 조직화 내 변화와 관련지은 이 훌륭한 연구는, 엄밀히 보면 제도적 문화기술지는 아니다. 그러나 이 연구는 자본주의적 기업의 일 조직화로부터 강요된 여성들의 일의 변화를 탁월하게 기술하였다. 또한 정치경제학의 개념과 틀로 일과 일 조직화를 설명하지 않았다는 점에서 흔히 않은 연구이다. 정치경제학의 개념과 틀은 실제의 사회적 관계들과 조직화를 설명하기보다, 제도적 담론처럼 일반적으로 이들을 포섭해버린다.

8 또한 나는 고객의 일을 쉽게 만들어주는 포장기술에 주목하였다. 비닐로 묶여 있는 물건들은 가판대 위에 얹혀 있고, 종종 못이나 빗처럼 고객이 원하는 한두 가지보다

당신은 물건을 차로 옮긴다. 아무도 물건을 당신의 집 문 앞까지 배달하지 않는다. 당신은 물건을 집으로 운반하는데, 이는 상당히 힘든 일이다(그리고 운반비용도 당신의 몫이다). 이런 일들에는 시간이 걸린다. 예전에는 당신이 식료품 목록을 생각해냈을 때, 그 목록을 식료품점에 가져다주면 누군가 당신의 집 문 앞에 식료품 상자를 배달했을 것이다. 이것은 식료품점의 시간이다. 즉, 무급의 시간이 아니라 유급의 시간이다(Glazer, 1993: 48~67).

가사노동임금 단체가 넓은 의미에서 일에 대해 말하는 것은 경험적이고 구체적인 것을 의미한다. 그러나 이 넓은 의미의 일에 대한 개념과 관련해 다른 무언가가 있다. 넓은 의미의 일 개념은 개인의 주관성과 그들의 경험을 통합한다. 게다가 (참여관찰자와 대비해볼 때) 이들은 인터뷰 진행자가 기대하는 것이다. 인터뷰 진행자는 정보제공자의 일에 대한 경험적 지식에 의존하면서, 정보제공자와 공동으로 작업하려고 한다. 이는 정보제공자들이 그 일에 대해 전문가라는 의미이다. 경험은 어떤 사람의 일에 대한 독특한 관점을 제공할 뿐만 아니라, 사람들이 일로 행한 것을 이야기할 때, 그들이 그것에 대해 어떻게 생각하고, 어떻게 계획하고, 어떻게 느끼는지를 포함한다. 앤드리 스톡의 문화기술지(Andree Stock, 2002)는 초등학교 교사들이 보고서를 작성하

더 많은 수의 물품이 들어 있다. 과거에는 점원이 못이나 나사의 무게를 달거나 하나씩 셌을 것이다. 지금은 10개 미만의 나사 꾸러미를 발견하기 어렵다. 그렇지 않은 경우는 물건이 클 때뿐이다. 과잉으로 버려진 포장재는 시당국의 쓰레기 처리 문제에 상당한 원인이 된다. 버려진 대부분의 포장재는 규격화된 세트를 포장하기 위해, 그리고/또는 진열과 접촉 기회라는 긴박한 상황 때문에 쓰인 것이다.

는 〈일〉을 탐구한 것이다. 그녀는 보고서를 쓰는 일, 독특한 담론의 관습, 개별 아동들에 대해 보고할 만한 정보를 제출하기 위하여 교실을 어떻게 운영하는지 여부, 그리고 이들에 따른 정서적 측면, 예를 들어 일을 하면서 교사들이 경험하는 스트레스와 불안을 서술했다.

경험적 이야기와 제도적 이야기의 중요한 차이를 다시 살펴보자. 제도적 이야기는 정보제공자보다는 위치 혹은 범주에 의해 이루어지는 일 과정처럼 묘사되기 쉽다. 이때 정보제공자의 주관성 또는 의미는 그것이 어떤 것이라도 하나의 범주에 속하게 된다. 제도적 담론에서 주관성의 전형적 표현으로는 "만약 아동담당 사회복지사가 아동학대 문제가 있을지도 모른다고 생각한다면, 그녀는 …"을 들 수 있다. 예를 들어, 아동담당 사회복지사의 주관성의 속성이 드러나는 경우는 그녀 혹은 그의 '생각'이 표준 위험사정절차의 한 단계인 점검목록(연락처 만들기, 기록 확인하기, 가족 방문하기, 수퍼바이저에게 의견 듣기)을 통해 이루어질 때이다(Parada, 2002). 이때 아동담당 사회복지사들의 문제는 점검목록 조사에서 파악한 것이 제도적 범주의 한 예로 설명될 수 있는 것인지 여부이다. 여기서 범주는 개입을 할 수 있는 사례인지, 개입을 해야 하는 사례인지를 결정한다. 제도적 문화기술지의 일과 일 지식 개념은 연구자에게 사람들의 경험으로부터 사람들이 실제 행하는 것이 무엇인지, 그리고 사람들의 일이 어떻게 조직화되며, 사람들이 그것에 관해 어떻게 느끼는지를 알게 해준다.

4. 제도적 포획의 문제

〈일 지식〉은 제도적 문화기술지에 중요한 자원이다. 그러나 항상 연구자가 일 지식에 쉽게 접근할 수 있는 것은 아니다. 나는 현장연구에서 만나는 일반적 어려움에 대해서는 말하지 않겠다(사람들이 인터뷰를 거부하거나, 관계 기관이 접근 허가를 내주지 않는 점 등). 제도적 문화기술지의 현장연구에서 만나는 어려움은 제도적 담론이 개입하면서 만들어지는데, 이는 연구자의 관점에서 볼 때 일 지식을 산출하는 대화를 왜곡시킨다. 5장에서 서술한 바처럼, 연구자는 제도적 담론의 힘에 맞닥뜨리게 되는데, 이 제도적 담론은 경험적 서술을 포섭하거나 대체한다. 인터뷰 상황은 '제도적 포획'(Devault and McCoy, 2002; D. E. Smith, 2003b)에 영향 받기 쉽다. 특히 정보제공자와 연구자 모두가 제도적 담론에 익숙하여 그것에 대해 어떻게 말해야 하는지 알고 있을 때 그러하다. 제도적 담론에 의해 〈실제〉가 포섭되는 과정은 텍스트 대화보다 실제 대화에서 더 두드러진다. 연구자는 제도적 담론에 의해 포획되었다는 것을 알아차리지 못할지도 모른다. 그러나 인터뷰 기록을 읽으면 정보제공자의 이야기가 제도적 용어로 되어 있어 그의 묘사가 쓸모없음을 알게 된다. 앤더슨과 동료들(Anderson, Hughes et al., 1989)은 이런 정보제공자의 '조직 논리' 문제에 대해 다음과 같이 말하였다.

우리가 해야 할 일은 그녀의 일들이 어떻게 구성되어 있고, 일의 조정과 순차가 어떻게 진행되는지에 대해 〈실제〉를 정확히 기술하는 것이다. 그녀가 회계 처리자라는 말은 정말이지 우리에게 알려주는 바가 거의 없다.

그녀는 조직에서의 위치에 대해 아무 말도 하지 않았다. 이 문제는 연구 가능성과 관련된다. 그녀가 자신의 일에 대해 표현한 조직적 설명에서 우리가 과연 포착하고 보존할 만한 자료가 있는가? 그녀가 한 일에 대한 그녀 자신의 이야기는 우리를 다시 그 문제로 되돌아가게 한다. 그녀는 자기가 어떤 일을 했는지 말하지 않는다. 그녀가 어떻게 문서들을 편집하는지, 잘못된 화물송장을 어떻게 찾는지, 필요한 송장번호를 어떻게 넘길지 등. 대신에 그녀는 자신이 행한 일들을 조직논리로 묘사하였다. 그녀의 〈일〉 전반에 대해 물어보았을 때 우리가 얻은 것이라고는 그녀의 행위가 어떻게 잘 맞아떨어지는지에 대한 것이었다. 그녀는 첫째, 둘째 등처럼 순차적으로 무엇을 했는지, 기본 수치가 '정해지면' 나머지가 어떻게 도출될 수 있는지에 대해 말했을 뿐이다. 그녀가 우리에게 말해준 것은 조직이 가진 고유의 조정과 순차적 통일성을 전제로 한, 조직의 조직적 이야기이다(127).[9]

정보제공자의 일상의 일은 '조직의 조직적 이야기'로 대체되었다.

제도적 문화기술지 연구자들은 일에 대한 정보제공자의 이야기 속 제도적 담론을 어떻게 넘어설지에 대한 앤더슨과 그 동료들의 문제의식을 공유한다.[10] 여기서 사용된 일의 의미는 특정한 시간과 공간에서, 그리고 특정한 다른 사람들과의 연관 속에서 이루어지는 일 지식을 말

---

9 물론, 앤더슨과 그의 동료들은 **제도적 포획**의 구절에서 **포획**이라는 용어를 사용할 때와는 거의 정반대의 맥락에서 포획의 용어를 사용하고 있다.

10 《제도적 문화기술지의 실제》 중 디볼트와 맥코이의 편을 참조하시오.

한다. 〈제도적 담론〉은 일하는 사람들의 관점, 현장, 구체성, 그리고 주관적인 경험을 삼켜버린다. 5장에서 보았듯이, 제도적 담론은 사람들이 행하는 것에서 제도적 담론으로 설명할 수 있는 측면만 골라낸다. 담론으로 인지되지 않는 것은 드러나지 않는다. 옛날에 나는 은 세공사를 촬영하기 위해 미국 남서부 나바호 족 보호지역을 다녀온 영화 제작자의 이야기를 읽었다.[11] 그들은 은 세공사를 찍는 몇몇 나바호 족 사람들에게 카메라를 주었다. 백인 영화 제작자에 의해 만들어진 영화들은 일하는 장인과 그의 작품을 아름다운 장면으로 보여주었다. 하지만 나바호 족에 의해 만들어진 영화는 이와 달랐다. 그들은 장신구류를 만드는 공예, 그 독특한 일에만 초점을 두지 않았다. 그들은 장인이 아침부터 일하기 위해 걸어가거나, 불을 지피기 위해 연료를 얻으러 가는 등의 일을 포함하였다. 나바호 족 영화 제작자에게는 이러한 모든 일들이 은 세공사의 작업의 일부로 보였지만, 백인 영화 제작자에게는 그렇지 않았다. 또한 나는 초등학생이던 내 아들이 학교에서 했던 과학 실험을 어떻게 작성할지 말해달라고 했던 것을 기억한다. 나는 "글쎄, 네가 한 걸 그대로 써내려가면 돼"라고 말했다. "엄마, 바보 같아요."[12] 아들은 말했다. "그들은 모든 것을 써내려가기를 원하지 않아요. 그들은 내가 그걸 물로 채웠고, 작업대에서 했다는 것을 알고 싶어 하지 않아요." 제도적 문화기술지 연구자들의 '일'의 개념은 누군가가 하고 있거나 했던

---

11 인용처를 찾지는 못했지만 스토리는 기억한다.
12 아들은 덜 격식적인 엄마라는 말과 상반되는 방식으로 나와 이야기하고자 할 때 어머니라는 말을 사용하였다.

것에 직접 주목하는 것을 의미한다. 〈실제〉 행위가 제도적 담론에서 인식되든 안 되든, 일의 개념에는 제도를 작동하게 만드는 실제 행위가 포함되어야 한다. 제도적 담론 안에서 인지되고 설명되는 일 못지않게, 제도적 문화기술지 연구자들에게는 아침에 대장간으로 향하는 은 세공사의 걸음과 실험을 위해 아이들이 물을 모으는 것 모두 일에서 중요한 부분이다. 제도적 문화기술지의 문제는 그런 언어의 통상적인 장벽의 밑바닥까지 꿰뚫어야 한다는 것이며, 사람들이 실제로 행하는 것에 대해 그들로부터 배워야 한다는 것이다. 여기에 정의된 일의 개념은 제도적 문화기술지 연구자들을 안내한다. 일 개념은 연구자들로 하여금 활동의 환경, 수단, 시간, 그 밖의 자원들뿐 아니라, 사람들이 행하고 있거나 행해왔던 구체적인 사항들, 그리고 그들의 생각과 감정들로 돌아가도록 끊임없이 상기시켜준다.

5. 일 지식 모으기와 지도 그리기

제도적 문화기술지 연구의 초점인 〈제도적 과정〉을 그리는 것은 제도와 관련되어 있는 사람들의 일상경험으로부터 시작한다. 이것은 연구의 〈문제틀〉을 구성한다(2장 참조). 의사를 방문하는 에이즈(AIDS) 환자들(McCoy, 2002; Mykhalovskiy, 2002; Mykhalovskiy and McCoy, 2002), 초등학생 아이를 둔 엄마들(Griffith and D. E. Smith, 2004), 소중하게 여겨온 야생의 협곡을 위하여 도시 개발계획에 반대하는 거주자들(Turner, 2003)의 경험이 바로 그것이다. 이들은 어떤 모집단의 표본이 아니다. 이들은 연구의 방향을 잡게 해주는 출발점이다. 제도적 문화기술지 연구자들은 이들의 경험에서 탐구해야 할 〈사회관계〉와 우선적으로 인터뷰해야 할 사람들의 범주를 확인할 수 있다.

여기서 〈사회관계〉의 개념은 유용하다. 사회관계란 엄마와 딸 간의 관계에서 말하는 관계가 아니다. 사실, 이 용어는 어떤 실체를 지칭하지 않는다. 연구자는 사회관계 개념을 앎으로써 주어진 일 지식을 묘사하는 것 자체에 목적을 두지 않게 된다. 그보다는 사회관계가 내재되어 있는 행위의 **시퀀스**를 찾고자 하며, 연구의 초점인 제도적 과정에서 다른 사람들, 다른 경험들, 다른 일들과 관련된 행위의 시퀀스를 찾고자 한다(G. W. Smith, 1995). 사회관계 개념은 연구의 방향을 제시해주기 때문에 중요하다. 연구자는 사람들의 일상 경험에서 시작하거나 제도적 과정에 참여함으로써, 제도적 과정에서 사람들의 일이 다른 사람들의 활동과 어떻게 조정되고 연계되는지 탐구하게 된다.

제도적 문화기술지의 존재론에 의하면, 참여자들의 관점과 경험에서의 차이는 제도적 과정과 조직화를 그리는 데 유용하다. 사실, 이 차이는 꼭 필요한 것이다. 한 정보제공자의 경험 속에는 동일한 제도적 과정에 있는 다른 위치 혹은 다른 사람들과의 관계도 포함되어 있다. 앞서 제안한 바처럼, 연구자는 이들을 저편의 누군가를 인터뷰함으로써 열릴 수 있는 문으로 상상하는 것이 유용하다. 저편의 정보제공자의 관점과 경험은 첫 정보제공자의 일과 경험을 보완한다(아마도 교정할 것이다). 초등학생 엄마들과 아이들의 학교교육과 관련한 그들의 행위에 대해서 이야기하면, 우리는 엄마들이 집에서 교사들의 일을 보완한다는 것을 알게 된다. 반면 교사들, 학교 이사회와 이야기해보면, 일 지식의 다른 영역뿐 아니라 서로 다른 관점을 알게 되며, 상이한 이해관계를 보게 된다(Griffith and D. E. Smith, 2005). 중산층 지역의 학교에서 앨리슨과 내가 이야기를 나눈 교사들은 어머니들을 볼 때 집에서 그들 자녀를 지원하거나 부족한 공부를 보충해주기 때문에 쓸모 있는 존재로 여길 수 있다. 그러나 저소득 지역 학교의 교사들은 그렇지 않다. 오히려 교사들이 지원을 원해서 어머니들을 활용할 수 있을지라도, 교사들은 그러한 지원을 받지 않는 것을 당연하게 여긴다(Manicom, 1988). 교육위원회에 속한 행정가들은 저소득 지역과 달리 중산층 지역에서는 학교에 기여하는 '지원'에 대해 기대를 달리한다. 행정가들은 '지역사회'라는 제도적 용어를 사용한다. 그러나 문화기술지적으로 탐구해보면, 소득 수준과 가족 형태의 차이에 대한 행정가들의 관점 안에는 서로 다른 조건하에서 이루어지는 어머니 노릇의 다양한 〈일 조직화〉와 교사들의 다양한 교육실천이 포함되어 있다. 연구자는 노동의 제도적 분업에서 서로 다른 위치에 있는 사람들의 〈일 지식〉을 탐구함으로써 상호보완적인 다양한 일로부터 행위의 시퀀스를 모으기 시작할 수 있다.

6장에서 나는 경험에 대해 말했는데, 〈경험〉은 그 경험이 나온 일상의 실제들을 사회적 조직화로 옮겨가게 한다. 사회적 조직화는 특정 개인의 경험에서 시작하지도 끝나지도 않는다. 제도적 문화기술지 연구가 만들어내는 재료들은 항상 사용될 수 있는 것보다 많다. 이 많은 재료로부터 선별하는 방법은 당연히, 원래의 〈문제틀〉에 의한다. 그러나 더 중요한 것은 제도적 과정에 위치해 있는 서로 다른 사람들의 〈일 지식〉의 특징을 연결시킴으로써 선별이 안내된다는 점이다. 어떤 의미에서, 서로 다른 퍼즐 조각에서 맞는 조각을 찾아 선택하듯이, 다른 일 지식들 중에서 그에 맞는 일 지식의 양상을 선별해낼 수 있다. 이는 마치 직소퍼즐과 같아, 조각을 하나씩 맞추면 원래의 그림이 드러난다. 예를 들어, 엘렌 펜스(Pence, 2001)는 가정학대 사례를 구성하는 제도적 행위의 시퀀스를 쫓는다. 펜스는 자신의 연구에서 사법제도에 기소된 가정폭력 피해여성들의 〈입장〉을 취했다. 서로 다르게 배치된 사람들은 시퀀스의 서로 다른 부분에서 일하고 있었고, 서로 다른 일 지식들을 가지고 있었다. 범죄자를 체포하고 이를 보고서로 작성하는 경찰은 보호관찰관과는 매우 다른 일 지식을 갖는다. 보호관찰관의 일은 사례의 경과를 모아 정리하고 범죄가 확인된 배우자에게 유죄 판결을 내릴 법정에 소견서를 제출하는 것이다.13 법정에서 일하는 경찰과 보호관찰관 외에 피고, 증인, 검사, 변호사, 판사 그리고 그 밖의 다른 사람들 모두 법정의 〈일들〉을 산출한다. 이때 연구자와 경찰, 연구자와 보호관찰관 사이에서 산출되는 일 지식은 분석 시 재해석되지 않았다. 오히려 그들은 서로 짜 맞추어져 시퀀스의 조직화, 순회, 그리고 다른 형태의 조직화를 그려낸다.14 상호적 위치에 있는 다른 사람들의 일 지식을 끌어오는 것은 제도적 문화기술지 연구자가 제도적 장에서 사람들이 그들 일을 어떻게 조정하는가를 배우는 데에 중요한 자원이 된다.

활동가들의 일 지식, 정보제공자의 일 지식, 참여관찰자의 일 지식은 경험을 근거로 하므로 제도적 문화기술지 연구자들에게 신뢰를 준다

---

13 《제도적 문화기술지의 실제》 중 판결전조사에 대해 보호관찰관과의 인터뷰를 묘사한 본인의 글을 참조하시오.
14 순회에 대해 기술하는 맥코이의 연구(McCoy, 1999)는 다음 장에서 상당히 자세하게 다룬다.

(6장 참조). 연구자들은 정보제공자가 제시하지 않은 가치를 일 지식에 부여하거나 일 지식을 재해석하지 않는다. 그들은 분석할 때 정보제공자 각각이 〈사회적 조직화〉의 조각에 기여하고 있다는 점을 기억한다. 사회적 조직화는 사람들의 행동이 조정됨으로써 달성된다. 제도적 문화기술지를 기술할 때 연구자는 서로 다른 위치에 있는 사람들의 서로 다른 일 지식을 모은다. 이들은 연구가 초점을 두는 과정에 서로 다르게 기여한다. 다음 장에서 볼 수 있는 것처럼, 이러한 모으기 절차는 〈문제틀〉에 의한 구조에 의해 변화하고 좌우된다. 그러나 제도적 문화기술지의 모든 연구사례에서 드러나는 것은 사람들의 일이 어떻게 제도적 과정 혹은 일련의 행위 속에서 〈조정〉되는가이다. 이것이 제도적 문화기술지가 근거이론(Glaser and Strauss, 1967)과 같은 문화기술지 연구전략과 구별되는 지점이다. 문화기술지는 제도적 문화기술지와 달리 연구자의 느낌 또는 직관을 보편적이고 형식적인 개념으로 바꾸어놓는다. 그리고 독백적인 해석 틀로 인해, 차이를 발생시키는 서로 다른 관점들을 제거하거나 사회적 조직화를 보이지 않게 만든다. 물론 여러 방면의 정보제공자들로부터 정보를 듣는다. 하지만 이 정보들은 문화기술지 연구자들의 이론의 한 예증이 되어버린다. 그에 반해, 제도적 문화기술지에서 말하는 사회적 조직화는 외부에서 강요되거나, 자료를 해석하기 위해 사용된 개념이 아니다. 오히려 〈사회적 조직화〉는 일 지식을 이어 맞추는 과정에서 발견된 것을 설명한 것이고, 사람들이 다른 이들과 어떻게 유기적으로 관련돼서 조정되는지 알게 된 것을 설명한다. 어떤 의미에서 제도적 문화기술지 연구자의 분석은 연구자의 문제틀과 관련된 제도적 구성인 지도나 모델을 만들기 위해서 정보제공자

와 연구자가 공동으로 협력하여 산출한 일 지식을 이어 맞추는 것이다. 서로 다른 일 지식을 이어 맞추는 여러 가지 방법들은 문제틀의 열쇠인 제도적 과정 및 제도적 관계에 크게 좌우된다.

터너의 연구(그리고 D. E. Smith, 1999d 참조)에서 중심이 되는 지도 그리기(mapping) 개념은 주류사회학 연구들과 제도적 문화기술지의 차이를 보여준다. 비록 제도적 문화기술지의 지도 그리기가 정밀한 상태를 목표로 하기는 하지만, 실제와 동떨어진 객관적인 설명이 목표는 아니다. 또한 제도적 문화기술지의 지도 그리기는 활동하는 사람들이 알고 있는 〈실제들〉에 근거한다. 가핑클(Garfinkle, 1967)은 초기 비평에서 현장과 독립된 객관성을 주장하는 주류사회학의 방법론적 주장을 비판하였다. 사회학적 저술에 대한 이해는 독자가 가진 배경 지식에 절대적으로 의지한다. 이와 마찬가지로 제도적 문화기술지는 다른 사람들의 일 지식과 비교하여 설명되고, 항상 다른 사람들의 일 지식을 근거로 이미 서술한 것을 바로 잡거나 보완한다.

〈지도 만들기〉는 제도적 문화기술지에 유용한 은유이다. 지도는 지도에 그려진 지역과 무관하게 읽히지 않는다. 대학의 학점 매기기에 대한 나의 문화기술지의 '밑그림'은 대화적으로 구성되었다. 이 연구는 나의 경험과 다른 사람으로부터 배울 때의 기억을 불러일으켰다. 엄밀히 말하면, 이 문화기술지는 참여에 기반을 둔 것이지, 참여관찰이 아니다. 나는 제도적 현장에서 일 지식의 탐구가 이와 같다는 것을 보여주기 위해, 그리고 거의 모든 독자들이 이들 과정에 친숙하기 때문에 이 예를 들었다. 당신은 내가 모르는 과정에 대해 나에게 말할 수도 있으며, 내가 잘못을 저지른 지점을 지적할 수도 있다. 또한 당신은 학점 매기기 과정에서 당신이 몰랐던 일 지식을 내가 말해준 것으로 보완할 수도 있다.

지도의 〈지표성〉(indexicality)은 대화적이다. 지도를 읽는 사람은 지도를 그들이 여행을 하거나 여행을 계획하는 실제 지역으로 여긴다. 어떤 점에서, 지도는 그들이 있는 곳과 그들이 가야 할 곳을 찾아, 그 지역의 어디가 여행할 만한 곳인지를 보여준다. 지도 위에 있는 점은 지도가 보여주는 지역과 다르지 않다. 이와 마찬가지로 제도적 문화기술지 연구자의 자료의 근원인 〈일 지식〉은 제도적 체제의 양상을 보여준다. 독자는 이 제도적 체제의 일 지식을 참조하거나, 독자 자신의 일 지식으로 통합할 수 있다. 제도적 문화기술지는 묘사가 요구되는 사회적 영역에 대해 사람들이 가진 일 지식을 밝히고 확장한 것으로 이해되어야 한다.

6 결론

정리하면, 연구자와 정보제공자들의 협력적인 작업은 정보제공자의 일상적 행위와 일 지식으로부터 이루어진다. 일의 개념은 대화 자료 속으로 진입하는 데 중요한 안내자가 된다. 그것은 제도적 문화기술지 연구자로 하여금 사람들이 행하는 것, 사람들의 행위를 조정하는 형태로 향하게 한다. 여기서 행위의 조정형태는 연구의 〈문제틀〉 안에서 일 조직화의 복합체를 만들어낸다. 〈일〉의 개념을 이해하려고 노력하는 것은 중요하다. 일의 개념을 통해 다른 사람들의 행동과 함께 사람들의 일상적인 행동이 조정되는 조직화와 관계들을 검토할 수 있다. 그리고 일에 대한 제도적 개념들, 예를 들어 일의 개념을 유급 근로와 동일시하는 제도적 개념들에 의해 오도되는 것을 피할 수 있다. 수퍼마켓에 진열된 상품을 집어 계산대까지 가져오는 것은 일이다. 은행에서 은행원에게 말하기 위해 줄을 서서 기다리는 것도 일이다. 우편함까지 걸어가는 것도 일이다. 당신의 소득세 양식을 채워 넣는 것도 일이다. 사람들의 행위의 일상적인 조직화를 그려내는 것은 당신이 생각하는 것만큼 쉽지 않다. 일의 개념을 인습적으로 사용하면 우리의 방향은 쉽게 바뀐다. 그러나 일의 개념은 사람들이 행하는 것뿐만 아니라 행하는 데 드는 시간, 행하는 데 필요한 조건들, 그리고 사람들의 행위의 의미를 포함한다. 이는 사람들이 일과 관련된 기술을 갖고 있다는 것, 사람들은 계획하고, 생각하고, 느낀다는 것, 그리고 다른 사람들이 행하는 것과 현재 진행 중인 것이 행위자의 활동 관점에 따라 달리 보인다는 것을 시사한다.

경험은 대화를 통해(6장) 아직 이야기되지 않은 것과 앞으로 이야기될 것 사이를 이어주는 연결점이자, 제도적 문화기술지의 실질적 근거이다. 서로 다른 일 지식을 모으는 것은 제도적 문화기술지에 서로 다른 사람들의 조정인 〈사회〉를 탐구하는 실제적 수단을 제공해준다. 비록 이야기의 시퀀스에 대한 대화 분석자만큼 정밀하지는 않을지라도, 일 지식 모으기는 상징적 의사소통(Mead, 1962)에 대한 조지 허버트 미드의 설명으로 처음 공식화된 것과 유사한 논리를 따른다. 일은 각 단계에 의해 그것이 순차적으로 조정되는 쪽을 향한다. 각 단계는 앞 단계와 유기적으로 연관된다. 그리고 다음에 올 단계를 향할 뿐 아니라 그것을 규정한다. 어머니 노릇하기와 학교 교육에 대한 우리의 연구 (Griffith and D. E. Smith, 2004)에서처럼, 단계를 이어 맞춤으로써 행위의 시퀀스나 일련의 시퀀스인 사회관계를 찾을 수 있다. 아니면, 맥코이(McCoy, 1999; 다음 장 참조)와 터너(Turner, 2003)의 연구에서처럼 사람들의 일의 어느 한 측면에만 위치될 수 없는 복잡한 지도를 그릴 수 있다. 이는 길트로우(Giltrow, 1998)에 의해 검토된 경영 연구들, 또는 주류 조직 연구들에서의 조직화 특성에 관한 설명과 달리, 추상적으로 산출되지 않는다. 정보제공자와의 대화를 텍스트로 끌어들임으로써, 문화기술지 연구방식으로 산출된다. 이는 실례나 예증으로써가 아니라 조직화된 과정에서 다른 사람들의 일과 조정되는 사람들의 일을 설명해나가기 위해서이다.

다음 장에서 '텍스트'와 '텍스트들'은 제도적 흐름의 조직화 또는 행위의 순회에 중요한 요소로 도입되었다. 제도들의 초지역성과 관련해 텍스트와 텍스트들의 전반적인 중요성에 대해서는 이미 강조한 바 있다. 텍스트를 문화기술지로 끌어들이면 사람들의 일 조정을 관찰할 수 있고, 그 안에 작동하는 힘(power)이 드러나 보인다. 그것은 제도적 문화기술지 연구자로 하여금 경제를 비롯한 더 큰 지배관계와의 연관을 보게 함으로써 사회관계는 물론 제도의 조직화에 도달할 수 있게 해준다.

제8장

텍스트와
제도

문화기술지를 사람들의 일상경험을 넘어 확장하려면 텍스트를 문화기술지 연구과정에 끌어들여야 한다. 나는 1장에서 지배관계에 대해 언급한 바 있다. 지배관계라는 현상은 우리 삶의 시공간에 깊이 침투해 있지만 우리가 그것을 의식하기는 쉽지 않다. 지배관계가 보이게 됨으로써 나타나는 이러한 대조는 여성운동 내부에서 경험한, 성별화된 몸에 대한 저항에서 비롯되었다. 지배관계를 반대하는 입장이라 하여 몸으로부터 분리된 정신, 즉 데카르트적 사유로까지 나아가는 것은 아니다. 몸으로부터 정신이 분리되지 않는다는 입장을 견지하면서, 여성들의 입장론에서 시작하는 사회학자는 현대세계 안의 일상적이지 않고 복잡한 관계들을 의식한다. 그런데 이들 관계는 우리의 의식을 위치 짓고, 현실과 동떨어져 있는 것 같은 우리를 주체로 세울 수 있는 힘을 가지고 있다. 그리고 묘하게도 몸에 관하여 이야기할 때도 마찬가지의 힘

261

을 갖는다.

지배관계는 텍스트적 토대를 갖는다. 이때 〈텍스트〉는 인쇄물, 영화, 텔레비전, 오디오, 컴퓨터 혹은 그 무엇이든 간에 상관없다. 물론 이러한 미디어들은 서로 다르다. 그러나 이들 미디어들은 쓰기, 말하기 혹은 이미지화한 형태로, 한 개인이 아닌 그 이상의 사람들이 상이한 장소와 시간에서 읽고, 듣고, 보고, 또 그것을 반복할 수 있는 공통점이 있다. 이 책에 쓰인 말들은 독자가 읽는 것처럼 저자인 나도 쓰고 읽는다. 우리는 서로 다른 시간과 공간 속에 있다. 그런데 이 책이 출판되면서 우리는 우연히 연관을 갖게 된다. 이 책은 나와 별개의 존재가 된다. 이 책은 많은 도서관에 수많은 복사본으로 세상에 나와 있고 많은 사람들에 의해 읽히고 있다.

텍스트라는 용어에 대해서는 다소 정리가 필요하다. 텍스트는 언어학적 용어로서 어느 정도 영구적인 형태의 글뿐만 아니라 말이 확장된 것들을 가리킨다(물론, 이때 말이 확장된 것이란 언어학자의 전문적인 시선으로 기록된 것을 말한다). 그런데 여기서 말이나 이미지가 일정한 물질적 형태와 관련된다는 사실에 주목할 필요가 있는데, 이러한 물질적 형태의 특징은 복제가능하다는 것이다. **텍스트의 복제가능성**(*replicability of texts*)은 지배관계의 기초가 된다. 복제가능성은 지배관계가 존재할 수 있는 조건인 것이다. 지역적 일상을 넘어 사람들의 행위들을 조정하는 능력은 물질성을 가진 텍스트의 능력에 달려 있으며, 그것은 독자, 청자, 혹은 시청자가 육체적인 존재로 있을 수 있는 어디서건 동일한 형식으로 드러난다. 그리고 우리는 특히 대부분의 제도적 문화기술지 연구에서 제도라는 용어를 사용할 때 당연하게 여기는 사회적 조직화의 일반화에서 텍스트가 하는 역할에 대해 알아야 한다. 우리는 그 용어들을 너무나 당연하게 사용한다. 병원, 학교, 대학, 기업들이 여럿의 서로 다른 지역적 장소에 있는데도 어떻게 이들이 동일한 사회적 형태로 인식될까? 시간과 지역을 초월해 일어나는 모든 활동들을 표준화하는 것이 복제가능한 텍스트들과 복제된 텍스트들의 본질적인 속성이다. 표준화를 제공하는 것이 텍스트의 불변성인 것이다. 동일한 텍스트의 정확한 복제는 인쇄기술에 의해 가능해졌고, 텍스트의 복제를 통해 역사적으로 특정 지역의 시간, 장소, 사람과 무관하게 〈사회관계〉의 조직화가 가능해졌다. 텍스트는 일상의 범위 밖에서 조직화된 사회행동의 양식을 우리가 몸담고 있는 일상적 삶의 실제에 접합시킨다. 〈텍스트-독자 대화〉는 일이 일어나는 현장 안에 깊이 들어와 있고 일의 일상적 세팅을 조직화한다.

연구자는 사람들이 제공하는 〈일 지식〉을 조합하여 일을 조직화하는데, 이는 제도적 차원이 발견되기 전까지만 이루어지는 특정 장소의 특정한 일에 대한 조직화일 뿐이다. 일 지식을 조합하여 일을 조직화한다는 의미는, 특정 장소뿐 아니라 여타 다른 장소에 있는 다양한 사람들의 일을 조정하는 텍스트를 발견하는 것이다. 한 장소에서 일어난 일은 그 밖의 다른 공간이나 다른 시간에 일어난 일들과 조정된다.

본론에 들어가기 전에 두 가지를 강조하고 싶다. 하나는 내가 읽는 것에 익숙한 독자라는 것인데, 이는 아마도 세대 차이일 수 있다. 나는 이미지, 소리, 숫자를 포함한 텍스트보다 문자화된 텍스트에 대해 보다 많이 알고 있다. 그래서 나는 이미지 등 텍스트의 조정 측면을 무시하는 경향이 있는데, 예를 들어 리자 맥코이(McCoy, 1995)는 그녀의 작업에서 사진 이미지 혹은 텔레비전이나 영화, 뮤지컬 작품, 수학, 건축 도면 등으로 재현된 것들을 다룬다.1 텍스트들, 특히 문자화된 텍스트들은 〈제도적 조직화〉에서 여기저기 모습을 드러내는데, 이 텍스트들은 제도에 포섭되는 인간행위들을 일반화하고 표준화하는 데 특히 중요하다. 두 번째는, 행위의 시퀀스에서 텍스트의 위치를 찾아내고, 텍스트들이 어떻게 행위의 시퀀스들의 조정에 연루되는지를 보여줄 수 있는 기술이 개발되지 못하고 있다는 점이다. 그러므로 이 장에서는 텍스트들을 문화기술지 방식으로 가시화하고, 제도적 문화기술지 연구자들이 텍스트들을 문화기술지로 통합하는 몇몇 방법들을 제시하며, 텍스트가 활동한다는 것을 인식시키고자 한다.

〈사회〉에 대한 존재론에서 나는 사회가 움직인다는 점을 강조하였지만, 그렇다고 텍스트들까지 움직이고 있다고 생각하기는 어렵다. 이러한 존재론에 기반해 텍스트를 문화기술지로 끌어들이는 것은 5장에서 언급한 텍스트의 불활성과 상충한다. 텍스트는 이미지를 그려내거나 생성하는 과정에서 아직 실재하지 않는다. 그것은 실재하는 과정에 있다. 텍스트가 일단 실재하게 되어 텍스트의 시간성을 갖게 되면(D. E. Smith, 1990a), 텍스트-독자 대화는 텍스트 시간의 질서 속에 독자들을 잡아두게 된다. 그들의 초점은 텍스트 속에 갇히고, 그들이 실제 몸담은 현실인 일상의 장으로부터 분리된다. 이러한 맥락에서 우리가 텍스트를 읽으면, 텍스트는 우리의 의식을 가둔다. 그 결과 우리는 일상에

---

1 리안 워런(Leanne Warren, 2001)이 행한 제도적 문화기술지는 악보에 초점을 두고 있다.

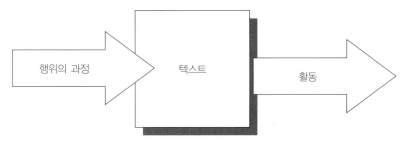

그림 8-1 활동하는 텍스트들을 개념화하기

서 알게 된 것에서 단절된다. 일상에서의 앎은 텍스트의 과정 안에 있지만, 우리는 그것들에 주의를 기울이지 않는다. 텍스트는 그들 나름의 내적인 시간구조를 갖고 있지만, 이 시간구조가 텍스트를 읽는 일상적 삶의 일시성을 말하는 것은 아니다. 의식이 텍스트에 갇히고 일상의 시간적 경험이 단절되고 텍스트에 사로잡히는 것은 독자와의 대화를 방해한다. 이는 독자와 함께 진행 중인 대화관계에 텍스트가 진입하는 것으로, 텍스트를 이해하는 것을 방해한다. 5장에서 언급했듯이, 텍스트는 사람들의 일을 조정하는 '활동적'(*active*)인 것이다.

그림 8-1에서 텍스트는 일정한 시간에, 그리고 행위가 일어나는 일련의 과정 중에서 '일어나는 것'으로 개념화되고 있다. 누군가가 도서관에서 무엇을 읽는 것은 글을 쓰기 위해서이거나 일과 관련된 자료를 검색하기 위해서이다. 그는 행위의 과정에 관여하고 있고, 텍스트 읽기는 그 행위에 필수적이며, 텍스트 쓰기로 진입한다. 연구과정에서 쓰인 논문 혹은 출판 심사를 위해 보낸 연구논문과 같은 텍스트를 상상해 보자. 그 행위의 과정은 특정한 시간과 장소에서 일어난다. 텍스트는 하나의 책이나 학술지 출판물과 같은 물질적 실체로 나타난다. 이러한

8. 텍스트와 제도   265

텍스트는 그 일이 이루어진 특정한 장소에서 그들과 함께 존재한다. 그리고 이 과정에는 시간이 걸린다(그들은 시간을 확인하고 그들이 떠나기 전에 그 일을 끝마칠 수 있도록 힘쓴다).

텍스트를 문화기술지 방법에 끌어들이는 데 있어 핵심은, 읽는 행위가 실제 시공간에서 일어나고 있다는 것, 텍스트가 행위과정에서 꼭 필요한 부분이라는 것, 그리고 실제 사람(한 명 혹은 그 이상)이 포함된 텍스트-독자 대화가 진행된다는 것을 인식해야 하는 것이다. 예를 들어, 내가 텍스트를 행위의 부분으로서 어떻게 인식할 수 있을까를 처음 생각했을 때, 나는 공항에 도착한 친구를 기다리며 일리노이 주 에번스턴의 호텔에 있었다. 호텔 라운지 커피숍, 내 가까이에는 4~5명의 사람들이 앉아 있었다. 나는 그들이 무슨 이야기를 하는지는 들을 수 없었지만, 이야기를 나누고 있음은 알 수 있었다. 그리고 그 집단을 주도하는 것으로 보이는 사람 앞에 텍스트가 놓여 있는 것을 볼 수 있었다. 그는 다른 사람들보다 말을 더 많이 했고, 다른 사람들의 주의를 집중시키듯이 그들의 얼굴을 둘러보았다. 때때로 그는 말을 멈추곤 했고, 그의 앞에 놓여 있는 텍스트를 내려다보곤 했다. 다른 사람들은 그가 그럴 때마다 기다렸다. 그것은 마치 텍스트가 다른 사람들을 대체하듯이 차례(대화분석에서 사용되는 개념)가 있는 것처럼 보였다. 그리고 그는 텍스트가 그에게 말한 것에 반응하거나 그 내용을 전달하듯이 사람들을 바라보고 다시 이야기를 했다.2

---

2 대화 분석가들은 텍스트 안에서 대화를 분석하는데, 내가 보기에 텍스트들은 이 책에서 사용했듯이 확실히 '활동적'이다. 그러나 텍스트들이 분석에 통합된 것은 아니다.

첫 번째 단계는, 텍스트를 일상 상황에서 독자에 의해 활성화된 물질적 존재로 인식하는 것이다. 내가 브리티시컬럼비아의 빅토리아대학교 사회학과 대학원 과정에서 텍스트 분석을 가르칠 때, 나는 학생들에게 수업에 쓸 텍스트를 충분히 복사해서 수업에 가지고 오도록 했다. 내가 기대했던 것보다 더 많은 방법들이 개발되었다. 학생들은 장르에 따라 다양한 방법으로 텍스트를 읽어갔다. 캐나다 동부 지역에 있는 한 대학교의 깔끔한 안내책자를 읽을 때, 그들은 처음부터 꼼꼼하게 읽지 않고 대충 지나치며 읽어내려갔다. 앞뒤로 왔다 갔다 하기보다는 자세히 들여다볼 부분을 고르고, 그림을 훑어보고, 다른 부분으로 넘어갔다. 대학원 입학 허가를 위한 학생들의 지원신청서를 검토하는 입학사정관들은 지원서 양식을 다른 방식으로 읽었다. 자세히 검토하긴 했지만, 일반적으로 위에서부터 아래로 샅샅이 읽어 내려가진 않았다. 이러한 과정은 소설을 읽는 것과도 다르고 전화번호부를 읽는 경우와도 다르다. 텍스트-독자 대화들은 확연하게 달랐고, 독자가 읽는 텍스트의 장르에 따라 다르게 나타났다

이러한 관찰은 텍스트를 문화기술지로 탐구하는 데 그리 충분하지 않다. 왜냐하면 텍스트-독자 대화에서 독자를 텍스트 조정작업의 핵심에 두기 때문이다. 여기서 이러한 관찰을 소개하는 것은 텍스트가 일어난다는 개념, 즉 텍스트를 읽을 때 텍스트-독자 대화가 실제 시간과 실제 지역 현장에서 일어난다는 점을 확실히 하기 위해서이다: "텍스트들은 — 그 자체로 — 일련의 인간 행위를 재현한다"(McGann, 1993: 4). 사람들이 어떻게 텍스트를 활성화하는지에 주목함으로써 우리는 텍스트와 관련한 우리들의 경험이 수동적이라는 생각에서 벗어나고, 텍스

트를 활동하는 것으로 볼 수 있게 된다. 사람들이 그들의 일에서 텍스트를 활성화함을 인식하는 것은 지역을 넘어서 문화기술지를 확장하게 하는데, 이렇게 함으로써 우리는 제도적 질서를 탐구하고 설명할 수 있게 된다. 또한 그것은 사람들의 일상적 삶에 존재하는 제도적 관계들을 가시화시켜준다. 만약 사람들의 행위의 실제에 집중해보면, 우리는 우리 자신이 신문이나 책을 집어 들고, 이메일을 작성하고, 조리법에 따르고, 텔레비전을 켜고, 컴퓨터 모니터에 파일을 불러오고, 문서양식을 채우는 등의 행위를 하고 있음을 알 수 있다. 텍스트를 읽거나 우리가 읽은 텍스트와 조용히 대화를 이어나갈 때, 우리는 텍스트에 적극적으로 관여하는 것이다(D. E. Smith, 1990a). 물질적 존재로서 텍스트들은 책꽂이에 꽂혀 있거나 파일함에 있으며(컴퓨터 디렉토리건, 파일 캐비닛이건 간에), 그렇지 않은 경우에도 **잠재적으로** 존재한다. 그러나 여기서 텍스트가 잠재적으로 존재한다는 것은 텍스트-독자 대화가 계속되든, 아니면 '읽은' 텍스트가 어떻게 조직화의 국면으로 들어가든 상관없이 바로 실제 시간과 행동 속에 있다는 것이다. 줄리아 크리스테바(Kristeva, 1986)는 텍스트가 독자의 산물이라고 주장하는데, 그녀조차 다양한 읽기가 일어날 때에도 텍스트를 동일한 것으로 전제한다. 많은 지역현장에서 행정과 회계절차들을 동일하게 재생산하면서 이루어지는 지역의 〈일 조직화〉는 '중앙화된' 규제와 의사결정과정으로 엮인다. 텍스트들이 표준적으로 재생산될 수 없다면 이러한 관계는 존재할 수 없다. 이 때문에 다양한 지역적 맥락에서 발생한 텍스트들을 '동일한 것'으로 인식할 수 있는 것이다(McGann, 1993).

7장에서는 제도적 문화기술지 연구자들이 제도적 과정에 참여하는 사람들의 〈일 지식〉을 어떻게 그려낼 수 있는지 보여주었다. 텍스트를 사람들의 일의 시퀀스나 순환의 분석에 끌어들인다는 것은 지역의 일이 어떻게 조직화되는지 설명하는 데 제도적인 것을 끌어들인다는 의미이다. 텍스트에 의한 조정은 지역의 일 과정에서는 **물론**, 그 일과 관련된 다른 장소 및 다른 시간 모두에서 일어난다. 이러한 과정에 텍스트를 위치 짓고 행위과정에 텍스트들이 어떻게 진입하는지에 관한 설명을 문화기술지 과정에 포함시키면, 지역을 초월한 조직화의 영역들이 규명된다. 특히 지역의 일이 어떻게 지역의 범위를 넘어 지배적이 되는지에 대한 폭넓은 설명을 제공한다.

1. 텍스트는 어떻게 조정하는가

제도적 문화기술지의 텍스트 차원은 제도적 장에서 연구자와 정보제공자가 함께 생성해내는 일 지식에 기반하기 때문에 사람들의 일과 분리될 수 없다. 그렇다고 텍스트 그 자체가 초점이 되는 것은 아니다. 우리는 수사학뿐만 아니라 담론분석으로부터 가치 있는 것들을 배울 수 있지만, 제도적 문화기술지는 텍스트를 구별된 주제로 인식하지 않는다. 그보다 사람들의 활동 안으로 진입하고 그것들을 조정하는 것으로 인식한다. 사실 텍스트는 텍스트-독자 대화를 활성화하며, 텍스트 자체가 사람들의 행위인 것이다.

　일의 과정이 〈조정〉될 때, 우리는 텍스트를 통해 일에서 제도를 관찰할 수 있다. 텍스트가 조정하는 방식에는 두 가지가 있다. 하나는 시

퀸스를 조정하는 것인데, 여기에는 한 명 이상의 사람들이 행위의 제도적 과정에 참여한다. 다른 하나는 책임소재를 조정하는 것으로서, 여기서는 행위과정을 감독하고 규제사항을 지키는지가 중심이 된다. 이두 가지 조정은 모든 예에서 다양한 형태로 발견될 수 있다. 여기서 나는 텍스트의 역할이 문화기술지적으로 인식될 수 있는 몇몇 다른 방식을 보여주고자 한다.

1) 선형적 시퀀스의 사례들

펜스(Pence, 1996, 2001)는 부부간 상호 폭력으로 시작하여 긴급구조 요청 전화로 끝나는 가정폭력 사례의 재판 과정을 연구하였다. 펜스는 이 연구를 시퀀스를 조직화하는 '사례'로 보았다. 이 사례에서 모든 제도적 단계는 텍스트에 의해 중재되고 텍스트 안에서 설명가능해진다. 전화를 받은 사람은 그 현장에서 일어난 자세한 전화 내용을 컴퓨터에 녹음한다. 그 현장은 그들이 그 과정을 시작하는 순간 활성화된다. 경찰들은 상관이 인정하는 보고서 작성을 위해 프로토콜을 따른다. 프로토콜에 따른 보고서에는 사건의 시퀀스와 책임 소재에 관한 내용이 포함된다. 재판 과정의 텍스트 진행절차는 보다 개략적인 양식으로는 '사례', 재판의 맥락에서는 '파일'의 형태를 띤다. 사례들은 개개인에 대한 기록으로서 텍스트로 구성되며, 이러한 기록들은 제도적 단계의 시퀀스를 관통한다.

　펜스(Pence, 2001)는 〈일 조직화〉를 설명하기 위해 '상호교차 과정'(processing interchange) 개념을 소개한다. 상호교차의 각 과정에서, 텍

270

스트가 등장하고 처리된다. 이어 텍스트는 수정되거나 검토되어 넘겨지며, 또는 원래의 텍스트로부터 새로운 텍스트가 만들어지거나 전달되기도 한다. 이 과정에서 개별 사례에 대한 〈조정〉은 텍스트에 의해 이루어진다. 제도적 절차는 남편과 부인 모두의 삶을 조직화한다. 그들이 누군지, 그들이 어떻게 인식되는지, 그리고 그들에게 어떻게 행동하도록 요구하는지는 사례 기록의 결과인 텍스트 내에서 결정된다.

아래의 내용은 펜스에게 정보를 제공했던 형사의 경찰보고서 텍스트인데, 시퀀스 조정을 설명하는 전형적인 예이다. 여기서 텍스트는 다양한 상호교차 과정을 통해 수정되거나 보완되어간다.

1993년 1월 1일 금요일 동거 커플 간 가정폭력이 도시에서 발생한다. 피해자는 눈에 멍이 들고 코피가 나서 경찰을 부른다. 경찰은 응답하고 도망간 가해자를 찾았으나 4시간 동안 그의 위치를 파악할 수 없었다. 그들은 업무에 복귀한다.

1월 2일 경찰우 보고서 작성을 명령한다

1월 4일 보고서는 전사되어 순찰부서로 보내졌다.

1월 7일 상관은 보고서에 사인을 했고, 보고서는 영장신청 담당인 교통과로 송부되었다.

1월 8일 보고서는 시 검사 사무실에 놓여 있다. 금요일이다.

1월 11일 보고서가 시 검사 사무실에 접수되었고, 검사에게 보내졌다. 검사는 몇 주 내에 그것을 검토할 것이고, 쟁점을 결정하고 서기에게 필요한 양식을 작성하도록 할 것이다.

1월 25일 파일은 덜루스 경찰청 조사부서 서기에게 출두명령이 첨부되어 송부된다.

1월 27일 서기는 출두 내용을 타이핑하여 모든 종류의 보고서, 피해자와 증인 관련 정보와 진술을 포함한 우편물을 보낸다.

1월 28일 피해자와 가해자는 생각하고 싶지도, 이야기하고 싶지도 않은 그 폭력사건 이후 처음으로 하루를 함께 보내며, 여전히 함께 산다.

1월 29일 가해자는 그의 우편물을 열었고, 그의 법정 출두일은 2월 22일로 적혀 있다.

2월 22일 그는 법정에 나타나지 않았다. 하루가 끝나갈 무렵, 법정 파일은 법률사무소 사무관에게 보내졌다.

2월 23일 파일은 법률사무소에서 평균 최소 2주의 유예기간을 갖는다.

3월 10일 파일은 법률사무소에서 '시 검사 영장 파일함으로 보내졌다'. 그 파일은 다룰 '가치가 있다고' 판단되거나 되돌려 보내질 때까지 파일 더미 속에 파묻혀 있을 수도 있지만, 재판부의 선처가 있다면 며칠 이내에 다시 보내질 수도 있다.

3월 12일 그것은 시 검사 사무실에 접수되었고 담당 검사에게 보내졌다.

3월 17일 그것은 영장으로 필사되어 덜루스 경찰청으로 보내졌다.

3월 18일 고등변호사 니콜스는 그것을 법정으로 송부했고, 선서를 하고 판사에게 사인을 받았다. 그리고 나서 그는 그것을 법률사무소의 사무관에게 보냈다. 때가 되면 고발장이 접수된다. 이것은 일주일 정도 걸릴 것이다.

3월 24일 그것은 카운티 보안관이 받을 수 있도록 영장 파일함 안에 분류된다.

3월 26일 영장 사무실에 수령되고, 접수되어 컴퓨터에 입력되고 영장

송달을 위한 파일함으로 옮겨진다.

3월 27일, 28일 가해자가 법정에 출두하지 않은 이후 그 커플은 어떻게 할 것인지 혹은 어떻게 해야 할지에 대해 걱정하거나 논의하지 않으며 처음으로 주말을 보낸다.

3월 30일 그는 다음날 출두를 명령받고 수긍한다.

3월 31일 그는 법정에 출두했고, 무죄라고 변론한다. 사전심리 배심원은 5월 첫째 주에 형을 확정할 것이다(사전심리 배심원들은 항상 매달 첫째 주에 형을 확정하는데, 4월에 확정하기엔 너무 늦었다). (Pence, 1996: 67~68)

이러한 시퀀스의 과정은 법적으로 규정되는데, 매 단계는 보고서의 텍스트가 '이동'하면서 기록되고, 이것은 흔적으로 남는다(이동의 흔적은 기록되지 않지만, 텍스트의 날짜 확인도장이나 각 주요 부처에 도착한 파일 기록부 같은 것으로 알 수 있다). 이는 피고의 법정 출두에 관한 최종 종결이라는 제도의 행위과정에서 텍스트로 촉발된 시퀀스를 우리에게 보여준다. 먼저 보고서가 작성된다. 이 보고서는 출두명령 소환장으로, 그리고 여타의 다른 자료들이 첨가된 '파일'로 한 부처에서 다른 부처로 옮겨간다. 범인이 심문 장소에 나타나지 않았을 때 새로운 텍스트, 즉 구속영장이 도입되고 그 파일은 다음 진행단계의 교차점으로 이동한다. 텍스트와 텍스트의 변화는 사람들의 행동을 조정한다. 텍스트의 이동은 누군가의 일 영역에 도착하면서 새로운 행위를 촉발한다. 그 결과는 행위를 또 다시 유발하는 다음 단계로 넘어가면서 변형되기도 하고 변형되지 않기도 한다.

경찰이 쓴 기록에는 사람들의 일에 필수적인 텍스트의 산출이나 인가, 축적, 읽기, 텍스트 송부 등이 들어 있고, 이것들은 법적 규제방식 안에서 조정된다. 그러므로 앞의 사례에서 텍스트는 미네소타 주 법 안에서 일의 각 단계를 조정하고 그 다음 단계를 중재하는 등 모든 일의 과정을 조정한다. 이러한 텍스트의 고유한 조정행위는 사람들의 일상 행위를 제도 안으로 끌어들이는 핵심이다(이에 관한 좀더 자세한 내용은 9장을 참조). 문화기술지 방식은 다양한〈일 지식〉을 짜 맞춤으로써 텍스트가 어떻게 일 지식을 조정하는지 보여준다. 아울러 문화기술지 방식은 일 지식의 일부이면서, 일 지식을 만들어내는 제도적 체제를 발견할 수 있게 해준다. 이 사례에서 아내와 남편은 법적 처리과정의 제도적 행위자로 드러나지 않지만, 텍스트의 조정활동 과정의 참여자임은 드러난다.

〈상호교차 과정〉의 시퀀스는 제도적 행위과정을 만들어낸다. 제도적 행위는 제도적 행위 질서 속에 있는 사람들 삶의 실제와 다르지 않다. 물론 앞에서 지적했듯이, 이러한 일련의 과정은 법률에 근거해 이루어진다. 즉, 이 과정은 일상적 실천을 규제하는 텍스트는 물론이고 특히 가정폭력방지법이 암묵적인 근거가 된다. 지역적 사건이 제도적 특징을 띄는 것은 텍스트가 일상행위를 조정하면서 초지역적으로 적용되기 때문이다.

2) 책임성의 순환

앞의 '사례'는 텍스트로 조직화된 일의 한 장르이자 곧 시퀀스로서, 개인들을 둘러싸고 조직화된다. 그러나 이는 사람들의 일을 조정함에 있어 제도적 문화기술지 연구자가 텍스트를 '활동적'인 것으로 보는 것만을 의미하지 않는다. 리자 맥코이(McCoy, 1999)는 일 조직화에서 책임성에 관해 연구하였다.3 이 연구는 펜스가 기술한 가정폭력 사례에서의 법률과정 시퀀스 순서를 따르지 않는다. 그녀는 전문대학의 행정과정 위계에서 텍스트로 중재되는 관계를 연구하였다. 그녀는 변화 시점에 있는 온타리오 주의 전문대학들을 제도적 문화기술지로 연구하였다. 그녀가 연구하는 시점에 대학들은 정부 제안을 강요받고 있었다. 이 당시 대학들은 오로지 등록금에 의존한 재원조달방식에서 지역 기업들의 요구에 부응할 수 있도록 기술훈련 투자와 비용-수익 회계방식 체제로 변화를 꾀하는 중이었다. 전문대학에 대한 기본보조금은 지방자치단체가 제공했으나, 기술훈련에 대해서 연방정부는 민간기업에 이를 허용하여 경쟁적 시장을 추진하고 있었다. 이로 인해 대학들은 일자리와 행정가 단기훈련에 관한 계약을 위해 입찰에 응해야 했다. 대학들은 이러한 경쟁시장에서 우위를 점하기 위해 훈련활동의 단위비용을 보다 정확하게 파악해야 했고, 클라이언트의 욕구에 부응하기 위해 행정체계를 개편해야 했다.

---

3 전문대학의 책임성 순환에 관한 나의 설명은 리자 맥코이의 정교한 서술과 분석에 충실한 것으로, 그녀의 도움에 감사한다.

이 새로운 체계 안에서 업무에 대한 책임성은 높아졌고, 텍스트의 생성과 재구성, 적용 등이 재조직화되었다. 맥코이는 텍스트가 관계를 조직화하는 양상을 보여주기 위해 전문대학의 한 부서의 프로그램 비용에 관한 텍스트를 분석하였다. 이 프로그램은 상급자가 다양한 직급의 실무자들의 성과를 평가할 수 있도록 만들어졌다. 프로그램이 존속하느냐 폐지되느냐는 프로그램의 비용과 수익을 비교하는 계산방식에 의해 결정되었다.4 행정가, 재정 담당직원, 부서장, 전임강사, 노조대표 간의 관계가 이전과 다르게 재조직되었다. 풀턴대학의 회계담당자는 이러한 변화를 다음과 같이 이야기하였다.

정보제공자 음, 예전 시스템에서는 총장이 모든 것을 일일이 통제했었죠. 우리는 그러한 운용에 대해 부서장이 책임지게 하려고 하죠.

맥코이 부서 말인가요?

정보제공자 네, 맞아요. 부서들이 책임질 수 있게 하는 유일한 방법은 그 부서가 제기한 것에 대해 책임지라고 말하는 것이죠. 아시겠어요? 우리가 할 수 있는 일은 이사회에서 예산 승인을 받는 거죠. 그리고 "단기 프로그램들은 수익을 내지 못하고, 재교육 프로그램들은 수익을 올리고 있어요. 전반적으로 부서의 상황이 괜찮아 보이지만 프로그램들은 서로 연관되어

---

4 분석된 텍스트의 축약버전은 맥코이의 학위 논문에 있다. 축약된 형태로만 볼 때, 텍스트에 초점을 두는 것이 **논문 전체의 일부로서** 제도적 문화기술지 연구에 유용할 것이다. 중요한 텍스트들의 전체는 부록에 실을 수 있지만, 분석에 사용한 텍스트의 일부는 가능한 한 독자들로 하여금 직접 볼 수 있도록 해야 하고, 텍스트가 제도적 문화기술지의 필수적인 부분임을 분명히 소개해야 한다.

운용되고 있죠". 이 점이 바로 지금 단계에서 비용–수익 평가를 해야 하는 이유예요(McCoy, 1999: 196).

맥코이가 얘기하길,

여기서 우리는 서류의 강력하고도 잠재적인 조직화를 볼 수 있다. 회계담당자는 그와 행정가들이 사용해왔던 프로그램 비용 서류를 "운영에 대해 부서장이 책임지도록 하는" 근거로 말하고 있다(196).

맥코이는 또 다른 행정직원과의 대화에서 책임성의 변화를 보았는데, 그것은 전문대학 교수들의 책임성 관계에서의 변화이다. 교육 프로그램에 정부 기금이 쓰였을 때, 교수들은 그들이 교육을 어떻게 진행할 것인지 그리고 교육의 여러 부분들에 그들의 시간을 어떻게 할당할 것인지에 대해 상당한 독자성을 가졌었다. 대화를 나눈 행정직원에 의하면, 새로운 비용–수익 체계는 교수들과 행정직원들 간의 관계를 '정신적 황폐화' 상태로 바꾸어놓았다고 한다.

맥코이   프로그램 비용이 함축하고 있는 것이 무엇인가요?
정보제공자   우선 당신은 그것의 중요성을 알기 위해 교육적 면을 고려해야 해요. 음, 교수들은 이상한 사람들이에요. 그들은 자신이 일하도록 내버려두고 금전적 문제로 자신을 방해하지 말라고 하면서 자신들의 세계 안에 살고 있죠. 불행하게도 현 시스템은 우리를 사업하는 사람들로 만들어요. 아시겠어요? 우리는 비즈니스를 하고 있는 거예요. 그리고 우리는 돈을 버는 것과 인간성을 지키는 것 사이에서 균형을 잡아야 하는 신세예요. 우리는 돈을 잃으면 안 된답니다. 포드 사는 9백만 달러를 잃을 수도 있고, 은행으로부터 돈을 빌릴 수도 있으며 그것을 다음 해 혹은 다음 세기에 갚을 수도 있습니다. 우리는 그럴 수도 없고, 우리에게 적자 예산 운용은 허락되지 않습니다. 우리는 우리의 예산 범위 안에서 해결해야 하며, 이는 우리의 일이 비즈니스임을 직시해야 한다는 겁니다. 제가 지금 얘기하려고 하는 것은, 우리 행정직원들이 어마어마한 정신적 황폐화를 겪게 되었다는 거죠(McCoy, 1999: 198).

1980년대 중반 교사들에게 요구된 최대 교육시간을 둘러싸고 벌어진 교사들의 파업 이후, 행정가들은 노조-관리 협상에서 자신들의 이익을 취해왔다. 책임성의 새로운 구조로 교수들을 끌어들일 때도 그러했다. 단체협약에 제한조건들을 두어왔지만, 행정가들은 이를 종종 무시했다. 예를 들어 그들은 "직원 월급은 같은 수준을 유지하면서, 입학생 수를 늘리는 것에 주력"했다. 쟁의 조정의 결과 중 하나가 교수 '업무량' 계산을 위한 표준공식 개발이었는데(McCoy, 1999: 211), 그것은 표준 업무량 산정양식(SWF: *the Standard Workload Form*)으로 구체화되었다. 전임강사들은 단체협약에 모순이 있다고 생각하며 표준 업무량 산정양식에 대해 불평하였다. 그러나 그들은 책임성의 재구조화가 있기 전까지 그것이 자신들에게 직접적인 영향을 줄 거라고는 생각하지 않았다. 새로운 비용-수익 시스템에서, 표준 업무량 산정양식은 학장과 학과장들이 교육자원 배치의 효과성을 평가할 때 유용했고, 그것은 교육 또한 비즈니스라는 것을 강조하는 것이었다.

표준 업무량 산정양식에서 교수들의 '업무량'은 교수들이 얼마나 일을 했는지에 의해 결정되지 않는다. 이는 오히려 교수들의 일 경험과 무관하게 결정된다. 학과장의 일은 그 학과의 모든 교수들에 대한 표준 업무량 산정양식을 작성하고(작성하게 하고) 그것을 승인하는 것인데, 이는 업무가 진행된 이후에 이루어지는 것이 아니다. 표준 업무량 산정양식은 교수가 다음 학기에 무엇을 가르칠 것인지, 그리고 그 밖의 어떤 일들을 할 것인지를 결정하는 과정에서 작성되는데, 그 내용은 예를 들어, 교과과정 개발 혹은 고등학교에서의 특강 등이다. 그러므로 표준 업무량 산정양식의 과정은 단체 협약의 조건들을 교수들에게 요구되는 일에 적용한 것으로, 공식에 의해 업무량을 계산하는 것이다. 이처럼 표준 업무량 산정양식 과정은 제안된 업무들이 협약 조건에 맞든 모순되든 상관없이 이루어진다 (McCoy, 1999: 212).

또 다시 맥코이는 **자신**의 텍스트에 표준 업무량 산정양식의 텍스트를 도입하여, 독자들에게 표준 업무량 산정양식이 어떻게 전임강사의 일을 시간과 비용으로 전환하는지 상세히 설명한다. 맥코이는 표준 업무량 산정양식이 대학 조직 내 다양한 위치에 있는 사람들에 의해 어떻게 활성화되는지(읽히는지)를 검토한다. 어떤 교수의 경우, 표준 업무량 산정양식을 작성하는 것이 학과장과 논의하기 위한 첫 번째 단계와 거의 같았다. 교수가 그것을 받아들일 수 있으면 학과장은 교수가 작성한 양식에 사인을 한다. 맥코이가 이 교수와 인터뷰한 결과, 교수의 업무량을 설명하는 표준 업무량 산정양식과 교수들이 실제 하는 업무 간의 불일치가 있었다. 학과장도 표준 업무량 산정양식에 의한 업무량 양식이 거의 허구적인 것임을 알고 있었다. 맥코이는 다음 학기에 관한 전임강사들의 협약과정을 참관할 수 있는 기회를 얻었다. 그런데 확실해진 것은, 표준 업무량 산정양식이 책임성을 새롭게 조정하는 데 새로운 역할을 하기 시작했다는 것이다. 그러면서 표준 업무량 산정양식이 가졌던 허구적 특성은 사라지게 된다. 교육과 관련한 다양한 활동들은 프로그램들의 전체 비용-수익 체계로 환산되면서, 전임강사들이 그들의 일을 어떻게 했는지를 관리하는 수단으로 사용되기 시작했다.

표준 업무량 산정양식 과정은 프로그램 비용을 절약하기 위한 것이다. 즉, 교수들의 봉급을 다양한 프로그램과 과정에 할당되는 비용의 일부로 만들기 위한 서류 차원의 방책이다(McCoy, 1999: 227).

이것은 펜스가 언급한 상호교차 과정으로, 텍스트에 의해 조정되는 책임성 순환에서 책임주체가 변화하는 것을 보여준다. 맥코이가 관심을 둔 것은 시퀀스의 한 지점에서 다른 지점으로 텍스트가 이동했다는 것이 아니다. 그녀의 관심은 텍스트가 서로 다른 지위에 있는 사람들에 의해 어떻게 활성화되는지, 텍스트가 행정가들과 강사들의 일을 어떻게 조정하는지 여부였다. 그녀는 이 두 가지의 일이 새로운 비용-수익 체제에 어떻게 순응하는지 설명하기 위해 텍스트(특히 두 개의 텍스트들)로부터 연구를 시작하였다.

3) 텍스트를 사용한 그 밖의 제도적 문화기술지 연구들

여기 제시한 예들은 일 과정의 시퀀스에 주목하기 위해 제도적 문화기술지 연구자들이 텍스트를 사용한 예들이다. 그렇지만 그들이 연구한 실제 유형들을 자세히 논하지는 않겠다. 여기서는 제도적 문화기술지에서 텍스트를 인지하는 아주 다른 두 개의 방법을 비교하고자 한다.5 하나는 일에서의 제도적 과정을 탐색하는 것이다. 여기서 텍스트에 의해 조정되는 일은 주로 텍스트들 속에서 일어난다. 또 다른 하나는 육체노동에 관한 문화기술지적 이야기이다. 여기서 텍스트들은 일의 시퀀스에서 나타나며, 행정적인 절차 안에서 일어나는 일들에 책임성을 부여한다.

지역개발과 관련한 지방정부의 의사결정에 대한 수잔 터너의 연구(Turner, 2001, 2003)는 복합적인 텍스트들의 시퀀스, 텍스트들에 기반한 일, 그리고 텍스트 생산 혹은 변형을 보여준다. 그녀는 그녀의 프로젝트를 아래와 같이 기술한다.

읽기와 말하기는 구체적인 세팅, 즉 토지 이용계획에 관한 공공 텍스트로 조정된 담론의 장에서 일어나며, 제도적 성격을 띤다. 사람들의 행위에 대한 대화의 조직화가 이루어지는 가운데 공공 협의기구가 만들어진다. 이때 공적 지식이 생산되고, 이후에 이 공적 지식은 토지개발이라는 구체적인 결과로 이어진다(2001: 300).

---

5 터너와 다이아몬드 두 사람은 제도적 문화기술지 연구가 어떻게 행해지는지 독특하고 차별적으로 보여주면서 이 책의 자매편인 《제도적 문화기술지의 실제》에 기여한다.

터너가 그린 시퀀스는 토지개발자와 시 계획사무소 간의 상호교차 초기단계에서 시작된다. 시퀀스는 계획된 개발지역이 공론화된 단계를 통해 진행이 되고, 개발계획에 대한 최종 승인과 그 이후 불도저가 나무를 뽑기 시작하는 시점까지 여러 기관, 정부 부처들과 합의해온 다양한 단계들이 지역협의회를 통해 지역주민들에게 공시되는 단계로 이어졌다. 터너는 〈일-텍스트-일〉 시퀀스의 복잡성을 생생하고 명확하게 설명한다. 그녀는 텍스트 형식으로 나타나는 일과 하나의 영역과 단계에서 실제 행해진 일을 텍스트가 어떻게 중재하는지 간의 연관성, 그리고 복잡한 정부 부처에서 행해진 일과 텍스트가 어떻게 연계되는지를 성공적으로 보여준다. 때문에 그녀의 연구는 설득력을 갖는다.

터너 연구의 문제틀은 미개발 협곡 근처 주민이었던 그녀의 경험에 기인하는데, 이 협곡은 지역주민들이 산책하고 소풍가는 장소로 소중하게 생각하던 곳이다. 주민들은 논의가 이루어질 지역협의회 모임의 날짜와 시간들이 개발될 지역의 주민들에게 공시됨으로써 회의에 참석할 수 있었다. 그녀가 보여준 시퀀스는 주민들의 대항 효과가 최소화되는 시점, 즉 상대적으로 늦은 시점의 시퀀스에서 지역주민들의 의사결정 참여가 이루어지는 것을 보여준다. 요컨대 지방자치단체는 이미 개발에 합의했고, 협곡 개발의 상황과 그곳에 들어서게 될 주택 조건에서 지역주민들이 성취한 것들은 상대적으로 미미한 것이었다.

터너는 텍스트가 어떻게 일에 진입하고 이를 조직화하는지 주의 깊게 연구한다. 그녀는 텍스트 형식 안에서 주로 수행되는 일을 가시화하여 텍스트에서 말로, 말에서 텍스트로 넘어가는 교차점을 자세히 설명한다. 이런 점에서 〈일〉은 텍스트를 지향하고, 텍스트에 기반하며, 텍스트를 생산하고 있다. 그녀가 보여준 바에 의하면, 불도저가 협곡을 변화시켜온 동안 개발자의 원래 계획과 '실제 세계' 사이에 또 다른 실제 세계가 존재해왔다. 또 다른 실제 세계는 시간, 사람들의 행위, 그리고 그들의 일에 의해 생성되는 텍스트들과 그들의 일을 조직화하는 텍스트 안에 존재한다.

팀 다이아몬드의 연구(Diamond, 1992)는 시카고 노인들을 위한 요양원에서 간호보조사로 일했던 그의 경험에 기반한다.[6] 터너의 연구는 일의 시퀀스에 연루된, 일의 시퀀스를 조직화하는 텍스트-일-텍스트 시퀀스를 그려냈다. 이 시퀀스는 협곡을 본래의 자연 상태로 남긴 채 주택개발계획을 진행하려는 결정으로 이끄는 시퀀스이거나 혹은 결정 그 자체의 시퀀스이다. 반면, 다이아몬드는 간호하는 매일매일의 일과 거주자들의 매일매일의 일의 실천에 초점을 둔다. 이 연구는 일상적으로 일어나는 그러한 일의 신체적 감각들에 기초하며, 그 일은 사람들의 말로 채워진다. 하지만 텍스트가 거기에 있다. 텍스트들은 일의 한 부분으로 존재하는 동시에 요양원 운영의 제도적 체제, 노인 거주에 있어 돌봄의 기준을 책임지고 있는 복지체계, 지역 부처들, 간호보조사들, 지역주민들의 지역적 일을 조정한다. 텍스트들은 일상적 삶의 일을 조직화할 뿐 아니라 그 일상적인 일로부터 생겨난다. 아래의 예는 노인요양원 간호보조사들의 책임성에 관한 텍스트의 요구사항들이 어떻게 그들의 일로 전환되는지 보여준다.

---

6 간호보조사들과 거주자들의 일에 관한 팀 다이아몬드의 연구에 대한 나의 설명을 검토해준 것에 대해 그에게 감사한다.

대부분의 거주자들이 잠자리에 들고 야간근무시간이 되기 전에, 우리는 침상 정돈, 목욕 스케줄, 배변과 식이요법, 안전장치와 침대시트 상태, 몸무게와 신체 징후 등의 기록을 끝내기 위해 한바탕 소동을 치른다. 관리당국은 이에 관한 기록물을 통해 간호보조사들의 과업 수행을 검토한다. 그러나 인간적 접촉이라는 측면에서 볼 때, 서류에 기재된 사항들은 밤을 어떻게 마무리하는지 혹은 낮에 어떤 일이 어떻게 이루어졌는지와 별 관련이 없다. 밤이 된다는 것은 다치기 쉬운 노인들을 잠옷으로 갈아입히는 한편 침대에 눕혀 잠자리에 들도록 하고, 그들을 안정시키며 잠들도록 실랑이하는 것을 의미했다. 그리고 그것은 가능한 한 조용히 문을 닫고 불을 끄는 것을 의미했다(Diamond, 1992: 156).

다이아몬드가 기술하는 병력기록은 거주자들보다는 첫째, 거주시설 감독기관의 행정적 관리감독과 관련 있고, 둘째, 거주시설에 대해 책임 있는 지자체 부처들의 행정적 관리감독과 관련이 있다. 거주시설을 민간이 소유하고 관리한다고 하더라도 복지재원으로 운영된다는 점에서 그렇다. 근무교대 막판에 간호보조사들이 서류작업을 하고 차트를 작성하는 것은 그 자체로 일이다. 관리당국은 문서기록과 병력기록을 통해 간호보조사들의 일에 책임성을 부여한다. 또한 이러한 과업들은 돌봄이라는 일과 그 안에서 일어나는 인간적 접촉을 보이지 않게 만든다. 다르게 보면, 제도적 언어가 사람들이 하는 그 일의 실제들을 어떻게 포섭하고 바꾸어놓는지를 발견할 수 있다.

이러한 두 개의 예에서 내가 강조하고자 하는 것은 텍스트로 매개되는 조직화의 양상이기보다 일의 종류에서의 차이이다. 텍스트로부터 이루어지는 일과 텍스트에 의해 매개되는 일에 관한 터너의 연구는 경험에 기반한 문제틀로부터 시작하여 지배관계 등과 얽혀가는 제도적 문화기술지의 가능성을 보여준다. 이와는 반대로 다이아몬드의 연구는 명료하게 체현(體現)된 세계에서의 일 상황을 기술하면서, 일이 텍스트에 의해 제도적 체제에 종속되는 것을 보여준다. 두 연구의 문화기술지적 전략들은 확실히 다르다. 터너의 연구에서, 연구자는 텍스트를 읽고 쓰는 사람들의 일로부터 텍스트를 어떻게 읽을 것인가를 알아야 한다. 또한 연구자는 제도의 이야기 장르와 담론을 알아야 한다. 그리고 연구자는 협곡개발 추진을 위한 의사결정에 대한 시퀀스에 있어, 사람들이 텍스트와 말을 통해 행하는 것을 일로 인지할 수 있어야 한다. 반대로 다이아몬드의 요양원 연구에서는 매일매일의 일과 행위들, 판에 박힌 일들, 그리고 텍스트들을 세밀하게 기술할 수 있어야 하고, 일과 관련한 인터뷰에서는 보이지 않던 사람들을 발견할 수 있어야 한다. 연구자는 참여관찰을 하건, 혹은 고도의 기술을 가지고 정보제공자와 오랫동안 면밀하게 인터뷰를 하건, 이를 발견해야 하는 것이다. 터너의 이야기의 핵심은 활동가가 되는 것이다. 그러나 그것은 사람들의 일에 대해 이야기하는 것이고, 또 텍스트가 사람들의 행위 속에서 작동하는 부분을 이야기하는 것이다. 반대로 다이아몬드의 연구는 그 일을 기술하기 위해 간호보조사로 일했던 자신의 직접적인 경험에 기대고 있다. 그런 까닭에, 관찰이 어려운 경우라면 이 사례에서의 〈일〉에 관한 제도적 문화기술지를 상상하기는 어렵다.

2. 결론

본 장에서 나는 텍스트들이 문화기술지로 통합될 수 있도록 형식화하는 데 있어 두 가지를 강조하였다. 첫째, 텍스트를 실질적인 지역 현장과 특정 시간에 '발생하는 것' 혹은 '활성화된 것'으로 인식하는 것(McCoy, 1995), 둘째, 텍스트가 제도적 과정에서 행위를 어떻게 조정하는지를 경험적으로 탐색하는 것의 필요성이다. 가정폭력 사례의 재판 과정에 관한 펜스의 제도적 문화기술지 연구(Pence, 2001)는 사례를 구성하는 행위의 제도적 과정에 텍스트들이 포함되어 있고, 〈일〉을 조정함에 있어 그 텍스트들이 중요하다는 것을 드러내 보여주었다. 그녀는 행위를 〈조정〉하는 과정에서 일과 관련된 중요한 면면들, 즉 텍스트들이 유입되고, 작동하며, 책임 주체가 바뀌는 것 등을 설명하기 위해 상호교차의 과정을 보여주었다. 이 '사례'의 조직화는 내가 '책임성 순환'이라고 불렀던 맥코이의 연구(McCoy, 1999)와 대비될 수 있다. 맥코이는 그녀의 연구에서 당시 온타리오 주에 있는 전문대학들에 도입된 새로운 책임성 체제와 관련된 텍스트들을 다루었다. 행정가들, 교수들의 일과 관련된 텍스트의 변화는 이전 체제하에서 이루어졌던 일상의 실천에 변화를 가져왔고, 관계의 재조정을 가시화했다.

터너(Turner, 2003)와 다이아몬드(Diamond, 1992) 두 사람의 연구 모두에서, 제도가 텍스트를 통해 사람들의 활동 안으로 삽입되는 것을 목격할 수 있다. 그것을 제외하면 두 연구는 판이하게 다른 내용이다. 지역개발계획과 의사결정과정에 관해 터너가 보여주는 것은 사람들이 참여하는 다양한 일을 추적가능하게 한다. 사람들의 일에는 지역주민이 저항에 참여하는 것도 포함되어 있다. 지역주민, 지방자치단체 관료, 시의원, 개발업자 등의 일이 곧 텍스트들 안에 있는 일 — 텍스트들을 생성하는 것, 텍스트들을 읽는 것, 그리고 텍스트가 지향하는 것 — 인 것이다. 텍스트들은 제도적 과정의 핵심 구성요소이다. 텍스트들은 텍스트에 포함되어 있는 것들에 의해 생성되고, 복합적인 다른 것들로 변형되며, 그 변형된 것들은 텍스트로부터 일을 시작한다. 텍스트에 기반한 활동의 시퀀스 과정에서, 지역주민들이 사랑하는 협곡은 돌이킬 수 없게 변형된다. 텍스트들이 그 변화를 멈추기 위해 시도했다 하더라도 협곡의 변화는 이미 이루어졌다는 면에서 그것은 끝난 이야기이다. 반대로 다이아몬드의 초점은 일하는 세계의 즉시성(Schutz, 1962b)과 크게 관련이 있다. 그는 제도에 의해 조직화되는 삶과 삶 속의 제도적 실재를 우리에게 보여준다. 그것들은 서로 영향을 주고받는다. 터너의 연구에는 협곡, 그리고 그곳에서 즐거움을 얻는 지역주민들이 있다. 협곡이 위협 당했을 때, 주민들은 이를 보호하려고 노력하지만, 결국 실패한다. 그러한 일상세계는 그녀 연구의 〈문제틀〉을 제공하지만, 그녀 연구의 중심에 있지는 않다. 다이아몬드의 연구에서 〈제도적 실재〉가 사람들의 일상의 일에서 목도되지만, 노인들을 위한 시설보호 제공에 있어 민간과 공공이 교차되는 영역에 보다 주목하여 볼 수 있다. 제도적 문화기술지 존재론에서 구축된 일관성은 더 진일보한 발견과 탐색을 위한 연구 또는 다른 연구들과 연결 짓는 연구에서 발견된 상호연계들을 유지시켜준다. 어떠한 연구도 홀로 있지 않다. 각각의 연구들은 제도적 문화기술지 수준에서 그 주된 초점이 무엇이든지 간에 지배관계와 상호연계되어 있다.

일단 우리가 텍스트를 제도적 조직화에 필수적인 것으로 보고, 텍스트가 어떻게 위치하는지를 제도적 문화기술지로 분석하면, 접근하기 어려울 수 있는 상호연계의 흔적을 발견하는 것이 가능해진다. 이러한 예에서 우리는 제도적 문화기술지 연구가 사회학적 문화기술지 연구자들의 많은 전통적 기술들을 적절히 사용할 수 있는 가능성을 갖고 있음을 알 수 있다. 그러나 제도적 문화기술지 연구는 일상의 사람들의 일에서 일어나는 텍스트들의 결합을 '활동적인' 것으로 받아들이고, 텍스트들과 텍스트 체계가 일정한 거리에서 그리고 시간을 가로질러 어떻게 조정되는지 인식함으로써 전통적 기술들을 보완할 수 있다. 이러한 결합은 제도적 문화기술지 연구가 사람들의 활동이 일어나는 지역의 일상 세계를 넘어 지배관계에서 초래되는 힘의 조직화까지 파악할 수 있게 할 것이다. 이것이 다음 장의 주제이다.

제 9 장

힘, 언어, 그리고
제도들

제도적 문화기술지 방법이 이제까지 발전해온 모습은 단순하고 명확하다. 제도적 문화기술지는 사람들이 했던 활동 경험으로부터 탐구를 시작하고, 상이한 관점과 입장을 함께 이어 맞추며, 텍스트에 기반한 조직화의 형태를 탐색함으로써 현실이 어떻게 작동하는지를 보여준다. 그러나 제도적 문화기술지 방법이 현실을 변화하려는 사람들에게 유용하고 사람들의 일상지식을 확장하는 데 성공적일 수 있음에도, 빠뜨린 중요한 부분이 있다. 그것은 〈힘〉(*power*)의 영역이다.

〈지배관계〉는 사람들의 〈일〉을 복합적이고 광범위하게 〈조정〉한다. 지향, 욕망, 기회, 제한, 방해, 무력함 등이 그 안에서 일어난다. 텍스트는 행위주체를 구성하고 규제한다(D. E. Smith, 2001a). 즉, 텍스트는 사람들의 일을 통제하고 동원하는 특별한 능력을 갖고 있다. 텍스트가 승인한 행위주체는 사람들의 일을 조정하고 동원함으로써

〈힘〉을 만들어낸다. 그 양상은 구체적이다. 그 힘의 형태들이 기업처럼 단일한 공식조직 내에서 움직인다고 생각한다면, 그것은 착각일 수 있다. 기업들은 지배관계와 그들의 상호연계망 — 금융시장, 은행, 법적 체계, 대중매체, 정부 부처, 그리고 모든 수준에서의 행위주체들 — 안에 존재하기 때문이다. 터너(Turner, 2003)는 지자체의 지역개발계획 의사결정에 관한 연구에서, 제도적 행위과정들이 지배관계의 상호연계 안에서 일어남을 보여준다. 개발업체와 지방자치정부 사이의 상호관계에 직접적으로 관여하지는 않았지만, 그녀가 서술한 것은 지역주민, 더 넓게는 지역사회의 이익보다는 개발자의 이익을 위해 기획된 조정과정이었다. 터너의 연구는 이러한 관계에 관한 더 많은 설명과 함께, 이 관계가 토지사용계획 결정이 진행되는 정치적 과정을 어떻게 〈조정〉하는지를 확실히 보여준다.

일반적으로 텍스트와 언어는 제도적 문화기술지 연구에서 핵심이기는 하지만, 이들이 제도적 문화기술지의 어떤 연구에서도 독자적으로 작동한다고 여겨져서는 안 된다. 재판 사례(Pence, 2001)가 진행되거나, 책임성의 순환(McCoy, 1999)이 이루어지는 시퀀스들에서 〈일〉은 〈텍스트〉와 결합되어 있고, 텍스트가 일에 결합되어 있다. 텍스트는 항상 누군가의 일의 일부이며, 〈일〉 안에서 **일어난다**는 것을 기억해야 하며, 제도적 문화기술지 연구를 함에 있어 〈텍스트-일-텍스트〉 혹은 〈일-텍스트-일〉을 생각하는 것이 필요하다. 특히 이 장에서 우리가 다루려는 것이 바로 이것이기 때문에, 텍스트만 따로 떼서 보는 것은 도움이 되지 않는다.

텍스트와 텍스트의 언어를 강조하면, 제도적 문화기술지는 어떤 특정 방향으로 이동해갈 수 있다. 그 방향이란 마르크스주의자들 사이에서 관념론으로 인식되었던 것으로써, 사상과 신념 — 의식 — 이 〈사회〉를 결정한다고 주장하는 이론이다. 나는 이런 해석에 크게 놀라지는 않는다. 왜냐하면 우리 모두가 지식인으로서(D. E. Smith, 2004), 의식과 지향의 힘이 가진 환상, 의식과 지향이 사회의 지배질서와 역사의 과정을 통제할 수 있다는 환상에 쉽게 빠질 수 있다는 것을 항상 염두에 두고 있기 때문이다. 1장에서 보았듯이, 일반적으로 지배관계는 의식과 행위주체를 대상화한다. 그것은 마르크스와 마르크스주의 전통 안에 있기도 하고 **맞서** 있기도 한 개념화이다. 마르크스의 방법이 요구하는 것은, 이 시대의 〈실제〉가 텍스트로 조정되는 사람들의 활동 속에 물질적으로 존재한다는 인식이다. 마르크스는 오늘날 **지배관계**라는 말로 통칭되는 다양한 담론, 관료 조직, 제도 등에서의 조직화와 의식으로 구체화된 역사적 발전들을 경험하며 살지 못했다. 제도적 문화기술지에서 문화기술지적이란 뜻은, 사람들의 〈일〉이 텍스트-독자 대화에서 활성화되는 텍스트의 물질성으로 조정되고, 이 일 안에서만 지배관계가 드러난다는 의미이다.

제도적 문화기술지는 텍스트, 언어, 힘과 관련해서, 피에르 부르디외(Bourdieu, 1992)가 그의 저작에서 언어와 상징적 권력의 문제를 다룬 것과 유사하게 보일 수 있다. 그러나 제도적 문화기술지는 부르디외의 이론과 근본적으로 다르다. 부르디외의 이론은 언어 내에서 〈힘〉의 영역을 보여주기 위해 경제적 개념들을 은유로 사용하였다. 그가 제공하는 이미지는 대결적이고, 스타일은 확실히 남성적이다. 화자와 청자는 교환관계에서 서로 얽힌다.

발신자와 수신자 간의 의사소통관계는 암호로 바꾸고 암호를 푸는 것, 그리고 그에 따라 암호를 실행하고 생성하는 능력에 근거한다. 의사소통관계는 또한 경제적 교환관계로서, 언어적 자본을 가진 생산자와 소비자(혹은 시장) 간의 특정한 상징적 권력관계 안에서 설정되며, 이는 일정의 물질적 혹은 상징적 이익을 획득할 수 있게 한다(66).

이러한 언어와 힘에 관한 모델은 이 책에서 제안하는 것과는 상당히 거리가 있다. 부르디외의 경우, 상징적 권력은 사람들 사이의 권위 및 지배와 관계가 있다. 상징적 권력은 단지 개개인들이 메시지를 주고받는 것에만 초점을 두는 것이 아니라, "자신들의 생산물에 가장 우호적인 평가 기준을 부여하기 위해 그 교환관계 안에 참여하는 다양한 행위 주체들의 능력"(67)에도 초점을 둔다. 부르디외의 이론은 4장에서 설명한 언어의 개념을 사람들의 주관성을 조정하는 것으로 발전시킨 것과는 다르다. 언어를 조정하는 것으로 이해하면, 부르디외가 보여준 여러 의사소통적 만남에 전제된 조직화의 차원을 탐구하는 길이 열린다.

일반적으로 텍스트와 언어는 지배관계의 영역을 연구하는 데 있어 핵심적 단계이다. 왜냐하면 지배관계의 영역에는 텍스트와 텍스트의 언어, 더 일반적으로는 제도적 담론을 만들어내고 강제하는 힘이 있기 때문이다. 대부분의 경우 제도적 텍스트들의 상호텍스트성은 위계적으로 조직화되고, 개념 설정과 텍스트의 용어들 안에서 일어나는 변화들을 강제한다. 텍스트들의 위계적 조직화에 관한 제럴드 드 몽티니(de Montigny, 1995b)의 연구는 캐나다 지역에서 아동보호 서비스가 〈상호텍스트성〉의 위계적 형태를 확실히 따르고 있음을 보여준다:

일상의 활동들이 엄밀한 사회복지실천으로서 위상을 갖고 공식적으로 기록되는 것은 텍스트를 통해서이다. 가정 방문은 연속적 기록의 시작이 되고, 체포는 법정 보고서가 되며, 아동양육권 요청에 대한 결정은 심리(審理) 고지가 되는 등 ⋯ 사회복지사들의 일상적인 기록 보존활동, 예를 들어 파일 저장, 파일 감사, 지부에서 본부로의 의무적 보고, 예산관리 등은 다양한 조직화 과정을 통해 해당 사무소, 궁극적으로는 해당 부처의 통계가 된다(209~210).[1]

〈상호텍스트성〉의 위계적 조직화가 이루어지는 방식은 두 가지이다. 드 몽티니는 일선에서의 〈일〉이 '부서'의 위계조직 내에서 어떻게 이루어지는지 보여준다. 이와 동시에 일선에서의 〈일〉을 설명하는 용어들에 담긴 개념과 범주들은 법과 그 부서의 행정규칙에 의해 지배받는다.

여기서는 구별되지만 상호 연관된 두 가지의 조정기능에 초점을 둔다. 하나는, 실제를 움직이게 하는 〈제도적 실재들〉(institutional realities)을 생산하는 일 과정이 텍스트를 통해 조정된다는 것이고, 다른 하나는 뚜렷이 구별된 텍스트들 간의 위계적 조정형태로서, 한 수준에서의 텍스트들이 제도적 실재의 생산에 작동하면서, 틀이나 개념 등을 설정한다는 것이다.

첫 번째 조정기능은 제도적 재현을 만들어내는 것이다. 사람들의 〈실제〉는 공식화되고 고도로 제한된 재현을 끌어내기 위한 자원이 된

---

[1] 드 몽티니는 문화기술지 방식을 통해 이들 책임의 형태들에 대한 전산화를 앞서 보여준다.

다.2 이런 제도적 재현을 끌어내는 과정은 예를 들어, 실업자가 서류를 작성하는 일에서 볼 수 있다. 즉, 실업자가 컴퓨터 모니터에서 해당 항목들을 작성하거나 증명해야 하는 보고서를 만들 때, 제도적 재현을 만들어내게 하는 일련의 질문들이 그 예이다. 모든 경우에서, 제도적 재현은 제도적 담론에 의해 개념적으로 조직화된다. 여기서 재현되는 실재는 제도적 담론에 맞춰진 것이다.

어떤 방법에서건, 제도적 재현이야말로 핵심 과정이다. 제도적 재현은 일반화된 형태이다. 그리고 그것들은 세 가지 이유에서 핵심적으로 중요하다. 첫째, 제도적 재현은 지역적이고 특수한 것을 일반적인 형태로 변형한다. 이 일반적 형태는 제도적 작업이 이루어지는 여러 지역 현장들을 통틀어서 인식되고 설명될 수 있다. 둘째, 제도적 실재가 객관화되면 개개인들의 관점은 보이지 않게 된다(2장에 있는 코드의 인용문 참조). 셋째, 〈실제〉가 제도적으로 변환되는 것은 실제를 제도적으로 움직이게 만드는 데 있어 필수적인 단계이다.

우리가 여기서 과학적 지식의 사회적 조직화에 초점을 두진 않지만, 과학적 담론이라는 맥락 안에서 인식에 대해 분석한 린치(Lynch, 1983)의 연구를 참고해볼 수 있다. 그의 연구는 텍스트가 관찰가능한 것들을 표준화할 때 어떻게 매개하는지를 보여주는 데 유용하다. 린치는 관찰될 수 있는 지역의 실제들이 어떻게 그래픽으로 추상화되어 종이 위에 그려지는지 서술한다. 이 과정의 각 단계에서 그 대상은 측정가능한 것

---

2 리처드 다빌(Richard Darville, 1995)은 이 과정을 '텍스트화'(*textualization*)라고 부른다.

으로 만들어지면서 다음 단계로 나아간다. 그는 이러한 그래프 작업이 가공되지 않은 날 것 그대로의 실제를 측정가능한 기호로 그려내며, 이 것이 과학적 담론에서 통용되는 것이라고 주장하였다. 린치는 이러한 과정의 기술적이고 담론적인 측면들을 그가 주목하는 과학에만 초점을 두고 서술한다. 하지만, 지역적 실제들이 담론 안에서 인식될 수 있는 대상으로 전환되는 데 있어, 이 일반적 특징들과 단계들은 지배관계의 텍스트적 실재를 구성하는 데 필수적이다.

제도적 세팅에서, 이러한 과정은 사람들의 경험을 제도적인 것에 종속시킨다. 이 과정에서 지역의 실제들은 제도적으로 작동한다. 그러므로 실제의 일부를 선택하고 조합하는 틀, 개념, 그리고 범주들(그리고 기술들)은 개개인의 주체성을 제도적으로 생성된 실재에 종속시키는 데 핵심적이다. 그래서 이 장의 첫 번째 주제는 〈제도적 실재〉의 형성에 관한 것이다.

두 번째 주제는 텍스트들 간 관계의 위계적 조직화에 관한 것이다. 여기서 말하는 **위계**는 엄밀히 텍스트적이고 개념적인 관계를 의미한다. 단순히 지위의 위계를 의미하는 것이 아니다. 제도적 담론의 규제적 틀은 관련성을 구조화하고 제도적 재현을 조직화하는 범주, 개념, 방법들을 선택한다. 또한 그것들은 제도적 행위의 시퀀스에 진입해 있는 〈텍스트-독자 대화〉에서 텍스트가 어떻게 읽히는지에 관한 지침을 제공한다. 여기서 일차적으로 강조하고자 하는 것은 규제적 틀이다. 이 틀은 '스크립트'(*scripts*) (Campbell, 2002)를 규제하는 더 상위의 텍스트이다. '스크립트'는 사람들의 삶의 실제로부터 제도적 실재를 만들어내는 데 보다 더 직접적으로 관여한다.

1. 제도적 실재의 형성

제도의 인위적 실재와 사람들 삶의 실제 간의 〈단절〉(*disjunction*)은 피할 수 없다. 단절은 실제가 말이나 이미지로 옮겨가는 변환의 과정에서 일어난다. 그렇다고 해서 〈제도적 실재〉와 사람들 삶의 〈실제〉간 불일치가 나쁜 것은 아니다. 응급센터에서 전화를 받는 사람이 신고자가 말한 응급상황을 묘사하고 적절한 대응 서비스를 성공적으로 제공할 때 (D. E. Smith and Whalen, 1996; Zimmerman, 1992), 신고자가 제도적 과정에 관여하는 것은 신고자에게 도움을 주거나 신고자를 위해 일을 하거나 일을 해야 한다는 의미이다. 그러나 이 과정에서 신고자가 제도로 바뀌는 행위주체의 변환이 일어나는데, 이 변환은 제도가 실행되는 데 필수적이다. 실제가 제도적 실재로 전환되는 시점에서 일어나는 필연적인 단절은, 제도적 형태에 관여하고 그 영향하에 놓인 사람들의 경험을 버리거나 왜곡한다.

　제도적 문화기술지 연구자들은 《제도적 문화기술지의 실제》라는 책에서 그들이 수행한 작업과 경험의 여러 측면에 대해 쓴 바 있다. 알렉스 윌슨과 엘렌 펜스(Alex Wilson and Ellen Pence, 2006)는 가정폭력 사례와 관련된 미국 사법체계를 조사하기 위한 '멘딩 더 세이크리드 홉'(Mending the Sacred Hoop) **3**의 프로젝트에 대해 기술하였다. 이 연구에서 이들은 원주민 여성 집단이 겪는 제도적 범주화의 체계에 대한

---

3 〔옮긴이 주〕 아메리칸 인디언 원주민 여성들의 가정폭력 피해자를 위한 단체. 미네소타 주 덜루스에 위치해 있다.

이슈들을 제기하였다.

우리는 미국 법체계에서 제도적 실천가들의 일이 특정한 사법권과 일이 일어나는 현장 전반에서 표준화된 규칙, 규정, 지침, 공식적으로 인정된 정의들, 매트릭스, 형태, 프로토콜, 그리고 지시 등과 같은 장치들을 통해 어떻게 규제되는지를 살펴보았다. 이러한 장치들은 다양한 위치에서 움직이는 행위자들, 기관들, 시간의 틀이 그 장치 안에서 조정되도록 한다. 그것은 확실히 서구적인 방식으로, 개별화된 상황이나 사건을 틀지어진 범주로 끌어들이며, 제도의 실천가들이 제도적 사건을 어떻게 인식하고 논의하며 다루는지를 조직화한다. 그 범주들은 무엇이 일어났는지를 반드시 재현해주지는 않지만, 어떤 제도적 사안이 일어나는지를 보여주는 선택된 방식으로 작동한다. 제도와 사람들의 일상적 삶과의 교차점에서 실천가에 의해 선택된 정보는 규칙이나 과정으로 표현되는 범주 안에 있게 된다. 그러므로 미국 법체계에서의 제도적 질서는 실제 그것이 삶에 적용되는 것과는 매우 다른 사건의 그림으로 합쳐진다. 어느 누구도 "나는 현재 경범죄의 희생자이고, 무기 미 소지자이며, 보호명령을 위반한 사람"이라고 알리기 위해 긴급구조요청 전화를 하지는 않는다. 대개의 경우 범주이든 제도적 조치이든 사람들이 어떻게 살고 있는지를 이해하지는 못한다. 아무도 일선에서 일하는 실천가들에게 제도적 범주와 실제 간의 일치를 요구하지 않는다.

윌슨과 펜스는 〈단절〉에 대해, 어떠한 재현도 본래의 실제를 재생산한 적도 없고 재생산할 수도 없다는 통상적이고 불가피한 문제를 넘어서는 것으로 이야기한다. 그들은 제도적으로 강제된 범주들이 적어도 '사람들이 어떻게 살고 있는가'의 실제에는 무관심하며, 보다 심각하게 단절될 수 있다고 이야기한다. 동시에, 일선에서 일하는 사람들은 형식화되고 공인된 범주들에 자신들의 실제를 끼워 맞춰야 하고, 이는 사람들의 실제를 제도적 실재로 만드는 유일한 수단이다.

일반적으로 사람들이 경험한 〈실제〉가 〈제도적 실재〉로 바뀌는 데에는 몇몇 질문이 수반된다. 아동방임이 있는 가정을 방문하는 사회복지사는 대답이 필요한 질문들을 가지고 기록을 하게 된다. 대개의 경우 질문들은 이야기의 형태로 이루어지지 않고, 거주지, 자녀 여부, 부모 상황 등을 사회복지사가 조사하는 형태로 이루어진다. 관련 질문들에 대한 대답들은 파일로 된 보고서로 작성된다(de Montigny, 1995a). 질문의 텍스트적 형태인 조사표와 기록양식은 '조사대상', '클라이언트', '환자'로서 응답해야 하는 질문처럼 구성되어 있다. 사람들의 일상세계 면면들은 이러한 조사표와 기록양식에 나타나 있는 주제에 적합한 형태로 바뀌게 된다. 혹은 매클린과 호스킨(McLean and Hoskin, 1998)이 연구한 욕구사정표 사례에서와 같이, 양식화된 질문들은 환자에 관한 것이기는 하지만 실제로 환자는 그 질문에 응답하는 데 아무런 참여를 하지 않는다:

지역사회 실천가들이 모여 환자들의 경과와 배치에 관해 논의하는 사례회의에서 그 양식, 그리고 사례기록지에 표기된 등급들은 환자들을 서로 다른 돌봄의 수준으로 이동시키는 유용한 기초가 된다. 지역사회 실천가들은 세 집단으로 배치되며, 환자 배치를 위한 결정은 일반적으로 클라이언트의 욕구 수준에 따라 이루어지는데, … 높은 욕구를 가진 클라이언트를 다루는 사회복지사들, 중간 수준의 욕구를 다루는 사례관리자들, 그리고 단순한 욕구를 가진 클라이언트가 할당되는 지역사회 정신보건 간호사들 (Community Psychiatric Nurses: CPNs) (534~535).

이와 같이 '욕구들'은 '객관적으로' 결정된다. 환자들은 거기에 참여하지 않는다. 환자들이 원하는 것과 관심사를 '사례기록지'의 형식화되고 표준화된 질문과 혼동해서는 안 된다. 환자들의 욕구는 욕구사정표의 질문구조에 대한 응답을 통해 지역사회 실천가들에 의해 결정된다.4 매클린과 호스킨은 환자들의 경험과 그것을 묘사하는 욕구사정 간의 잠재적 단절을 보여주려 하지는 않는다. 그러나 캠벨(Campbell, 2001)은 가정지원 서비스 신청자를 인터뷰한 사례관리자에 관한 연구에서 이런 과정을 우리에게 보여준다. 그녀는 사례관리자가 가정지원 서비스의 적격 여부를 결정하기 위해 신청자를 인터뷰한 스크립트로 사정 양식을 보여준다. 원칙적으로 서비스에 대한 합의는 클라이언트 중심으로 이루어진다. 클라이언트의 욕구와 선택을 인지하는 것은 가장 중요하고, 이것은 사례관리자가 클라이언트에게 그 과정을 소개하면서 나타난다. 사례관리자는 대화과정 중에 그 양식을 채워간다. 진단 양식의 질문 구조는 클라이언트인 톰이 하려는 매우 다른 종류의 대화를 덮어버린다.

---

4 벅홀트와 구브리엄(Buckholdt and Gubrium, 1983)은 텍스트의 역할을 별로 강조하고 있지 않고, 사회관계들이 범주체계들로 포섭되고 그것에 의해 규제되는 것으로 설명하지 않음에도 불구하고, 유사한 절차를 보여준다.

질문이 시작되자, … 특정 자료 수집에만 관심을 갖는 사례관리자는 톰의 경험을 '듣지' 않는다. 그녀는 톰이 치료 상황과 고통의 어려움에 정서적으로 분투하고 있는 상태라는 것에 관심이 없다. 아래의 발췌된 인용은 이런 일이 어떻게 일어나는지를 희미하게나마 보여준다.

사례관리자 그 약병을 볼 수 있을까요? 저는 맞는 약을 받아왔는지, 약 복용량이 맞는지를 확인하고 싶을 뿐이에요 … 언제 이것을 복용하지요 … 밤에?

톰 밤에 한 번 … 네. 어젯밤에 먹기 시작했어요. 그리고 일주일에 한 번 복용해요 … 그리고 저는 밤엔 이부프로펜(Ibuprofen)을 먹어요.

사례관리자 지금 이게 당신의 통증을 줄여주나요, 톰?

톰 별로, 음 저는 ―. 그냥 진통제 복용을 끊었어요.

사례관리자 그만두었다, 알았어요. 저는 그걸 비난하지는 않을 거예요. 당신은 더 이상 약을 복용하지 않는다는 거죠?

톰 모르겠어요, 저는 이런 약들보다 애드빌(Advil)이 더 낫다고 생각했어요. 그러나 잘 모르겠어요. 한밤중에 무릎통증 때문에 그걸 복용했는데 발꿈치, 무릎, 그리고 엉덩이까지 통증이 생겼어요. 뼈마디 모든 곳이 다 쑤셔요.

사례관리자 당신 흡연하나요, 톰?(Campbell, 2001: 239)

사례관리자의 일차적인 관심은 톰에 대한 제도적 조치가 이루어지도록, 즉 '서비스 계획'으로 구체화될 공식적인 진단을 하는 것인데, 이것이 바로 제도적 행동의 과정으로 진입하는 것이다. 그녀는 기록된 질문들을 다 채워야 한다는 책임감 때문에 톰이 처방된 약 복용을 왜 멈췄는지 애기하는 것에 귀 기울이지 못한다. 그것은 임상 실천에 있어 클라이언트 중심의 실천원칙을 훼손하면서까지 행해진다.

드 몽티니(De Montigny, 1995b)는 전문가가 된다는 것이 어떤 권력을 가지게 되는 것인지에 대해 썼다. 그는 사회복지사로서 아동방임이나 학대가 의심되는 가정을 방문하고 보고서를 기록하면서, 그 가족이 그가 일하는 지역의 아동보호에 관한 사법체계 안으로 들어오고 있음을 보여준다. 그러나 자신의 이야기를 하고 전문가로서 그 가족에 대해 갖는 권력에 대해 애기할 때도, 그는 그의 공식적 역량, 훈련, 지향하는 지식, 그리고 어떻게 보고서를 쓸 것인가 등을 넘어 겹겹이 권력이 작동하고 있음을 보여준다. 그는 정부에게 설명할 수 있어야 하고, 법을 따라야 한다. 그의 이야기엔 완전히 눈에 보이지 않는 다른 무엇인가가 있다. 사람들의 경험세계를 제도의 〈텍스트적 실재〉(textual realities)로 바꾸는 일은 법, 행정규칙, 책임체계, 정책 등 규제 역할을 하는 텍스트든가 관련되어 있다. 바로 이 규제적 텍스트들이 제두적 역량이 작동할 수 있도록 틀 지우고 권한을 부여한다. 일선 사례들의 배후에는 텍스트적으로 규정된 틀이 있고, 이 틀은 다양한 방법으로 변형될 수 있는 질문 장치들로 구체화된다.

2. 규제적 틀

여기서 **틀**(*frame*)은 개념화, 이론, 정책, 법, 계획 등을 지칭하는 광범위한 일반적 용어로 사용된다. 틀은 일상에서 일어나는 사람들의 일을 조정하면서 제도적 행위들과 실재를 구조화한다.5 9장에서 강조하고자 하는 것은 제도적 활동과 관련된 제도적 실재들의 조직화이다. 사실적 이야기들을 제도적 용어로 구성하는 과정에서, 생생한 실제의 몇 가지 측면들이 채택되고 모여서 하나의 사건이나 어떤 사람의 상황 등이 된다. 무엇이 기록될 것인지, 관찰될 것인지, 기술될 것인지 등을 틀이 지배한다는 의미에서 보면, 사실들, 뉴스, 정보, 사례 그리고 지식의

---

5 나는 복수를 나타내는 스키마타(*schemata*)는 어색하여, 스키마(*schema*)라는 용어를 대안으로 사용해왔다. 슈미드(Schmid, 2000)가 의미를 채우는 것이 필요하다는 것을 묘사하기 위해 껍질(*shell*)이라는 용어를 선택했듯이, 나도 틀(*frame*)이라는 용어가 가진 은유적 특성을 좋아한다. 왜냐하면 틀이라는 용어는 특정하게 규정된 일련의 틴킹이 아닌 일반적인 것으로 관념을 틀니에 해두기 때문이나. 틀은 모양을 가지고 있지만 비어 있으며, 그 내용은 틀의 모양에 따라 채워진다. 이것이 나의 우회적인 은유의 표현법이다.

여기서 사용하는 틀을 어빙 고프먼(Erving Goffman, 1974)의 틀 분석(*frame analysis*) 접근에서 사용한 용어와 혼동해서는 안 된다. 고프먼은 다음과 같이 말한다. "나는 상황에 대한 정의가 조직화 원칙에 따라 이루어진다고 생각한다. 조직화의 원칙은 사건들(최소 사회적 사건들)과 그 사건들에 대한 주관적 관여를 지배한다. 즉 내가 사용하는 틀이라는 말은 내가 확인할 수 있는 이들 기본적 요소들을 가리킨다. 이것이 내가 말하는 틀의 개념이다. 내가 말하는 '틀 분석'은 경험의 조직화에 의해 검토하는 것을 가리키는 하나의 슬로건이다."(10~11)

나는 고프먼에 동의하지만, 고프먼이 연구과정에서 사용하는 틀 개념은 경험의 조직화로 구체화되는 반면, 나는 틀 개념을 사회의 제도적 형태로 상정한다.

여타 형태들의 모양새가 만들어지는 것은 순환적이다. 제도적 세팅에서 틀은 일선에서의 질문과정에서 사용되는 범주들로 구체화된다. 즉, 틀은 매클린과 호스킨(McLean and Hoskin, 1988)의 연구에서 사용되었던 것처럼 일련의 정교화된 질문들이나 척도들로 만들어진다. 이런 방식으로 모인 것은 다시 그 선별과정을 구조화했던 틀에 의해 해석될 수 있다. 그것은 다시 제도적 담론의 특징적 방식 안에 있는 틀들에 맞추어진다(5장 참조).6 제도적 체제 안에서의 힘의 위치로부터 설정된 틀은 사실성(*facticity*)을 통제한다. 즉 틀은 범주들과 개념들로 구체화되고 동시에 그것들을 통제하는데, 이 범주와 개념들은 제도적 실재가 구축되는 일선에서 작동한다.

마릴리 라이머(Marilee Reimer, 1988)는 전화통화 내용의 녹취를 통해 노인거주시설 파업과 관련하여 지역 노조 대표에 대한 리포터의 질문이 어떻게 프로토콜을 따르는지 보여준다. 그 프로토콜은 수집된 정보를 이미 문서로 만들어진 틀에 맞도록 재단한다. 리포터는 다음과 같이 프로토콜을 기술한다; 누가 파업에 참여하고 있는지, 파업 찬반투표가 이루어졌는지 여부에 대한 정보를 수집한 다음의 쟁점은 파업이 대중과 산업에 미치는 영향이다. 그 후 파업의 범위, 협상의 상태, 그리고 마지막으로 임금 요구와 지급 등으로 이어진다. 이것이 우선순위다. 이 시퀀스 마지막 부분의 항목들은 공간이 부족하면 쉽게 빠질 수도 있다. 라이머가 녹음한 노조대표와 리포터 간 전화 대화에서 리포터의 말은 그가 이 프로토콜을 따르고 있음을 보여준다. 거기에 협상의

---

6 이념적 순환에 관한 나의 설명을 보라(D. E. Smith, 1990a).

상태 혹은 임금 요구와 지급에 관한 마지막 언급이 없다고 하더라도.
다음은 그녀의 녹취록이다.

리포터(R) 여보세요.

R 여기에 병원 운영전문가들도 포함되어 있습니까?

R 당신들의 요구에 대해 병원 측의 움직임은 어떠합니까?

R 중재로 간다 해도 병원 측은 잃을 것이 없습니다.

R 당신들이 시작했을 때 병원은 만원이었습니까?

R 24시간 운영되는 스터디 세션은요?

R 현재 얼마나 많은 환자가 있습니까? 그러나 그들은 여전히
관리직원들과 함께 진료를 받도록 하고 있나요?

R 어떤 종류의 대중 반응이 있나요?

R 서비스 철회가 이번이 처음인가요?

R 정부와의 접촉은 전혀 없었나요?

R 병원은 노동중재인에게 신청을 했나요?

R 병원은 일종의 온상이죠? 그렇지 않나요?

R 당신은 병원이 더 이상 수술을 지속할 수 있다고 생각하지 않나요?

R 이사들은 이 모든 것을 어떻게 받아들이나요?

R 누가 식사를 준비하고 있죠? (Reimer, 1988: 43)

위에서 볼 수 있듯이, 리포터 질문의 방향은 파업과 협상 진행 이외
에도 파업으로 인해 환자들에게 끼치는 문제들을 강조하고 있다. 파업
을 이끌고 있는 노동자들에 대한 쟁점과 문제들은 전혀 주제로 나타나

지 않는다. 그것들은 리포터가 기술하는 프로토콜에는 포함되어 있지 않으며, 그 내용은 사라져버렸다. 이 전화 인터뷰에서 나온 사건의 스토리는 "또 다른 스무 명의 환자들이 오늘 집으로 돌려보내졌습니다. 병원 노동자들의 파업 때문에 킬로나 종합병원의 서비스가 중단되었기 때문입니다"(Reimer, 1988: 44)라는 문장으로 시작되었다. 앞의 질문들의 시퀀스에서 부호화를 이끄는 틀은 명백히 '파업이 대중에 끼친 영향들'이다. 이 신문의 견해는 제도적 장치로 구축되는데, 이 사례에서 **프로토콜**, 즉 리포터의 일 지식이 위와 같은 이야기를 만들어내는 장치인 것이다. **편견**(*bias*)은 양쪽의 논쟁을 모두 참고하면 피할 수도 있을 것이다(Bagdikian, 1983).

규제적 차원들은 실제를 '정보', '자료', '뉴스' 등으로 변환하여 구조화하는 텍스트의 방식인데, 문화기술지로 이 규제적 차원들을 탐구하면, 우리가 '힘'이라고 부르는 현 시대의 조직화 형태들을 볼 수 있다. 앞장에서 설명한 맥코이(McCoy, 1999)의 책임성 순환에 대한 연구를 보면, 그녀는 전문대학에서 책임성 여부가 어떤 순환과정을 거쳐 이뤄지는지 설명한다. 시간강사가 작성해야 하는 문서양식이나 학교의 재정 처리과정에서 그의 일을 표현하는 문서양식은 실제 행해지는 일과는 전혀 관련이 없다. 또한 전공영역에 따라 강사들 간에 교과를 가르치는 방법, 개별적 교수법, 학생집단에 따라 달리 요구되는 준비사항이나 수업 외 활동지도 등에 차이가 있는데, 문서양식은 이런 차이를 전혀 반영하지 못한다. 예전에는 시간강사와 학과가 시간강사의 책임시간을 할당하기 위해 문서를 작성할 때 상당한 자율성을 발휘할 수 있었던 반면, 재정적 책임에 대한 이전 시스템을 새로운 시스템으로 조정하면서 시간강사, 학과, 학과장은 대학의 재무부서에 종속되었고, 새로운 지출-수익 방식을 따라야만 했다. 이처럼 규제적 차원들을 탐색하는 데 있어 규제라는 것은 엄연히 존재하지만, 일선의 텍스트 장치들과 실천가들의 작업에서는 잘 드러나지 않는다. 그래서 우리는 제도를 언어나 담론 안에 위치하는 힘의 형태로 설명할 수 있다. 여기서 언어나 담론은 제도적 조직화의 다양한 수준에서 사람들의 일을 조정한다.

조지 스미스(Smith, 1988)는 규제과정과 보고서 생산과의 관계를 보여주는 연구를 했다. 그것은 토론토 목욕탕에서 동성애자들의 성적 유희가 범죄행위로 우습게 변형되는(transmogrified)7 사건과 관련된 내용으로, 목욕탕 주인뿐 아니라 당시 거기에 있던 사람들 모두가 고발당했다. 조사를 한 경찰이 형법체계의 항목들을 가지고 보고서를 작성했다. 이것이 그 보고서이다.

경관 쿨리스와 대리인이 따로따로 들어가 계산대 근처에서 마주치면서 그곳으로 동행했다. 바로 그곳에서 경찰들은 처음 피고를 보았는데, 그는 나중에 [아무개 씨]라고 판명된 사람이다. 그는 경찰들이 그날 밤에 보았던 목욕탕 직원이었다. 그는 경찰들이 그곳에 접근하는 것을 허락한 사람이었고, 일단 경찰들은 방과 사물함 사용료를 지불하였다. 처음 그곳에 들어갔을 때 경찰들은 그 시간 그곳에서 벌어지던 음란한 행위뿐 아니라 그 장소를 둘러보고 장소의 개략적인 설계를 적어두었다. 이때 경찰들은

---

7 이런 용어를 사용하는 경우는 드물다. 이것은 어떤 것이 기괴한 형태로 변화하는 것을 의미한다.

몇 명의 남자들이 그들의 개인 부스 안에서 문을 열어둔 채 나체로 누워 있는 것을 보았다. 이들 중 몇몇은 자위를 하고 있었고 다른 사람들은 복도를 걸어 다니는 다른 남자들을 바라보며 매트리스 위에 그냥 누워 있었다. 경찰들은 주기적으로 걸어 다니며 매시간 거기서 벌어지는 동일한 유형의 음란한 행위들을 보았다.

첫 방문에서 경찰들은 사무실 구역에서 일하던〔아무개 씨〕로부터 뭔가를 샀다. 사무실에는 단골손님들에게 팔 수많은 잡다한 물건들이 비치되어 있었다. 탄산음료, 커피, 담배, 바셀린과 다양한 흡입기 등. 경찰들은〔아무개 씨〕가 방금 손님들이 나간 방을 청소하기 위해 사무실을 비웠을 때 별개의 두 가지 상황을 목격했다.〔아무개 씨〕는 자위행위를 하는 남자들이 꽉 차 있는 몇 개의 방을 지나 걸어갔다. 또한〔아무개 씨〕는 이 남자들이 그 행위를 하지 않도록 전혀 노력하지 않았고, 심지어 이들의 자위행위를 다른 손님들이 더 이상 보지 못하도록 문을 닫을 것을 요구하지도 않았다(168~169).

우리는 펜스가 경찰을 인터뷰하여 기술한 것과 같이, 이들 경찰들의 절차를 상상해볼 수 있다. 경찰은 가정폭력 사례에 관한 보고서가 어떻게 작성되는지 기술하는 데 있어, 피해여성에게 "나는 범죄의 요소들을 찾고 있어요. … 신체적 상해에 대한 처벌 혹은 두려움이 있었나요? … 거기엔 계획된 의도가 있었나요? … 그 사람은 공격한 사람을 알고 있었나요?"(2001: 212)라고 물었다. 이 관찰기록이 미네소타 주의 가정폭력에 관한 기준 범주들에 맞도록 고안된 것과 마찬가지로, 목욕탕 보고서는 온타리오 주의 '성매매금지'법에 맞도록 만들어졌다. 스미스는 목욕탕에 있던 동성애자들의 입장을 취하여, 그들이 성적인 즐거움을 위해 거기에 있었다고 말한다. 그런 내용은 분명히 경찰보고서 내용에는 없다. 그 과정에서 포착된 경험된 실제와 그 실제들이 제도적으로 재현되어 말의 형태로 인식된 것 간의 단절은 제도적 힘의 중요한 차원이다. 규제적 틀과 절차들은 범죄 혐의를 지닌 사람들의 경험, 이해관계, 그리고 관심이 제도적 영역에 들어오는 것을 차단한다. 보고서의 상세한 내용들은 형법의 항목으로 정확하게 구성된다. 다음 내용을 읽어보라.

179. (1) 이 부분에서 … '성매매업소'는

    (a) 성매매를 목적으로 하거나 음란한 행위를 하기 위해 1명 혹은 그 이상의 사람을 두거나 고용한 장소를 의미한다.

    (b) 성매매를 목적으로 하거나 음란한 행위를 하기 위해 1명 혹은 그 이상의 사람이 머무는 장소를 의미한다.

193. (1) 성매매업소에 있는 모든 사람들은 기소가능한 법률 위반으로, 2년형에 처할 수 있다.

    (2) 다음의 사람들

    (a) 성매매업소에 묵고 있거나,

    (b) 적법한 해명 없이 성매매업소에서 발견되거나 혹은,

    (c) 업소주, 건물주, 임대인, 임차인, 거주인, 대리인 혹은 여타의 장소를 책임지거나 관리하는 사람이 고의로 성매매업을 목적으로 그 장소 혹은 그의 일부를 세주거나 이용하도록 허용하였으므로 즉결재판으로 처벌할 수 있는 유죄가 된다.

    (G. W. Smith, 1988: 174에서 인용함)

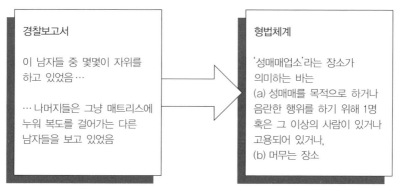

형법체계

'성매매업소'라는 장소가 의미하는 바는
(a) 성매매를 목적으로 하거나 음란한 행위를 하기 위해 1명 혹은 그 이상의 사람이 있거나 고용되어 있거나,
(b) 머무는 장소

그림 9-1 관찰한 것을 규제적 텍스트에 끼워 맞추기

보고서의 내용은 실제를 제도적인 것으로 변형하도록 고안되었는데, 그 제도적인 것은 법률 193항에서 규정한 범죄에 속하는 범주들에 딱 들어맞을 수 있다. 5장에서 우리는 실제를 포섭하는 제도적 담론의 특징적 절차를 제도 생산의 핵심으로 이야기하였다. 그러나 우리는 여기서 그 역의 과정을 발견할 수 있다. 제도가 이미 존재하는 경험적 이야기를 어떻게 포섭하느냐보다, 제도적 담론에 의해 포섭될 수 있도록 **짜인**(*designed*) 이야기를 보게 된다. '성매매업소'라는 범주로 **포섭하기** 위해, 보고서는 목욕탕이 "성매매를 목적으로 하거나 음란한 행위를 하기 위해 1명 혹은 그 이상의 사람이 머무는" 장소의 예로 인식되도록 작성되어야 한다. 캐나다에서 게이의 섹스는 외설적인 행위가 아니며, 자위 또한 음란한 행위가 아니다. 음탕한 행위라고 설명될 수 있는 일이 일어나려면, 그 행위는 관찰가능하고 타인에 의해 목격되어야 한다. 또한 그것은 반드시 공적이어야 한다. 그래서 경찰보고서는 그 남자들이 자위를 했을 뿐 아니라, 다른 사람들이 볼 수 있는 곳 혹은 다른 사람

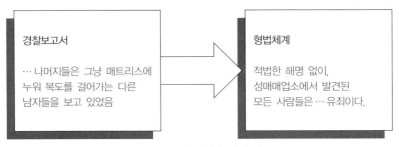

경찰보고서

··· 나머지들은 그냥 매트리스에
누워 복도를 걸어가는 다른
남자들을 보고 있었음

형법체계

적법한 해명 없이,
성매매업소에서 발견된
모든 사람들은 ··· 유죄이다.

그림 9-2 '발견된 사람들'

들이 지나다니는 곳에서 그런 행위를 했다는 것을 보여주어야 한다. 그림 9-1은 경찰보고서와 형법체계의 범주가 어떻게 맞춰지는지를 보여준다.

유사한 절차들이 목욕탕 소유주뿐 아니라 관련 범주들에 포함될 수 있는 음란 행위에 실제 관여한 사람들을 확실히 하기 위해 적용되고 있다. 적법한 해명 없이 성매매업소에서 '발견된' 누구든지 고발될 수 있다. 그렇기에 자위 혹은 직접적으로 성적 행위에 참여하지 않은 경우도 보고서에 포함되는데, 그림 9-2는 이를 보여준다.

여기에는 〈일〉의 과정이 존재한다. 조사 경찰들은 목욕탕을 방문했던 것에만 근거하여 보고서를 작성할 수 없었다. 그들은 무엇을 목격했는지, 언제 그 사례에 대한 심리가 이루어지는지를 기술해야 했다. 그들은 개인적으로 그 남자들이 자위행위하고 있는 것을 확실히 보았어야만 한다. 목욕탕 주인에게 책임을 묻는 것은 별 문제가 없으나, 직원에게 책임을 묻는 것은 문제가 될 수 있다. 경찰들은 목욕탕 관리자가 '음란행위'로 볼 수 있는 행위에 관여하고 있음을 포착하기 위해 어슬렁거려야만 했다(그림 9-3 참조).

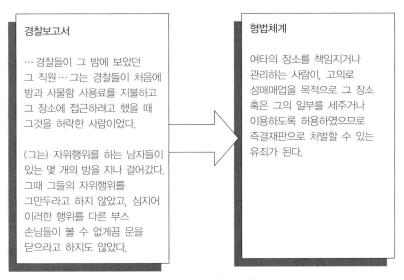

경찰보고서	형법체계

경찰보고서

··· 경찰들이 그 밤에 보았던 그 직원 ··· 그는 경찰들이 처음에 방과 사물함 사용료를 지불하고 그 장소에 접근하려고 했을 때 그것을 허락한 사람이었다.

(그는) 자위행위를 하는 남자들이 있는 몇 개의 방을 지나 걸어갔다. 그때 그들의 자위행위를 그만두라고 하지 않았고, 심지어 이러한 행위를 다른 부스 손님들이 볼 수 없게끔 문을 닫으라고 하지 않았다.

형법체계

여타의 장소를 책임지거나 관리하는 사람이, 고의로 성매매업을 목적으로 그 장소 혹은 그의 일부를 세주거나 이용하도록 허용하였으므로 즉결재판으로 처벌할 수 있는 유죄가 된다.

그림 9-3 책임 소재

경찰 조사는 그 장소와 거기서 남자들이 즐기던 행위들을 면밀히 관찰하는 경찰의 일로, 그것은 형법 범주에 맞는 관찰보고서 작성을 목적으로 한다. 그 결과 이 사례는 '성매매업소'를 정의하는 형법의 한 항목에 포섭된다.

이렇게 스미스의 연구는 〈실제〉가 제도로 변환되는 첫 번째 단계로 일에 작동하는 규제적 텍스트를 발견한다. 형법체계는 행위를 제도적 행위의 양식에 따라 재현하면서 현장에서의 일을 규제한다. 법의 텍스트는 슈미드의 개념적 〈껍질〉과 유사한 것으로(Schmid, 2000; 5장 참조), 이는 어느 곳에서든지 발견된다. 개념적 껍질이 씌워지면서, 실제는 제도적 행위능력을 갖게 된다. 현장조사를 하는 경찰의 일은 형법에 의해 만들어진 그 껍질 ― 성매매업소, 음란행위, '발견된 사람들' 등 ―

을 채우기 위한 것이다. 앞에 언급한 각 사례들 — 화자-청자의 상호교환, 캠벨의 사례관리자와 톰의 대화 사례, 매클린과 호스킨이 연구한 지역사회 실천가들의 환자들을 위한 욕구사정표 작성 사례 — 은 스미스의 연구에서 규제적 텍스트가 경찰보고서를 조직화한 것과 유사한 방식을 보여준다. 드 몽티니(de Montigny, 1995a)는 그의 연구에서 아동 방임 혹은 학대가 의심되는 가정을 방문한 사례를 기술한다. 그는 가정, 부모의 존재, 그리고 아동의 상태에 대한 그의 관심이 어떻게 법적인 틀 — 그의 보고서 작성과 행동의 틀이 되는 것 — 에 맞춰져 관찰되는지를 보여준다. 예를 들어, 그는 아동이 침대에 누워 있는 것을 발견하고 머리를 펼 수 있는지 여부를 검사하기 위해 머리를 들게 하는데, 그것은 그 아동이 오랜 기간 동안 뒤로 누워 있는 상태로 방치되었던 것을 가리킨다. 우리는 그의 관찰에 대한 설명에서 그것들이 그가 당시 일하던 지역에서 아동 학대 혹은 방임에 해당하는 법의 범주에 포함될 수 있게 어떻게 구조화되었는지를 알 수 있다. 그는 규제적 텍스트의 특징들을 탐색하지는 않지만, 보고서 작성에 함축된 질문들의 특성을 통해 일선 사회복지사들이 지향하는 바에 관한 이야기를 보여준다.

이러한 사회복지사들의 이야기들은 제도적인 것으로 변환되는 순간이다. 만일 우리가 이러한 변환을 통해 제도적 과정에 진입하는 사람들의 경험에서 시작하면, 스미스의 연구(Smith, 1988)는 우리에게 〈규제적 틀〉이 텍스트에 개입되어 지역적이고 개별적인 것을 넘어 제도적 과정으로 조직화되는 그 다음 단계를 보여준다. 스미스가 '성매매업소' (bawdy-house) 법의 기원을 거슬러 올라가지는 않았지만, 현대 북아메리카의 시대착오적인 **음란한**(bawdy)이라는 용어에는 시대를 뛰어넘은 역사가 담겨 있다. 스미스의 연구는 기록의 순간(Latour and Woolgar, 1996)이 어떻게 규제적 조직화로 연결되는지를 보여주는데, 이는 사람들의 삶 자체가 아닌 제도적 변환 안에 사람들을 포섭하도록 **고안된** 것이다. '멘딩 더 세이크리드 훕'이라는 단체가 지원하는 원주민 여성들이 표출한 단절의 경험(Wilson and Pence, 2006)은 정치적 쟁점을 수면 위로 끌어낸다. 여성들의 단절 경험은 눈에 보이지 않는 지배관계 내에서 조직화되고, 그러한 지배관계는 연구를 통해 가시화된다. 또한 연구를 통해 제도에 관여하는 사람들의 일상적 삶에 늘 있었지만 보이지 않던 텍스트와의 연관성을 발견하게 된다. 제도적 문화기술지는 단절의 순간을 넘어 그것을 조직화하는 규제적 과정에 도달할 수 있도록 해준다.

3. 결론

힘은 제도적 일이 텍스트를 통해 조정될 때 발생한다. 그러나 힘을 탐구한다는 것이 사회에서 일어나는 다른 형태의 권력의 존재 자체를 부인하는 것은 아니다. 힘을 탐구한다는 것은 오히려 텍스트에 기반하고 텍스트가 매개하는 사회관계와 〈사회적 조직화〉를 문화기술지로 관찰 가능함을 의미한다. 이 장은 사람들의 일상경험이 제도적 범주에 맞춰짐으로써 제도적 행위에 종속되어가는 과정에 특별히 초점을 두고 있다. 그러나 이와 같은 범주들은 홀로 존재하는 것이 아니다. 그 범주들은 규제적 텍스트가 구체화된 것이며, 규제적 텍스트로 인한 것인데, 그러한 규제적 텍스트들은 변환의 작업에 정당성을 부여하고 일상의 구체성을 포섭한다.

규제적 틀―법, 강령, 정책, 담론, 혹은 여타의 규제적 언어자료들
―은 사람들의 경험적 실제와 활성가능한 〈제도적 실재들〉을 단절시
킨다. 이러한 규제적 틀은 텍스트 장치의 구조 혹은 조직화, 그리고 텍
스트 장치에 내재된 범주들과 질문들에 영향을 미친다. 사례관리자가
가정돌봄의 적격성을 결정하는 것(Campbell, 2002), 사회복지사가 아
동방임이 의심되는 가족을 방문하는 것(de Montigny, 1995a, 1995b),
지역사회 실천가에 의해 운영되는 욕구사정표(McLean and Hoskin,
1988) 등과 같이 일선 사회복지사들이 사용하는 양식, 스크립트, 혹은
전산화 등이 텍스트적 장치의 예가 될 수 있다. 양식과 텍스트 장르들
은 제도적 틀에 맞는 실제들을 선택하도록 설계된다. 리포터는 노조 대
표가 말해야 하고, 공론화되기를 원하는 노인거주시설의 조건에 대해
서는 질문하지 않는다. 임상사례관리자는 톰이 그의 상황과 느낌에 대
해 그녀에게 말하려고 하는 것에 확실히 대응하지 않는다. 경찰은 미네
소타 주에서 가정폭력을 규정하는 범주들의 특성에 어떻게 초점을 맞추
느냐를 기술하면서 여성들에게 노출될 수 있는 위험의 정도에 관한 쟁
점을 전부 무시한다. 사람들 삶의 실제가 그 실제를 활성가능하도록 만
드는 제도적 범주로 재단되는 일이 일선에서 이루어지고 있다. 범주들,
질문들 혹은 여타의 구체화된 항목들은 보다 일반적인 차원에서 만들어
진 틀에 의해 지배되고 그 틀에 반응한다.

앞의 8장은 관찰가능한 것을 넘어서 더 넓은 〈사회관계〉를 연구할
수 있는 하나의 문화기술지적 방식을 소개했다. 9장은 여기서 한 발짝
더 나아간다. 조지 스미스의 연구와 분석은 우리에게 명쾌한 일련의 시

퀀스를 분명히 보여주었다. 처음에는 텍스트를 만드는 것에서 시작해서 다음에는 그 생산물, 텍스트 자체, 그리고 결국 텍스트 읽기의 시퀀스는 목욕탕 주인, 관리책임을 맡고 있던 사람, 그리고 목욕탕에 있던 '발견된 사람들'을 고소했던 사건에 그대로 담겨 있다. 그는 보고서의 항목들이 형법으로 어떻게 구성되는지를 보여주는데, 그것은 목욕탕에서 벌어진 특별한 상황에서 주인, 관리자 그리고 거기에 있던 사람들이 죄를 저질렀을 수 있다는 가정하에 일어난다. 그렇게 함에 있어 그는 또 다른 것을 보여주는데, 텍스트가 보다 높은 수준의 규제적 틀이 될 수 있다는 것이다. '성매매업소'법은 경찰이 관찰하고 녹음한 것을 법의 틀과 껍질에 맞는 방식으로 텍스트로 작성하도록 함으로써 경찰보고서를 '통제'한다. 제도적 문화기술지가 발견하려는 것은 다양한 지역적 환경에 있는 사람들의 일을 규제하는 표준화된 양식이 적용되는 〈사회관계〉이다. 제도적 문화기술지는 특정한 방향성을 가지고 특정 지역 세팅에서 연구하지만, 지역 세팅을 넘어서 특정한 제도적 양식뿐 아니라 제도가 배태하는 〈지배관계〉를 폭로한다. 사람들이 경험한 실제에서 형식화되고 텍스트에 기반한 재현으로 변형되는 그 순간에 제도적 문화기술지로 나아간다. 이러한 제도적 문화기술지로의 이동은 실제를 조직화하는 텍스트를 통해 힘의 영역을 탐구하는 연구모델을 제시한다.

　이는 제도적 과정이 텍스트들로 단순화된다는 의미가 아니다. 9장에서 기술한 다양한 예들을 통해 텍스트들이 제도적 체제를 어떻게 매개하는지 자세히 보여주려고 한 것도 아니다. 내가 말하고자 한 것은 오히려 사람들의 일을 조정하는 텍스트가 제도적 문화기술지 연구에서 얼마나 중요한지에 대한 것이다. 그래서 사람들의 일이 발생하는 지역 세팅을 넘어 사회관계와 조직화를 제도적 문화기술지로 연구할 때 텍스트의 중요성을 얘기하고자 했던 것이다. 이 같은 텍스트의 일반적 능력은 제도, 보다 큰 규모의 모든 종류의 조직들, 담론 등을 포함한 바로 〈지배관계〉라는 존재의 토대이다. 일단 텍스트가 지배관계들의 핵심 조정자로서 인식되면 경제관계들, 지배관계에서의 상위조직들, 그리고 그것들 간의 상호연계를 문화기술지적으로 탐색할 가능성이 열리는 것이다. 제도적 문화기술지가 발전함에 따라, 제도적 문화기술지 연구자들은 어떻게 텍스트 자료들이 문화기술지로 인식되고 통합되는지를 알아가게 된다. 이처럼, 적어도 원칙적으로는, 일을 비롯한 다른 형태의 행위와 텍스트들 간의 상호작용은 현대사회에서 힘의 조직화를 문화기술지로 보여줄 수 있게 한다(물론 제도적 문화기술지 연구자가 힘의 핵심영역에 접근하지 못할 수도 있다). 텍스트를 행위 안으로 진입하고 제도적으로 조직화되는 과정의 조정자로 인식하게 되면, 거시사회를 문화기술지로 연구할 가능성이 열릴 것이다.

제 4 부

결 론

제 10 장 제도적 문화기술지의 기반과 전망

| 제10 장 | 제도적 문화기술지의 기반과 전망 |

이 장에서는 세 가지를 다루려 한다. 첫째, 제도적 문화기술지 연구를 수행하는 데 필요한 기반을 요약정리하고, 둘째, 이를 기반으로 연구된 많은 연구사례들을 참조로 앞으로 제도적 문화기술지의 미래 가능성에 대해 생각해보고자 한다. 그렇다고 내가 지금까지의 연구들을 부인하는 것은 아니다. 나는 제도적 문화기술지 연구 하나하나가 지배관계에 대한 지식에 기여하고 있다고 생각한다. 그러나 내가 여기서 바라는 것은 지금까지 연구된 것을 넘어서 제도적 문화기술지 연구의 가능성을 생각해보는 것이다. 마지막으로, 제도적 문화기술지의 유용성에 대해 간략히 다룰 것이다.

1. 우리의 연구기반은 어디인가?

여성운동이 〈여성들의 입장〉 개념이라는 지적 발전을 이루어내면서 나는 나의 개인적 경험을 두 종류의 주체성 개념으로 기술할 수 있었다. 하나는 어머니와 주부로서 일상세계에서 경험하는 일상의 특수성 속에 존재하는 주체성이고, 다른 하나는 일상적 삶에 속해 있는 육체적 존재를 초월한 개념으로, 텍스트에 기초한 학문세계에 존재하는 주체성이다. 나는 이러한 주체성의 〈단절〉을 극복하기 위해서 새로운 사회학을 시도하였다. 즉, 나와 타인들 삶의 실제에서 연구를 시작하고, 다양한 일상의 장을 가로지르며 생활세계를 조정하는 〈사회관계〉를 설명하고자 하였다.

내가 〈지배관계〉(1장)라 부르는 것은 일상세계의 입장으로부터 나온 관점이며, 텍스트에 기반을 두거나 텍스트가 매개된 초지역적 관계라는 독특한 조직화를 말한다. 텍스트의 복제가능성은 동일한 단어와 이미지를 다른 시공간에 있는 사람들과 공유할 수 있게 하며, 의도하지는 않지만 이로 인해 사람들의 행위를 동일한 조직화로 이끈다. 내가 말하는 제도란 서로 다른 기능들을 조직화하는 관계의 복합체와 위계적 조직화이다. 즉 병원, 보다 일반적으로는 보건, 대학, 복지, 기업 등이다. 제도는 많은 지역 세팅에서 전문화된 행위의 형태로 나타나는 동시에, 지역을 넘어 조직화의 작동방식을 표준화하고 일반화하는 특징이 있다. 그러나 제도는 지배관계 안에 배태되어 있으며 지배관계에 의존한다. 어떤 제도도, 그 어떤 큰 규모의 조직화도 법, 정부, 재정기구, 전문적이고 학문적인 담론, 자연과학 담론, 관리 담론 등의 바깥에 존재하지 않는다.

제도적 문화기술지는 그 자체로 〈지배관계〉에 관여될 수밖에 없다. 대학이나 연구기관에서 일하고, 연구결과를 교육하고 출판하며, 혹은 그 결과를 사람들이 이용하도록 하는 한, 제도적 문화기술지 연구자들도 직간접적으로 우리가 연구하는 것의 일부일 수밖에 없다. 그러나 제도적 문화기술지는 외부에서 〈사회〉를 볼 수 있다는 듯이 〈사회〉를 재현하고 객관화하는 방식으로 〈사회〉에 대한 지식의 사회적 조직화를 재구성할 것을 제안한다. 이런 맥락에서 볼 때 〈입장〉 개념은 제도적 문화기술지의 방법론적 장치가 된다. 제도적 문화기술지 연구는 사람들의 일상생활, 사람들의 실제 경험에서 시작한다. 제도적 문화기술지는 일상의 평범한 지식 영역을 넘어, 우리가 속한 곳에서는 볼 수 없는 조직화와 결정들 속에 존재하는 우리 자신을 포착하고, 우리를 뛰어넘어 확장된 〈사회관계들〉을 탐색하도록 한다. 제도적 문화기술지의 목적은 우리의 일상적 지식 영역을 뛰어넘어 사회관계들이 어떻게 작동하는지 지도를 그리는 것이다.

1) 문제틀

2장에서 나는 일상세계에서의 〈입장〉 개념을 제도적 문화기술지에서 실현하는 방법으로 〈문제틀〉 개념을 도입하였다. 제도적 문화기술지는 문제를 이론적으로 형성하는 주류사회학처럼 시작하지 않는다. 문제를 이론적으로 형성하는 것은 흔히 형식적으로 이루어진다. 가설은 그 연구가 검증하고자 하거나 혹은 적어도 경험적 엄밀성을 요하는 것으로, 이론으로부터 도출된다. 때로 이 절차는 고도로 형식화되어 있으며, 이는 해당 연구의 이론적 관련성을 확보하는 문제 이상이다. 어떤 경우든, 제도적 문화기술지는 이러한 절차를 거치지 않는다. 제도적 문화기술지 연구는 이론이 아닌, 연구의 초점이 되는 사람들의 삶의 〈실제〉에서 시작한다. 제도적 문화기술지 연구의 초점은 어떻게 사람들이 제도적 관계에 참여하고, 그 제도적 관계에 얽혀드는지 탐구하는 것이다. 이것이 바로 제도적 문화기술지에서 말하는 문제틀이다.1 일상세계의 보다 일반적인 개념을 문제틀로 바라봄으로써(Smith, 1987), 연구는 제도적 문화기술지로 방향을 튼다.

연구의 문제틀은 이론적으로 발전되지 않는다. 그것은 연구자들이 이미 아는 제도적 과정에 대한 일상경험으로부터 발전될 수 있다. 연구의 문제틀은 때로 사전 인터뷰에서 발견되기도 하고, 어머니 노릇과 학교 보내기 연구(Griffith and D. E. Smith, 2004)에서 앨리슨과 내가 그랬듯이, 연구자의 경험에 의존하기도 한다. 혹은 제럴드 드 몽티니가 사회복지실천의 '일(하기)'에 대한 연구(de Montigny, 1995a)에서 그랬던 것처럼 제도적 문화기술지 연구자가 참여를 통해 얻은 경험에 전적으로 의존하거나, 에이즈 활동가인 조지 스미스(Smith, 1995)처럼 활동가로서의 자신의 경험을 제도적 문화기술지 연구에 사용할 수도 있다. 엘렌 펜스(Pence, 2001)는 수년간 미네소타 주의 가정폭력방지법 재판 과정을 통해 배우자로부터 매 맞는 여성들을 옹호하는 경험을 해왔다. 그녀는 재판의 과정과 결과가 가정폭력 피해여성들을 가해자로

---

1 캠벨과 그레고르의 연구(Campbell and Gregor, 2002) 참조.

부터 지켜주지 못한다는 것을 잘 알고 있었다. 그녀의 연구는 피해 〈여성들의 입장〉에서 시작하며, 학대받은 여성들의 안전 측면에서 경찰과 사법부의 진행과정을 조사하였다. 때로 제도적 문화기술지 연구자들은, 앨리슨과 내가 그랬던 것처럼(Griffith and D. E. Smith, 2004), 연구자와 거의 동일한 입장에 있는 제도적 과정에 참여하는 사람들과 이야기를 나누어봄으로써 연구를 진행하기도 한다. 여기서 제도적 과정은 〈문제틀〉로 바라보게 된다. 이들은 모집단에서 추출한 표본이 아니다. 제도적 문화기술지 연구자는 자신이 이야기를 나눈 사람들을 연구하는 것이 아니다.2 제도적 문화기술지 연구자는 제도적 과정을 연구하는 출발점으로서 입장을 설정한다. 연구자는 아주 많은 사람을 인터뷰하지 않을 수도 있다. 초점이 협소해지지 않도록 다른 종류의 경험들을 인터뷰한다. 〈입장〉을 설정하고 연구의 방향을 잡기 위해 일상의 경험을 가진 사람들에 대해 인터뷰가 이루어진다.

　연구의 문제틀은 연구자의 정치적 관심사에서 비롯될 수 있지만, 정치적 관심사는 단순한 비판이 아닌 연구의 초점으로 전환되어야 한다. 연구는 사람들이 경험한 일상적 삶의 실제에서 시작해야만 한다. 그런 의미에서, 연구자는 연구의 문제틀을 형성하는 데 있어 정치적 관심사를 한쪽으로 치워놓거나 넘어서야 한다. 제도적 문화기술지는 본질적으로 〈탐구〉와 〈발견〉의 작업이다. 즉 제도적 문화기술지는 연구자가 이미 알고 있거나 안다고 생각하는 것을 넘어서 나아가야 하며, 자신이 예상하지 않았던 문제를 찾기 위해서 준비하고 열려 있어야 한다. 제도

---

2 《제도적 문화기술지의 실제》의 맥코이가 쓴 장을 참조.

적 문화기술지의 결과는 비판으로 이어질 것인데, 이 비판은 제도적 문화기술지를 보다 구체화할 것이며, 제도적 과정에 참여하는 사람들에게 잠재적 변화를 가져올 것이다. 그리고 재구성이 필요한 것들을 제안하거나, 또는 활동가들에게 개개인의 경험과 변화의 힘의 범위를 넘어서는 제도적 과정의 작동을 알려주기도 할 것이다. 이러한 맥락에서 제도적 문화기술지의 활용은 제도적 문화기술지의 신뢰성, 정확성, 분석력에 달려 있다.

2) 〈사회〉에 대한 존재론

3장과 4장에서 기술한 〈사회〉에 대한 존재론은 제도적 문화기술지 연구의 목적을 명확히 하는 하나의 이론이다. 〈실제〉는 제도적 문화기술지 연구의 시작점이자 모든 연구 단계의 방향을 제시해준다. 그런데 실제는 제도적 문화기술지의 초기 연구자들에게 즉시 구체화되지는 않았다. 내가 공부했던 안락한 캘리포니아대학교 사회학과를 떠나 캘리포니아 센트럴밸리에 있는 스톡턴 주립 정신병원으로 현장연구를 하러 갔을 때 매우 당황스러웠던 기억이 난다. 나는 거기서 어떤 지침도 없이 그냥 관찰만 하였는데, 처음에는 매우 혼란스러웠다. 관찰에 대한 지침이 오히려 나를 혼란스럽게 만들었다. 내가 무엇을 관찰해야 하는 거지? 〈실제〉는 결코 관찰을 위해 구성된 것이 아니었다. 내가 환자의 일시적 입원 여부를 판정하는 위원회에 참여하여 관찰하는 경우에, 어떤 사례들은 관찰할 수 있도록 구체적으로 구성되어 있기도 했다. 하지만 휴게실의 경우는 그렇지 않았다. 다이아몬드(Diamond, 1992)의 용어를 빌리면, 휴게실은 환자들이 기다리느라 많은 시간을 보내는 곳이었다. 제도적 문화기술지는 나에게 사람들이 병동과 병원 휴게실에서 무엇을 하는지 주의를 기울이는 것만이 아니라, 사람들의 활동이 어떻게 조정되는지, 사람들의 활동이 이러한 조정의 형태, 즉 우리가 앉아서 기다리는 행위 안에 제도적 질서가 얽혀 있는지를 볼 수 있게 해주었다. 나는 지금은 이것을 제도적 문화기술지로 여기고 있다. 나는 그러한 조정의 형태들을 발견했어야 했다. 되돌아 보건데, 내가 이들을 발견할 수도 있던 작은 에피소드가 있었다. 직원 한 사람과 나를 제외한 모든 사람들이 밥을 먹으러 간 사이 휴게실에 한 여성이 앉아 있었다. 그 직원은 그녀에게 다가가 점심시간임을 공손히 알려주었다. 하지만 그녀는 움직이지도 않았고, 반응을 보이지도 않았다. 그러자 그 직원은 그녀의 팔을 부축하여 식당으로 안내하려고 했다. 그럼에도 그녀는 여전히 움직이지 않았다. 결국 간호사실에 있는 다른 직원이 나와 다른 팔을 부축하고 그녀를 들어 올려 밖으로 데리고 나갔다. 그때 나는 그 환자를 그냥 쉬게 놔둘 수도 있을 텐데 왜 휴게실에 앉아 있지 못하게 하는지 의아해 했다. 하지만 나는 나중에 환자를 반드시 먹여야 하는 것이 병원의 보호 관리 책임이라는 것을 알게 되었다. 이때 직원이 물리적 힘을 동원하는 것은 폭력으로 불리지 않고, 병원업무라는 그들의 일을 행하는 것이다.

일상세계의 〈실제들〉은 당신이 무엇을 관찰하고 기록할지 알려주지 않는다. 〈문제틀〉 이외에, 제도적 문화기술지 연구자로서 방향을 틀기 위해서는 이론적 설명이 필요하다. 나는 이 이론적 설명을 존재론이라 불렀다. 왜냐하면 나는 우리가 목표로 하는 것은 실제로 일어나거나, 일어나고 있는 것을 발견하는 것이라는 점을 강조하고 싶어서였다. 탐구의 기획과 발견의 가능성을 정당화하는 것이 바로 이 존재론이다. 3장과 4장에서 나는 마르크스와 엥겔스의 사회과학 존재론을 설명하였다. 이들의 존재론은 실제 사람들의 실제적 활동에 관여할 때 개념이나 이론, 추론을 한쪽에 제쳐놓는다. 여기에 더하여 나는 사람들의 활동의 본질적 차원, 즉 지속적으로 이루어지는 〈조정〉을 추가한 것이다. 이것이야말로 제도적 문화기술지의 존재론이 사회학의 독특한 연구영역임을 보여준다.

이러한 관점에서 사회학적 탐구의 초점인 〈사회〉는 사람들의 활동이지만 이들의 활동은 조정된다. 이런 의미에서 사회는 구별된 현상이나 이론적 실체가 아니다. 이들에게 사회는 사람들 외부에 있는 것 그리고 심지어 사람들의 행동에 인과적으로 연루된 것으로 간주된다. 내가 말한 〈사회〉(the social)는 사회체계, 사회구조, 사회(society)가 아니며, 사회를 대상화한 여타의 사회학에서 말하는 사회도 아니다. 사람들의 활동의 〈조정〉은 실제적으로 일어난다. 이 조정이 어떻게 일어나는지는 특정 세팅에서 탐구되고 설명될 수 있는 것이지, 사람들의 활동과 분리되거나 구별된 현상으로 다루어질 수는 없다. 또한 내가 강조하고 싶은 것은 우리가 사람들의 행동이 어떻게 조정되는지 관찰할 때, 그것이 어떤 조직화 수준이든 간에, 우리는 그 조정이 항상 사람들의 경험과 관점이 다르다는 점을 전제하고 있음을 알게 된다는 것이다. 어떠한 일의 과정에서든 사람들은 서로 다른 일들을 한다. 즉, 사람들은 서로 다른 위치에서 일을 한다. 이러한 차이는 경험, 관점, 관심사 등의 차이에 근거하며, 또 다시 차이를 만들어낸다.

326

이제 존재론의 네 번째 영역을 이야기하려 한다. 사상, 개념, 신념, 이데올로기 등은 사람들의 머릿속이나 행동 바깥에 있는 형이상학적인 것이 아니다. 이들도 역시 사람들의 행동이며 활동이다. 제도적 문화기술지 연구자들에게 이것들은 관찰가능한 현상이므로 말하거나 글로 쓸 수 있는 것이다. 이런 이유로, 3장과 4장에서 설명한 존재론의 마지막 부분은 바로 언어이다. 볼로쉬노프(Vološinov, 1973), 미드(Mead, 1962), 바흐친(Bahktin, 1981), 루리아(Luria, 1961, 1976; Luria and Yudovich, 1971)에 따르면, 언어는 본질적으로 사회적이면서 동시에 주관성의 조정자로 다루어져야 한다. 볼로쉬노프(Vološinov, 1973)가 말한 〈개인상호간 영역〉을 형성하는 데 있어 말-대상 관계(*word-object relation*)를 연구할 때, 우리는 대상을 지칭하는 말이 어떻게 사회적 조직화를 가져오는지 확인할 수 있었다. 더 나아가 미드가 주장한 것처럼, 말은 화자와 청자 사이의 공유 영역을 조직화한다. 이 공유 영역은 무슨 일이 일어나는지를 선택하고, 그 다음의 행동을 예상하고 조절한다. 또한 볼로쉬노프(Vološinov, 1973)의 〈개인상호간 영역〉 개념은 경험 기반과 텍스트 기반 형태를 구별하는 데 유용했다. 여기서 경험 기반 형태는 사람들의 경험에 근거한 것이고, 텍스트 기반 형태는 텍스트 자료에 근거한 것이다(4장).

3) 자료와 분석

제도 영역을 문화기술지 연구로 가져오려면 먼저 제도적 담론을 끌어들이고, 제도적 텍스트들이 읽히고 작동하는 독특한 방법들이 무엇인지 확인하는 등 언어가 그 중심에 있음을 이해해야 한다. 읽기는 텍스트-독자 대화라는 아이디어를 이용한 능동적 과정이라고 설명한 바 있고, 8, 9장 뒷부분에서는 텍스트를 문화기술지에 통합하여 연구한 사례들을 제시하였다. 제도적 문화기술지 연구자들에게 주요한 자료원은 일하는 사람들의 경험이다. 이 경험은 참여관찰이나 정보제공자 면접을 통해 접근이 가능하다. 물론 관찰과 면접을 병행해도 된다. 제도적 문화기술지 연구자는 사람들이 일을 하면서 얻는 일상에서의 익숙한 지식에 근거하며, 나는 이를 '일 지식'라 불렀다. 즉, '일 지식'은 일상적으로 말해지지 않지만, 사람들이 행하며 아는 것에 대한 묘사와 설명이다.

여기서 내가 강조하고자 하는 것은 제도적 문화기술지 연구자들이 사용하는 '일' 개념이 단지 직장에서의 일만을 말하는 것이 아니라는 점이다. 가사노동이나 엄마 노릇을 일로 발견한 것처럼, 제도적 문화기술지 연구자들은 넓은 의미의 일 개념을 사용한다. 이는 사람들이 시간을 보내면서 행하는 어떤 것에도 적용되며, 분명한 조건을 필요로 하고, 구체적인 실제 장소에서 행해지며, 어떤 의도를 갖는다. 일단 임금 노동자가 되면 우리는 수퍼마켓과 은행에서 일을 한다(Glazer, 1993). 제도적 문화기술지를 가르치기 위해 밴쿠버에서 빅토리아대학교로 갈 때, 나는 버스회사 홈페이지에서 9번 버스가 라치에 도착하는 시간을 알아보는 것이 일이라고 생각하지 못했다. 하지만 내가 제도적 문화기술지를 연구하고 있었다면, 그것을 일로 생각했을 것이다. 사소하게 보일지는 몰라도, 앨리슨과 나의 어머니 노릇과 학교 보내기 연구(Griffith and D. E. Smith, 2004)에서 가장 중요한 순간은 아침에 아이들을 깨워 학교에 보내는 것을 〈일〉로 인식했을 때였다.

제도적 문화기술지 연구자는 사람들로부터 제도적 과정에 있는 다양한 위치에서의 〈일〉을 배우면서 연구를 진행하는데, 이 연구과정에서 〈문제틀〉의 초점이 형성된다. 여기서 연구자는 자신이 배우게 된 것을 개인들의 이야기를 수집한 것이 아니라, 시퀀스나 사회적으로 조직화된 형태로 모인 것으로 보아야 한다. 제도적 문화기술지 연구는 한 명 이상의 개인의 이야기에 근거하여 그들의 잠재적 차이를 보여주려는 것과는 달리(이것이 사이즈가 큰 표본을 의미하는 것은 아니다), 서로 다른 위치에 있는 정보제공자의 일을 관찰하거나 이용하고, 이들을 시퀀스로 맞춰간다. 그런데 이는 제도적 문화기술지 연구자에게 다른 사람에게서 배운 것을 검토하도록 해준다. 연구자가 배운 것은 시퀀스의 다음 위치에 있는 사람이 어떻게 이전 단계에서 이루어진 것을 선택하여 결정했는지를 발견한 것이다. 이러한 관련성 안에서 보면, 시퀀스를 조정하는 양식이나 제도적 행위의 순환은 텍스트가 주요한 조정자임을 바로 알게 해준다. 엘렌 펜스는 긴급구조요청 전화에 연결된 순간 가정폭력 피해여성과 사법제도 간에 텍스트로 매개되는 시퀀스를 기술하였다. 그녀는 일 조직화는 물론이고, 경찰이 처음에 작성하는 보고서와 같이 가장 중요한 텍스트가 그 사례 진행의 여러 단계들에서 어떻게 조정되는지를 추적하였다. 리자 맥코이(McCoy, 1999)는 다른 종류의 시퀀스를 보여주었는데, 온타리오 지역 대학에서 새로운 회계비용 정산 절차가 도입되면서 재정 담당자, 학장, 강사들의 관계가 어떻게 재조직화되는지 연구하였다. 이곳에서는 재정 담당자가 학장과 강사들을 통제할 수 있도록 정보 생산을 학장과 강사들이 책임지게 하는 책임성의 순환이 이루어졌다. 이 두 사례는 제도적 과정이 텍스트로 매개된 사람들의 일을 어떻게 조정하는지를 비교적 간단하게 보여준다.

4) 텍스트들

제도적 문화기술지의 초점은 항상 〈사회〉이다. 〈사회〉는 넓은 의미에서 사람들의 실제 활동, 그들의 일이 조정되는 것을 말한다. 제도적 세팅에서 텍스트는 사람들의 일이 함께 이루어질 때 없어서는 안 되며 어디에서나 흔히 볼 수 있다. 여기서 문제는 텍스트를 문화기술지로 통합시키는 데 있다. 이는 내가 말한 텍스트의 불활성에서 비롯된다. 우리는 텍스트를 움직이는 것으로 경험하지 않는다. 왜냐하면 텍스트의 물질성이 텍스트를 정지된 것으로 여기게 하며, 이는 극복하기 어려운 것이다. 우리는 사람들의 말이 행위의 시퀀스를 조직화한다고 여기지만, 텍스트가 행위의 시퀀스를 조직화한다고 여기지는 못한다. 우리가 텍스트를 움직이는 것으로 보기 위해서는 먼저 〈텍스트-독자 대화〉에 대해 생각해야 하고(5장), 텍스트들이 일련의 행위과정을 조직화하는 데 있어 일정 역할을 하는 것으로 보아야 한다(8장). 텍스트를 문화기술지로 통합하면 제도적 관계의 탐색을 보다 높은 수준의 조직화로 확장할 수 있다.

이러한 맥락에서 〈상호텍스트성〉은 위계적 구조를 가진다. 이 위계성은 위치의 질서로 보아서는 안 되고, 텍스트들의 질서로 보아야 한다. 여기서 텍스트는 그보다 낮은 수준의 텍스트들을 통제하는 개념과 틀을 설정하고, 거꾸로 낮은 수준의 텍스트들은 높은 수준의 텍스트들에 내포된 개념과 틀에 맞춰진다. '권위'의 질서는 개념에서 나온다. 텍스트는 〈실제〉를 제도적으로 작동하는 재현의 형태로 전환시킨다. 즉 텍스트는 높은 수준의 권위를 가진 텍스트의 개념과 틀에 맞춰 실제를 선택하고 정교하게 만든다. 제도적 텍스트들은 〈실제〉를 제도적으로 작동하도록 한다. 규제적 텍스트는 개념적 틀을 설정하는데, 이는 일선의 일을 조직화하는 데 특히 중요하다. 규제적 텍스트의 조직화는 실제를 제도적 텍스트로 전환시킴으로써 실재가 제도적으로 작동할 수 있게 한다. 예를 들어, 조지 스미스의 연구(Smith, 1988)는 게이 남성들이 목욕탕에서 성관계를 갖는 것으로 작성한 경찰보고서가 어떻게 법의 범주에 맞추어 틀지어지는지를 보여준다. 경찰보고서는 사법과정 이후의 일을 조정하는 데 핵심이었다. 이 보고서는 경찰의 관찰 절차와 '성매매업소'법에 적합하도록 선택된 항목들에 맞춰 조직화된 것이다.

2. 제도적 문화기술지의 확장

제도적 문화기술지 연구자들은 서로 다른 각도와 핵심 관심사에서 지배관계를 탐구하고 있기 때문에, 처음에 나를 놀라게 했던 방식으로 연구들이 축적되고 있다. 제도적 문화기술지 연구자들이 텍스트, 틀, 개념을 조정자, 즉 우리가 제도라 부르는 조정의 핵심으로 인식하면, 연구영역이 서로 다를지라도 사회적 조직화와 사회관계 양상을 인식할 수 있다. 여기서 사회적 조직화와 사회관계는 우리가 연구하는 장에서 찾아질 수도, 또는 우리 연구와 관련된 다른 장에서 찾아질 수도 있다. 텍스트를 행위의 시퀀스에 통합시킬 때는 두 가지 접근이 가능하다. 첫째는 사회관계 내 서로 다른 위치에 있는 사람들의 일을 조정하는 조정자이다(이것은 행위의 시퀀스로 여겨진다). 둘째는 특정 세팅에 있는 특정 사람들의 일을 텍스트가 조정할 때 일어나는 제도적 위계의 규제적 상호텍스트성인데, 이는 다양한 시공을 가로질러 사람들의 일을 표준화한다.

여기서 나는 지금까지 설명한 것을 넘어 텍스트로 매개된 관계에 대한 탐색가능성을 살펴보려 한다. 초점이 다른 다양한 지배관계들 사이의 상호관계와 상호연계는 우연한 것이 아니다. 우리가 탐구하는 상호관계의 복잡성은 하나의 기업, 기관, 심지어 하나의 제도적 복합체 안에도 쉽게 묶일 수 없다. 일단 텍스트를 제도적 조직화에 필수적인 것으로 보고 문화기술지로 분석하는 방법을 알게 되면, 이전에는 알지 못했던 연관성을 추적할 수 있다. 여기서 제도적 문화기술지가 확장되는 두 영역을 알 수 있다. 하나는 경제와 지배관계라는 확장된 사회관계이고, 다른 하나는 이들 사이의 상호교차이다. 제도적 문화기술지 연구는 아니지만 부분적으로 제도적 문화기술지 연구의 성격을 띤 두 개의 사례를 보여주고자 한다. 여기서 내가 보여주고자 하는 점은 개개인의 일상세계로부터 문제틀을 발전시키는 것이 문제틀 속에 배태된 사회관계를 보여주는 것의 시발점이라는 것이다. 이는 거시 사회적 수준의 조직화를 보여주는 것을 목표로 한다.

첫 번째 사례는 스티븐 발라스와 존 벡의 문화기술지 연구(Steven Vallas and John Beck, 1996)로, 미국의 한 회사 소유의 제지공장 네 곳에서 일 관계와 조직화에 어떤 변화가 있었는지 연구한 것이다. 두 번째 사례는 1996년 미국에서 개인책임과 근로기회조정법(*Personal Re-*

sponsibility and Work Opportunity Reconciliation Act) 이 제정된 이후, 새로운 복지 원칙을 실천하는 캘리포니아 프로그램에서 탈락된 복지 신청자에 대한 이야기에서 시작한다(Lioncelli, 2002).

두 번째 사례는 다른 연구도 있기 때문에 제지공장 사례보다 더 나아갈 수 있었다. 그러나 두 연구 모두 행해진 절차는 동일했다. 사람들의 일상생활 안에서 발전시킨 문제틀로부터, 실제를 조직화하는 사회관계를 설명할 수 있는 연구의 방향으로 나아간 것이다.

1) 제지공장

발라스와 벡(Vallas and Beck, 1996)은 제지공장에서 일하는 노동자와 관리자들을 인터뷰했는데, 최근 이 공장은 컴퓨터로 통제하는 자동화 연속공정을 결합한 신기술을 도입하였다. 신기술이 도입되기 전에는 노동자들이 직접 생산에 참여하고 자동화과정을 감독했다. 첫 번째 단계의 가벼운 변화가 생산 라인에 큰 변화를 일으켰다. 노동자들은 보안기술을 습득하며 근무시간을 초과하여 일을 배웠다. 새로운 자동화 통제 및 '총체적 질 관리' 전략을 도입하면서, 회사는 "공장을 더 안정적으로 운영하고, 직원 규모는 줄이려" 했다(Vallas and Beck, 1996: 346). 장비 책임자들은 전산화된 통제를 통해 현재 작업을 감독하고 전체 과정을 규제한다. 공정 기술자들은 점점 작업현장에서 직접 지휘하게 되고, 숙련공들의 경험에 기반한 지식이 새로운 컴퓨터 '회로' 장치로 대체되면서, 기술자들의 경험적 지식에 대한 의존은 최소화되었다.

이러한 현장에 대한 제도적 문화기술지는 서로 구별되는 두 개의 조직화 단계를 보여준다. 첫째는, 조직화 과정에서 활동하는 사람들의 일상생활 안에서 그들의 입장을 취하는 것이다. 발라스와 벡의 연구는 공장에서 이루어지는 노동자 경험에 초점이 맞춰져 있다. 그러나 이들의 연구는 노동자의 입장을 채택하지 않았는데, 이것이 이 연구의 주요한 한계이다. 이들은 한 회사가 소유한 네 개의 제지공장을 연구하기로 결정했는데, 이는 회사의 제도적 질서를 연구의 틀로 채택한 것을 의미한다. 노동자의 입장에서 연구를 시작한다는 것은 그들이 일하는 구체적인 현장에서 시작하는 것을 의미한다. 제지공장들은 미국의 각기 다른 곳에 있고, 지역의 경제적 상황도 다르다. 예를 들어 태평양 연안 북서부에 있는 제지공장은 그 지역의 목재공업과 수산가공업이 쇠퇴하면서 노동자 계급 공동체가 사라진 상태였다. 그 제지공장에서의 일상을 보면 노동자들의 고용기회를 줄게 만들 의미심장한 노동자 감원이 보인다. 루이지애나에 있는 제지공장은 이전부터 빈곤과 실업이 존재하던 지역이었고, 회사는 저임금으로 이득을 봐왔다. 발라스와 벡이 회사라는 경계를 지어 연구한 것은 〈제도적 포획〉과 유사하다. 다른 지역에서 일하는 노동자들의 관점과 경험은 사라지고, 더 나아가 이들의 관점과 경험은 연구가 진행되면서 회사가 도입한 변화의 관점과 경험들로 대체된다.

두 번째는, 발라스와 벡 유의 많은 문화기술지 연구들에 해당되겠지만, 제도적 문화기술지의 주요 측면인 텍스트의 발자취를 따라가는 것이다. 새로운 연속공정기술 도입과 그 결과로 인한 '직원 규모' 감축, 그리고 노동자들의 기술과 경험의 퇴출은 국제 자금시장 수준의 경영 및 재무회계 기술과 얽혀 있다. 맥코이의 연구(McCoy, 1999)에 의하면, 연방정부는 회사의 훈련 요구에 응하여 전문대학과 민간 공급자들 간에 경쟁이 이루어지도록 정책 변화를 시도했고, 변화된 정책을 위해 자금담당자, 행정가, 교수들 사이의 관계를 조직화하였으며, 회계 실무상의 변화가 이루어지도록 하였다. 제지공장의 경우, 유사하긴 한데 회계 문서와 실행은 더욱 복잡하게 얽혀 있으며 회사의 업무들과 주식시장이 연결되어 있었다. 미국에서 한 회사의 재정활동에 대한 공시는 증권거래위원회와 같은 다양한 기관들에 의해 규제된다. '성매매업소' 법에서 작동했듯이, 규제적 텍스트는 실제들이 회계업무 텍스트에 걸맞은 형태로 어떻게 전환되는지 구체화되면서 작동한다. 맥코이의 연구는 미국 내 회계행위를 관장하는 정부당국의 공시절차를 당연한 것으로 여기지 않았다. 미국의 회계방식은 다른 관할구역에 비해 수익률 측정 시 임금비용에 가중치를 둔다. 그래서 미국에서 사업을 하는 회사가 가시적인 수익을 높이려면 인건비를 줄이는 것이 우선이며, 그래야 자본시장에서 살아남을 수 있다고 경영자를 부추긴다. 마르코가 생산현장뿐만 아니라 바깥에 존재하는 자신의 삶을 고려하는 것처럼, 생산현장에서 무슨 일이 일어나며 노동자의 일상은 어떠한지 고려하는 것은 시장의 역동에 의해 침투되고 조직화된다. 이 시장은 상품시장과 자본시장 모두를 의미하며, 노동자들은 통제권을 가지지 못한다. 또한 이 시장에서 노동자들은 텍스트들 간의 위계를 통해서 연결되는데, 이 위계는 노동자들의 생산현장에서의 노동과 임금을 회사의 재정 상태의 설명으로 전환한다. 노동자들의 일상적 삶을 입장으로 취하는 제도적 문화기술지는 텍스트에 기반한 재정회계의 조직화로 연구를 확장할 수 있고, 이는 국가적으로 그리고 국제적으로 그 조직화를 규제하는 조직들까지 포함한다.

2) 복지 개혁의 여파

첫 번째 사례와는 다소 다른 연결의 예로 두 번째 사례를 소개하고자 한다. 여기서 말하는 연결은 텍스트와 직접 연결되는 것이 아니라(원칙적으로는 연결되어야 하지만 실제 연구에서는 맥코이의 연구처럼 순환과정 추적에 대한 제도적 문화기술지의 구체적인 내용에는 이를 수는 없을 것이다), 담론적 위계와의 연결이다. 담론적 위계는 사람들의 활동을 해석하고 책임성 있게 만드는 제도적 텍스트에서 명시되고 구체화되는 틀과 범주를 조직화한다.

미국의 복지제도 개혁은 1980년대에 시작되어 공화당 의원이 다수였던 1990년대에 급격히 가속화되었다. 복지제도 개혁은 경제적 안녕을 위한 공적 책임보다 개인의 책임을 강화했다. 즉 복지 신청자격이 지역의 경제적 상황이나 아동 돌봄과 같이 개인이 처한 어려움을 고려하지 않고 구직과 구직 준비에 우선적으로 주어졌다. 스테파니 리온첼리(Stephanie Lioncelli, 2002)는 1996년 제정된 미국의 개인책임과 근로기회조정법에 기반한 프로그램에 대한 문화기술지를 연구했다. 이 프로그램은 여성의 독립에 노동이 중요하다는 페미니스트 이데올로기와 이 법령에 의한 엄격한 원칙 및 부칙들을 혼합한 것이다. 어떤 사람들에게는 이 프로그램이 도움이 되었지만, 어린 아이를 둔 여성들에게는 지역 경제의 현실에서 일자리를 찾고 유지하도록 하지 못했다. 아래의 이야기는 이를 포기한 여성의 이야기다.

나는 버스로 4시간 걸리는 곳에서 일을 했어요(그녀는 강조하기 위해 네 손가락을 사용했다) … 난 버스를 타고 아이를 엄마에게 맡기고 난 후에 일을 하러 갔어요. 일을 그만둘 때까지 아이를 돌봐주는 엄마에게 돈을 드렸어요(86).

이런 관점에서 행위자의 일상에서의 실천들은 연방기금 지출과 관련된 제도적 담론의 범주 및 틀과 연결되어 있다. 사회복지사들이 사람들 각자가 처한 실제 상황, 특히 경제적으로 어려운 지역에 사는 사람들의 상황에 어느 정도 반응할 수 있느냐는 연방법의 기본틀 안에 명시된 텍스트에 따라 엄격히 제한된다. 여기서 텍스트는 사회복지사들의 관리감독이 책임 있게 이루어지도록 만든다(Ridzi, 2003).3

새로운 복지 체제의 원칙에 대한 설계는 1987년부터 1988년까지의 미 의회 청문회로 거슬러 올라가 추적해볼 수 있다. 낸시 네이플스(Nancy Naples, 1997)는 새로운 복지 담론의 **주 의미틀**(master frames, 네이플스의 용어)이 어떻게 청문회 과정과 그 산물들을 규제하는지를 보여주기 위하여 청문회의 텍스트 기록을 조사했다. 지자체 발전 계획의 수립과정을 살펴본 터너의 연구도 역시 청문회 과정에서 만들어진 주 의미틀 및 범주가 생산되는 텍스트-일-텍스트 시퀀스를 탐색할 수 있었다(주 의미틀과 범주는 확실히 청문회보다 먼저 준비되어 있었다).

---

3 헨리 파라다(Henry Parada, 2002)는 아동학대가 의심되는 사례의 위험사정을 할 때 아동보호 담당자가 진행하는 과정들이 이들의 행위에 책임을 지는 수퍼바이저나 행정가들에게도 동일한 의미인지 비교하였다.

그러나 여기에는 이보다 앞서 이루어진 단계가 하나 더 있다. 새로운 복지 체제의 제도적 담론은 더 일반적인 이데올로기적 담론의 제도적 복합체가 구체화된 것이다. **이데올로기**라는 용어는 존 톰슨(John B. Thompson, 1990)이 보여주듯이 다양하게 이론화되어왔다. 톰슨이 이뤄낸 일관성은 내가 피하고 싶던 개념적 혼란을 덜어준다. 여기서 나는 제도와 같은 특정 맥락을 규제하는 메타 담론을 밝히기 위해, **이데올로기**라는 용어를 사용하였다.4 1980년대 초 이후 북미 경제에 대한 공적 토론을 주도하는 이데올로기적 담론은 신자유주의이다. 신자유주의는 이데올로기적 담론으로, 통상적인 번영을 위해 자유시장의 중요성을 매우 강조하는 경제이론에 기초한다. 신자유주의는 정부를 비용이 많이 들고 비효율적인 것으로 보았고, 시민권의 개념은 경제적 안녕 등을 위한 개인적 책임을 강조하는 것으로 보았다(Brodie, 1996; Martinez and Garcia, 1997; Naples, 1997). 보다 구체화된 하위 담론들은 일반적 수준에서 이데올로기적 담론들과 제도적 담론들을 매개로 하여 발전되어왔다. 캐나다의 제도적 문화기술지 연구자들에 의하면, **신공공관리주의** 담론은 건강보호(Rankin, 2004), 교육(MaCoy, 1999), 아동보호(Parada, 2002)와 같은 다양한 제도적 세팅에서의 제도적 담론과 신자

---

4 이것은 이데올로기가 어떻게 다른 담론들을 끌어오고, 전유하고, '식민화'하는지에 대해 썼던 릴리 슈리아라키와 노만 페어클라우(Lilie Chouliaraki and Norman Fairclough, 1999)의 논의와 유사하다(27). 물론 나는 이데올로기와 다른 담론의 관계를 반대로 생각하지만, 내가 보기에 이데올로기적 담론에 종속되기도 하고 규제되기도 하는 제도적 담론들은 하위담론들을 전유하고 식민화하기보다는, 이데올로기 담론의 일반적 틀을 좀더 구체적인 영역에 적용해서 나온 것이다.

유주의 담론을 매개한다.5

다른 연관성도 생각해볼 수 있다. 전통적인 마르크스주의자들은 이데올로기를 지배적 자본가 계급의 이해관계가 표현된 것으로 본다. 이들은 이러한 이해관계가 어떻게 사회 내 지배적 이데올로기 담론을 전환시키는지 그 구체적 과정과 연관하여 설명하고 있지는 못하다. 그러나 이들 관계를 이론으로 만들어내기는 어렵지만 연구는 할 수 있다. 엘렌 메서-다비도(Ellen Messer-Davidow, 1993, 2002)는 우파 지도자 및 자본가 계급의 막강한 집단에 의해 만들어진 제도적 복합체는 미국 내 공적 담론에 대한 우파의 통제를 달성하기 위한 것이라고 하였다. 이러한 조직들에는 두뇌집단이 있다. 이 조직들은 일간지를 주도하는 진보적 전문 저널리스트들을 대체하기 위해 우파 저널리스트들을 훈련시키고, 우파적 성향의 대학을 재정적으로 지원하며, 공공서비스에서 우파 정책을 발전시키고 관리하는 젊은 인재를 준비한다.

그들은 기부자들에게 기획안을 보내고, 미디어에 이슈들을 던져주고, 지지자들을 동원하고, 공무원에게 제안서를 보내고, 유급 로비스트들을 동원하여 시민으로 하여금 편지를 쓰도록 하는 캠페인을 통해 거래를 성사시켰다. 비록 일부 조직들은 다양한 이슈 어젠다들을 제기하고, 또 다른 일부 조직들은 가족정책이나 기업규제 완화와 같은 틈새를 공략했지만,

---

5 스테파노 하니(Stefano Harney, 2002)는 제도적 문화기술지 연구자는 아니지만 '국가 일'(state work)이라는 자신의 연구에서 공공 행정이 공공 관리로 변화한다고 매력적으로 설명하고 있다.

이들은 정부, 기업, 전문가, 교육, 미디어 등에 중첩된 보수적 네트워크로부터 그들의 연합체를 만듦으로써 교차영역의 효력을 최대로 끌어올릴 수 있었다(2001, 221).

메서-다비도는 그의 연구에서 1992년에서 1994년까지 18개의 보수적인 두뇌집단들이 8천만 달러의 거대 기금을 받은 사실을 밝혀냈다(Messer-Davidow, 2002: 223). 루이스 래펌(Lewis Lapham, 2004)이 입수한 2001년 보수재단들의 자금 조달경로 정보에 의하면, 아홉 개 보수재단의 보유 자산이 20억 달러였으며(32), 열두 개의 국가 두뇌집단에 1억 달러 이상을 배분했다(35). 또한 이들은 폭스 뉴스 채널(Fox News Channel)을 포함한 많은 보수 텔레비전 채널에 추가로 3억 달러를 지불했는데(37), 래펌은 이를 '보수 메시지 기계'(*conservative message machine*)라고 불렀다. 물론 메서-다비도의 연구는 중간단계를 더 추적했다. 이 중간단계 연구에 의하면, 보수재단의 투자는 미디어 공공담론을 바꾸고, 신관리담론을 보편화했다. 그리고 맥코이(McCoy, 1999)나 랭킨(Rankin, 2003)과 같은 제도적 문화기술지 연구자들이 말했듯이, 보수재단의 투자는 구체화된 담론과 텍스트적 실천들을 바꾸었다.6 이들 연구에는 앞에서 언급했던 오늘날 복지조직의 특징인 책임성에 대한 새로운 텍스트 기술들이 포함되어 있다.

이 두 사례는 이미 언급했던 것 이상으로 제도적 문화기술지의 가능

---

6 데이비드 브록(David Brock, 2002)은 신보수주의 사상과 대중 담론을 매개하는 자신의 경험을 매력적인 자전적 글로 썼다.

성을 보여준다. 이 두 사례는 내가 이 책에서 말한 제도적 문화기술지가 열어놓은 가능성의 예들이다. 이 가능성이 발견되면서 제도적 문화기술지는 아직 밝혀지지 않은 영역, 그리고 아직 다루지 않은 사회관계의 수준까지 확장될 수 있다. 제도적 문화기술지로 전환된 연구는 앞에서 여러 방식으로 보여주었던 연구들과 근본적으로 다르지 않을 것이다. 제도적 문화기술지는 더 깊은 그 이상의 발견을 이끌 것이다.

이 두 사례에서 텍스트는 일상을 확장된 〈지배관계〉로 연결하는 사회관계 탐구에서 매우 핵심적이다. 제지공장 모델을 다룬 연구는 책임성의 순환에 관한 맥코이의 연구와 관련되어 있다. 제지공장 연구는 텍스트로 매개된 국제 금융시장의 조직화와 관련지었다는 점에서 맥코이의 연구를 능가하지만, 존재론적 기반에서 보면 근본적으로는 차이가 없다. 맥코이는 그의 연구에서 복지 신청자들의 경험을 인용했는데, 그가 이 경험들을 조직화하는 틀, 개념, 범주를 추적한 것은 하나의 대안 그 이상을 제시한다. 이러한 연구는 법의 규제적 틀이 실제를 제도적으로 활성화하여 실제의 재현을 구조화한다는 점에서 텍스트 간 상호위계에 관한 조지 스미스 유의 연구 유형을 따른다. 물론 여러분도 알다시피 이것들이 유일한 유형은 아니다.

3. 제도적 문화기술지의 집합적 작업

제도적 문화기술지에 여기서 제시한 것과 같은 대규모 프로젝트만 있는 것은 아니다. 일반적으로 개별 연구 프로젝트의 연구비는 적정 규모로 한정된다. 그러나 제도적 문화기술지는 한 측면을 묘사하고 분석하지만, 그 한 측면에서 더 나아가 가능성을 확장시킨다. 제도적 문화기술지가 진화함에 따라 분산되고 파편화된 것처럼 보이는 제도적 문화기술지 연구들의 초점은 공통의 목적에 맞춰져 있다. 어떤 제도적 문화기술지도 사례연구는 아니다. 제도적 문화기술지는 특정한 관점과 측면하에서 지배관계를 연구하고, 일과 관련된 사람들의 일상적 삶을 끌어들인다. 개별 제도적 문화기술지 연구의 일반화는 모집단의 문제를 의미하지도 않고, 그렇다고 제도가 만들어내는 표준화와 일반화의 형태를 의미하지도 않는다. 제도적 문화기술지에서 더 중요한 것은 지배관계 현상의 영향이다. 여기서 지배관계는 이미 널리 알려진 자본 축적의 역동만이 아닌 다양한 방식으로 상호 연결되어 있다(Smith, 1999b).

지배관계를 특징짓는 조정의 형태는 텍스트가 만들어내는 독특한 취약성에 달려 있다. 초기의 지배관계는 뉴딜정책 시기에 미국에서 급격히 확대된 공공 서비스, 대학들(Veblen, 1957)과 교육, 지식인들을 위한 대중매체를 토대로 형성되었다. 이 당시 대중매체는 적어도 어느 정도는 자본으로부터 독립적이었다. 하지만 최근 거의 모든 영역에서의 발전은 자본주의적 조직화와 사회관계로 통합되고 있다. 신자유주의 틀에 맞도록 복지제도가 재설계되는 사례에서 보았듯이, 이데올로기 담론을 기획하고 퍼뜨리고 특정 하위담론을 만들어내며, 제도적 담론을 전문화하고 기술적으로 발전시키는 것들이 꽤 효과적이고 눈에 보이지 않는 규제의 변형을 만들어낸다. 허버트 실러(Herbert Schiller, 1996)는 다양한 제도적 문화기술지 연구모임이 제기한 문제의식에 대해 강한 어조로 얘기했다.

오늘날 놀랄 만한 비가시적 통제체제가 만들어졌다. 그것은 사회적 지배에 가장 지대한 영향을 가져올 조치들을 중요한 대중적 관심에서 벗어나게 만든다(1).

실러는 주로 대중매체에 초점을 맞추고 있지만, 일부 제도적 문화기술지들이 보여준 것처럼(MaCoy, 1999; Mykhalovskiy, 2001; Parada, 2002; Rankin, 2003) 그가 기술하는 것은 지배관계의 다른 영역에서 일어나는 전개에도 적용할 수 있다.7

포스트모더니즘은 지식이 허상, 거짓, 무지를 즉각적으로 없앤다는 계몽주의 신념을 깊이 불신하면서 등장했다. 나는 지식의 엄청난 오만에 대한 비판이 앎의 총체에 이르게 할 것이라고 배웠다. 그러나 나는 〈사회〉에 대한 끊임없는 탐구방법들이 발견을 일구어내고, 지식을 창

---

7 조지 스미스와 나는 1980년대에 플라스틱 산업의 훈련 문제를 연구하였는데, 인적 자본 개념을 강조하는 교육과 훈련에서 인적 자원을 강조하는 개념으로 이동하는 점에 주목하였다. 전자는 수득을 산출하는 교육과 훈련에서 개인의 공적인 이해관계와 개인적 이해관계를 연결한다. 그러나 후자는 교육과 훈련이 어떻게 자본의 필요에 부합하는 노동력을 공급할 것인가에 중점을 둔다. 교사의 교육 내용과 방법을 좀더 통제하기 위해서 온타리오 주 교육부가 제공한 새로운 교과과정과 평가 과정이 교사들에게 미치는 일의 영향을 연구하는 프로젝트에 컨설턴트로 참여하면서, 나는 이 변화가 모든 수준에서 교육 정책을 결정하는 교사들의 역할을 최소화하는 것과 연결되어 있다는 것을 알았다. 교육과정과 교육결과를 표준화하는 변화들은 교육위원회의 기능을 축소하고(교사 역할의 약화는 위원회 정책에서 이루어질 수 있다), 학교 행정가(교장과 부교장)를 교사협회에서 빼내 경영자의 위치로 바꾸며, 교원대학의 도입은 교사협회와는 별개로 교사의 기준을 부과한다. 일반적으로 이는 교사들이 집단적으로나 개인적으로 전문적인 판단을 행사하는 것으로부터 정부 목적에 교사들이 순응하도록 교사들을 관리하는 것으로의 변화이다.

출하고, 비가시적인 것을 가시적으로 만들 수 있다고 확신한다. 제도적 문화기술지의 목적은 사람을 위한 사회학(a sociology for people)으로서, 우리가 있는 곳에서 관찰할 수 없는 지배형태를 관찰할 수 있도록 하는 것이다.

제도적 문화기술지는 본질적으로 개인의 〈일 지식〉을 축적하고, 일 지식이 특히 〈텍스트〉를 매개로 하여 어떻게 〈조정〉되는지 보여줄 수 있도록 모아야 한다. 제도적 문화기술지 연구자들은 다른 제도적 문화기술지들, 즉 다른 제도에 초점을 둔 연구들도 우리와 관련이 있으며 우리에게 유용하다는 것을 알고 있다. 이것은 때로 제도적 문화기술지 연구의 기술적 혁신과 관계된다. 그러나 더 중요한 것은, 제도적 문화기술지 연구들은 개별 연구들이 다루는 보다 일반적인 지배관계의 복합체에 서로 다른 관점들을 제공한다는 것이다. 우리는 초 지역적인 지배관계를 어떻게 이해하고, 가시화할 것인지 배우기 시작했다. 이 작업은 실러가 연구한 역사적 맥락에서 더욱 더 중요해진다. 제도적 문화기술지는 '사회적 지배의 지대한 영향을 가져올 조치들'의 다른 차원들을 발견하게 해준다. 여기서 사회적 지배의 조치들은 우리가 참여하는 제도적 형태를 다시 만들어낸다. 이러한 지배 형태가 어떻게 만들어지는지 알게 된다면 우리가 할 수 있는 범위 안에서 저항과 진보적인 변화를 도모할 수 있다.

남아 있는 문제는 제도적 문화기술지 연구자들이 어떻게 연구에 좀 더 쉽게 접근할 수 있게 하는가이다. 학술적 출판에 한계가 있기는 하지만, 그렇다고 이 문제를 과소평가해서는 안 된다. 이 문제는 다른 사회학자들도 언급하는 것일 뿐만 아니라, 전문대학원을 포함한 학생교육에도 적용된다. 제도적 문화기술지는 지역의 실천가라는 영역 안에서 제도적 변화의 장을 마련하는 데 사용되어왔다. 엘렌 펜스는 이 점에서 선구자이다. 펜스(Pence, 2001)는 사람들의 일상에서 벌어지는 가정폭력 사건에 대한 사법활동의 조직화를 제도적 문화기술지로 연구하였는데, 그녀의 연구는 배우자로부터 폭력을 경험한 여성이 안전하게 머물 수 있는 바로 그 장소로부터 시작했다. 또한 사법과정이 어떻게 조정될 수 있고 변화되어왔는지, 그 양상을 보여준다. 예를 들어, 펜스가 보여주듯이, 가정폭력 사건에 대한 경찰보고서는 그 사건이 향후 진행되는 제도적 실재를 생산하는 데 핵심적인 역할을 한다(이 부분은 8장과 9장 참조). 미네소타 주 덜루스 경찰은 여성들이 폭력에 얼마나 노출되었는지 보여줄 수 있는 보고서를 작성할 수 있도록 프로토콜을 새롭게 만들었다. 이들의 실천은 다른 경찰서에게도 모델이 되어, 동일한 상황에 처한 여성들을 안전하게 보호하는 데 더 관심을 기울이게 되었다. 또한 제도적 문화기술지 탐구와 분석 방식은 연구현장이 아닌 다른 곳에서도 기술로서 활용가능하다. 펜스는 가정폭력과 아동보호 사건에 개입된 경찰, 변호사, 보호관찰관, 아동복지사 등이 어떻게 일상의 실천들이 조합을 이루면서 기대한 것과는 다른 결과 혹은 '부수효과'를 일으키는지에 대한 연구를 통해 이들의 참여가 조직화되는 방법을 발전시켰다. 비평의 초점은 개인의 능력이나 무능력에서 일 과정이나 일 과정의 상호텍스트성으로 이동하였다. 마찬가지로 터너도 작업현장을 분석하는 데 있어 사람들을 관여시키기 위해 〈일-텍스트-일〉이라는 〈지도 그리기〉 방법을 사용했다. 그녀는 제도적 문화기술지를 단순히 연구의 도구로서만 사용하지 않았다. 그녀의 관심은 특히 제도적 문화기술지를 활동가들의 일과 관련된 일상적 삶에 스며들어 있는 비가시적인 것들을 가시화하는 방법으로 사용할 수 있도록 확장하는 데 있었다.

　나의 소박한 바람과 제안은 이렇다. 내가 항상 강조하는 것은 연구와 발견이며, 사람들의 경험 너머의 것을 지식의 영역으로 가져오기 위해 사람들이 경험하는 바로 그곳에서부터 연구하는 것이다. 제도적 문화기술지 연구자들에게 기술적인 것, 때로는 어려운 일이 될 수 있는 것은, 제도적 참여자들이 일상세계의 언어를 그들의 일 지식으로 통합할 수 있도록 전환하는 것이다. 명심할 것은 참여자란 유급 일을 하는 사람만이 아니라 무급인 사람들을 포함한다는 점이다. 예를 들어, 아동보호기관에서 조사받거나 훈련받은 여성들, 구석에서 한마디라도 하려고 애쓰는 치료센터의 클라이언트, 아이를 돌보는 데 임금을 다 써버려서 일을 포기한 여성 모두를 포함한다. 현재 제도적 문화기술지 연구는 일상을 넘어 사회관계를 탐구하는 데 기여하고 있고, 미래에도 이러한 것들이 실제로 어떻게 작동되는지를 이해하는 데 더 많이 기여하게 될 것이다.

옮긴이 해제

제도적 문화기술지:
왜 또 다른 연구방법인가?*

김인숙

1

제도적 문화기술지는 캐나다 사회학자인 도로시 스미스에 의해 발전된 연구방법이다. 그녀의 출발은 페미니즘 사상이었지만, 마르크스와 가핑클, 푸코, 미드, 바흐친 등의 영향을 받아 '사람을 위한 사회학'을 발전시켜나가는 과정에서 제도적 문화기술지 방법론을 발전시켜나갔다. 처음부터 제도적 문화기술지라는 방법론을 염두에 둔 것이 아니라, 새로운 사회학을 발전시켜나가는 과정에서 새로운 방법론이 발전하는 경로를 밟았다고 볼 수 있다.

---

* 이 글은 제도적 문화기술지 방법론에 대한 이해를 돕기 위한 것으로, 김인숙(2013)의 "제도적 문화기술지: 왜 또 다른 연구방법인가?"의 일부 내용을 재구성, 보완한 것입니다. 읽기의 편의를 위해 인용출처를 삭제하였으므로, 필요한 경우 상기 논문을 참조하기 바랍니다.

여성학이 '개인적인 것은 정치적인 것이다'를 핵심 원리로 하고 있다면, 제도적 문화기술지의 핵심 원리는 '개인적인 것은 제도적인 것이다'로 표현할 수 있겠다. 사람들의 개인적 삶에는 늘 제도적인 것이 얽혀 있기 때문에 개인의 경험, 행위 속에는 '제도적인' 흔적들이 배태되어 있다. 즉, 사람들의 일상생활은 그들이 가진 동기나 의도를 넘어 제도적 질서에 의해 조정되고 협정된다. 제도적 문화기술지는 사람들의 일상의 경험들이 제도적인 것과 연결(조직화, 조정) 되어 있다고 본다. 그러나 제도적 문화기술지의 목적은 사람들의 '경험'이나 '제도' 그 자체를 설명하려는 데 있는 것이 아니라, 경험과 경험 너머의 것을 '연결'하는 데 있다. 제도적 문화기술지에 대한 이해는 이 '연결고리'의 모습을 어떻게 그려낼 수 있는가라는 질문과 맞닿아 있다.

2

이 연결고리를 어떻게 그려낼 수 있는가를 말하기 전에, 제도적 문화기술지의 관심 대상을 분명히 할 필요가 있다. 제도적 문화기술지의 관심 대상은 '사회'(the social) 이다. 제도적 문화기술지의 '사회'는 통상적인 의미의 '사회'(society) 와는 달리, 다른 사람들의 활동과 조정을 통해 이루어지는 사람들의 지속적인 활동을 의미하며, 이는 엄밀히 말해 '사회적인 것'이다.

우선, 제도적 문화기술지의 '사회'는 일상세계를 토대로 존재하며, 이 일상세계는 어딘가에 있는 알지 못하는 사람들에 의해 '조직화'되고 '조정'된다. 사람들의 활동이 조정되는 곳에 '사회'가 있는 것이다. 제도적 문화기술지에서는 일상세계의 경험 공간을 관통해 사람들의 행위를 조정하는 관계를 '지배관계'(ruling relation)로 부르며, 이러한 지배관계를 현대사회의 새로운 사회적 조직화 양상으로 본다. '지배관계'는 한쪽이 다른 한쪽을 우세적으로 지배하는 지배(domination)와는 다르다. 마르크스가 계급과 계급이익으로 지배관계를 설명했다면, 도로시 스미스는 텍스트, 언어, 모든 종류의 전문성이 지배적 행위를 한다고 본다. 이처럼 '사회'를 사람들의 활동이 조정되는 것으로 보면, 일상세계 사람들의 경험이라는 경계를 넘어 확장되어 있는 사회적 조직화, 사회관계를 추적하고 그려내는 것이 필요해진다. 제도적 문화기술지에서 '제도적'이라는 말은 바로 이 '지배관계'로 이루어지는 조정과 조직화의 양상이 고정되지 않고 움직임의 형태로 발견된다는 의미이다. 제도란 이러한 지배관계들의 교차점인 관료제나 전문직, 국가, 제도적 담론 등을 일컫는다.

또한 제도적 문화기술지의 '사회'는 '실제'(the actual)를 토대로 존재한다. 이는 사회가 사람들 사이의 상호작용으로부터 발생하고, 이 상호작용의 과정에서 의미를 만들어내고, 해석하는 과정을 통해 유지된다는 입장에서 이루어지는 연구방법과는 다르다. 예를 들어, 전통적 문화기술지는 우리에게 낯선 집단에 속한 사람들에게 무엇이 일어나고, 그 일어난 것을 구성원이 어떻게 해석하고 이해하는지를 파악함으로써 그 집단에 속한 사람들의 문화를 연구한다. 그러나 제도적 문화기술지는 사람들의 삶은 육체를 가지고 일상의 실제적 시간과 공간 속에 존재한다고 본다. 사람들의 활동이 조정되는 '사회'는 이론적으로 설명되는 것이 아니라 실제적으로 연결되어 있다. 따라서 제도적 문화기술지는 실제의 세계를 탐구하는 것, 실제로 돌아가는 방법을 찾는 것이 중요하다. 실제가 개념과 담론에 갇히거나 이론이 실제를 지배하면, 일상세계 속 사람들의 행동은 사라지고 개념화된 실재가 행위주체가 됨으로써 실제세계 밖을 다루게 된다. 따라서 제도적 문화기술지는 '실제'로서의 사회를 그려내기 위한 방법들을 강구한다.

3

제도적 문화기술지의 '사회'에 주목해 보았을 때, 제도적 문화기술지는 해석을 통해 사람들의 경험의 공통성을 찾으려는 기존의 질적연구방법들과는 달리, '실제'에서 일어나는 '조정' 혹은 '조직화'의 양상을 그려내기 위한 방법론이라 할 수 있다. 이는 근거이론이나 문화기술지처럼 이론적 개념과 해석을 통해 사람들의 개인적 경험을 맥락과 연결하여 설명하려는 질적방법들과는 다르다. 제도적 문화기술지는 일상세계에서 사람들이 하는 말과 행위를 이론적 개념으로 해석하지 않고, 그 말과 행위 속에 스며들어 있는 조직화된 관계들을 추적하여 이어 맞춘다. 문제는 이 조직화된 실제가 일상생활의 장면 안에서는 잘 보이지 않는다는 점이다.

그런데 이 조정되고 조직화된 실제가 일상생활에서는 왜 보이지 않는 것일까? 일상세계에서 개별 주체들이 서 있는 위치는 서로 다른데, 이 서로 다른 위치에서의 경험들이 '단절'되어 보이기 때문이다. 예를 들어, 사회복지사로서의 일 경험과 사회복지사들로부터 지원을 받는 클라이언트의 경험 사이에는 동일한 사안을 두고도 '차이'가 존재한다. 심지어, 동일한 서비스를 받지만 지역이 달라져도 클라이언트의 경험들 간에는 '차이'가 발생한다. 이 '차이'는 사회복지사와 클라이언트가

서 있는 위치, 즉 프로그램 구조 내에서의 위치 혹은 지역적 위치가 다르기 때문에 발생한다. 주체들의 위치를 숨기면 이들 차이는 단절로 나타난다. 그러나 주체들의 위치를 드러내고 살려내면, '단절'은 외양으로 드러나는 현상일 뿐, 실제로는 단절되어 있지 않고, 단절로 보이는 현상들 사이에 복잡한 맥락들과 담론, 조직화가 작동하고 있음을 알게 된다.

이러한 단절은 추상화된 이론과 개념을 적용함으로써 더욱 강화된다. 추상화된 이론과 개념이 실제에 대한 해석을 지배하여 실제를 이론적 개념 안에 갇히게 만들고, 주체들의 위치를 사라지게 함으로서 지배관계, 제도적 관계를 보이지 않게 하기 때문이다. 따라서 제도적 문화기술지에서 '주체위치'(subject position)를 살려내는 것은 매우 중요하다. 주체의 위치들을 살려내면, 주체들이 경험하는 일상의 실제들이 더 큰 지배관계와 제도적 관계에 어떤 모양으로 조정되고 조직화되는지를 알 수 있다. 즉, 주체위치를 살려내면, 제도적 문화기술지에서 말하는 '제도' 혹은 '제도적인 것'을 발견하고 접근할 수 있다. 제도적 문화기술지에서 일상세계에 대해 알고 있는 사람이면 누구나 '주체'가 될 수 있다.

<h2 style="text-align:center">4</h2>

제도적 문화기술지의 핵심은 주체위치를 살려내어 사람들의 일상 속에 존재하는 지배관계, 제도 혹은 제도적인 것에 접근하고 이를 발견할 수 있는 개념적, 방법적 장치들을 발전시키는 데 있다. 여기서 '제도'를 발견한다는 것은 국민기초생활보장법 제도와 같은 조직화된 제도적 실체

에 대해 발견하는 것이 아니다. 제도적 문화기술지에서 '제도'를 발견한다는 것은 엄밀히 말해 '제도적'인 것을 발견하는 것이다. 따라서 '제도'를 발견한다는 말은 사람들의 일상세계에서 지속적으로 이루어지는 조정, 지배관계, 사회적 조직화 양태의 '실제'를 발견하는 것을 의미한다. 제도적 문화기술지는 이러한 '제도적' 실제를 발견하기 위해 경험 영역과 텍스트 영역이라는 두 영역 모두에 관심을 기울일 것을 요구한다. 아울러 사람들이 일상에서 어떻게 제도적 관계에 참여하고 제도적 관계에 말려드는지 그 조직화 양상을 보여주기 위한 다양한 방법론적, 개념적 장치를 제시한다.

제도적 문화기술지에서 '제도적' 혹은 '제도'를 발견하고 접근할 수 있는 방법적, 개념적 장치들로 제시하는 것은 크게 네 가지이다. ① 입장을 견지하면서 문제틀을 작동시키는 것, ② 사람들의 경험(일 지식)의 차이를 끌어들이는 것, ③ 텍스트가 현실에서 어떻게 작동하는지를 주시하는 것, ④ 문화기술지 방식으로 접근하는 것이다. 이들 각각에 대해 살펴보자.

5

입장과 문제틀 앞서 언급했듯이, 제도적 문화기술지에서 '주체'는 일상세계에 대해 알고 있는 사람이면 누구나 될 수 있다. '입장'(*standpoint*)은 바로 이 주체의 위치에 서는 것이다. 이는 제도적 문화기술지가 일상세계를 살아가는 사람들의 입장에서 출발한다는 의미이다. 입장은 주관적 관점이나 구체적 세계관을 의미하지 않고, 주체가 일상세계에 대해 가진 지식이 어떻게 조직화되는지 그 결정적 지점을 발견하는 것을 말한다. 그레이엄은 이를 '주체'가 '입장' 개념에 품어져 있다고 표현하였다. 제도적 문화기술지는 비록 일상생활의 실제 경험에서 시작하지만, '입장'을 취함으로써 주체들의 경험 내부로부터 파악할 수 없는 것, 즉 그 경험을 조직화하는 것에 함축된 사회관계를 발견할 수 있다.

'입장'은 마치 현상학적 연구의 '현상학적 태도'에 비유될 수 있다. 어떤 연구가 현상학적 연구가 되기 위해서는 '현상학적 태도'라는 방법론적 장치를 작동시켜야만 한다. 이와 마찬가지로 '입장'은 어떤 연구가 제도적 문화기술지 연구가 되기 위해 필수적으로 요구되는 것이다. 제도적 문화기술지는 제도적 질서 내에서 '입장'을 찾음으로써 시작한다. '입장'을 선택하는 것은 제도적 문화기술지의 핵심 단계이자, 연구의 과정을 안내해준다.

그런데 '입장'은 반드시 '문제틀'(problematic)을 필요로 한다. '입장'과 '문제틀'은 자웅동체처럼 한 몸을 이룬다. '문제틀'은 연구자가 정답을 찾으려고 던지는 질문도, 사회구성원들이 말하는 문제도 아니다. '문제틀'은 원래 어떤 문제들이 설정되는 이데올로기적 구조나 틀을 의미하지만, 제도적 문화기술지에서 문제틀은 일상이 일상 그 자체를 넘어 확장된 고리들에 연결되어 있고, 미지의 시간과 장소, 그리고 생경한 힘의 형태들이 서로 통해 있음을 알게 해주는 방법적 장치이다.

제도적 문화기술지 연구자는 문제틀을 발전시키고 확장시킴으로써 제도적 관계를 발견할 수 있다. 제도적 문화기술지 연구자가 연구를 시작하면서 가장 먼저 해야 할 일은 일상의 경험을 '문제틀'로 바라보는 것이다. 그런데 문제틀은 추론이나 이론의 적용이 아니라, 제도적 과정에 참여한 연구자 혹은 정보제공자의 일상 경험으로부터 발전된다. 따라서 제도적 문화기술지 연구자가 문제틀을 발전시키려면 '실제들'에 익숙해지고, 경험의 공통성이 아니라 경험의 '차이들'을 조사하고, 일 지식(*work knowledge*)이나 텍스트(*text*)와 같은 제도적 문화기술지의 개념적 도구들을 적용해야 한다.

'문제틀'은 연구의 출발 지점에서만 요구되는 것이 아니다. '문제틀'은 '발견'되어야 하고 '확장'될 수 있는 영역이다. 이는 '문제틀'이 연구의 시작은 물론 문헌고찰, 자료수집, 자료분석 등 일련의 연구과정을 통해 발견되고, 그 범위가 확장될 수 있다는 의미이다. 다시 말하면, '문제틀'은 연구 초반에 적용하는 단순한 도구가 아니라, 연구의 전 과정에 관여하면서 제도적 문화기술지 연구를 정교화하고 추동해가게 만드는 방법론적 장치이다. 혹자는 '문제틀'을 질적연구의 지속적 비교방법에 비유하기도 하였다.

6

일, 일 지식 제도적 문화기술지에서 '제도적' 혹은 '제도'를 발견하고 접근할 수 있는 또 다른 장치는 일상생활을 하는 사람의 '경험'이다. 흔히 경험은 질적연구의 자료로서 개인의 주관적 경험을 가리킨다. 기존의 질적연구에서 경험은 해석을 통해 개인의 주관적 세계를 설명한다. 이 해석과정에서 개인의 주관적 경험은 맥락과 연결된다. 제도적 문화기술지에서 경험은 텍스트와 함께 제도적 실제를 발견하기 위해 반드시 분석되어야 하는 영역이다.

그러나 제도적 문화기술지의 관심은 '실제'이다. 개인의 주관적 경험이 과연 '실제'를 보여줄 수 있는가? 그것도 일상과 제도 사이의 사회적 조직화의 실제를 보여줄 수 있는가? 제도적 문화기술지는 경험이 실제를 순수하게 재현하지는 않지만, 경험들 속에 이미 사회적 조직화가 스며들어 있기 때문에 이들을 모아 시퀀스를 그려보면 제도적 실제를 알 수 있다고 본다. 아주 흥미로운 것은, 경험을 '일'(work), '일 지식'으로 변환하였다는 점이다. 말하자면, 제도적 문화기술지는 사람들의 경험을 검토하기 위해 '일', '일 지식'이라는 비유적 틀이자 개념을 끌어들인 것이다. '일 지식' 개념은 제도적 문화기술지 연구가 '실제'를 향하고, 실제의 조직화 양상을 그려내도록 돕는 개념적 도구이자 전략적 틀이라고 볼 수 있다. '일'과 '일 지식'에 대한 통찰이야말로 제도적 문화기술지의 독창성이자, 제도적 문화기술지를 탄탄한 연구방법론의 위치에 자리매김하게 한 핵심 키워드 중 하나이다.

제도적 문화기술지에서 '일'은 우리가 항상 사용하는 의미보다 훨씬 확장된다. '일'은 유급노동만이 아니라 무급활동 전체, 더 나아가 개인의 주관성까지도 포함한다. '일'은 구체적인 시간과 공간 안에서 이루어지며 특정한 조건과 자원을 수반하므로, 사람들이 행하는 것만이 아닌 행위에 필요한 조건, 상황, 맥락, 역사, 제도와도 접촉한다. 나아가 '일'은 시간과 노력을 들여 행하는 것, 행하고자 의도하는 것, 특정 조건하에서 행한 것은 물론 사람들이 생각하는 것까지도 포함한다. '일 지식'은 행위자가 자신이 행한 '일'과, 그 '일'이 어떻게 다른 사람들의 '일'과 조정되는지에 대해 알고 있는 것을 말한다.

따라서 사람들의 경험을 '일'과 '일 지식'으로 바라보면, 해석을 피하면서 행위자의 '실제', 조정과 조직화의 실제 양상을 더 잘 볼 수 있다. 즉, '일'에 주목하면, '일'이 접촉하는 조건, 상황, 맥락, 제도, 역사를 만나게 되어 지배관계로 나아갈 수 있고, 사람들의 '실제'를 더 잘 볼 수 있게 된다. 또한 제도적 문화기술지는 사람들이 경험하고, 보고, 느끼는 것이 서로 다르다는 점을 당연시한다. 일상에서 이루어지는 조정은 사람들의 관점이나 이해관계의 차이를 만들어내기 때문이다. 그러므로 '일'의 과정을 따라가면 일이 '조정'되는 것을 반드시 볼 수 있고, 사람들이 가진 '일 지식'의 '차이'를 이어 맞추면, 제도적 과정과 조정을 디테일하게 볼 수 있다.

그런데 사람들의 '일 지식' 산출에 가장 큰 걸림돌이 있는데, 그것은 제도적 담론이다. 제도적 문화기술지 연구자는 '일'에 쉽게 접근하기 어려운데, 그 가장 큰 방해요소가 제도적 담론이다. 사람들의 '일', '일 지식'에 제도적 담론이 개입되면서 '실제'가 제도적 담론에 포섭되거나 제거되기 때문이다. 즉 제도적 담론은 일하는 사람들의 관점, 현장, 구체성, 주관적 경험을 삼켜버리고, 그 결과 제도적 담론으로 설명할 수 있는 부분만 골라내게 한다. 예를 들어, 사회서비스에서 바우처 제도가 생산하는 제도적 담론에 익숙한 정보제공자는 바우처 서비스가 구체적으로 어떻게 수행되는지를 말하기보다 바우처 서비스 제공 행위들을 효율성과 관리주의 담론의 언어들로 해석하거나 치환하여 이야기할 가능성이 있기 때문에 '실제'를 가릴 수 있다.

따라서 제도적 문화기술지 연구자가 '일'에 접근하기 위해서는 누군가가 하고 있거나 했던 것에 주목해야 한다. 제도적 언어 뒤에 실제로 무엇이 일어났는지 파악해야 한다. 추상적이고 관념화된 개념에 주목하기보다 행위의 구체적인 것, 활동의 환경, 수단, 시간, 자원, 사람들의 생각, 감정 등 '실제'를 찾고, '실제'로 돌아가고, '실제'와 맞닥뜨려야 한다. 그러자면 연구자는 사람들이 사용하는 언어 장벽의 밑바닥까지 꿰뚫어서 그들이 실제로 행하는 것이 무엇인지 배우도록 해야 한다. 경우에 따라서 정보제공자가 자신의 행위를 일로 생각하지 못할 수도 있으므로 '일'이라는 말을 고집할 필요가 없기도 하다. 제도적 담론에 포획된 정보제공자의 말은 그의 '일', '일 지식'을 사라지게 하므로 분석에 쓸모가 없기 때문이다.

7

텍스트 제도적 문화기술지에서 '텍스트'는 '일', '일 지식'과 함께 사람들의 일상 경험과 경험 너머의 제도적인 것을 발견하고 접근하게 해주는 또 다른 핵심 고리이다. '텍스트'란 글이나 그림, 기타 산출물을 복제 가능하게 하는 물질적 형태(예: 문서, 인쇄물, 필름, 전자적인 것)를 말한다. 예를 들어, 사회복지 현장에서 사용되는 각종 양식들과 지침, 문서들, 법령, 사회복지통합전산망 기록 등이 텍스트에 해당된다. 제도적 문화기술지가 '텍스트'를 끌어들이는 이유는 텍스트가 지배관계(제도)의 토대가 되기 때문이다. 이 말은 일상 세팅에서의 일 조직화가 아닌 일상을 넘어서 작동하는 지배관계, 제도적 질서를 발견하려면 반드시 텍스트에 주목해야 한다는 의미이다. 그런데 텍스트는 어떻게 지배관계의 토대가 되는가?

제도적 문화기술지에서 텍스트는 움직이지 않는 고정된 물체가 아니라 움직이면서 활동하고 무엇인가를 발생시키면서, 텍스트를 읽는 독자(행위자)와 끊임없이 대화하는 존재이다. 우선, 텍스트는 실제 현실에서 단독으로 움직이지 않고, 사람들과 함께 혹은 사람들의 '일'과 함께 움직인다. 텍스트는 사람들의 일을 발생시키고, 일에 개입하고, 일을 동원하고 통제한다.

아동복지시설에 성범죄자 신상에 대한 문서가 접수된 경우, 그 문서(텍스트)는 어떻게 활성화될까? 인근에 성범죄자가 거주한다는 사실을 통보받은 시설장은 시설에 거주하는 아이들의 안전을 위해 호루라기를 사서 아이들에게 걸어주기로 결정한다. 시설장은 호루라기를 사기 위한 예산 확보를 위해 구청에 문의하고, 구청 직원과의 논의과정에서 시설에 지급된 운영보조금 예산조정을 요청받으며, 이와 관련된 양식에 필요성과 경과 등을 기록해야 한다. 여기서 텍스트는 시설장으로 하여금 호루라기를 사기 위한 일련의 행위들(일)을 발생시키고 동원하며, 시설장의 행동(일)을 통제한다. 동시에 시설장과 구청직원의 일은 텍스트에 기반하여 예산조정 양식이라는 새로운 텍스트를 만들어내기도 한다.

텍스트들은 또한 상호교차되거나 텍스트 자체가 변환되면서 사람들의 행동을 조정하기도 한다. 이 과정에서 텍스트는 자신이 승인한 행위주체에게 일을 조정하고 동원하는 힘을 준다. 텍스트의 '조정'에 힘이 작동한다는 것은 텍스트들 간에 위계가 있고, 규제적 역할을 하는 텍스트가 존재함을 의미한다. 규제적 역할을 하는 텍스트들(예: 법, 행정규칙, 지침 등)은 그 안에 어떤 개념적 '틀' 혹은 제도적 담론을 반영하고 있다. 텍스트에 반영된 이 개념적 틀은 사람들의 경험, 이해관계, 관심사를 이 틀에 맞추어 해석하게 한다. 특히, 이 '틀'은 일선에서 일하는 사람(예: 사회복지사)이나 텍스트 장치에서는 보이지 않는다. 따라서 제도적 문화기술지 연구자는 텍스트에 범주나 개념, 틀이 설정되어 있다는 사실을 인식하고 이를 명확히 밝혀내야 한다.

　여기서 텍스트의 일 조정을 보다 큰 지배관계 혹은 제도로 나아가게 하는 것은 텍스트가 가진 복제가능성과 영구성 때문이다. 텍스트는 영구적이고 복제가능하기 때문에 광범위한 영역과 지역에서 사람들의 행위를 일반화하고 표준화한다. 제도적 문화기술지 연구자가 지배관계에 대한 탐구로 나아가려면, 동일한 텍스트가 적용되는 여러 다른 상황을 인터뷰 대상으로 정하여, 각 영역 혹은 지역에서 그 텍스트가 어떻게 해석되고 적용되며 일을 조정하는지를 살펴야 한다. 또한 각 지역에서 해당 텍스트가 어떤 역할을 하는지 검토하면서, 그 텍스트가 어떤 일을 어떻게 표준화시키는지에 주목해야 한다. 텍스트가 제도나 지배관계의 토대가 되는 것은 이러한 여러 영역과 지역에서 사람들의 일을 조정하는 방식을 통해서 이루어진다. 이런 점에서 텍스트는 관찰의 대상으로 한정하기보다 '문제틀'로 설정하는 것이 더 적합하다. 그래야 텍스트의 조정행위를 통해 지배관계로 나아가는 것이 더 잘 보이기 때문이다.

　이처럼 텍스트는 일과 결합하면서 사람들의 일을 조정한다. 텍스트는 '일-텍스트-일', '텍스트-일-텍스트'의 형태를 취하면서 움직인다. 텍스트는 일과 분리될 수 없으며, 텍스트의 조정행위는 사람들의 일상을 제도 안으로 끌어들인다. 텍스트가 단독으로가 아니라, 일상의 행위자들과 함께 움직인다는 점, 그리고 이 과정에서 텍스트가 사람들의 활동, 일을 다양한 방식으로 조정하고 있음을 인식하는 것이야말로 제도적 문화기술지에서 필수적이다. 이는 기존의 연구방법들이 텍스트와 일을 독립적인 것으로 보고 접근한 한계를 넘어 현실의 복잡성을 통찰한 것이자, 동시에 이 복잡성을 그려낼 수 있는 도구를 제공한 것이라

볼 수 있다. 따라서 제도적 문화기술지 연구자는 연구 상황에서 일 지식과 텍스트가 어떤 관계로 맞물려가면서 제도에 이르게 하는지를 찾아야 한다. 행위자가 텍스트에 어떻게 반응하는지, 즉 '일 지식'이 텍스트를 완충하는지, 아니면 텍스트가 '일 지식'을 강압하는지 등을 주의 깊게 살펴야 한다.

8

문화기술지적 접근 제도적 문화기술지는 '제도적'과 '문화기술지'라는 두 용어로 구성되어 있다. 이 두 키워드만 놓고 보면 제도적 문화기술지는 얼핏 문화기술지의 한 지류처럼 보이지만, 그렇지 않다. 두 키워드로 제도적 문화기술지를 간략하게 표현해보면, '문화기술지적 방법으로 제도 혹은 제도적인 것을 발견하기'라고 할 수 있겠다. 그렇다고 제도적 문화기술지가 통상적인 의미의 '제도'를 발견하는 것이라고 오해해서는 안 된다. 이미 앞에서 언급했듯이, 제도적 문화기술지에서 '제도'는 사회조직체가 아니라, 텍스트와 일에 의해 조정되어 나타나는 지배관계의 복합체이다. 좀더 엄밀히 말하면, 제도적 문화기술지는 제도가 아니라 제도들의 교차부분이나 연결지점, 지배관계를 연구한다. 따라서 제도적 문화기술지는 문화기술지적 방법으로 우리의 일상이 어떻게 제도에 지배되고 있는가를 드러내 보여줌으로써 제도변화의 지점과 전략을 구상한다.

그런데 왜 문화기술지 방법인가? 제도적 문화기술지는 '사람을 위한 사회학'으로도 불리지만 '지배관계의 사회학'으로도 불린다. 이는 제도적 문화기술지를 통해 드러내고자 하는 것이 사람들의 일상적 삶 속에 얽혀 있는 지배관계임을 말해준다. 앞에서 살펴본 바와 같이, 제도적 문화기술지에서 지배관계는 '실제'의 '일'이 텍스트를 매개로 조정되고, 이 일 안에서만 드러난다. 사람들의 일이 조정되고 조직화되는 '실제'를 드러내 보여주기 위해서는 기존의 개념적 추상화나 이론적 해석을 피해야 한다. 일과 텍스트의 조정을 통해 보이는 '실제'의 지배관계는 시간과 공간 안에 존재하는 것이지 추상화를 통해 탄생되지 않기 때문이다.

따라서 제도적 문화기술지는 필연적으로 해석을 피하기 위해 묘사 (description)를 택할 수밖에 없다. 여기서 말하는 '묘사'는 순수한 묘사도, 연구자가 일방적으로 하는 독백적 묘사도 아니다. 기존의 질적연구방법들은 연구자의 직관을 개념으로 바꾸고, 독백적 해석을 통해 차이들을 제거함으로써 조직화된 '실제'를 보이지 않게 만든다. 제도적 문화기술지는 가능한 '실제'를 드러내 보여주기 위해 '실제'와 개념 간에 대화적 묘사를 지향한다. 물론 대화적 묘사가 개념으로 오염된 연구자의 선입견을 온전히 드러내거나 없애주는 것은 아니다. 문화기술지 방법이 '실제'를 그려내려는 제도적 문화기술지의 방어벽이 되기는 하지만, 완전한 방어벽이 되지는 못한다고 볼 수 있다.

예를 들면, 환자가 약물치료를 받기 위해 의사를 찾아 상담하고 매월 예약하는데, 이 '일'은 환자의 경험과 건강보험 서비스 '일 과정' 사이의 접점에 있다. 여기서 환자의 경험이 어떻게 제도적 조직화로 이루어지는지 알기 위해서 연구자는 건강보험제도에 대한 지식을 이 상황에서의 경험에 적용할 필요가 있다. 이 과정에서 연구자의 해석이 개입될 수 있다. 그렇기 때문에 문화기술지로 접근하는 데 있어 중요한 것은 개념이 '실제'를 얼마나 적절히 표현했는지 검증하는 것이다. 이처럼 제도적 문화기술지에서 문화기술지라는 말에는 여러 의미가 함축되어 있다. 연구가 사람들의 일상생활을 토대로 출발한다는 점, 개념이나 이론을 가지고 해석하지 않고 묘사한다는 점, 그리고 이 묘사가 독백적으로 이루어지지 않고 대화적으로 이루어진다는 점을 포함한다.

제도적 문화기술지는 문화기술지라는 외양을 빌리고 있지만 그 내용은 전통적 문화기술지 방법과 모순되는 측면이 많다. 전통적 문화기술지는 내부자의 관점에서 어떤 집단이나 문화를 '묘사'하는 과학으로 정의된다. 그러나 오늘날 문화기술지는 내부자와 외부자의 관점을 융합하는 입장을 취한다. 오늘날 문화기술지를 '순수한 묘사' 즉, 완전한 에믹(emic)으로 보는 사람은 없다. 문화기술지는 사람들의 의식이나 행동을 '묘사'하는 것을 넘어 그 행동이나 의식이 왜, 어떤 상황에서 일어났는지를 이해하고자 하는데, 이 과정에서 연구자의 '해석'이 불가피하게 따라온다. 그러나 제도적 문화기술지는 이런 일반적 의미의 문화기술지와는 다르게, '조직화된 실제'를 발견하기 위해서 해석을 거부하고, 문화기술지 방법을 적극 수용한다. 해석적 틀을 적용하면 정보제공자들의 관점과 경험의 차이가 제거되면서 실제의 사회적 조직화는 보이지 않게 된다. 이런 맥락에서 제도적 문화기술지는 기존의 질적연구방법들이 기반하는 '해석적 패러다임' 밖에 있다.

이처럼 제도적 문화기술지에서는 문화기술지로 접근하는 것이 필수적이다. 그 결과 제도적 문화기술지에서는 '지도 그리기'(mapping)나 '모으기'(assembling)와 같은 비유적 표현을 사용한다. 이들 비유는 정보제공자 각각이 사회적 조직화의 '조각'에 기여한다고 보는 것이다. '일지식'을 모아 '지도 그리듯' 하면 제도적 과정에서의 행위의 시퀀스를 찾을 수 있고, 제도적 과정 안의 서로 다른 위치에 있는 행위자들의 경험의 '차이들'을 '모음'으로써 제도적 과정과 조직화가 그려진다. 또한 서로 다른 위치에 있는 '일 지식'을 해석하지 않고, 서로 '이어 맞춤'으로써 조직화를 그려낼 수 있다. 제도적 문화기술지는 결코 이론적 목적지를 갖지 않는다. 제도적 문화기술지에서 거시체계들은 이론적으로가 아니라 문화기술지적으로 탐구된다.

이상에서 알 수 있듯이, 제도적 문화기술지는 '제도'에 접근하고 '제도'를 발견할 수 있는 독특한 개념과 방법들을 제시한다. 그러나 '제도'를 발견하는 것은 쉽지 않다. 왜냐하면 제도적 문화기술지는 기존의 질적연구방법들이 사용하는 '해석'의 방법을 거부하고, 일상에서는 잘 보이지 않는 '사회적 조직화'를 끌어내야 하기 때문이다. 제도적 문화기술지 분석에서 '제도'를 발견하기 위해서는 우선 인터뷰 자료 등을 개인의 삶과 제도 간의 '접점'을 보여주는 것으로 이해해야 한다. 그리고 무엇보다 정보제공자에 초점을 두어서는 안 된다. 예를 들어, 정보제공자의 관점이나 의미에 사로잡히거나, 경험의 '차이'에 내포된 갈등에 사로잡혀 제도를 간과하거나, 제도적 포섭에 사로잡혀 정보제공자의 이야기를 제도적 담론으로 전환해서는 안 된다. 또한 연구자가 제도적 담론에 빠져서도 안 된다. 이렇게 되면 연구자는 제도적 관계와 경험의 사회적 조직화라는 관점에서 빠져나가게 된다.

9

일반적으로 대개의 질적연구방법들은 해석주의 패러다임으로 분류된다. 이들은 현상을 기술하고 설명하는 방법적 도구로서 '해석'을 사용한다. 그러나 제도적 문화기술지는 해석적 패러다임 밖에 위치한다. '해석'을 거부하기 때문이다. 기존의 일반 문화기술지들과 제도적 문화기술지의 차이는 이 양자 간의 차이를 대표한다. 전자가 '경험', '의미', '해석', '공통의 경험'을 강조한다면, 후자는 '제도', '사회적 조직화', '실제', '경험의 차이'를 강조한다. 이들 간의 차이를 좀더 구체적으로 살펴보자.

첫째, 제도적 문화기술지는 연구의 초점을 '경험'에서 '제도'로 이동한다. 기존 질적연구방법에서 연구의 목적은 경험 자체에 대한 기술이나 설명이지만, 제도적 문화기술지는 경험이 어떻게 제도적으로 조정되고 조직화되는가를 설명하고자 한다. 즉, 제도적 문화기술지는 경험을 설명하려는 것도 아니지만, 그렇다고 제도의 총체성을 그려내려는 것도 아니다. 제도적 문화기술지에서 경험의 기술은 연구의 출발점에 불과하다. 예를 들어, 제도적 문화기술지 연구자의 관심은 정신질환을 가진 개인의 일상경험에 머무르지 않는다. 그들의 일상 경험이 어떻게 제도적으로 조정되고 조직화되는지를 연구함으로써 '경험'을 '제도'로 나아가게 한다.

둘째, 경험을 '해석'하려 하지 않고, 경험의 조직화를 '그려내려' 한다. 기존 질적연구방법들은 경험의 공통 패턴을 찾아내고, 맥락을 끌어들여 경험을 이해한다. 이때 연구자는 경험과 맥락을 연결 짓는 과정에서 '해석'이라는 방법적 도구를 사용하고, 이 과정에서 이론적 개념과 범주를 적용한다. 그러나 제도적 문화기술지는 경험의 공통성이나 패턴을 찾아내려 하지 않는다. 그보다는 경험의 조직화, 즉 일상과 제도적 관계의 조정 양상을 통한 지배관계를 그려내려 한다. 따라서 제도적 문화기술지가 그려내려는 실재는 '해석된' 실재가 아니라 '조직화된' '실제'이다. 이 조직화된 실제를 그려내기 위해 해석이 아닌 '묘사'를 사용하고, 기존의 다른 질적연구방법에는 없는 '일 지식'과 '텍스트'를 끌어들인다. 이런 맥락에서 "제도적 문화기술지는 분석적 연구방법이기는 하지만, 해석적 코딩방법을 사용하지는 않으며, 분석은 무엇의 예증이 아니라, 항상 과정과 조정으로 이루어진다".

셋째, 기존 질적연구방법들이 사람들이 가진 경험의 공통성을 발견하려 한다면, 제도적 문화기술지는 경험의 '차이'를 배우고 발견하려 한다. 기존 질적연구방법이 경험의 공통적 패턴을 찾는 것은 그 공통성 이면의 '의미'를 이해하기 위해서이다. 그러나 제도적 문화기술지는 서로 다른 관점과 경험을 가진 정보제공자들 사이의 일치점을 찾지 않고, 관점과 경험의 차이가 어떻게 조정되어 가는지에 주목한다. 정보제공자들의 관점과 경험의 차이는 조정이라는 제도적 형태에 사람들이 어떻게 참여하고 있는가를 발견하는 데 핵심적이기 때문이다. 경험의 '차이'는 상호 보완되어 행위의 시퀀스를 보여준다. 이렇게 사람들의 경험의 '차이'를 자료로 사용하면 경험의 사회적 조직화, 지배관계를 그려낼 수 있다.

넷째, '맥락'을 바라보고 다루는 방식에서 차이가 있다. 기존 질적연구방법들의 가장 중요한 특징 중 하나는 맥락을 끌어들여 경험을 이해하는 것이다. 이때 맥락은 타인이나 가치, 구조, 제도 등을 포함하는 개인의 주관적 경험을 둘러싼 거시체계이다. 기존 질적연구방법은 개인의 주관적 경험을 문화기술지로 기술하면서 거시적 틀로 해석한다. 여기서 거시적 틀은 사람들의 외부에 인과적으로 관여하는 이론적 실체로 간주될 뿐이고, 문화기술지적 서술은 행위자의 경험만을 중심으로 이루어진다. 그러나 제도적 문화기술지는 제도를 끌어들여 경험을 설명하려는 것이 아니다. 행위자의 경험을 제도를 끌어들여 이론적 개념을 적용해 해석하지 않는다. 제도적 문화기술지는 일상의 경험을 제도와 연관시키는 데 있어 '조직화'와 '조정' 그리고 '지배관계'의 작동에 주목한다. 경험이 아니라 사회적 조직화의 연결양상 자체를 그리고자 한다. 따라서 제도적 문화기술지는 제도적 질서가 어떻게 구성되는지 묘사하고 분석하며, 이런 점에서 행위자의 경험과 맥락을 연결함으로써 거시와 미시의 경계를 허문다.

다섯째, 연구과정에서 이론의 개입을 거부하고, 이론의 자리에 문화기술지가 들어선다. 기존의 질적연구방법이 이론을 개입시키는 반면 제도적 문화기술지는 이론과 관계 맺지 않는다. 기존 질적연구방법에서 이론을 개입시키는 지점은 다양하다. 물론 기존의 질적연구방법은 문제를 형성하는 과정에서 대부분 이론을 적극적으로 개입시키길 꺼려 한다. 그러나 자료를 분석하고 해석하는 과정에서는 특정한 이론, 개념을 개입시킨다. 근거이론처럼 이론에서 연구를 시작하지 않으나, 이론 형성이라는 이론적 목적지를 갖는 경우도 있다. 이처럼 기존의 질적연구방법들에서는 연구과정의 지점 여하에 따라 이론의 개입이 다양하게 이루어진다. 그러나 제도적 문화기술지는 이론을 형성하려는 이론적 목적지를 갖지도 않고, 분석과 해석 과정에서 이론이나 개념을 적용하려 하지도 않는다. 이론의 자리에 문화기술지가 들어서면서 연구가 '탐구'(inquiry)와 '발견'(discovery)을 향해 나아간다. 제도적 문화기술지는 어떤 질적연구방법보다도 탐구와 발견을 위한 방법론이다.

10

이상에서 살펴본 바와 같이, 제도적 문화기술지는 탄탄하고 정교한 '사회'에 대한 존재론적 기반은 물론이고 그에 따른 정교한 방법적 장치들을 갖고 있다. 이 기반과 장치들은 제도적 문화기술지를 다른 질적연구방법과 뚜렷하게 구별 짓고 차별화해준다. 그러나 제도적 문화기술지에 대한 몇 가지 논란거리가 제기될 수 있다. 하나는, 제도적 문화기술지 연구과정에서 '해석'이 완벽히 배제되는 것은 아니라는 점이다. 제도적 문화기술지는 해석을 거부하고 묘사만으로 지배관계를 그려내려 한다. '실제'에 대한 묘사를 위해 '해석'이 아닌 문화기술지 방식을 빌지만, 연구의 곳곳에서 해석이 개입될 여지는 여전히 남아 있다. 리자 맥코이는 자신의 제도적 문화기술지 연구의 분석경험을 이야기하면서, 제도적 문화기술지 과정에서도 해석이 작용하는 부분이 있다고 말한다. 그녀의 분석경험에 의하면, 사람들의 이야기에서 제도적 흔적을 뽑아내고 사람들의 일이 제도적 접점에서 어떻게 형체화되는지를 파악한 때 해서적 과정이 이루어졌다

다른 하나는, 존재론적·인식론적 전제가 정교하고 탄탄한 것이 장점이기도 하지만 동시에 단점이 될 수도 있다는 점이다. 즉, 존재론적이고 인식론적인 전제가 정교하고 탄탄하면 실재에 대한 정교하고 깊이 있는 묘사를 끌어낼 수 있다. 그러나 동시에 연구의 틀이나 범위 자체를 구획하고 정형화할 가능성이 있고, 이는 연구결과의 개방성을 저해할 수 있다.

마지막으로, 제도적 문화기술지는 행위와 구조, 미시와 거시의 이원론을 극복한다는 입장에서 행위자와 구조 모두의 능동성을 전제하는

데, 이것이 과연 실제 연구결과에서도 동일하게 나타날 수 있는가 하는 점이다. 현재 출간된 논문들을 검토해보면, 행위자의 능동성이 그렇게 확연히 드러나지 못하는 경우들이 이를 말해준다. 제도적 문화기술지 연구는 아직 유년기 단계라고 볼 수 있는데, 앞으로 많은 연구들이 생산된다면 이 점에 대한 논란의 답을 얻을 수 있을 것이다.

11

이와 같은 몇 가지 한계에도 불구하고, 제도적 문화기술지는 여러 측면에서 연구방법론상의 의미와 유용성을 갖고 있다. 우선, 제도적 문화기술지를 구성한 도로시 스미스는 여성 사회학에서 출발하여 '사람을 위한 사회학', 그리고 더 나아가 제도적 문화기술지라는 연구방법론에 이르렀다. 그녀의 중요성은 일상생활을 문제 삼았다는 데 있는 것이 아니라, 일상생활의 문제를 새로운 사회학적 틀과 연구방법론으로 발전시켰다는 점에 있다. 일상생활의 활동들이 어떻게 조정되는지에 주목하고, 제도적 담론과 같은 이념적 이야기들이 어떻게 이들 활동을 규제하는지, 그리고 이들 활동들이 사회적 조직화의 지배적 형태들에 어떻게 얽혀 있는지를 이해하기 위한 연구방법상의 다양한 전략들을 고안한 것이다.

또한 사람들의 경험 그 자체나 경험의 의미를 다루지 않고 경험과 텍스트 속에서 '실제'를 찾아내고 '조정' 양상을 그려내려고 한 것이나, '입장'이나 '문제틀', '텍스트의 조정'을 통해 '맥락'을 객관화하고 구체화한 것, 그리고 연구자의 해석을 피함으로써 행위자를 살아나게 한 것은 기존 질적연구방법과는 확연히 다른 연구방법 패러다임이다. 일상세계에서 사는 사람들의 경험을 해석하지 않고서도 미시와 거시, 행위와 구조의 연결을 보여줄 수 있음을 제시한 것이다.

더 나아가 공통성이 아닌 '차이' 찾기, 일과 텍스트의 시퀀스를 찾아 '지도 그리기', 개인-제도 간 접점 찾기, 분류나 유형화하지 않기, 제도적 담론의 포획에서 벗어나기 등과 같은 방법적 절차들도 기존 질적연구방법에서는 볼 수 없는 제도적 문화기술지만의 차별화된 도구들이다. 도로시 스미스의 위대함은 이론적 개념으로 해석하지 않고 '실제'를 보여줄 수 있는 방법들을 고민했다는 점과, 실제를 보여주기 위해 '텍스트'와 '일 지식'이라는 새로운 영역에 주목함으로써 '텍스트'와 '일'이 지배관계를 보여주는 핵심 고리임을 통찰한 점에 있다.

12

제도적 문화기술지의 이러한 통찰은 제도적 장에서 일어나는 현상을 이해하거나, 그 제도적 상황을 변화시키고자 하는 연구자 및 활동가들에게 특히 유용하다. 제도적 문화기술지 연구는 제도적 장에서 전개되고 만들어지는 '조직화된 실제'를 보다 정교하게 보여주고, 제도적 장 안에 작동하는 다양한 힘과 변화의 구체적 지점들을 발견하게 해줌으로써 연구자와 활동가들에게 변화의 지점을 제시해줄 수 있다. 또한 제도적 문화기술지는 인간서비스를 제공하는 전문가들이 일상생활에 존재하는 문제들을 어떻게 이해할 것인지를 배우는 전략적 틀을 제공해준다.

제도적 문화기술지의 또 다른 유용성은 연구자가 선택한 사람의 '입장'에서 지식을 생산할 수 있다는 점이다. 물론 모든 연구는 연구자가 선택한 사람 혹은 집단에 대해 알고자 한다. 그러나 선택한 사람 혹은 집단에 대해 아는 것과 그들의 입장에서 접근하는 것은 다르다. 헤겔에 의하면, 노예는 주변화되고 억압받는 자신의 위치 때문에 주인보다 더 많이, 더 멀리, 더 잘 볼 수 있다. 사람들이 사회에 대해 갖는 지식은 항상 자신이 서 있는 그 자리에서 도출되기 때문에, 주인의 입장에서 보는 것과 노예의 입장에서 보는 것은 다르다. 대부분의 질적연구가 수사상으로는 정보제공자의 목소리를 보여주고 대변한다고 하지만, 여기에는 사실상 한계가 있다. 대부분의 질적연구 결과들이 연구자의 해석을 통해 '통역된' 것으로 여겨지기 때문이다. 제도적 문화기술지는 다른 질적연구방법들에 비해 특정 주체위치에 있는 사람들의 입장에서 지식을 생산할 수 있는 방법론이다.

사회과학의 많은 분과학문들이 설명하고자 하는 가장 큰 관심영역은 인간현상과 사회현상 그리고 이 둘의 관계일 것이다. 이는 개인과 사회, 미시와 거시, 행위와 구조 사이의 관계를 밝히는 것에 관심을 둔다. 제도적 문화기술지 또한 다른 질적연구방법들과 마찬가지로 이 이슈에 접근한다. 그러나 다른 질적연구방법들과는 전혀 다른 방법으로 접근한다. 제도적 문화기술지는 개인과 사회, 미시와 거시, 행위와 구조를 가르는 경계를 허물어버리는 존재론적 기반을 설정하고, 이를 달성할 수 있는 아주 새로운 개념적, 방법적 장치들을 제시함으로써 기존의 질적연구방법들과는 확연히 다른 패러다임을 구성하였다. 따라서 기존의 질적연구방법 해석의 타당성 문제를 다른 방식으로 접근해보고 싶은 연구자에게 제도적 문화기술지는 하나의 대안이 될 수 있다. 이는 또한 연구자의 입장이 아니라 특정 주체위치에 있는 사람들의 입장에서 지식을 산출하고자 하거나, 제도적 장에서 조직화와 조정의 형태로 이

루어지는 지배관계를 밝혀보고 싶은 연구자에게도 하나의 대안이 될 수
있다.

13

질적연구방법은 단일한 형태로 표준화되어 있지 않다. 양적연구방법이
단일한 전통과 표준화된 구조를 갖고 있다면 질적연구방법은 다양한 전
통 혹은 접근으로 이루어져 있다. 근거이론, 문화기술지, 현상학적 연
구, 사례연구, 담론연구, 내러티브 연구 등과 같이 다양한 전통을 가진
연구들이 질적연구로 불린다. 그래서 질적연구방법은 "상대적으로 함
께 사용하는 데 무리가 없다고 보이는 일군의 연구방법"으로 정의된다.
그러나 좀더 들여다보면 각 전통들 내에서도 분화가 이루어지고 있어,
이제 질적연구방법의 다양성은 '축복'만으로 여기기 어렵다.

질적연구방법이 사회과학의 과학적 연구방법으로 점차 자리를 잡아
가고 있지만, 질적연구가 다양한 전통을 가진 것에 대한 평가는 엇갈린
다. 한편에는 질적연구의 전통을 선택해 연구하는 것이 질 좋은 연구를
생산할 수 있는 방법 중 하나라는 입장이 있고, 다른 한편에는 다양한
전통이 오히려 혼란을 불러일으켜 질적연구에의 접근을 어렵게 할 뿐이
라는 입장이 있다. 전자는 다양한 전통이 질적연구의 과학적, 정치적
기반을 확대시켜준다고 보는 반면, 후자는 질적연구의 다양한 전통이
질적연구의 입지를 좁히고 연구자들의 접근을 방해하기 때문에 어느 정
도 표준화가 필요하다고 본다.

그런데 왜 또 다른 연구방법론인가? 왜 제도적 문화기술지인가? 질
적연구의 다양성을 확대하는 것이 '축복'이나 '선'이라고 생각해서가 아

니다. 오히려 같은 전통 내에서 뚜렷한 방법적 차이 없이 네이밍을 중심으로 다양하게 분화하고 있는 질적연구방법의 동향은 확실히 문제이다. 그럼에도 '제도적 문화기술지'라는 새로운 방법론을 소개한 이유는 이 방법론이 해석주의 패러다임 안에 있는 여러 질적연구방법들과는 달리 해석주의를 넘어서며, 개인과 사회의 관계를 밝히기 위한 뚜렷하고 차별화된 사회 존재론과 이를 실현하는 독특하고도 구체적인 방법론적 장치들을 제시하기 때문이다. 그리고 제도적 문화기술지의 이러한 독특성이 기존의 질적연구방법들이 놓쳤던 개인과 사회에 대한 또 다른 지식영역을 가시화해줄 수 있다고 여겼기 때문이다. 제도적 문화기술지가 새로운 지식생성의 도구로 활용되어, 비어 있던 지식영역을 채워주기를 기대한다.

용어사전

개인상호간 영역들 interindividual territories

발렌틴 볼로시노프의 언어 개념(Volosinov, 1973)에 의하면, 단어들은 "양면의 활동, 화자와 청자 사이의 상호 관계의 산물"이다. 단어나 발화의 양쪽 행위가 구성하는 주체들 간의 관계는 그들 **사이에** 일어나기 때문에 개인 상호 간이다. 경험 기반과 텍스트 기반의 개인상호간 영역들은 서로 구분되어야 한다. 경험은 결코 다른 것으로 대체되지 않기 때문에 개인상호간 영역이 만들어지는 기반이나 토대는 경험 기반 영역에서 텍스트 기반 영역으로 이동하면서 근본적으로 달라진다.

경험 experience

경험이란 용어는 사람들이 그들의 육체적 실존과 행동에서 일어나 알게 된 것을 지칭한다. 경험자만이 그들의 경험을 얘기할 수 있다. 경험은 자기반영을 포함하여 특정 시기, 특정 장소의 특정 사람들 안에서, 제도적 문화기술지 연구자를 위해 구술되거나 기록된 대화 안에서 나타난다. 때때로 제도적 문화기술지 연구자들에게 경험이란 **살아있는 경험**을 말하는데, 이는 몸과 세계 사이에서 진행되는 각성, 인식, 느낌, 알아차리기, 배움의 교환들을 설정한다. 여기에서 몸과 세계는 경험보다 앞서 존재하며 대화중에 떠오르는 경험의 원천들을 제공한다.

규제적 틀들 regulatory frames

틀들은 어떤 것이 어떻게 해석되는지 조직화하는 담론적 과정이다. 틀들은 텍스트를 해석할 틀에 맞추어 텍스트를 만들어내고, 텍스트-독자 대화에서 텍스트를 해석할 지침을 제공한다. 제도들의 텍스트 간 위계에서, 보다 상위 텍스트들의 틀은 하위 수준에서 만들어진 텍스트들을 규제한다. 그러한 규제적 틀들은 실제들이 어떻게 텍스트적 실재로 선별적으로 통합되는지 규제하는 데 매우 중요하다. ('제도적 담론' 참조)

담론 discourse

이 용어는 다양한 의미로 사용되어왔다. 언어학자들은 말과 텍스트의 흐름을 지칭하기 위해 담론이란 용어를 사용했고, 미셸 푸코(Foucault, 1981)는 독특한 방법으로 지식의 대상들을 형성하고 인식하게 만드는, 언어의 관습적인 규제적 실천들을 지칭하기 위해 담론이란 용어를 사용했다. 이 책에 사용된 담론의 개념은 푸코의 용법에서 출발한다. 담론은 특정 시기, 특정 장소에서의 개인적인 말하기, 쓰기, 읽기, 관찰하기 등의 실천들을 조정하는 초지역적 관계들을 지칭한다. 사람들은 담론에 참여하고, 그들의 참여는 담론을 생산한다. 담론은 그들이 말하고 쓴 것을 억제하고, 말하고 쓴 것이 담론을 재생산하고 수정한다. 담론은 다양한 방법으로 통제되지만, 담론이 작동하는 매 순간은 다시 담론을 재생산하고 재형성한다.

문제틀 problematic

제도적 문화기술지는 사람들이 제도적 관계 속에 어떻게 참여하는지 또는 제도적 관계 속으로 어떻게 얽혀 들어가는지에 초점을 두고 사람들 삶의 실제에서 시작한다. 문제틀은 사람들의 경험을 출발점으로 하여 그들의 입장에서 방향을 잡아가는 연구와 발견의 프로젝트를 시작하게 한다.

사회 the social
사회란 사람들의 활동이 다른 사람들의 활동들과 조정된다는 측면에서 바라
본, 사람들의 지속적인 활동을 말한다.

사회관계들 social relations
사회관계란 교사와 학생, 남자친구와 여자친구, 혹은 부모와 아이 간의 관
계를 의미하지 않는다. 그보다 사회관계는 연구자로 하여금 특정한 지역 세
팅에서 행해지는 사람들의 행위들을, 다른 사람들이 다른 장소와 시간에서
하고 있거나 해온 것들과 어떻게 얽혀 있는지를 행위의 시퀀스에 연결된 것
으로 바라보게 해준다. 이 용어는 사회관계를 시간의 시퀀스로 생각하도록
함으로써 분석적으로 유용하다. 이전의 시퀀스는 그 다음 시퀀스를 만들고,
그 다음 시퀀스는 이전 시퀀스의 사회적 특성을 '실현하거나' 완성하기 때문
이다. 사회관계는 제도적 문화기술지 연구자로 하여금 초점이 되는 대상이
조정된 행위의 시퀀스 속에 이떻게 배대되이 있는지 괸심을 갖도룩 헤준다.

사회적 조직화 social organization
사람들의 행위가 조정되는 특징적 형태가 반복적으로 재생산되어 나타날
때, 우리는 사회적 조직화라는 용어를 사용한다.

상호교차 과정 processing interchange
이 용어는 제도에서 일어나는 독특한 일 과정을 가리킨다. 여기서 텍스트는
개인의 일이 일어나는 현장에 개입하고 진행되며, 또는 다른 사람들의 일에

초점을 두기 위해 새로운 텍스트에 통합된다.

상호텍스트성 intertextuality

상호텍스트성은 문학이론에서 널리 사용되는 용어이다. 상호텍스트성은 텍스트들이 홀로 있지 않다는 관점을 표현한다. 텍스트들은 다른 종류의 텍스트들과 독립되어 있는 것이 아니므로 본질적으로 상호텍스트성을 띤다. 제도적 문화기술지에서 상호텍스트성의 개념은 제도적 텍스트들의 상호의존성을 인식하기 위해서 빌려온 것이다. 특히 이 책에서 상호텍스트성은 하나의 위계 안에 텍스트들이 상호의존되어 있다는 것을 가리키기 위해 사용되었다. 즉, 보다 상위 수준의 텍스트들은 틀과 개념을 설정하고, 이 틀과 개념들은 하위 텍스트들을 통제하고 모양 짓는다.

실제의 actual, 실제/실제들 actuality/lies

나는 〈실제의〉나 〈실제〉가 가리키는 내용에 대해서는 언급하지 않았다. 왜냐하면 나는 항상 텍스트, 즉 이 책이 읽히고 우리가 사는 텍스트 바깥세상으로 우리가 인도되길 바라기 때문이다. 〈실제의〉와 〈실제〉는 제도적 문화기술지 연구자가 연구하는 세상으로, 텍스트의 외부를 가리킨다. 그리고 그것은 그들이 연구작업을 하는 바로 그 세계이다. 〈실제들〉은 항상 기술될 수 있고, 이름 붙여질 수 있고, 범주화될 수 있는 것, 그 이상이다.

여성들의 입장 women's standpoint

여성들의 입장은 방법론적 출발점으로서, 육체적 현존의 일상적 구체성 속에 들어 있다. 여성들의 입장은 연구의 시작부터 주체위치 — 모든 사람에게 열려 있는 장 — 를 설정하도록 함으로써 사회과학 지식의 객관화된 주체에 대한 대안적 출발점을 제공한다. 우리는 여성들의 입장으로부터 일상적이지 않은 복잡한 지배관계를 볼 수 있다. 지배관계는 마치 육체가 없는 것처럼 우리의 의식을 위치 짓고 우리를 실체 없는 주체로 설정하는 힘을 갖고 있다.

이데올로기적 담론 ideological discourse

이데올로기적 담론은 제도적 담론을 포함한 다른 담론들을 메타 수준에서 통제하면서 담론들을 일반화하고 담론들에 의해 일반화된다.

일 work

일반적으로 일은 사람들의 임금노동을 가리키는 것으로 사용된다. 가사노동에 대한 임금 지불을 요구한 가사노동임금(*The Wages for Housework*) 집단은 일의 개념을 가사만이 아닌 사람들이 시간, 노력, 의도를 가지고 하는 일들로 확장시켰다. 제도적 문화기술지는 일의 이러한 개념을 제도의 실제들을 탐구하는 데 적용하였다. 일 개념은 연구자로 하여금 사람들이 어떤 방식으로든 제도적 과정에 참여할 때 사람들이 실제로 무엇을 행하는지에 관심을 갖도록 한다.

일 지식들 work knowledges

일 지식이란 쉽게 말해, 사람들이 자신의 일에 대해서 아는 것과 그 일이 다른 사람들의 일과 조정되는 방식을 말한다. 일 지식은 제도적 문화기술지 연구자들을 위한 하나의 주요한 자원이다. 일 지식은 정보제공자 자신의 경험이나 특정 현장에서 관찰자의 경험/사람들의 활동에 대한 관찰에 기반할 때, 면접자–정보제공자 간의 상호교환 속에서 대화를 통해 만들어진다. 연구자의 대화 속에서 산출되는 또 다른 일 지식들이 서로 잘 맞춰지면 시퀀스의 조직화, 순환, 혹은 다른 조직화의 형태가 나타날 수 있다.

자료 대화 data dialogues

정보제공자의 경험을 일깨워주는 연구자와 정보제공자 간의 대화, 또는 관찰자와 그들 자신의 경험 간의 대화에는 항상 제도적 문화기술지 연구자 뒤에 제3자를 상정한다. 제도적 문화기술지는 바로 그들을 위해 쓰인다. 경험적 대화는 담론과 관계 안에서 연구자의 자료가 되고, 연구자와 미래 독자들은 더 심화된 대화 안에서 그 담론에 참여한다.

제도들 institutions

나는 교육, 건강관리 등과 같이 독특한 기능을 조정하는 지배관계들 안에 들어 있는 제도적 복합체를 나타내기 위해 〈제도적〉, 그리고 〈제도들〉이란 용어를 사용하고 있다. 이 용어들은 지배의 관계적 형태들이 상호 교차되고 조정된다는 것을 보여준다. 국가 기관들은 전문적 형태의 조직들과 연결되어 있는데, 이 둘은 제도적 담론을 포함한 담론의 관계들에 의해 깊숙이 침투되어 있다. 여기서 제도적 담론들은 일련의 일상활동의 관계를 제도적 기능으로 표현해주는 범주와 개념들을 제공하면서 체계적으로 발전한다. 일반화하고 일반화되는 것이 제도들이 갖는 독특한 능력이다. 그러므로 제도적 세팅에서는 사람들이 구체적인 것에서 일반적인 것을 만들어내는 데 적극 관여한다. 제도적이란 움직임 속에서 발견되는 것이고, 조정을 일반화하는 특징적 방식들은 특정 장소, 특정 시기에 있는 사람들의 일상의 행위 속에서 구체화된다.

제도적 담론institutional discourse

제도적 담론들은 실제들을 제도의 생산에 필수적인 것으로 포섭하면서, 제도 내에서 책임 있는 사람들이 행하는 것의 특정 측면들을 선택한다. 그들의 텍스트-독자 대화에는 실제들을 제도적 담론의 틀, 개념, 범주의 실례나 표현으로 다루기 위한 과정들이 포함된다. 대체적으로 관점이 빠져버린 표현들은 사람들이 주체들과 행위자들로 사라질 때 만들어진다.

제도적 문화기술지institutional ethnography

제도적 문화기술지는 사람들이 자신의 관점을 가지고 제도에 참여함으로써 제도를 조직화하는 사회관계들을 연구한다. 사람들은 그들 삶의 전문 실천가이므로 제도적 문화기술지 연구자의 일은 그들로부터 배우고, 다른 관점에서 얻은 것들을 모으고, 그래서 그들의 활동이 어떻게 조정되는지를 살펴보는 것이다. 제도적 문화기술지의 목적은 사람들로 하여금 그들의 행동이 어떻게 그들이 몰랐던 방식으로 다른 사람들의 행동과 연결되어 있는지 알아내도록 하는 것을 넘어선다. 제도적 문화기술지의 아이디어는 지배관계의 제도적 측면들의 그림을 그리는 것이고, 사람들도 하나금 그들의 행동이 다른 이들의 행동과 다른 장소, 다른 시점에서 어떻게 조정되는지 볼 수 있도록 일상세계의 지식을 확장할 수 있게 한다.

제도적 포획institutional capture

제도적 담론은 경험에 기반한 설명을 포함하거나 대체할 능력을 가지고 있다. 제도적 포획은 정보제공자와 연구자가 모두 제도적 담론에 익숙하고, 어떻게 제도적 담론을 말하는지 알고 있고, 그래서 정보제공자의 경험적 지식을 쉽게 표현하지 못할 때 이루어진다.

조정하다 coordinate, 조정 coordination

제도적 문화기술지는 〈사회〉를 개인을 넘어서서 개인 위에 존재하고 개인의 행위를 결정하는 것으로 다루기보다는, 〈실제〉 사람들이 어떻게 행위들을 조정하는지에 초점을 두면서 다룬다. 조정에 초점을 두면 언어로 확장되어, 언어가 개인의 주관성을 조정하는 것으로 이해된다. 또한 조정은 사람들의 머릿속에 있는 사고, 개념, 아이디어 등의 활동성을 감춰버리는 개념 사용을 피하는 방식을 우리에게 제공해준다.

존재론 ontology

존재론은 존재에 관한 하나의 이론이다. 이 책에서 존재론은 사회가 어떻게 존재하는지에 관한 하나의 이론을 지칭하는 것으로 사용된다. 제도적 문화기술지의 존재론은 실제들을 선택적으로 주목하게 하는 하나의 개념적 틀을 제공한다. 존재론은 제도적 문화기술지 연구자가 탐색하는 바로 그 세계에 대한 탐구로 나아가게 한다. 제도적 문화기술지의 존재론은 행위주체에게 개념들을 부여하는 그러한 존재론과는 거리를 둔다.

지도 그리기 mapping

지도는 항상 실제의 영역들과 관련되어 지표상으로 나타난다. 이와 유사하게, 제도들을 지도 그리는 제도적 문화기술지는 항상 그 제도 안에서 적극적으로 관여하는 사람들이 알고 있는 실제로 돌아간다('현재 위치'라는 문구가 지도상에 있는 것처럼). 지도는 서로 다른 위치에 있는 서로 다른 일 지식들을 모으고, 필요한 경우, 제도적 세팅에서의 일 과정을 조정하는 텍스트들에 대한 설명을 포함해야 한다.

지배관계들 ruling relations

지배관계의 개념은 우리의 관심을 지난 200년 동안 나타나서 지배적이 된 모든 종류(인쇄물, 영화, 텔레비전, 컴퓨터 등)의 텍스트들에 의해 매개되는 초지역적 형태의 사회적 조직화와 사회관계에 두게 한다. 지배관계들은 의식과 조직화의 객관화된 형태이다. 이런 객관화된 형태들은 텍스트에 기반한 실재들을 만들어내고, 그것에 의존하면서 특정 사람과 특정 장소를 넘어서 구성된다.

지표성 indexicality

실제들에 대한 어떤 설명이든 그것을 납득할 수 있게 만드는 실제들로 돌아가 언급할 필요가 있다. 이것이 실제들에 대한 설명이 가진 지표적 특징이다. 제도적 문화기술지는 이런 지표성을 초월한다고 주장하지 않는다. 제도적 문화기술지는 그들의 발견이 도출되었던 그 실제들로 되돌아가서 언급되며, 그 실제들에 의존한다.

질문 장치들 interrogatory devices

사람들이 경험한 실제들이 제도적 실재로 전환되는 데는 일반적으로 질문 양식이 수반된다. 질문의 텍스트 장르인 설문조사와 설문양식들은 '피조사자들', '고객들' 혹은 '환자들'이 응답해야 하는 질문영역으로, 질문은 이들의 일상세계의 여러 측면들을 할당된 주제영역에 맞는 형태로 변형하면서 시작된다.

차이 difference

차이는 〈사회〉에 대한 제도적 문화기술지의 개념 안에 통합되어 있다. 생리

적, 경험적, 생애적 차이 외에도 개인이 가진 관점과 관심사에서의 차이들
이 활동들을 조정하는 사회적 과정 안에서 만들어진다.

텍스트 text

'텍스트'를 이론화하는 것과는 달리, 여기서의 텍스트는 엄밀히 말해 쓰거
나, 그리거나, 아니면 재생산되는 식의 복제가능한 형태(종이/인쇄물, 필
름, 전자 등)인 물질로서의 텍스트를 의미한다. 텍스트의 물질성이 강조되
는 이유는, 그렇게 함으로써 텍스트가 어떻게 우리의 일상세계 속에 현존하
며 동시에 초지역적 사회관계로 우리를 연결시켜주는지 볼 수 있기 때문이
다. 인쇄되거나 전자화된, 혹은 다른 복제가능한 텍스트들은 조직화 또는
제도의 안정성과 복제가능성을 만들어낸다. 사람들의 행위를 초지역적으로
조정하는 능력은 물질로서의 텍스트에 의존한다. 여기서 물질적인 것은 독
자, 청자, 시청자가 육체적 존재로 있을 수 있는 어디에서든 동일한 형태로
나타날 수 있다. 제도적 문화기술지는 텍스트들을 별개의 주제로 생각하지
않는다. 텍스트들은 사람들의 행위에 개입해서 조정하고 텍스트-독자 대화
에서 활성화됨으로써 텍스트 자체가 사람들의 행위이다.

텍스트-독자 대화 text-reader conversation

텍스트-독자 대화 개념은 텍스트 읽기를 텍스트를 활성화하는 독자와 텍스
트에 대한 독자의 반응 사이에 이루어지는 실제적 상호교환으로 인식한다.
텍스트-독자 대화는 텍스트를 읽는 실제 시간에, 실제의 일상현장 그리고
행위의 시퀀스의 순간에 일어난다. 사람들이 어떻게 텍스트들을 활성화하는
지에 주목하면, 우리는 텍스트를 활동하지 않는 것으로 경험하는 것을 피할
수 있고, 텍스트를 사회관계 속에 배태되어 있는 것으로 봄으로써 텍스트를

움직이는 것으로 인식할 수 있게 된다.

행위자 agent, 행위주체 agency

〈행위주체〉는 사회학에서 사람들의 행위를 설명할 때, 사회학자가 그 행위
들을 사회체제의 꼭두각시로 보지 않는다는 것을 확신시키기 위해 사용된 용
어이다. 제도적 문화기술지는 사람들의 행동을 설명하는 대신에 사람들이
있는 곳에서 연구되고, 그들이 참여하는 초지역적 관계들을 발견하기 위해
사람들로부터 배우기 때문에, 사람들을 행위자라고 말할 필요가 없다. 그러
므로 제도적 문화기술지에서 〈행위자〉라는 용어는 후기구조주의자들이 주
체라는 용어를 사용하는 것과 유사하게 사용된다. 후기구조주의자들은 주체
를 담론의 한 특성으로 다루었다. 담론이 주체들을 위한 위치를 만들어냈듯
이, 제도적 문화기술지 또한 행위자를 위한 위치와 수행을 만들어낸다. 또
한 이들은 제도적으로 구체화된 행동들의 주인공과 같다. 그러므로 〈행위
자〉와 〈행위주체〉는 담론적 기능들을 확인시켜준다.

힘, 권력 power

제도적 문화기술지에서 제도들은 언어와 텍스트들이 하는 조정 기능들을 통
해 힘을 생성하는 것으로 간주된다. 경찰이나 군대와 같이 다른 사람들을 통
제하기 위한 물리력을 사용하는 것조차 텍스트들을 통해 상호 조정된다. 제
도들을 구성하고 규제하는 텍스트들은 행위주체를 설정한다. 즉 행위주체는
텍스트를 통해 다른 사람들의 일을 통제하고 움직이게 만드는 능력을 부여받
는다. 텍스트에 의해 인정된 행위주체는 제도적 위계 안에서 사람들의 일을
동원하고 텍스트를 조정함으로써 발생하는 힘을 만들어내면서, 권한을 가진
행동을 할 수 있게 된다.

참고문헌

Abercrombie, N., and B. S. Turner (1982), "The domination ideology thesis", *Classes, Power, and Conflict: Classical and Contemporary Debates*, A. Giddens and D. Held (eds.), Berkeley: University of California Press.

Adler, P. S. (1993), "'The learning bureaucracy': New United Motor Manufacturing, Inc.", *Organizational Behavior 15*: 111~194.

Aglietta, M. (1979), *A Theory of Capitalist Regulation: The U. S. Experience*, New York: Verso.

Alexander, J. C. (1989), "Sociology and discourse: On the centrality of the classics", *Structure and Meaning: Relinking Classical Sociology*, J. C. Alexander (ed.), 8~67, New York: Columbia University Press.

_____ (1995), *Fin De Siécle Social Theory*, London: Verso.

Althusser, L. (1969), *For Marx*, London: Penguin Books

_____ (1970), *Reading "Capital"*, New York: Pantheon Books.

_____ (1971), "Ideology and ideological state apparatuses", *Lenin and Philosophy and Other Essays*, New York: Monthly Review Press.

Andersen, E. (2003), "Women do lion's share at home", *Globe and Mail*, February 12: A7.

Anderson, R. J., J. A. Hughes et al. (1989), *Working for Profit: The Social Organisation of Calculation in an Entrepreneurial Firm*, Aldershot, Eng. : Avebury.

Anyon, J. (1997), *Ghetto Schooling: A Political Economy of Urban Educational Reform*, New York: Teachers College Press, Columbia University.

Arnup, K. (1994), *Education for Motherhood: Advice for Mothers in Twentieth-*

century Canada, Toronto, Ont.: University of Toronto Press.

Austin, J. L. (1962), *How to Do Things with Words*, Cambridge, Mass.: Harvard University Press.

Bacon, F. [(1620)1939], "Novum organum", *The English Philosophers from Bacon to Mill*, E. A. Burtt (ed.), New York: Random House.

Bagdikian, B. H. (1983), *The Media Monopoly*, Boston: Beacon.

Bakhtin, M. M. (1981), *The Dialogic Imagination: Four Essays*, M. Holquist (ed.), Austin: University of Texas Press.

_____ (1986), *Speech Genres and Other Late Essays*, C. Emerson et al. (eds.), Austin: University of Texas Press.

Bal, M. (1997), *Narratology: Introduction to the Theory of Narratives*, Toronto, Ont.: University of Toronto Press.

Bannerji, H. (1995), "Beyond the ruling category to what actually happens: Notes on James Mill's historiography", *The History of British India. In Knowledge, Experience, and Ruling Relations: Explorations in the Social Organization of Knowledge*, M. Campbell and A. Manicom (eds.), 49~64, Toronto, Ont.: University of Toronto Press.

Barrow, C. W. (1990), *Universities and the Capitalist State: Corporate Liberalism and the Reconstruction of American Higher Education, 1894~1928*, Madison: University of Wisconsin Press.

Bazerman, C. (1988), *Shaping Written Knowledge: The Genre and Activity of the Experimental Article in Science*, Madison: University of Wisconsin Press.

Beniger, J. R. (1986), *The Control Revolution: Technological and Economic Origins of the Information Society*, Cambridge, Mass.: Harvard University Press.

Berger, P., and T. Luckman. (1966), *The Social Construction of Reality*, New York: Doubleday.

Bernstein, B. (1966), "Elaborated and restricted codes: Their social origins and some consequensces", *Communication and Culture: Reading in the Codes of Human Interaction*, A. G. Smith (ed.), 427~441, New York:

Holt, Rinehart and Winston.

Blalock, H. M. (1969), *Theory Construction: From Verbal to Mathematical Formulations*, Englewood Cliffs, N. J.: Prentice Hall.

Blumenthal, S. (1986), *The Rise of the Counterestablishment: From Conservative Ideology to Political Power*, New York: Times Books.

Blumer, H. (1969), *Symbolic Interactionism: Perspective and Method*, Englewood Cliffs, N. J.: Prentice Hall.

_____ (1997), Foreword to *Violent Criminal Acts and Actors Revisited*, by L. Athens, Urbana: University of Illinois Press.

Boden, D. (1994), *The Business of Talk: Organizations in Action*, Cambridge: Polity Press.

Bourdieu, P. (1973), "The three forms of theoretical knowledge", *Social Science Information 12* (1): 53~80.

_____ (1990), *The Logic of Practice*, Stanford, Calif.: Stanford University Press.

_____ (1992), *Language and Symbolic Power*, Cambridge: Polity Press.

Bradford, R. (1997), *Stylistics*, London: Routledge.

Briggs, C. L. (2002), "Interviewing, power/knowledge, and social inequality", *Handbook of Interview Research: Context and Method*, J. F. Gubrium and J. A. Holstein (eds.), 911~922, Thousand Oaks, Calif.: Sage.

Brock, D. (2002), *Blinded by the Right: The Conscience of an Ex-conservation*, New York: Three Rivers Press.

Brodie, J. (1996), *Women and Canadian Public Policy*, Toronto, Ont.: Harcourt Brace.

Brown, D. (2004), "Working the system: Re-thinking the role of parents and the reduction of 'risk' in child protection work", MA thesis, Department of Sociology, University of Victoria.

Buckholdt, D. S., and J. F. Gubrium. (1983), "Practicing accountability in human service institution", *Urban Life 12* (5): 249~268.

Burawoy, M., and J. A. Blum et al. (2000), *Global Ethnography: Force, Connections, and Imaginations in a Postmodern World*, Berkeley: University of California Press.

Burawoy, M., and A. Burton et al. (1991), *Ethnography Unbound: Power and Resistance in the Modern Metropolis*, Berkeley: University of California Press.

Burrows, G. (2004), "Clean water, not education, is most effective tool in fight against poverty", *Guardian Weekly* (London), 23.

Butler, J., and J. W. Scott (1992), Introduction to *Feminist Theorize the Political*, J. Butler and J. W. Scott (eds.), New York: Routledge.

Button, G. (ed.) (1991), *Ethnomethodology and the Human Sciences*, Cambridge: Cambridge University Press.

Campbell, M. L. (1984), "Information systems and management of hospital nursing, a study in social organization of knowledge", PhD diss., University of Toronto, Ontario.

_____ (2001), "Textual accounts, ruling action: The intersection of knowledge and power in the routine conduct of community nursing work", *Studies in Cultures, Orgainzations, and Societies 7* (2): 231~250.

Campbell, M., and F. Gregor (2002), *Mapping Social Relations: A Primer in Doing Institutional Ethnography*, Toronto, Ont.: Garamond.

Chandler, A. D. (1962), *Strategy and Structure: Chapters in the History of the Industrial Enterprise*, Cambridge, Mass.: MIT Press.

_____ (1977), *The Visible Hand: The Managerial Revolution in American Business*, Cambridge, Mass.: Harvard University Press.

_____ (1979), *Managerial Innovation at General Motors*, New York: Arno Press.

Charmaz, K., and R. G. Mitchell (2001), "Grounded theory in ethnology", *Handbook of Ethnography*, A. Atkinson, S. Coffey, J. Delamont, and L. Lofland (eds.), 160~174, London: Sage.

Chomsky, N. (1968), *Language and Mind*, New York: Harcourt Brace.

Chouliaraki, L., and N. Fairclough (1999), *Discourse in Late Modernity: Rethinking Critical Discourse Analysis*, Edinburgh: Edinburgh University Press.

Cicourel, A. V. (1964), *Method and Measurement in Sociology*, New York: Free Press.

Clark, H. H. (1996), *Using Language*, Stanford, Calif.: Stanford University Press.

Code, L. (1995), "How do we know? Questions of method in feminist practice", *Changing Methods: Feminist Transforming Practice*, S. Burt and L. Code(eds.), 13~44, Peterborough, Ont.: Broadview Press.

Collins, R. (1979), *The Credential Society: An Historical Sociology of Education and Stratification*, New York: Academic Press.

Darville, R. (1995), "Literacy, experience, power", *Knowledge, Experience, and Ruling Relations: Studies in the Social Organization of Knowledge*, M. L. Campbell and A. Manicom(eds.), Toronto: University of Toronto Press.

Davidoff, L., and C. Hall(1987), *Family Fortunes: Men and Women of the English Middle Class, 1780~1850*, Chicago: University of Chicago Press.

Dehli, K. (1988), "Women and class: The social organization of mothers' relations to schools in Toronto, 1915~1940", PhD diss., University of Toronto.

de Montigny, G. A. J. (1995a), *Social Work(ing)*, Toronto, Ont.: University of Toronto Press.

_____(1995b), "The power of being professional", *Knowledge, Experience, and Ruling Relations: Explorations in the Social Organization of Knowledge*, M. Campbell and A. Maincom(eds.), 209~220, Toronto, Ont.: University of Toronto Press.

Devault, M. L. (1991), *Feeding the Family: The Social Organization of Caring as Gendered Work*, Chicago: University of Chicago Press.

Devault, M. L., and L. McCoy(2002), "Institutional ethnography: Using interviews to investigate ruling relations", *Handbook of Interviewing Research: Context and Method*, J. F. Gubrium and J. A. Holstein (eds.), 751~775, Thousand Oaks, Calif.: Sage.

_____(2006), "Institutional ethnography: Using interviews to investigate ruling relations", *Institutional Ethnography as Practice*, D. E. Smith(ed.),

Walnut Creek, Calif. : AltaMira Press.

Diamond, T. (1992), *Making Gray Gold: Narratives of Nursing Home Care*, Chicago: University of Chicago Press.

_____ (2006), "'Where did you get that fur coat, Fern?' Participant observation in institutional ethnography", *Institutional Ethnography as Practice*, D. E. Smith (ed.), Walnut Creek, Calif. : AltaMira Press.

Dobson, S. (2001), "Introduction: Institutional ethnography as method", *Studies in Cultures, Organizations, and Societies 7* (2) : 147~158.

Douglas, M. (1966), *Purity and Danger*, New York: Penguin Books.

Dowling, W. C. (1999), *The Senses of the Text: Institutional Semantics and Literary Theory*, Omaha: University of Nebraska Press.

Duranti, A. , and C. Goodwin (1992), "Rethinking context: An introduction", *Rethinking Context: Language as an Interactive Phenomenon*, A. Duranti and C. Goodwin (eds.), 1~41, Cambridge: Cambridge University Press.

Durkheim, E. [(1895) 1966], *The Rules of Sociological Method*, New York: Free Press.

Emerson, R. M. , R. I. Fretz et al. (1995), *Writing Ethnographic Fieldnotes*, Chicago: University of Chicago Press.

Engeström, Y. (1987), *Learning by Expanding: An Activity-theoretical Approach to Developmental Research*, Helsinki, Finland: Orienta-Konsultit.

Engeström, Y. , R. Miettinen et al. (1999), *Perspectives on Activity Theory*, Cambridge: Cambridge University Press.

Fauconnier, G. , and M. Turner (2002), *The Way We Think: Conceptual Blending and the Mind's Hidden Complexities*, New York: Basic Books.

Fine, M. (1993), "[Ap]parent involvement: Reflections on parents, power, and urban public schools", *Teachers College Record 94* (4) : 682~710.

Foucault, M. (1970), *The Order of Things: An Archaeology of the Human Sciences*, London: Tavistock.

_____ (1972), *The Discourse on Language*, 213~237, New York: Pantheon Books.

_____ (1981), "The order of discourse", *Untying the Text: A Poststructuralist*

Reader, R. Young (ed.), 51~78, London: Routledge.

Fox Piven, F. (2002), "Welfare policy and American politics", *Work, Welfare, and Politics: Confronting Poverty in the Wake of Welfare Reform*, F. Fox Piven, J. Acker, M. Hallock, and S. Morgen (eds.), 19~23, Eugene: University of Oregon Press.

Friedan, B. (1963), *The Feminine Mystique*, New York: Dell.

Fuller, S. (1998), "From content to context: A social epistemology of the structure-agency craze", *What is Social Theory? The Philosophical Debates*, A. sica (ed.), 92~117, Malden, Mass: Blackwell.

Gadamer, H. G. (1975), *Truth and Method*, London: Sheed & Ward.

Gardiner, M. (1992), *The Dialogics of Critique: M. M. Bakhtin and the Theory of Ideology*, New York: Routledge.

Garfinkel, H. (1967), *Studies in Ethnomethodology*, Englewood Cliffs, N. J.: Prentice Hall.

_____ (2002), *Ethnomethodology's Program: Working Out Durkheim's Aphorism*, A. W. Rawls (Ed. and intro.), Lanham, Md.: Rowman and Littlefield.

Giddens, A. (1984), *The Constitution of Society*, Berkeley: University of California Press.

Gilens, M. (1999), *Why Americans Hate Welfare: Race, Media, and the Politics of Antipoverty Policy*, Chicago: University of Chicago.

Giltrow, J. (1998), "Modernizing authority, management studies, and the grammaticalization of controlling interests", *Technical Writing and Communication 28* (4): 337~358.

Glaser, B. G., and A. L. Strauss (1967), *The Discovery of Grounded Theory: Strategies for Qualitative Research*, Chicago: Aldine.

Glazer, N. Y. (1993), *Women's Paid and Unpaid Labor: The Work Transfer in Health Care and Retailing*, Philadelphia: Temple University Press.

Goffman, E. (1963), *Behavior in Public Places: Notes on the Social Organization of Gatherings*, New York: Free Press of Glencoe.

_____ (1974), *Frame Analysis: An Essay on the Organization of Experience*, New York: Harper Colophon Books.

Goodwin, M. H. (1990), *He-said-she-said: Talk as Social Organization Among Black Children*, Bloomington: Indian University Press.

Grahame, K. (1998), "Feminist organizing and the politics of inclusion", *Human Studies 21*: 377~393.

_____(1999), "State, community and Asian immigrant women's work: A study in labor market organization", PhD diss., University of Toronto.

Grahame, P. R. (1998), "Ethnography, institutions and the problematic of the everyday world", *Human Studies 21*: 360~360.

Griffith, A. (1984), "Ideology, education, and single parent families: The normative ordering of families through schooling", PhD diss., Department of Education, University of Toronto.

_____(1986), "Reporting the facts: Media accounts of single parent families", *Resources for Feminist Research 15* (1): 32~43.

_____(1995), "Mothering, schooling and children's development", *Knowledge, Experience, and Ruling Relations: Studies in the Social Organization of Knowledge*, M. Campbell and A. Manicom (eds.), 108~122, Toronto, Ont.: University of Toronto Press.

Griffith, A., and D. E. Smith (1987), "Constructing cultural knowledge: Mothering as discourse", *Women and Education: A Canadian Perspective*, J. Gaskell and A. McLaren (eds.), 87~103, Calgary, Alberta: Detselig.

_____(1990a), "Coordinating the uncoordinated: Mothering, schooling, and the family wage", *Perspectives on Social Problems*, G. Miller and J. Holstein (eds.), 2: 25~34, Greenwich, Conn.: JAI Press.

_____(1990b), "'What did you do in school today?' Mothering, schooling and social class", *Perspectives on Social Problems*, G. Miller and J. Holstein (eds.), 2: 3~24, Greenwich, Conn.: JAI Press.

_____(2004), *Mothering for Schooling*, New York: Routledge.

Grosz, E. A. (1995), *Space, Time, Perversion: Essays on the Politics of Bodies*, New York: Routledge.

Gurwitsch, A. (1964), *Field of Cnsciousness*, Pittsburgh, Pa.: Duquesne University Press.

Habermas, J. (1992), *The Structural Transformation of the Public Sphere: An Inquiry into a Category of Bourgeois Society*, T. Burger with the assistance of F. Lawrence (trans.), Cambridge, Mass.: MIT Press.

Halliday, M. A. K. (1994), *Introduction to Functional Grammar*, London: E. Arnold.

Halliday, M. A. K., and R. Hasan (1989), *Language, Context, and Text: Aspects of Language in a Social-semiotic Perspective*, Oxford: Oxford University Press.

Halliday, M. A. K., and J. R. Martin (1993), *Writing Science: Literacy and Discursive Power*, Pittsburgh: University of Pittsburgh Press.

Hammersley, M., and P. Atkinson (1995), *Ethnography: Principles in Practice*, London: Routledge.

Harding, S. (1988), *The Science Question in Feminism*, Ithaca, N. Y.: Cornell University Press.

Harney, S. (2002), *State Work: Public Administration and Mass Intellectuality*, Durham, N. C.: Duke University Press.

Hartsock, N. (1998), *The Feminist Standpoint Revisited and Other Essays*, Boulder, Colo.: Westview Press.

Hays, S. (2003), *Flat Broke with Children: Women in the Age of Welfare Reform*, Oxford: Oxford University Press.

Hempel, C. G. (1966), *The Philosophy of Natural Science*, Englewood Cliffs, N. J.: Prentice Hall.

Holquist, M. (1990), *Dialogism: Bakhtin and His World*, London: Routledge.

Horton, J., and L. Shaw (2002), "Opportunity, control and resistance", *Work, Welfare, and Politics: Confronting Poverty in the Wake of Welfare Reform*, F. Fox Piven, J. Acker, M. Hallock, and S. Morgen (eds.), 197~212, Eugene: University of Oregon Press.

Ingram, J. (1993), *Talk Talk Talk: An Investigation into the Mystery of Speech*, Harmondsworth, U. K.: Penguin Books.

Jackendoff, R. (2002), *Foundations of Language: Brain, Meaning, Grammar, Evolution*, Oxford: Oxford University Press.

Jackson, N. (1974), "Describing news: Toward an alternative account", Master's thesis, University of British Columbia.

Keller, H. [Adams] (1909), *The Story of My Life*, With her letters (1887~1901) and a supplementary account of her education, including passages from the reports and letters of her teacher, Anne Mansfield Sullivan [Anne Sullivan Macy], by J. A. Macy, New York: Grosset and Dunlap.

――――(1955), *Teacher: Ann Sullivan Macy; A Tribute by the Fosterchild of Her Mind*, Garden City, N. Y.: Doubleday.

Kristeva, J. (1986), *The Kristeva Reader*, T. Moi (ed.), New York: Columbia.

Kuhn, T. (1970), *The Structure of Scientific Revolutions*, Chicago: University of Chicago Press.

Labov, W., and J. Waletzky (1967), "Narrative analysis: Oral versions of personal experience", *Essays on Verbal and Visual Arts*, J. Helm (ed.), Seattle: University of Washington Press.

Landes, J. B. (1996), *Feminists Read Habermas: Gendering the Subject of Discourse*, New York: Routledge.

Lapham, L. (2004), "Tentacles of rage: The Republican propaganda mill, a brief history", *Harper's 309* (1882): 31~41.

Larson, M. S. (1977), *The Rise of Professionalism: A Sociological Analysis*, Berkeley: University of California Press.

Latour, B., and S. Woolgar (1986), *Laboratory Life: The Construction of Scientific Facts*, Princeton, N. J.: Princeton University Press.

Leont'ev, A. N. (1978), *Activity, Consciousness, and Personality*, Englewood Cliffs, N. J.: Prentice Hall.

――――(1981), *Problems of the Development of the Mind*, Moscow: Progress Publishers.

Leys, C. (2001), *Market-driven Politics: Neoliberal Democracy and the Public Interest*, London: Verso.

Lioncelli, S. A. (2002), "'Some of us are excellent at babies': Paid work, mothering, and the construction of 'need' in a Welfare-to-Work", *Work, Welfare, and Politics: Confronting Poverty in the Wake of Welfare Reform*, F.

Fox Piven, J. Acker, M. Hallock, and S. Morgen (eds.), 81~94, Eugene: University of Oregon Press.

Lipietz, A. (1986), "Behind the crisis: The exhaustion of a regime of accumulation. A regulation school perspective on some French empirical works", *Review of Radical Political Economics 18* (1/2): 13~32.

_____ (1987), *Mirages and Miracles: The Crisis of Global Fordism*, London: Verso.

Luria, A. R. (1961), *The Role of Speech in the Regulation of Normal and Abnormal Behaviour*, New York: Pergamon Press.

_____ (1976), *Cognitive Development: Its Cultural and Social Foundations*, Cambridge, Mass.: Harvard University Press.

Luria, A. R., and R. Ia. Yudovich (1971), *Speech and the Development of Mental Processes in the Child*, New York: Penguin Books.

Lynch, M. (1983), "Discipline and the material forms of images: An analysis of scientific visibility", Paper presented at the Canadian Sociology and Anthropology Association annual meeting, Vancouver, British Columbia.

Lynch, M., and D. Bogen (1996), *The Spectacle of History: Speech, Text, and Memory at the Iran-Contra Hearings*, Durham, N. C.: Duke University Press.

Lyotard, J.-F. (1984), *The Post-modern Condition*, Minneapolis: University of Minnesota Prss.

Macdonnell, D. (1986), *Theories of Discourse: An Introduction*, Oxford: Basil Blackwell.

Manicom, A. (1988), "Constituting class relations: The social organization of teacher's work", *Sociology in Education*, Toronto, Ont.: University of Toronto Press.

_____ (1995), "What's health got to do with it? Class, gender, and teachers' work", *Knowledge, Experience and Ruling Relations: Essays in the Social Organization of Knowledge*, M. Campbell and A. Manicom (ed.), 135~148, Toronto, Ont.: University of Toronto Press.

March, J. G., M. Schulz, and X. Zhou (2000), *The Dynamics of Rules: Change* in Written Organizational Codes, Stanford, Calif.: Stanford University Press.

Martinez, E., and A. Garcia (1997), What is neoliberalism? A brief definition for activists From CorpWatch. org, www. corpwatch. org/article. php?id= 376 (retrieved December 13, 2004).

Marx, K. (1973), Grundrisse: Foundations of the Critique of Political Economy, M. Nicolaus (trans.), New York: Vintage.

_____ (1976), Capital: A Critique of Political Economy, London: Penguin Books.

Marx, K., and F. Engels (1976), The German Ideology, Moscow: Progress Publishers.

Maurer, D. W. (1981), "The argot of pickpockets", Language of the Underworld, A. W. Futrell and C. B. Wordell (eds.), 234~256, Lexington: University of Kentucky Press.

McCarthy, E. D. (1993), "George Herbert Mead and Wissenssoziologies: A re-examination", In Search of Community: Essays in Memory of Werner Stark, 1909~1985, E. Leonard, H. Strasser, and K. Westhues (eds.), 97~115, New York: Fordham University Press.

McCoy, L. (1995), "Activating the photographic text", Knowledge, Experience, and Ruling Relations: Essays in the Social Organization of Knowledge, M. Campbell and A. Manicom (eds.), 181~192, Toronto, Ont.: University of Toronto Press.

_____ (1999), "Accounting discourse and textual practices of ruling: A study of institutional transformation and restructuring in higher education", PhD diss., University of Toronto.

_____ (2002), "Dealing with doctors", Making Care Visible: Antiretroviral Therapy and the Health Work of People Living with HIV/AIDS, M. Bresalier, L. Gillis, C. McClure, L. McCoy, E. Mykhalovskiy, D. Taylor, and M. Webber (eds.), 1~36, Toronto, Ont.: Making Care Visible Group.

McCoy, L. (2006), "Keeping social organization in view: A data analysis in institutional ethnography", Institutional Ethnography as Practice, D. E.

Smith (ed.), Walnut Creek, Calif.: AltaMira Press.

McDermid, V. (2002), *The Last Temptation*, London: Harper Collins.

McGann, J. J. (1993), *The Textual Condition*, Princeton, N. J.: Princeton University Press.

McHoul, A. W. (1982), "Rule, occasion, reading the news", *Telling How Texts Talk: Essays on Reading and Ethnomethodology*, 110~137, London: Routledge & Kegen Paul.

McKeon, M. (1987), *The Origins of the English Novel, 1600 ~1740*, Baltimore: Johns Hopkins University Press.

McLean, C., and K. Hoskin (1998), "Organizing madness: Reflections on the forms of the form", *Organization: The Interdisciplinary Journal of Organization, Theory, and Society 5* (4): 519~541.

McRobbie, A. (1982), "The politics of feminist research: Between talk, text, and action", *Feminist Review 12*: 46~57.

Mead, G. H. (1959), *The Philosophy of the Present*, La Salle, Ill. : Open Court.

_____ (1962), *Mind, Self, and Society from the Perspective of a Social Behaviorist*, Chicago: University of Chicago Press.

Mehan, H. (1996), "The construction of an LD students: A case study in the politics of representation", *Natural Histories of Discourse*, M. Silverstein and G. Urban (eds.), 253~267, Chicago: University of Chicago Press.

Merleau-Ponty, M. (1966), *The Phenomenology of Perception*, London: Routledge & Kegan Paul.

Messer-Davidow, E. (1993), "Manufacturing the attack on liberalized higher education", *Social Text 36*: 40~79.

_____ (2002), *Disciplining Feminism: From Social Activism to Academic Discourse*, Durham, N. C. : Duke University Press.

Mills, C. W. (1951), *White Collar: The American Middle Classes*, New York: Oxford University Press.

Moya, M. L. (2000), "Postmodernism, 'realism', and the politics of identity: Cherrie Moraga and Chicana feminism", *Realist Theory and the Predicament of Postmodernism*, M. L. Moya (ed.), 67~101, Berkeley:

University of California Press.

Mykhavlovskiy, E. (2001), "On the uses of health services research: Troubles hearts, care pathways and hospital restructuring", *Studies in Cultures, Organizations, and Societies 7* (1): 269~298.

_____ (2002), "Understanding the social character of treatment decision making", *Making Care Visible: Antiretroviral Therapy and the Health Work of People Living with HIV/AIDS*, M. Bresalier, L. Gillis, C. McClure, L. McCoy, E. Mykhalovskiy, D. Taylor, and M. Webber (eds.), 37 ~63, Toronto, Ont.: Making Care Visible Group.

Mykhavlovskiy, E., and L. McCoy (2002), "Troubling ruling discourses of health: Using institutional ethnography in community-based research", *Critical Public Health 12* (1): 17~37.

Naples, N. A. (1997), "The 'new consensus' on the gendered 'social contact': The 1987~1988 U. S. congressional hearings on welfare reform", *Signs: Journal of Women in Culture and Society 22* (4): 907~943.

_____ (2003), *Feminism and Method: Ethnography, Discourse Analysis, and Activist Research*, New York: Routledge.

Neubeck, K. J., and N. A. Cazenave (2002), "Welfare racism and its consequences: The demise of AFDC and the return of the stage' rights era", *Work, Welfare, and Politics: Confronting Poverty in the Wake of Welfare Reform*, F. Fox Piven, J. Acker, M. Hallock, and S. Morgen (eds.), 35~53, Eugene: University of Oregon Press.

New School of Social Research (n. d.), History of economic thought, http/cepa. newschool. edu/het/profiles/jamesmill. htm (reviewed November 2003).

Ng, R. (1986), *Politics of Community Services: Immigrant Women, Class, and State*, Toronto, Ont.: Garamond Press.

_____ (1995), "Multiculturalism as ideology: A textual analysis", *Knowledge, Experience, and Ruling Relations: Explorations in the Social Organization of Knowledge*, M. Campbell and A. Manicom (eds.), 35~38, Toronto, Ont.: Univeristy of Toronto Press.

Noble, D. (1977), *American by Design: Science, Technology, and the Rise of Corporate Capitalism*, Oxford: Oxford University Press.

Ogden, C. K., and I. A. Richards (1923), *The Meaning of Meaning: A Study of the Influence of Language on Thought and of the Science of Symbolism*, London: Routledge & Kegan Paul.

Parada, H. (2002), "The restructuring of the child welfare system in Ontario: A study in the social organization of knowledge", PhD diss., Ontario Institute for Studies in Education, University of Toronto.

Parsons, T. (1937), *The Structure of Social Action*, New York: McGraw-Hill.

Pence, E. (1996), "Safety of battered women in a textually mediated legal system", PhD diss., University of Toronto.

_____ (2001), "Safety for battered women in a textually mediated legal system", *Studies in Cultures, Organizations, and Societies* 7(2): 199~229.

Perkin, H. (1989), *The Rise of Professional Society: England Since 1880*, London: Routledge.

Perrow, C. (1986), *Complex Organizations: A Critical Essay*, New York: McGraw Hill.

Pinker, S. (2000), *Words and Rules: The Ingredients of Language*, New York: Harper-Collins.

Prior, L. (2003), *Using Documents in Social Research*, London: Sage Publications.

Rankin, J. (2003), "How nurses practise health care reform: An institutional ethnography", PhD diss., University of Victoria.

Rankin, J. M. (1998), "Health care reform and restructuring of nursing in British Columbia", Paper presented at Exploring the Restructuring and Transformation on Institutional Processes: Applications of Institutional Ethnography, York University, Toronto, October.

_____ (2001), "Texts in action: How nurses are doing the fiscal work of health care reform", *Institutional Ethnography*, special issue, *Studies in Cultures, Organizations, and Societies* 7(2): 251~267.

Reimer, M. (1988), "The social organization of the labour process: A case study of the documentary management of clerical labour in the public service", PhD diss., University of Toronto.

Reynolds, T. (2002), "On relations between black female researchers and participants", *Qualitative Research in Action*, T. May (ed.), 300~309, London: Sage.

Ridzi, F. (2003), "Processing private lives in public: An institutional ethnography of front-line welfare intake staff post welfare reform", PhD diss., Maxwell School of Citizenship and Public Affairs, Syracuse University, New York.

Rinehart, J., C. Huxley, and D. Robertson (1997), *Just Another Car Factory: Lean Production and Its Discontents*, Ithaca, N. Y.: Cornell University Press.

Rosdolsky, R. (1977), *The Making of Marx's "Capital"*, London: Pluto Press.

Rothman, S. M. (1978), *Woman's Proper Place: A History of Changing Ideals and Practices, 1870 to the present*, New York: Basic Books.

Rousseau, J. -J. (1966), *Emile*, B. Foxley (trans.), New York: Dutton.

Rowbotham, S. (1979), *Dutiful Daughters: Women Talk about Their Lives*, London: Allen Lane.

Roy, W. G. (1997), *Socializing Capital: The Rise of the Large Industrial Corporation in America*, Princeton, N. J.: Princeton University Press.

Rubin, I. I. (1975), *Essays on Marx's Theory Value*, Montreal: Black Rose Books.

Ryan, M. P. (1993), "Gender and public access: Women's politics in nineteenth-century America", *Habermas and the Public Sphere*, C. Calhoun (ed.), Cambridge, Mass.: MIT Press.

Sacks, H., E. Schegloff, and G. Jefferson (1974), "A simplest systematics for the organization of turntaking for conversation", *Language 50*: 696 ~735.

Salzinger, L. (1991), "A maid by any other name: The transformation of 'dirty work' by Central American immigrants", *Ethnography Unbound*, M. Burawoy, A. Burton et al. (eds.), Berkeley: University of California

Press.

Saussure, F. de. (1966), *Course in General Linguistics*, New York: McGraw-Hill.

Schatzmann, A., and A. L. Strauss (1966), "Social class and modes of communication", *Communication and Culture: Reading in the Codes of Human Interaction*, A. Smith (ed.), 442~455, New York: Holt, Rinehart and Winston.

Schegloff, E. A. (1987), "Between micro and macro: Contexts and other connections", *The Micro-macro Link*, J. Alexander et al. (eds.), Berkeley: University of California Press.

_____(1991), "Reflections on talk and social structure", *Talk and Social Structure: Studies in Ethnomethodology and Conversation Analysis*, D. Boden and D. H. Zimmerman (eds.), 45~70, Berkeley: University of California Press.

Schiler, H. I. (1996), *Information Inequality: The Deepening Social Crisis in America*, New York: Routledge.

Schmid, H. -J. (2000), *English Abstract Nouns as Conceptual Shells: From Corpus to Cognition*, Berlin: Mouton de Gruyter.

Schutz, A. (1962a), *Collected Papers, vol. 1, The problem of social reality*, The Hague: Martinus Nijhoff.

_____(1962b), "On multiple realities", *Collected Papers, vol. 1*: 207~259, The Hague: Martinus Nijhoff.

Scott, J. W. (1992), "Experience", *Feminists Theorize the Political*, J. Butler and J. W. Scott (eds.), 22~40, New York: Routledge.

Searle, J. R. (1969), *Speech Acts: An Essay in the Philosophy of Language*, London: Cambridge University Press.

Simmel, G. (1950), *The Sociology of Georg Simmel*, K. H. Wolff (ed.), New York: Free Press.

Sloan, A. (1964), *My Years with General Motors*, Garden City, N. Y.: Doubleday.

Smith, D. E. (1974a), "Women's perspective as a radical critique of sociology",

Sociological Inquiry 4(1)：1~13.

(1974b)，"The ideological practice of sociology", *Catalyst, no. 8* (Winter)： 39~54.

_____(1987)，*The Everyday World as Problematic*： *A Feminist Sociology*, Toronto, Ont.： University of Toronto Press.

_____(1990a)，*The Conceptual Practices of Power. A Feminist Sociology of Knowledge*, Boston： Northeastern University Press.

_____(1990b)，"K is mentally ill： The anatomy of a factual account", *Texts, Facts, and Femininity： Exploring the Relations of Ruling*, D. E. Smith (ed.)，12~51, London： Routledge.

_____(1990c)，"On sociological description： A method from Marx", *Texts, Facts, and Femininity： Exploring the Relations of Ruling*, D. E. Smith (ed.)，86~119, London： Routledge.

_____(1990d)，*Texts, Facts, and Femininity： Exploring the Relations of Ruling*, London： Routledge.

_____(1997)，"The underside of schooling： Restructuring, privatizing, and women's inpaid work", *Journal for a Just and Caring Education 4*(1)： 11~ 29.

_____(1999a)，"Discourse as social relations： Sociological theory and the dialogic of sociology", *Writing the Social： Critique, Theory, and Investigations*, D. E. Smith(ed.)，133~156, Toronto, Ont.： University of Toronto Press.

_____(1999b)，"The ruling relations", *Writing the Social： Critique, Theory, and Investigations*, D. E. Smith(ed.)，Toronto, Ont.： University of Toronto Press.

_____(1999c)，"The Standard North American Family： SNAF as an ideological code", *Writing the Social： Critique, Theory, and Investigations*, D. E. Smith(ed.)，Toronto, Ont.： University of Toronto Press.

_____(1999d)，"Telling the truth after postmodernism", *Writing the Social： Critique, Theory, and Investigations*, D. E. Smith(ed.)，Toronto, Ont.： University of Toronto Press.

_____(2001a), "Institutional ethnography", *Qualitative Research in Action*, T. May (ed.), 17~52, London: Routledge.

_____(2001b), "Texts and the ontology of institutions and organizations", *Studies in Cultures, Organizations, and Societies 7* (2): 159~198.

_____(2003a), "Making sense of what people do: A sociological perspective", *Journal of Occupational Science 10* (1): 64~67.

_____(2003b), "Resisting institutional capture: A research practice", *Our Studies, Our Selves*, B. Glassner and R. Hertz (eds.), New York: Oxford University Press.

_____(2004), "Idelology, science, and social relations: A reinterpretation of Marx's epistemology", *European Journal of Social Theory 7* (1): 445~462.

_____(ed.) (2006), *Institutional Ethnography as Practice*, Walnut Creek, Calif.: AltaMira Press.

Smith, D. E., and S. Dobson (2002), Storing and transmitting skills: The expropriation of working class control, New Approaches to Lifelong Learning (NALL), www. oise. utoronto. ca/depts/sese/csew/nall,91 pages.

Smith, D. E., and J. Whalen (1996), "Texts in action", Unpublished paper, University of Victoria.

Smith, G. W. (1988), "Policing the gay community. An inquiry into textually mediated relations", *International Journal of Sociology and the Law 16*: 163 ~183.

_____(1990), "Political activist as ethnographer", *Social Problems 37*: 401~421.

_____(1995), "Accessing treatments: Managing the AIDS epidemic in Toronto", *Knowledge, Experience and Ruling Relations: Essays in the Social Organization of Knowledge*, M. Campbell and A. Manicom (eds.), 18~ 34, Toronto, Ont.: University of Toronto Press.

_____(1998), "The ideology of 'fag': Barriers to education for gay students", *Sociological Quarterly 39* (2): 309~335.

Spradley, J. (1979), *The Ethnographic Interview*, New York: Holt, Rinehart and Winston.

Stock, A. (2002), "An ethnography of assessment in elementary schools", EdD diss., University of Toronto.

Stoll, D. (1999), *Rigoberta Menchú and the Story of All Poor Guatemalans*, Boulder, Colo.: Westview Press.

Thompson, J. B. (1990), *Ideology and Modern Culture: Critical Social Theory in the Era of Mass Communication*, Stanford, Calif.: Stanford University Press.

Turner, J. (ed.) (1989), *Theory Building in Sociology: Assessing Theoretical Cumulation*, Newbury City, Calif.: Sage.

Turner, S. (2001), "Texts and the institutions of municipal planning government: The power of texts in the public process of land development", *Studies in Cultures, Organizations, and Societies 7*(2): 297~325.

_____ (2003), "The social organization of planning: A study of institutional action as texts and work processes", PfD diss., University of Toronto.

_____ (2006), "Mapping institutions as work and text", *Institutional Ethnography as Practice*, D. E. Smith (ed.), Walnut Creek, Calif.: AltaMira Press.

Unitelle, L. (1993), "How Clinton's economic strategy ended up looking like Bush's: A theory of growth that has never worked is now the sacred text", *New York Times*, August 1, 1 and 4.

Vaitkus, S. (2000), "Phenomenology and sociology", *The Blackwell Companion to Social Theory*, B. S. Turner (ed.), 270~298, Oxford: Blackwell.

Vallas, S. P., and J. Beck (1996), "The transformation of work revisited: The limits of flexibility in American manufacturing", *Social Problems 43*(3): 339~361.

Veblen, T. (1954), *Absentee Ownership and Business Enterprise in Recent Times*, New York: Academic Press.

_____ (1957), *The Higher Learning in America*, New York: Hill & Wang.

Vološinov, V. I. (1973), *Marxism and the Philosophy of Language*, I. R. Titunik (trans.), New York: Academic Press.

von Glasersfeld, E. (1995), *Radical Constructivism: A Way of Knowing and Learning*, London: Falmer Press.

Vygotsky, L. S. (1962), *Thought and Language*, Cambridge, Mass. : MIT Press.

_____(1978), *Mind in Society*, Cambridge, Mass. : Harvard University Press.

Walker, G. (1990), *Family Violence and the Women's Movement: The Conceptual Politics of Struggle*, Toronto, Ont. : University of Toronto Press.

_____(1995), "Violence and the relations of ruling: Lessons from the battered women's movement", *Knowledge, Experience, and Ruling Relations: Studies in the Social Organization of Knowledge*, M. Campbell and A. Manicom (eds.), 65~79, Toronto, Ont. : Univeristy of Toronto Press.

Waring, S. (1991), *Taylorism Transformed: Scientific Management Theory Since 1945*, Chapel Hill: University of North Carolina Press.

Warren, L. D. (2001), "Organizing creation: The role of musical text", *Studies in Cultures, Organizations, and Societies 7*(2) : 327~352.

Watson, R. (1992), "The understanding of language use in everyday life: Is there a common ground?", *Text in Context: Contributions to Ethnomethodology*, G. Watson and R. Seifer (eds.), 1~19, Newbury Park, Calif. : Sage.

_____(1997), "Ethnomethodology and textual analysis", *Qualitative Research: Theory, Method, and Practice*, D. Shlverman (ed.), 80~97, London: Sage.

Weber, M. (1978), *Economy and Society*, G. Roth and C. Wittich (eds.), E. Fischoff et al. (trans.), Berkeley: University of California Press.

Whalen, J. (1990), "Processing 'emergencies' in 9-1-1 communications", Unpublished paper, Department of Sociology, University of Oregon.

Whalen, M., and D. H. Zimmerman (1987), "Sequential and institutional contexts in calls for help", *Social Psychology Quarterly 50*(2) : 172~185.

Whyte, W. H. (1956), *The Organization Man*, New York: Simon & Schuster.

Wieder, D. L. (1974), *Language and Social Reality: The Case of Telling the Convict Code*, The Hague, Neth. : Mouton.

Wilson, A., and E. Pence (2006), "A Native community assesses U. S. legal interventions in the lives of battered women: Investigation, critique and vision", *Institutional Ethnography as Practice*, D. E. Smith(ed.), Walnut Creek, Calif.: AltaMira Press.

Wilson, T. P. (1991), "Social structure and the sequential organization of interaction", *Talk and Social Structure: Studies in Ethnomethodology and Conversation Analysis*, D. Boden and D. H. Zimmerman(eds.), 23~43, Berkeley: University of California Press.

Winter, E. (1992), "The notion of unspecific versus specific as one way of analysing the information of a fund-raising letter", *Discourse Description: Diverse Linguistic Analysis of a Fund-raising Text*, W. C. Mann and S. A. Thompson(eds.), 131~170, Philadelphia: John Benjamins Publishing Co..

Yates, J. (1989), *Control Through Communication: The Rise of System in American Management*, Baltimore: Johns Hopkins University Press.

Zimmerman, D. (1969), "Record-keeping and the intake process in a public welfare agency", *ON Records: Files and Dossiers in American Life*, S. Wheeler(ed.), 319~354, New York: Russell Sage Foundation.

_____(1992), "The interactional organization of calls for emergency assistance", *Talks at Work*, P. Drew and J. Heritage(eds.), 418~469, Cambridge: Cambridge University Press.

Zimmerman, D. H., and D. Boden(1991), "Structure-in-action: An introduction", *Talk and Social Structure: Studies in Ethnomethodology and Conversation Analysis*, D. Boden and D. H. Zimmerman(eds.), Berkeley: University of California Press.

찾아보기(용어)

찾아보기 (인명)